[제2판]

사회복지조사방법론

– 기초 이해에서 실제 조사까지 –

최 선 희

KNOWLEDGE COMMUNITY 공동체

머리말

사람들, 그들이 만들어 내는 삶에 감동을 채워 넣고자 하는 것이 사회복지이다. 슬프고 힘든 삶, 가슴 저린 고단한 삶, 눈물나는 참담한 삶을, 기쁘고 즐거운 삶, 행복하고 감동적인 삶으로 변화시키고자 도전하는 것이 사회복지이다.

사회복지조사는 그런 사회복지를 이룰 수 있게 하는 가장 중요한 도구이다. 아무리 훌륭한 재료가 있다고 해도 요리사가 좋은 주방기기와 조리법을 갖고 있지 못하면 맛있는 요리를 만들 수 없는 것과 같이 사회복지조사를 제대로 이해하지 못하면 훌륭한 사회복지는 있을 수 없다.

이 책은 예비사회복지사, 사회복지사가 감동이 있는 멋진 사회복지를 하기 위한 좋은 도구를 갖기 바라는 마음에서 쓰여지게 되었다. 따라서 내용도 사회복지조사에 대한 학문적 깊이를 위한 것보다는 실용성에 바탕을 두고 구성하였다. 이 책의 내용이 그러한 바람을 이룰 수 있을 만큼 제대로 되어 있는가에 대해서는 많이 부족하다는 고백을 할 수밖에 없다. 그러나 부족하지만 최선의 노력을 다한 만큼, 이 책을 활용하는 독자들이 그 바람을 이루어 주기 바란다.

7년 만에 드디어 개정판을 내게 되었다. 부족한 점을 발견한 것은 오래되었으나 시간을 내기 어렵다는 핑계로 이렇게 늦어지게 되었다. 그러나 이제라도 나오게 된 것은 총신대학교 양혜원 교수의 독려와 내용보강 등의 조력이 있었기 때문이다. 초판에서뿐만 아니라 이 개정판에 있어서도 양혜원 교수의 빚이 참 크다. 이 자리를 빌려 깊은 감사의 마음을 전한다.

개정으로 인해 크게 달라진 점은 첫째, 최근 사회복지분야에서, 특히 지역사회복지실천에서 관심을 가지고 활용되기 시작하는 '참여행동연구(11장)'를 추가했다는 점이다. 이 방법은 앞으로 사회복지실천에서 주요한 방법론으로 자리 잡을 예정이기 때문에 특히 더 관심을 가져주기 바란다. 둘째, 역시 최근 관심과 중요성이 더 커지고 있는 '질적연구(10장)'에 대한 이해를 높이기 위해 과정설명에 예시를 첨가한 것이다. 14장의 평가조사와 연결해서 보면 이해가 훨씬 더 잘 될 것이다. 셋째, 실제 조사 수행 사례를 다루는 것에서 14장 평가조사의 사례 가운데 '송파 사례'를 '이혼가족전문가협의체 사례'로 바꾼 것이다. 실제 사업을 수행하고 이를 논문화한 것인데, 비록 1회성의 캠프 프로그램이지만 잘 짜여진 프로그램으로 사전사후 평가를 하고, 양적연구와 질적연구를 병행한 것이어서 활용성이 높을 것으로 판단하였다. 넷째, 2장에서 과학적 탐구방법을 보완하였다. 과학적 탐구방법은 다양하지만 대표적으로 귀납법과 연역법, 반증법과 패러다임 전환을 대표적으로 소개하였다. 마지막으로 3부로 구성되었던 것을 4부로 수정하며 '조사 과정(2부)'과 '조사 방법(3부)'으로 구분하여 전체적인 틀에 대한 이해를 높이고자 하였다.

졸저이지만 이 책이 나오기까지 정말로 많은 분들의 도움이 있어 감사를 드린다. 먼저, "학자의 혀를 내게 주사 나로 곤핍한 자를 말로 어떻게 도와줄 줄을 알게 하시고 아침마다 깨우시되 나의 귀를 깨우치사 학자같이 알아듣게 해 주신(사 50 : 4)" 하나님께 감사를 드린다. 처음부터 끝까지 몇 차례씩 읽고 자문해 준 후배 교수인 한국성서대학교의 김희수 교수에게 마음속 깊이 감사의 마음을 전한다. 조사 사례를 사용할 수 있도록 허락해 준 월계종합사회복지관(신영자 관장)과 정재연 사회복지사, 정릉종합사회복지관(이진이 관장)과 송향숙 부장님께도 특별한 감사를 드린다. 꼼꼼히 읽어주고 교정을 해준 제자 이소연, 김주현, 김연주, 최하은에게도 고마운 마음을 전한다. 오랫동안 인내하며 늘 격려해 주는 공동체 출판사의 김동근 전무님과 출판을 허락해 주신 김동훈 사장님, 그리고 공동체 가족 여러분께 깊이 감사드린다. 이제는 방학 때조차도 함께 시간을 보내지 못하는 부족한 남편과 아빠를 한결같은 마음으로 이해하고 지지해 준 사랑하는 가족 은채와 솔, 홀로 되시어 매일매일을 살아내시며 삶과 사랑의 소중함을 일깨워 주시는 사랑하는 어머니와 어떻게 나이 들어가야 하는지를 가르쳐 주고 계신 구기동 부모님에게 특별한 고마움과 감사의 마음을 전한다. 마지막으로 자랑스러운 사회복지사의 한 사람이 될 수 있도록 영향을 주신 모든 사회복지 학자들과 실천전문가들에게 머리 숙여 감사를 드린다.

2018년 3월

한국성서대 연구실에서 저자 최선희

차 례

■ 머리말 / 3

PART 01 조사의 기초

제1장 사회복지와 조사 : 사회복지에서 조사는 왜 필요하고 어떻게 활용되는가? — 11

1. 사회복지조사의 개념과 필요성 : 사회복지조사란 무엇이고 왜 필요한가? … 12
2. 사회복지조사의 유형 : 사회복지조사는 어떻게 활용되고 유형은 어떤 것들이 있는가? … 15

제2장 조사에 대한 이해 : 과학적 조사의 의미는 무엇이고, 구성요소와 과정은 어떻게 되고 유형은 어떤 것들이 있는가? — 21

1. 과학으로서의 조사 : 과학으로서의 조사는 무엇이고 어떻게 탐구되는가? … 21
2. 조사의 구성 요소 : 조사의 핵심적 구성 요소는 무엇인가? … 45
3. 조사의 과정 : 조사는 어떠한 과정으로 이루어지는가? … 46
4. 조사의 유형 : 조사의 유형은 어떤 것들이 있는가? … 48

제3장 조사의 윤리와 가치중립 : 조사를 수행함에 있어서 갖추어야 하는 태도와 자세는 무엇인가? — 55

1. 조사의 윤리성 … 55
2. 사회과학적 인식의 객관성 … 58

PART 02 조사 과정

제4장 조사주제 설정 : 무엇을 조사할 것인가? — 61

제5장 조사설계 : 무엇을 어떻게 조사할 것인가? — 66

1. 조사설계 … 66
2. 조사목적과 가설 설정 … 68

제6장 조사도구 개발 : 무엇을 가지고 조사를 할 것인가? — 83

1. 조사도구 개발과정 … 83
2. 1단계 : 개념화와 조작화 … 85
3. 2단계 : 척도 개발 … 92

차 례

4. 3단계 : 질문구성 ········· 101
5. 4단계 : 타당도와 신뢰도 검사 ········· 118
6. 5단계 : 오차 점검 ········· 131

제7장 표본(조사대상자) 선정 : 표본을 어떻게 선정할 것인가? ——— 136
1. 표본크기 결정 : 표본의 크기는 어떻게 결정하는가? ········· 140
2. 표본추출 : 표본추출방법은 어떤 것들이 있고, 어떻게 하는 것인가? ········· 144

PART 03 조사 방법

제8장 설문조사연구 : 설문조사연구는 무엇이고 어떻게 하는 것인가? ——— 158
1. 설문조사의 개념과 필요성 : 설문조사는 무엇이고 왜 필요한가? ········· 158
2. 설문조사의 방법 및 분석 : 설문조사는 어떻게 하고, 결과는 어떻게 분석하는가? ········· 161
3. 설문조사에서 유의할 점은 무엇인가? ········· 170

제9장 실험연구 : 실험연구는 무엇이고 어떻게 하는 것인가? ——— 172
1. 실험연구의 개념과 필요성 : 실험연구는 무엇이고 왜 필요한가? ········· 172
2. 실험연구의 유형 및 수행과정 : 실험연구는 어떤 것들이 있고, 어떻게 수행하는 것인가? ········· 174
3. 집단실험설계와 단일사례설계란 무엇인가? ········· 178

제10장 질적연구 : 질적연구는 무엇이고 어떻게 하는 것인가? ——— 213
1. 질적연구의 개념과 필요성 : 질적연구는 무엇이고, 왜 필요한가? ········· 214
2. 질적연구의 방법 : 질적연구에는 어떠한 연구방법들이 있는가? ········· 216
3. 질적연구의 과정 : 질적연구는 어떻게 이루어지는가? ········· 220
4. 질적연구에서 유의할 점은 무엇인가? ········· 230

제11장 참여행동연구 : 참여행동연구는 무엇이고 어떻게 하는 것인가? ——— 232
1. 참여행동연구는 무엇인가? ········· 233
2. 참여행동연구는 왜 필요한가? ········· 234
3. 참여행동연구의 원칙은 무엇인가? ········· 236
4. 참여행동연구는 어떠한 과정으로 하는 것인가? ········· 238
5. 참여행동연구에서 유의할 점은 무엇인가? ········· 241

PART 04 조사 수행

제12장 실태 · 요인조사 : 실태 · 요인조사를 해보자 — 245

1. 주제 설정 : 서울시와 노원구의 가족건강성 실태와 요인 ········· 246
2. 목적 설정 ········· 246
3. 가설 설정 ········· 247
4. 조사 설계 ········· 248
5. 조사도구 개발 ········· 249
6. 표본 선정 ········· 250
7. 자료 수집 : 일대일 방문 자기기입 조사 ········· 252
8. 결과 분석 ········· 252
9. 보고서 작성 ········· 254

제13장 욕구조사 : 욕구조사를 해보자 — 263

1. 욕구조사의 필요성과 목적 : 욕구조사를 왜 하게 되는가? ········· 264
2. 욕구종류 : 어떤 욕구를 조사할 것인가? ········· 266
3. 욕구조사범위 : 조사대상자를 어느 범위로 설정할 것인가? ········· 269
4. 욕구조사방법 : 어떤 욕구조사방법을 활용할 것인가? ········· 269
5. 욕구조사내용 : 욕구조사에 포함되어야 하는 조사내용은 어떤 것들이 있는가? ········· 271
6. 욕구조사과정 : 욕구조사의 구체적 과정과 절차는 어떻게 되는가? ········· 272
7. 실제 사례 : 욕구조사를 해보자! ········· 275

제14장 평가조사 : 평가조사를 해보자 — 293

1. 평가조사의 필요성과 목적 : 평가조사는 왜 하는가? ········· 294
2. 평가대상 : 무엇을 평가하려고 하는가? ········· 295
3. 평가모형과 평가기준 : 어떤 평가모형 혹은 어떤 평가기준을 활용할 것인가? ········· 297
4. 평가조사과정 : 평가의 구체적 과정과 절차는 어떻게 되는가? ········· 299
5. 실제 사례 : 평가조사를 해보자! ········· 301

■ 참고문헌 / 334

■ 찾아보기 / 337

PART

01

조사의 기초

제1장 사회복지와 조사 : 사회복지에서 조사는 왜 필요하고 어떻게 활용되는가?

제2장 조사에 대한 이해 : 과학적 조사의 의미는 무엇이고, 구성요소와 과정은 어떻게 되고, 유형은 어떤 것들이 있는가?

제3장 조사의 윤리와 가치중립 : 조사를 수행함에 있어서 갖추어야 하는 태도와 자세는 무엇인가?

많은 이들이 '조사' 하면 어렵다는 인식을 먼저 갖게 된다. 그러나 조사가 다른 영역에 비해 어려운 것은 아니다. 다만, 익숙하지 않은 것뿐이다. 무엇이든지 익숙하지 않으면 어렵게 느껴진다. 익숙하면 여유가 생기고, 여유가 생기면 즐길 수 있게 되어 어렵다고 생각되지 않는데, 조사도 익숙해지면 그렇게 될 것이다. 따라서 익숙해지는 것이 일차적인 과업인데, 그동안 접하지 못했거나 이해가 부족했던 개념과 용어에 대한 이해를 분명히 할 필요가 있다.

조사를 잘하기 위해서는 조사가 왜 필요하고 어떻게 활용되는가에 대한 인식을 분명히 해야 한다. 다음으로 조사에 대한 기초가 튼튼하게 구축되어야 한다. 조사에 대한 기초는 크게 네 가지로 구성되어 있다. 과학으로서의 조사의 개념, 조사의 구성 틀이라고 할 수 있는 핵심적 구성내용, 조사가 이루어지는 과정, 조사를 함에 있어서 요구되는 윤리와 가치중립적 태도가 그것이다.

조사를 수행하기 전에 이해하고 있어야 하는 네 가지 기초는 무엇일까?

① 조사란 무엇인가?

② 조사의 주요 구성내용은 무엇인가?

③ 조사는 어떠한 과정과 절차로 수행되는가?

④ 조사를 수행함에 있어서 갖추어야 하는 태도와 자세는 무엇인가?

chapter 01

사회복지와 조사 : 사회복지에서 조사는 왜 필요하고 어떻게 활용되는가?

학문과 전문성의 세계에서 조사는 과학적인 개념으로 사용된다. 따라서 과학과 연결해서 조사를 이해해야만 조사에 대해 제대로 이해할 수 있다. 그러므로 본 서에서는 과학의 개념으로서 조사를 탐구하게 될 것이다. 그에 앞서 사회복지에서 조사가 왜 필요하고 어떻게 활용되는지를 먼저 알아봄으로써 사회복지조사에 대한 필요성과 중요성을 인식하고자 한다.

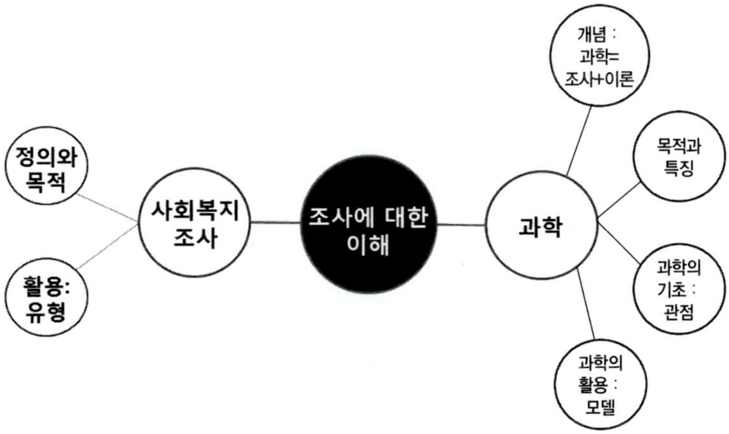

| 그림 1-1 | 조사에 대한 이해의 주요 내용

1. 사회복지조사의 개념과 필요성 : 사회복지조사란 무엇이고, 왜 필요한가?

Key point

사회복지조사는 '사회복지'와 '조사'라는 두 개념의 합성어이므로 두 개념에 대한 이해를 확실히 한다.

학습목표 질문

1. 사회복지조사란 무엇이고, 왜 필요한가?
2. 사회복지조사는 어떻게 활용되고, 각각의 유형은 어떤 것들이 있는가?

사회복지를 실천함에 있어서 조사는 매우 중요한 핵심적 지식과 기술체계이다. 전미사회사업교육협의회(CSWE, 1994, Hepworth et al., 2002 재인용)는 사회복지의 핵심지식체계로 '인간행동과 사회환경', '사회복지실천', '사회복지정책', '사회복지실습', '사회복지조사'의 다섯 가지를 제시하며 사회복지조사의 중요성을 강조하였다. 다섯 가지 핵심지식체계는 다음과 같은 기능과 목적을 갖는다. '인간행동과 사회환경'은 사회복지가 인간을 대상으로 하기 때문에 인간을 이해하기 위한 관점과 내용을 습득하도록 하는 것이다. '사회복지실천'과 '사회복지정책'은 사회복지를 구현하기 위한 서비스와 정책을 개발·운영·평가하는 능력을 갖추도록 하는 것이고, '사회복지실습'은 사회복지를 구현하기 위한 실행능력을 갖추도록 하는 것이다. **'사회복지조사'는 이와 같은 것들의 내용이 되는 사회복지 지식과 기술을 개발하고 검증하기 위한 연구 방법론을 습득하도록 하는 것**이다. 전미사회사업교육협의회는 2008년에 역량기반 교육을 강조하면서 사회복지사 인증을 위한 9대 역량[1)]을 새롭게 제시하였는데,

1) 역량1 : 윤리적이고 전문적인 행동을 보여줄 수 있다.
역량2 : 실천을 함에 있어서 (사람들의) 다양성과 차이를 인정하고 반영할 수 있다.
역량3 : 인간의 권리와 사회적·경제적·환경적 정의를 진전시킬 수 있다.
역량4 : 조사에 기반한 실천과 실천에 기반한 조사를 할 수 있다.

그 가운데 네 번째가 조사역량으로 "조사에 기반한 실천과 실천에 기반한 조사를 할 수 있다"를 역량목표로 제시하고 있다(CSWE, 2008). 이렇듯 조사는 사회복지실천의 핵심기초라고 할 수 있다.

사회복지조사는 사회복지와 조사의 합성어이다. 따라서 사회복지조사를 제대로 이해하기 위해서는 사회복지와 조사의 개념적 이해를 분명히 할 필요가 있다. 먼저, 사회복지에 대해서는 전미사회사업가협회(National Association of Social Workers)에서 제시한 사회복지전문직의 본질적 사명을 바탕으로 살펴보도록 하겠다. 전미사회사업가협회(NASW)에서는 윤리강령 전문에 "사회복지전문직의 본질적 사명은 취약한 사람들, 억압받는 사람들, 가난한 사람들의 필요와 역량강화에 특별한 관심을 두고, 인간의 안녕한 상태를 향상시키고, 모든 사람들의 인간으로서의 기본적인 욕구를 충족시키는 것을 돕는 것이다"라고 규정하였다. 전미사회사업교육협의회(2015)에서도 사회복지전문직의 목적을 제시하고 있는데, "사회복지전문직의 목적은 인간과 커뮤니티의 안녕한 상태를 증진하는 것이다"라고 하였다. 안녕한 상태와 인간의 기본적인 욕구를 구분한 전미사회사업가협회에 비해 사회사업교육협의회는 안녕한 상태로 통합하고 있고, 반면에 커뮤니티를 특별히 강조하고 있다. 종합해 보면 사회복지는 인간과 사회의 안녕한 상태를 향상시키고, 모든 사람들이 인간으로서의 기본적 욕구를 충족할 수 있도록 돕는 것이라고 할 수 있다.

한편 조사는 사전적 정의에 의하면 '사물의 내용을 명확히 알기 위하여 자세히 살펴보거나 찾아봄'(Daum 사전)으로 되어 있다. 이것을 달리 표현하면 '사물의 내용을 명확히 알기 위하여 필요한 정보를 수집하고 분석하는 것'이라고 할 수 있다. 간단히 말해 '필요한 정보를 수집하고 분석하여 결론을 내리는 것'이다. 그러나 조사를 학문적으로 접근하여 설명한다면 '정보를 수집하여 이론을 개발하거나 검증하기 위한 과정'이라고 할 수 있다.

역량5 : 정책과 실천에 관여할 수 있다.
역량6 : 개인, 가족, 집단, 조직, 커뮤니티에 관여할 수 있다.
역량7 : 개인, 가족, 집단, 조직, 커뮤니티를 사정할 수 있다.
역량8 : 개인, 가족, 집단, 조직, 커뮤니티에 개입할 수 있다.
역량9 : 개인, 가족, 집단, 조직, 커뮤니티를 평가할 수 있다.

따라서 이와 같은 사회복지와 조사의 개념을 통합하여 살펴보면, 사회복지조사는 "인간과 사회의 안녕한 상태를 향상시키고, 인간의 기본적인 욕구를 충족시키는 것을 돕는 데 필요한 정보를 수집하고 분석하고 결론을 내리는 것" 혹은 "인간과 사회의 안녕한 상태를 향상시키고, 인간의 기본적인 욕구를 충족시키는 것을 돕는 데 필요한 이론을 개발하거나 검증하기 위해 정보를 수집하고 분석하는 과정"이라고 할 수 있다. 안녕한 상태를 향상시키기 위해서는 안녕한 상태가 무엇인지, 어떻게 향상시킬 수 있는지를 알아야 한다. 기본적인 욕구를 충족시키기 위해서도 욕구가 무엇인지, 욕구충족이 안 되는 이유는 무엇인지, 욕구를 충족시키기 위한 방법과 과정은 어떤 것이 있는지 알아야 한다. 바로 그러한 것을 아는 방법이 사회복지조사인 것이다. 그리고 이것은 조사에 기반한 실천이 이루어져야 하고, 실천에 기반한 조사가 되어야 한다는 것을 의미하는 것이다.

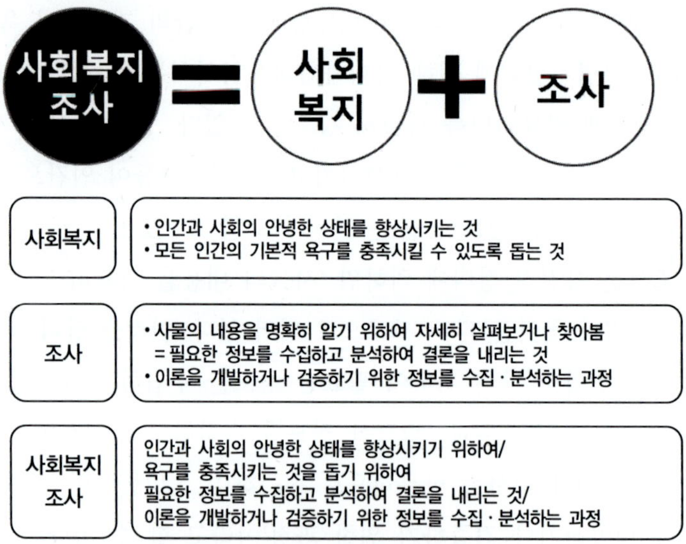

[그림 1-2] 사회복지조사의 개념 도출

2. 사회복지조사의 유형 : 사회복지조사는 어떻게 활용되고 유형은 어떤 것들이 있는가?

Key point

실천 · 정책 · 행정과 같이 사회복지의 하위 영역의 개념을 확실히 이해하고 그 하위영역이 발전하기 위해서 필요한 정보는 무엇인지를 확인한다.

학습목표 질문

1. 실태조사와 욕구조사는 무엇이고, 왜 필요한가?
2. 요인조사와 평가조사는 무엇이고, 왜 필요한가?

사회복지조사의 활용과 유형에 대해 알아보기에 앞서서, 사회복지를 잘 구현하기 위해 필요한 정보를 분류해 보면, **❶ 문제나 어려움 혹은 안녕한 상태에 관한 정보, 즉 현재 상태에 관한 정보, ❷ 원인이나 영향(결과)에 관한 정보, 즉 인과구조에 관한 정보, ❸ 사회복지의 효과성에 관한 정보** 등으로 구분해 볼 수 있다. 이것을 사회복지의 방법론에 따라 사회복지실천, 사회복지행정, 사회복지정책 등으로 구분하고 각각의 활용목적과 연결해서 살펴보면 다음과 같다.

○ 사회복지실천 : 실태나 상황 파악(**❶ 현재 상황에 관한 정보**)
이론 및 모델 개발(**❷ 인과구조에 관한 정보**)
서비스의 효과 검증(**❸ 효과성에 관한 정보**)

○ 사회복지행정 : 사업관리 – 욕구조사(**❶ 현재 상황에 관한 정보**)
프로그램 개발(**❷ 인과구조에 관한 정보**)
프로그램 평가(**❸ 효과성에 관한 정보**)
인적자원관리 – 직원/리더/자원봉사자 역량강화
(**❶ 현재 상황, ❷ 인과구조, ❸ 효과성에 관한 정보**)

○ 사회복지정책 : 사회여론조사(사회문제화의 기초 ❶ **현재 상황에 관한 정보**)
정책 개발(❷ **인과구조에 관한 정보**)
정책 평가(❸ **효과성에 관한 정보**)

사회복지실천은 사회복지사가 개인, 가족, 집단, 지역사회 등의 대상을 직접 만나 서비스를 제공하는 것이다. 사회복지사가 사회복지실천을 잘하기 위해서는 서비스 대상에 대해 잘 알아야 한다. 또한 특정한 문제나 욕구를 해결하기 위해서는 그 문제나 욕구가 무엇인지, 그 문제나 욕구가 무엇 때문에 발생한 것인지(원인), 그러한 문제나 욕구로 인해 나타나는 결과는 어떤 것인지, 그러한 문제나 욕구를 해결하는 데 효과가 입증된 이론이나 모델[2) 등은 어떤 것인지, 사회복지실천 서비스의 효과는 어떻게 확인하는지 등에 대해 잘 알아야 한다. 따라서 사회복지사에게는 서비스 대상에 대한 정보를 확인하거나 특정 문제나 욕구를 확인하는 능력, 문제나 욕구의 원인과 결과를 파악하는 능력, 효과적인 이론이나 모델을 찾아서 적용하는 능력, 이론이나 모델을 개발하는 능력, 서비스 효과를 검증하는 능력 등이 요구된다. 이와 같이 사회복지조사는 사회복지실천을 위해서 매우 중요한 기능을 수행하며 다양하게 활용된다.

사회복지행정은 사회복지기관을 운영하는 데 필요한 것으로 크게 사업(프로그램)관리와 자원관리로 구분된다. 사업관리는 사업을 기획 · 개발하고, 수행하고, 평가하는 것이다. 자원관리는 인적자원관리와 물적자원관리로 구분되는데, 인적자원관리에는 리더십, 직원선발과 교육훈련 및 동기부여 등 인사관리, 자원봉사자관리 등이 포함되고, 물적자원관리는 재정관리와 시설관리 등이 포함된다. 사회복지행정에 있어서도 조사는 매우 중요하며 다양하게 활용된다. 지역주민이나 서비스 대상에 대해 효과적이고 효율적인 사업을 수행하기 위해서는 지역주민이나 서비스 대상의 욕구를 잘 파악하는 것이 필요하고, 효

2) 이론, 모델, 관점에 대해서는 뒤에서 설명할 예정이다.

과적인 사업 내용과 방법을 찾아 기획·개발을 해야 하며, 개발된 프로그램의 효과성을 검증할 수 있어야 한다. 또한 인적자원관리에 있어서도 **직원들의 역량, 직무몰입, 직무성과 등에 영향을 미치는 요인을 규명하는 것, 자원봉사자들이 강한 동기를 가지고 지속적으로 활동하기 위한 조건과 요인, 성공적인 리더십의 유형 등을 규명할 수 있어야 한다**. 이와 같이 조사는 사회복지행정을 위해서도 매우 다양하게 활용되고 있다.

사회복지정책은 사회문제나 주요 이슈에 적극적으로 대처하기 위해서 다양한 복지정책을 개발하고 평가하는 것을 주요 내용으로 한다. 사회복지정책은 주요 이슈가 개인의 책임만이 아니라 사회적 책임이 있다고 판단될 때 사회적 책임을 수행하기 위해서 만들어지고 운영되는 것이다. 따라서 어떤 이슈가 사회적 책임이 있는가를 규명하는 것은 매우 중요한 과업이다. 또한 정책을 개발하거나 시행되고 있는 정책이 성공적으로 운영되고 있는지 평가하는 것도 필수적인 과업이다. **어떤 이슈가 사회적 책임이 있는 것인가에 대한 여론조사, 정책에 대한 평가조사** 등이 사회복지정책 분야에서 주요하게 이루어지고 있는 조사이다.

활용목적과 필요한 정보에 따라 조사유형이 구분되는데, 문제나 어려움 혹은 안녕한 상태에 관한 정보를 얻기 위해서 실태조사나 욕구조사(탐색연구/기술연구)를 하게 되고, 원인이나 영향에 관한 정보를 얻기 위해서 요인조사(설명연구)를 한다. 효과성에 관한 정보를 위해서는 평가조사(평가연구)를 하게 된다.

1) 실태조사[3]

- **목적** : 프로그램 기획 및 정책 개발
- **방법** : 대상에 대한 설문조사, 기관 자료 조사, 행정 지표 조사 등
- **예** : 기부현황, 자원봉사현황, 가정폭력 실태, 청소년 비행 실태, 복지관 이용실태, 노인여가 실태, 노인/여성 차별 실태 등

3) 실태조사를 광의로 보면 욕구파악(욕구조사), 인과구조 파악(요인조사)을 포괄하는 것으로 사용되지만 여기서는 그런 부분을 제외하고 협의로 서술적인 기술(記述)정보를 파악하는 조사로 한정한다. 실태조사가 실제로 어떻게 이루어지는가는 4부 조사 수행에서 자세히 제시되고 있으니 함께 살펴보기 바란다.

실태조사는 관심을 가지고 있는 주민이나 서비스 대상, 국민들의 실제 상황을 파악하기 위한 조사로 사회복지에 있어서 대부분 문제의 심각성을 확인하고, 새로운 프로그램이나 정책을 개발·시행하기 전에 관련된 상황을 파악하기 위해 실시한다. 예를 들어, 가정폭력에 대한 정책[4)]은 가정폭력이 얼마나 많이 발생하고 있는가에 관한 실태조사들이 계속해서 이루어지고, 그것을 통해 심각성이 드러나면서, 가정폭력이 점차 사회문제화 되는 과정을 거쳐 개발되고 시행되었다. 이렇듯 사회복지분야에서 실태조사는 상황의 심각성을 파악하고, 문제인식을 확산시켜 정책을 개발하도록 하거나 프로그램을 개발하도록 하기 위해 주로 실시되고 있다. 또한 욕구를 파악하기 위해서도 실태조사를 실시한다.

2) 욕구조사[5)]

- **목적** : 프로그램 기획 및 정책 개발
- **방법** : 지역주민 조사, 서비스 제공자 조사, 주요 정보제공자 조사, 사회지표 및 행정자료 조사 등(자료수집방법 : 설문조사, 면접, 내용분석, 델파이조사 등)
- **예** : 부부관계증진 프로그램 욕구조사(단일 프로그램), 단일 대상 사례관리를 위한 욕구조사, 특정 대상에 대한 다차원 욕구조사 등

욕구조사는 사회복지를 위한 새로운 프로그램이나 정책을 개발·시행하기 전에 그에 대한 욕구가 있는지를 확인하거나 욕구에 맞는 프로그램 또는 정책을 개발하기 위해 실시하는 것이다. 욕구의 변화를 확인하여 프로그램이나 정책을 수정하기 위해서도 이루어진다. 사회복지 프로그램이나 정책은 개발과정에도 많은 노력이 들어가지만 실행에 옮기는 경우 많은 예산이 수반되기 때문에 고객의 관점에서 수요를 정확하게 예측하여 개발하고 실행하는 것이 필요하다. 이러한 수요를 예측하는 것이 욕구조사라고 할 수 있다. 욕구조사

---

4) 가정폭력에 관한 법률로 구현되고, 그러한 법률에 근거하여 가정폭력을 예방하고 해결하기 위한 노력을 전개하고 있다.

5) 욕구조사의 실제 수행에 관해서는 4부에 제시되어 있으므로 함께 살펴보기 바란다.

는 고객의 욕구, 즉 수요를 알아보는 것이기 때문에 기존에 실시하고 있는 사회복지 프로그램이나 정책이 그 수요에 부합되는 것인가를 확인할 수도 있어서 평가하는 기능도 수행할 수 있다. 사회복지실천현장에서 욕구조사에 기반한 사업계획이 이루어지지 않아서 사업 참여자를 모집하거나 성과를 이루어내는 것 등에서 어려움을 겪게 되는 경우가 많다.

3) 요인조사[6)]

- **목적** : 프로그램 및 정책 개발, 이론의 개발이나 검증
- **방법** : 설문조사, 관찰(현장연구/질적연구), 실험(효과성 요인)
- **예** : 기부요인, 자원봉사요인, 만족도 요인, 가정폭력 요인, 청소년 비행 요인, 차별요인, 프로그램/개입의 효과성 요인 등

요인조사는 원인과 결과구조를 밝히거나 확인하기 위해 실시하는 것이다. 사회복지분야에서 요인조사는 새로운 프로그램이나 정책의 개발, 이론의 개발이나 검증을 위해서 수행된다. 예를 들어, 가정폭력 행위자 치료 프로그램에는 스트레스 관리하기, 평등형 부부 만들기, 의사소통하기 등의 내용이 포함되어 있는데 이는 모두 조사를 통해 가정폭력의 요인으로 밝혀진 것들이다.[7)] 즉, 스트레스 · 부부간의 권력불균형 · 의사소통의 문제가 부부간의 폭력을 일으키는 요인이 된다는 것이 조사를 통해 밝혀진 것이다. 이렇듯 사회복지분야에서 요인조사는 사회복지실천과 정책수행의 방향성을 제시해 주는 기능을 수행하고 있다. 이러한 요인조사는 사회복지실천현장에서보다는 학문현장에서 이루어지는 경우가 많다.

6) 요인조사의 실제 수행에 관해서는 4부에 제시되어 있으므로 함께 살펴보기 바란다.

7) 프로그램 내용을 구성하는 데는 조사를 통해 밝혀진 개념뿐만 아니라 조사를 통해 검증된 이론도 근거가 된다.

4) 평가조사[8)]

- **목적** : 프로그램 수정 및 개발
- **방법** : 설문조사, 관찰(현장연구/질적연구), 실험(효과성 요인)
- **예** : 기관평가, 사업평가(프로그램 개입의 효과, 만족도 평가 등), 직원평가(전문성 등)

평가조사는 프로그램이나 정책의 성과나 효과성을 검증하기 위해 실시된다. 기존의 프로그램이나 정책에 대한 검증을 위해서도 수행되고 있지만, 신규 프로그램이나 정책을 개발할 때, 개발된 프로그램이나 정책의 효과성을 확인하기 위해서도 실시된다. 평가조사는 최근 사회복지분야에서 중요성이 매우 높아지고 있다. 예산을 지원하는 경우 거의 대부분이 프로그램이나 정책의 효과성을 요구하기 때문이다. 예산지원에 대한 책임성뿐만 아니라 고객에 대한 책임성을 위해서도 효과성 조사는 매우 중요하고 필요한 것으로 인식되고 있다. 따라서 평가조사는 사회복지실천현장에서 가장 많이 이루어지고 있는 조사라고 할 수 있다. 프로그램이나 사업의 전문성을 향상시키기 위해서 평가조사는 필수적이다.

---

8) 평가조사의 실제 수행에 관해서는 4부에 제시되어 있으므로 함께 살펴보기 바란다.

chapter 02

조사에 대한 이해 : 과학적 조사의 의미는 무엇이고, 구성요소와 과정은 어떻게 되고 유형은 어떤 것들이 있는가?

1. 과학으로서의 조사 : 과학으로서의 조사는 무엇이고, 어떻게 탐구되는가?

Key point

조사는 이론과 함께 과학의 개념을 형성하고 있는 것이다. 따라서 조사의 개념은 과학과 이론의 관계 속에서 제대로 이해할 수 있다. 이러한 과학(= 조사 + 이론)은 패러다임의 토대 위에서 발전하고, 모델로 활용된다.

학습목표 질문

1. 과학의 의미는 무엇인가?
2. 과학은 어떤 목적을 가지고 있고, 어떤 특징을 가지고 있는가?
3. 사회과학에 있어서 패러다임은 무엇이고, 왜 필요한가?
4. 사회복지에서 과학을 활용하는 것으로서의 모델은 무엇을 말하는 것인가?

조사는 이론과 함께 과학을 구성하는 요소이다. 따라서 조사는 과학적이어야 하고, 과학은 논리적이고 체계적인 조사를 바탕으로 한다. 과학적이지 않은 조사는 조사라고 할 수 없고,[1] 과학적인 조사과정을 거치지 않은 지식은 이론[2]이라 할 수 없다. 과학적 이론의 요건을 갖추지 못한 지식은 우리를 잘

1) 과학적인 조사가 아닌 조사의 예로, 경험으로부터 지식과 정보를 얻는 것을 들 수 있는데, 그러한 것들로는 **부정확한 관찰, 선별적 관찰, 비논리적 추론, 자아가 개입된 이해와 설명, 사이비과학** 등이 있다(Rubin & Babbie, 2010).

2) 과학의 개념에서 이론은 일정한 요건을 갖추고 있어야 한다. 이에 대한 것은 (2) 목적과 특징에서 다루고 있으니 참고하기 바란다.

못된 방향으로 이끌 수 있기 때문에 유의해야 한다. 따라서 과학의 개념과 그 속의 조사와 이론의 개념을 명확히 알아야만 객관적으로 납득이 되는 조사를 수행하고, 이론을 확보하거나 검증할 수 있게 된다.

1) 과학에 대한 이해 : 과학의 의미는 무엇인가?

(1) 개념에 대한 이해

① 정의

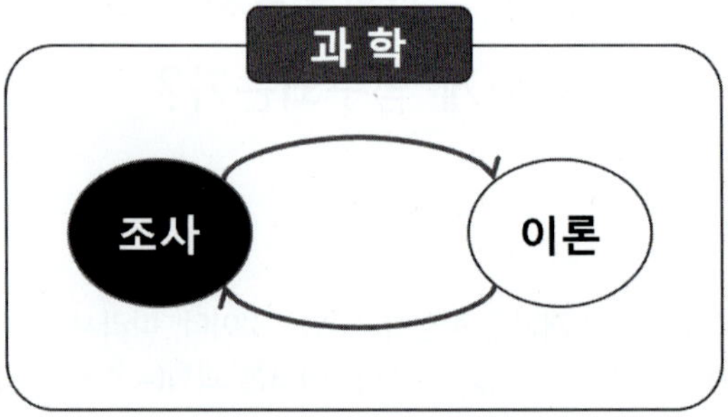

| 그림 2-1 | 과학의 개념

과학science의 어원은 'scire'로, 이는 '**알다**'라는 뜻이다.
• 아는 것 또는 아는 방법으로 **여러 현상에서 지식을 습득하고 그 지식을 탐구하는 방법을 의미한다**(채서일, 2006). • 자연과 자연적인 과정을 조사하기 위한 **논리적이고 체계적이며 문서화된 일련의 방법체계와 이들 조사로부터 만들어진 지식이다**(Schutt, 1996).
따라서 과학은 **아는 방법(지식탐구방법-조사)**과 그것으로부터 **알게 된 것(이론)**이라고 할 수 있다.

과학의 어원은 scire인데 이는 '알다'라는 뜻을 가지고 있는 말이다. '알다'라는 것은 대상을 전제하는 말이다. 즉, 어떤 대상을 안다는 것이다. 따라서 '알다'는 '알게 되다'라는 동사의 의미와 '알게 된 것'이라는 명사의 의미를 모두 포함하고 있다. 그러므로 과학의 의미는 '어떤 것을 알게 되다'란 뜻이다. 여

기서 '**알게 된 어떤 것**'이 **지식**, 즉 **이론**이고, '**알게 되는 과정**'은 **조사**라고 할 수 있다. 이러한 것을 토대로 과학은 이론과 조사를 포함하는 개념이라고 할 수 있다. 도식화하면 '과학=이론+조사'가 된다.

② 조사와 이론

조사는 이론과 함께 과학을 이루고 있는 개념이다. 앞에서 설명한 바와 같이 조사는 과학의 개념 속에서 '알게 되는 과정, 즉 아는 방법'이다. 채서일(2006)은 과학의 개념 속에서 조사를 여러 현상에서 지식을 습득하고 그 지식을 탐구하는 방법이라고 하였다. 또 Schutt(1996)는 조사를 자연과 자연의 과정을 조사하기 위한 논리적이고 체계적이며 문서화된 일련의 방법체계라고 하였다. 결론적으로 과학의 개념 속에서 **조사는 지식을 습득하고, 그 지식을 탐구하는 논리적이고 체계적이며 문서화된 일련의 방법체계**라 할 수 있다.[3] 본 서는 바로 이러한 조사에 대한 지식과 기술을 습득하기 위한 것이다.

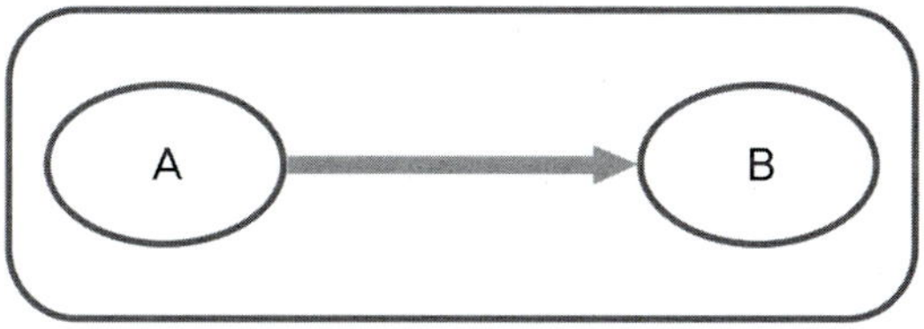

▎그림 2-2▎ 이론의 구조

3) 따라서 다음과 같은 방법으로 얻은 지식은 과학적 지식이라고 할 수 없다. ① **관습**에 의해서 알게 되는 것, ② **권위**에 의존해서 알게 된 것 : 전문가가 말한 것을 그대로 수용하는 것, ③ **직관**에 의해서 알게 되는 것, ④ **대중매체**에 의해서 알게 된 것 등이다. 그렇지만 이러한 방법으로 얻은 지식이 모두 잘못된 것이라고 생각하면 안 된다. 그것들도 모두 앎의 방법들이다(Rubin & Babbie, 2010). 단지 그렇게 얻은 정보를 과학적 지식이라고 하기 어렵다는 것이다. 그렇게 얻은 정보가 과학적 지식이 되기 위해서는 과학적 조사과정을 거쳐야 한다.

<table>
<tr><td rowspan="2">이 론</td><td colspan="2">• 이론이란 현상을 설명하고 예측하기 위한 목적으로 구성된 일련의 상호연관된 개념구성, 정의, 명제들로서 변수들 간의 관계를 구체화함으로써 현상에 대한 체계적인 모습을 제시한다(Kerlinger, 1986).
• 사회생활의 특정한 측면을 설명하려는, 또는 인간이 어떻게 일상의 삶을 엮어가고 의미를 찾는가에 대한 이해를 넓히려는 체계적이고 상호 연관된 진술모음이다(Rubin & Babbie, 1997).
• 사회이론이란 특정 사회현상을 나타내는 개념들이 서로 인과적으로 관련되어 있다고 가정하는 둘 또는 그 이상의 일련의 명제들이다(Bohrnstedt & Knoke, 1982).
→ 명제는 두 가지 필수요소－개념(concepts)과 관계(relationships)－로 구성된다.</td></tr>
<tr><td>정리</td><td>이론이란 현상을 설명하고 예측하기 위한 둘 이상의 개념들 간의 관계에 관한 진술이다.</td></tr>
</table>

조사에 대해 보다 잘 이해하기 위해서는 과학 속의 양대 개념인 이론에 대해 명확하게 이해할 필요가 있다. 일반적으로 이론은 두 가지 뜻으로 사용되고 있다. **넓은 의미로 '지식'을 대신한 용어**로 사용되기도 하고, 본래적 의미로 '현상을 설명하고 예측하기 위한 둘 이상의 개념들 간의 관계에 관한 진술'이라는 보다 구체적인 뜻을 가진 용어로 사용되기도 한다. 일상생활에서 "그것은 너무 이론적이다"라고 이야기할 때, '이론적'에 포함되어 있는 '이론'이라는 용어의 의미는 특정 이론을 의미하기보다는 학문적으로 정립된 지식을 의미하는 것이다. 예를 들어, '사회복지실천현장에서 클라이언트가 자기 어려움의 전문가로서 그 어려움을 주도적으로 해결해 가고 사회복지사는 옆에서 돕는 사람의 역할을 수행해야 한다'라는 표현을 보자. 실제로 '사회복지현장에서는 클라이언트가 자기문제에 대한 전문가라기보다는 도움을 요청하는 사람이고 사회복지사가 그 어려움을 해결해 주는 실제적인 역할을 수행하고 있기 때문에, "클라이언트가 어려움을 주도적으로 해결해 가고 사회복지사는 옆에서 돕는 사람의 역할을 수행해야 한다"고 이야기하는 것은 실제 사회복지실천현장을 이해하지 못하고 너무 이론적으로만 이야기하는 것이다'라고 할 수 있을 것이다. 여기에서 이론적이라는 것은 '학문의 세계에서 정립된 지식체계'를 의미하는 것이지 어떤 특정 이론을 의미하는 것은 아니다. 이렇듯 이론은 체계적으로 정립된 지식을 의미하는 것, 즉 넓은 의미로 사용되기도 한다.

그러나 과학 혹은 조사에서 이론은 '**현상을 설명하고 예측하기 위한 둘 이상의 개념들 간의 관계에 관한 진술 혹은 명제**'라는 보다 구체적인 뜻을 가진 용어로 사용된다. 본 서에서 이론은 두 가지 뜻을 가진 용어로 사용될 것이지만 주로는 후자의 뜻으로 사용될 것이다. 그런 맥락에서 이론을 더 구체적으로 살펴보자.

이론에 대한 다양한 정의나 설명이 존재하지만 공통적인 것은 개념들 간의 관계라는 것이다. 앞에서 예를 들었던 폭력에 대한 스트레스 이론도 스트레스라는 개념과 폭력이라는 개념의 관계를 설명하고 있다. 그 내용을 보면 스트레스가 높으면 폭력을 행사할 가능성이 높다는 것이다. 이것을 폭력의 측면에서 보면 폭력이란 현상을 설명하고 예측하는 요인, 즉 원인(A)으로 스트레스가 존재한다는 것이다. 스트레스의 측면에서 보면 스트레스가 높아지게 되면 폭력(B)이라는 결과로 이어질 가능성이 높다는 것이다. 이와 같이 현상을 설명하고 예측[4]하기 위해서는 검증되고 밝혀진 개념들 간의 관계인 이론이 필요하다. 다시 말하면, 이론은 둘 이상의 개념과 그들 간의 관계를 포함하고 있기 때문에 특정 현상의 원인 혹은 특정 현상의 결과를 이해할 수 있게 해준다.

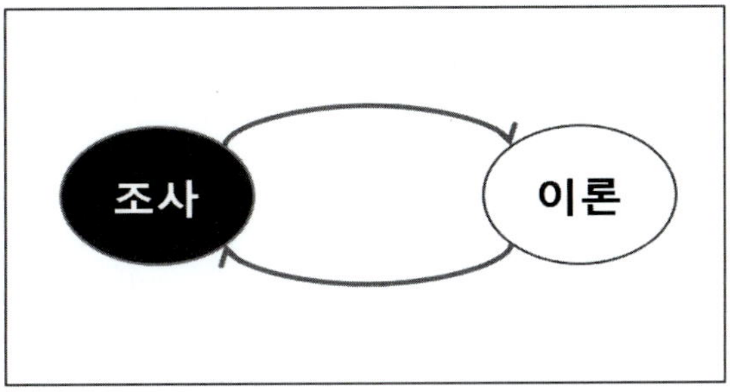

| 그림 2-3 | 조사와 이론의 관계

4) 현상(B)을 설명한다는 것은 그러한 현상의 원인(A)을 이해하고 제시하는 것을 의미하고, 예측한다는 것은 현상의 원인(A)이 발생하면 현상(B)이 나타나게 될 것이라는 것을 인식한다는 뜻이다.

이론은 조사연구과정을 거쳐서 탐색・개발되고, 검증된다. 그러한 이론은 다시 조사의 기반을 제공하는 역할을 한다.

조사를 통해서 이론이 개발되고, 이론을 토대로 조사연구가 이루어지는데 이것을 더 자세히 살펴보자. 먼저 조사연구에서 이론이 개발되는 과정의 예를 들어보자. 어떤 사람이 배우자에게 폭력을 휘두르는 것을 보고 그 이유를 찾아보니 어렸을 때 부모에게서 폭력을 당한 경험이 있고, 그 경험이 학습이 되어서 지금의 배우자에게 폭력을 행사하는 것으로 확인되었다고 하자. 배우자에게 폭력을 행사하는 다른 많은 사람들을 관찰하여, 그들이 배우자에게 폭력을 행사하지 않는 사람들보다 과거에 부모로부터 폭력을 당한 경험이 훨씬 많다는 것이 확인된다면, 과거의 폭력경험은 지금의 폭력에 영향을 미치고 있다고 잠정적으로 결론내릴 수 있다. 이러한 잠정적 결론이 다른 많은 사람들에게서도 동일하게 나타나는 것이 조사를 통해 확인되었다면(경험적 일반화) 그 결론은 하나의 이론으로 자리 잡게 된다. 이와 같은 과정을 통해 과거의 폭력경험이 지금의 폭력에 영향을 미치는 것이 이론으로 자리 잡게 되었는데 이것을 '폭력에 대한 학습이론'이라고 한다. 정리해 보면 조사(관찰)를 통해 특정한 현상의 구조가 밝혀지고, 그러한 구조가 일반인들에게서 상당한 비율로 나타나게 되면(경험적 일반화), 하나의 이론으로 정립되게 되는 것이다.

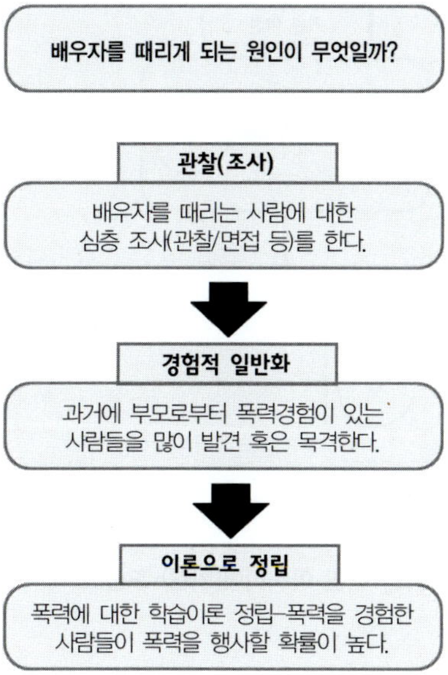

|그림 2-4| 이론개발 과정으로서의 조사

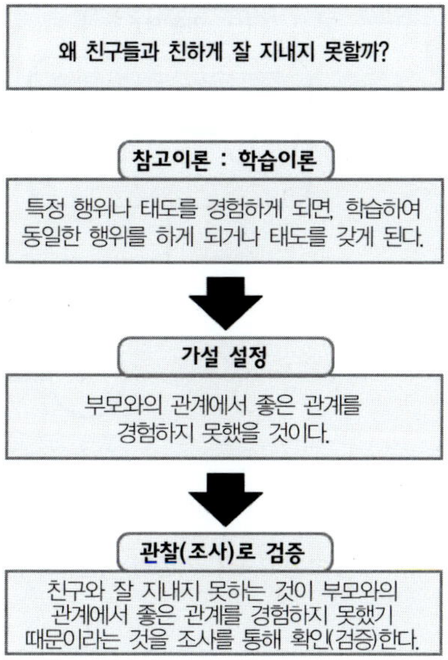

|그림 2-5| 조사의 기반으로서의 이론

이번에는 이론이 조사연구를 이끌게(기반이) 되는 과정을 살펴보자. 친구들과 잘 지내지 못하는 청소년을 예로 들어보자. 친구들과 좋은 관계를 갖지 못하는 이유를 찾고자 할 때, 앞에서 예를 든 '학습이론'은 그 이유를 가족관계, 특히 부모－자녀관계에서 찾도록 아이디어를 제공해 준다. 어려서부터 부모－자녀관계가 원만하지 못하면 좋은 인간관계를 학습하지 못하였을 것이기 때문에 친구들과도 좋은 관계를 형성하기 어렵다는 가정을 할 수 있게 된다. 이러한 가정이 맞는지 틀리는지는 조사를 통해 밝힐 수 있다. 정리해 보면 기존의 이론은 특정한 인과관계에 관한 아이디어(가설)를 제공해 주는데, 아이디어(가설)가 정립되면 조사를 통해 검증하게 되는 것이다.

기존의 이론에서 아이디어(가설)를 얻는 또 다른 형태를 살펴보자. 다음 |그림 2－6|에서 A가 B에 영향을 미친다(A → B)는 이론이 있고, B가 C에 영향을 미친다(B → C)는 이론이 있다면 A가 C에 영향을 미칠 것이다(A → C)라는 아이디어(가설)를 얻을 수도 있다. 여기서 'A가 C에 영향을 미칠 것이다'를 우리는 가설(假說)이라고 부른다.

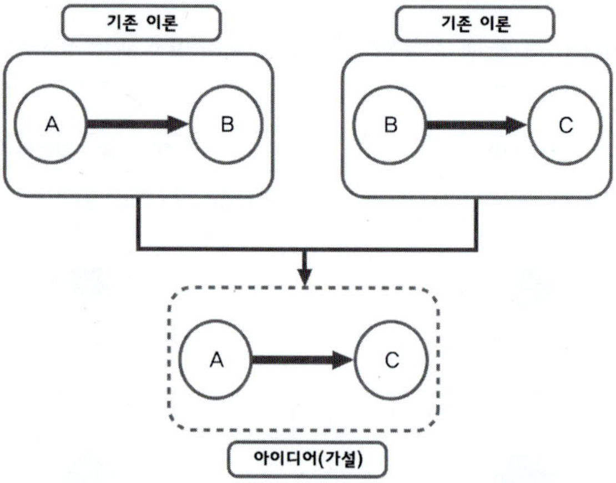

❙그림 2-6❙ 기존의 이론으로부터 조사를 위한 아이디어(가설) 도출

이와 같이 기존의 이론을 토대로 가설을 설정하고, 가설검증을 위해 관찰(조사)[5]이 이루어진다. 또한 많은 관찰(조사)을 통해 검증된 가설은 일반화의 과정을 거쳐 이론으로 개발되게 된다. Walter Wallace(1971)는 이것을 순환과정으로 설명하고 있다. 이와 같은 과정이 계속해서 순환적으로 이루어져 이론(지식)이 풍부하게 되는 것이다. 여기서 조사가 먼저냐 이론이 먼저냐를 따지는 것은 닭이 먼저냐 달걀이 먼저냐를 따지는 것과 같다. 중요한 것은 조사를 통해 이론이 탐색·개발되고, 개발된 이론을 토대로 아이디어가 제공되어 조사를 거쳐 새로운 이론이 개발되거나 검증된다는 점이다. 따라서 조사를 잘하기 위해서는 이론적 지식이 필요하고,[6] 새로운 이론의 개발이나 검증을 위해서는 조사가 필수적이다.

5) 조사란 용어를 명확히 할 필요가 있다. 관련된 용어로 이제까지 조사연구방법, 조사, 연구, 관찰이라는 용어를 사용하였다. 그러나 앞으로는 조사라는 용어로 통일하여 사용하고자 하는데 경우에 따라 다른 의미를 가지게 될 것이니 독자들은 이 점을 주의하여 주기 바란다. 즉, 넓은 의미로 이론이 개발되는 전 과정을 조사라고 할 수도 있고, 좁은 의미로 조사대상자를 선정하고 자료수집을 하는 과정을 조사라고 할 수도 있다. 조사설계라고 할 경우의 조사라는 용어는 후자의 조사를 의미하는 경우가 많다.

6) 조사를 체계적으로 습득하게 하기 위하여 학습자들에게 조사주제–다른 말로 연구문제라고도 함–를 설정하고 가설(아이디어)을 수립하도록 요구하면 학습자들은 많이 어려워한다. 그것은 크게 두 가지 원인이 있다. **사회복지에 대한 문제의식/이해가 충분하지 못하거나 다양한 이론에 대한 정보가 부족해서이다.** 특히 기존 이론에 대한 정보가 부족하면 조사에 대한 아이디어(가설)를 세우는 것이 매우 어렵게 된다. 이 말은 기존의 이론에 대한 정보가 확보된다면 조사주제를 세우거나 가설을 세우는 것이 어렵지 않게 될 수 있다는 의미도 된다.

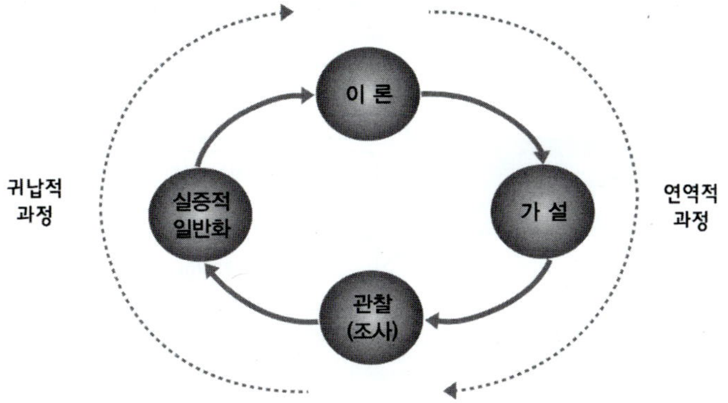

그림 2-7 조사와 이론 간의 관계구성도

(2) 목적과 특징 : 과학은 어떤 목적을 가지고 있고, 어떤 특징을 가지고 있는가?

과학은 조사와 이론을 의미한다고 하였다. 과학의 목적과 특징을 말할 때 목적은 조사부문에서의 목적을 의미한다. 따라서 **과학의 목적**은 **이론을 탐구 · 개발하고 제공하는 것**이라고 할 수 있다. 이론은 한편으로는 지식을 의미하기 때문에 과학의 목적을 지식을 탐구 · 개발하고 제공하는 것이라고 표현할 수도 있다. 앞에서 이론의 개념을 좁은 의미로 보면 '이론은 개념과 개념의 관계에 관한 진술'이라고 하였는데, 이를 도식화하면 

와 같이 될 수 있다. 이러한 도식으로부터 **둘 이상의 개념들 간의 관계를 기술하고 설명하고, 현상에 대한 예측을 한다.** 즉, A가 발생하면 B가 발생할 것이 예측되는 것이다. 역으로 B가 발생하면 A가 작용했음을 추론할 수 있다. 이와 같이 이론은 **현상에 존재하는 규칙성을 밝히고 일반화**한다. 따라서 과학의 목적은 이론을 탐구하고 제공하는 것인데, 이론을 통해서 현상에 존재하는 규칙성을 밝히고 일반화하며, 둘 이상의 개념들 간의 관계를 기술하고 설명하고, 현상에 대한 예측을 하고자 하는 것으로 설명할 수 있다.

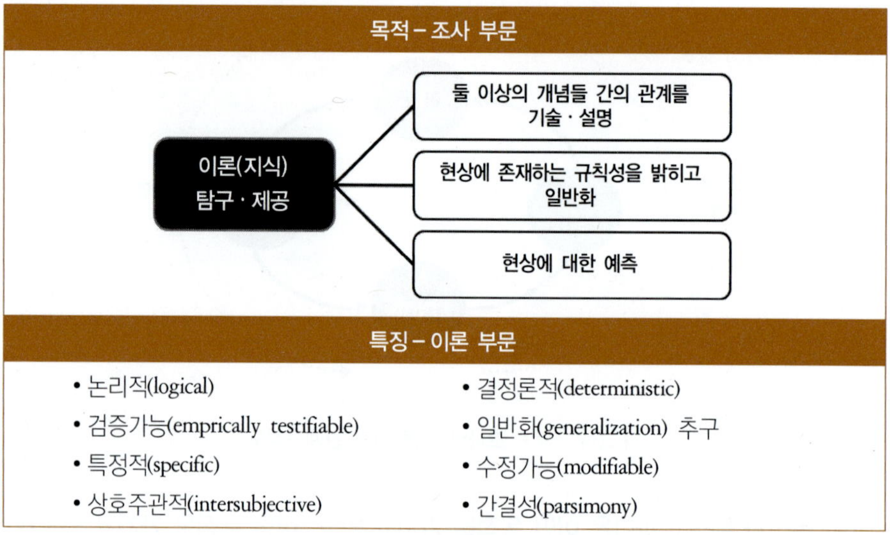

| 그림 2-8 | 과학의 목적과 특징

과학의 특징은 이론 부문의 특징을 의미한다. 따라서 **과학의 특징**은 곧 이론의 특징이고, 이론의 특징이 과학의 특징이다. 이론은 개념과 개념 간의 관계를 나타내는 것으로 일반화된 것이다. 즉, 많은 사람들에 의해 공인된 것이다. 많은 사람들에게 인정된다는 것은 **이치에 맞고 합리적(논리적)**이라는 것이다. 또한 이론은 영향을 주고 영향을 받는 관계, 즉 **원인과 결과의 구조(결정론적)**를 가지고 있다. 이것은 우연적이 아닌 분명한 원인과 결과의 구조를 의미하는 결정론적인 특성을 가지고 있다는 것이다. 이러한 결정론적인 인과구조는 **검증이 가능해야** 한다. 검증할 수 없으면 이론이라 할 수 없다. 또한 이론은 보다 많은 대상에 적용되도록 검증과정을 거치게 된다. 다시 말해서, 일반화할 수 있도록 하는 것이다. **일반화를 추구**한다는 것은 이론이 모든 대상에 다 적용되는 것은 아니라는 의미와 같다. 앞에서도 설명했듯이 많은 사람들에게 적용되도록 검증과정을 거치고 있다는 것은 아직까지 모든 사람에게 적용되지 않고, **적용되는 특정 대상이 있다(특정적)**는 것을 의미하는 것이다. 그런 의미에서 이론은 특정적이라고 할 수 있다. 우리는 자연현상과 사회현상에 대해 아직까지 알지 못하는 영역이 많다. 아니 그 일부만을 알고 있다고 할 수 있다. 그래서 끊임없이 이론을 개발하고 탐구하는 것이다. 자연현상과 사회현상에 대한 **새로운 이론이 발견되면 기존의 이론은 수정**되게 된다. 따라서 이론은 불변하는 만고의 진리가 아닌 수정 가능성을 가지고 있는 것으로 인식할 필요가 있다. 즉, 과학은 높은 수준의 **형식성**(formality), **엄밀성**(rigorousness), **검증가능성**(verifiability), **보편타당성**(general validity)을 가지고 있다. 과학이 논리적이고 체계적이고 엄밀성을 갖추고 있다고 하더라도 그것이 100% 객관성을 담보한다고 할 수 없다. 특히 사회과학은 연구자가 100% 가치중립을 지키며 연구할 수 없다. 따라서 과학은 엄밀하게 객관적이라고 하기는 어렵고, **과학자들 간에 상당 부분 동의된 것, 즉 상호주관적**[7]이라고 할 수 있다. 또한 과학은 **간결성을 추구**한다. 어떤 행위를 해결하기 위해 원인을 발견하고자 할 때 모든 원인을 다 밝히는 것은 효율적이지 못하다. 그 원인을 모두 발견해서 그 행위를 해결하기보다는 차라리 그 행위를 직접 줄이기 위해 노력하는 것이 더 효율적일 수 있다. 따라서 과학은 효과성과 효율성을 모두 확보하기 위해 **주요한** 원인을 발견하고 그것을 통해서 문제를 해결하는 것을 추구한다. 즉, 간결성을 추구하는 것이다.

이것을 정리하면 다음과 같다.

① **논리적**(logical) : 체계적이고 이치에 맞는 합리적인 활동이다.
② **결정론적**(deterministic) : 자연발생적이거나 우연적이지 않고 원인과 결과 구조를 가지고 있다. 즉, 이론적 구조를 가지고 있다.
③ **검증가능**(empirically testifiable) : 과학적 사실은 경험적 자료를 통해 검증된 것이기 때문에 검증이 가능해야 한다.
④ **일반화**(generalization) 추구 : 보편적, 일반적 현상에 대한 이해와 설명을 목표로 한다.
⑤ **특정적**(specific) : 모든 현상에 다 적용되는 이론은 현실적으로 존재하지 않기 때문에 적용되는 대상이나 범위가 명확하게 제한되어 있다.
⑥ **수정가능**(modifiable) : 반증되고 수정가능하며 상대적인 것으로 이를 통해 새로운 이론이 개발된다.

7) 이를 다른 표현으로는 간주관성(間主觀性)이라고도 한다.

⑦ **상호주관적**(intersubjective) : 엄밀하게 객관적이라기보다는 과학자들이 상호동의한 것으로 개인적 주관이 아닌 다수의 주관들이 일치·통일된 것이다.
⑧ **간결성**(parsimony) : 될 수 있는 한 적은 수의 요인이나 변수를 가지고 설명하려 한다.

과학은 진리를 추구하는 수단이라기보다는 현상을 이해하는 데 유용한 이론을 제공해 주는 수단이다(Babbie, 1973, 홍종선 외, 2000 재인용).

과학은 크게 사회과학과 자연과학으로 구분된다. 사회과학과 자연과학은 서로 다른 특징을 가지고 있기 때문에 사회과학을 하는 경우와 자연과학을 하는 경우 서로 다른 접근이 요구된다. 따라서 사회과학과 자연과학의 특성을 이해하는 것이 필요하다. **사회복지조사는 사회과학에 속하는 것이기 때문에 특별히 사회과학의 특성에 대해 잘 이해해야만 오류를 범하지 않고 잘 수행할 수 있다.**

사회과학은 사회현상을 대상으로 하고 자연과학은 자연현상을 대상으로 한다. 따라서 사회과학과 자연과학의 차이는 사회현상과 자연현상의 차이에 기인하게 된다. **자연현상은 사회현상에 비해 규칙적이고 반복적이어서 일반화가 용이하지만 사회현상은 일반화가 쉽지 않다.** 사계절의 변화나 지구의 자전과 공전 등은 지극히 규칙적[8]이다. 반면에 사회현상은 가변적이고 다양해서 일반화가 용이하지 않다. 사회현상은 사회의 현상이고, 사회라고 하는 것은 사람들이 모여서 구성되는 것이기 때문에 사회현상은 사람들에 의해 좌우되는 경향이 있다. 다양한 사람들이 모여 만드는 사회현상은 규칙성이 떨어지고 가변적이다. **사회과학에서 연구자는 연구대상인 사회 속에 포함되어 있고 자연과학에서 연구자는 연구대상과 분리하여 존재한다. 사회과학에서 연구자는 연구대상인 사회 속에 포함되어 있기 때문에 연구대상을 완전히 객관적으로 인식할 수 없다.**[9] 즉, 사회과학에서의 과정과 결과(론)는 연구자의 가치관이나 세계관에 영향을 받을 수밖에

8) 최근의 기후변화나 환경변화 등은 규칙성을 많이 벗어나고 있어서 자연현상도 상황과 종류에 따라 규칙성의 정도는 차이가 많다.

9) 피란델로 효과(pirandello effect) : 사회과학은 관찰대상물과 관찰자가 구분되지 않는 경우가 많다. 따라서 객관성이 결여될 가능성이 큰데 그것을 피란델로 효과라고 한다.

없으나 자연과학은 연구자의 가치관이나 세계관에 영향을 별로 받지 않는다. **사회과학은 사회과학자의 다양한 관점을 바탕으로 사회의 다양한 측면을 밝히고, 다양한 사회현상을 밝히는 것으로 독창적 성격을 띠는 것이 일반적이다.** 그러나 **인간이 구성하고 있는 사회를 대상으로 하고 있기 때문에 인간의 본질이 바뀌지 않는 한 기존이론과 부합되지 않는 새로운 이론이 출현하는 것은 매우 드물다.** 반면에 자연과학은 기존의 이론과 지식을 바탕으로 새로운 이론과 지식이 축적된다. 그러나 자연현상은 인간에게 밝혀지지 않은 것이 너무 많고, 인간이 밝혀내고 있는 자연에 관한 이론과 지식이 너무 적기 때문에 새로운 이론이나 지식이 발견될 가능성이 매우 높다. **사회과학에서 사회현상은 가변적이고 일반화가 용이하지 않아서 명확한 결론을 내리기가 어렵다.** 즉, 하나의 정답을 가지고 있지 않은 경우가 대부분이다. 반면에 자연과학은 명확한 결론을 내리기 쉽다. 즉, 하나의 정답이 존재한다. 따라서 **사회과학은 자연과학에 비해 예측력이 높지 않다.**

이것을 간략하게 정리해 보면 <표 2-1>과 같다.

〈표 2-1〉 사회과학의 특징과 자연과학의 특징

영 역	사회과학	자연과학
연구대상	**인간행위와 사회현상**	자연현상
연구자	**연구대상인 사회의 일부**	연구대상과 분리
도식화(법칙)	**어려움(제한적, 확률적 법칙)**	쉬움(보편적, 결정론적 법칙)
지식의 축적	**독창적(누진적이 아님)**	누진적/축적적
사회문화적 특성의 영향	**받음**	별로 받지 않음
연구자의 가치관이나 세계관의 영향	**받음**	별로 받지 않음
결론(정답)	**명확하게 내리기 어려움 (하나의 정답이 존재하지 않음)**	명확하게 내릴 수 있음 (하나의 정답이 존재)
새로운 이론과 기존 이론과의 관계	**단절되지 않고 부합**	새로운 이론이 빈번히 출현함
예측력	**낮음**	높음

※ 박옥희(2006)에서 발췌하여 일부 수정한 내용임

이와 같은 사회과학의 특성에 따라 사회과학을 하는 연구자는 쉽사리 결론을 내리거나 판단을 하면 안 된다. 비록 검증된 것이라 하더라도 그 결과(이론)가 모든 사람들에게 단정적으로 적용되는 것은 아니라는 사실을 인식하는 것이 필요하다. 또한 동일한 현상에 대한 원인규명도 관점과 사회문화적 상황에 따라 다르게 결론이 도출될 수 있기 때문에 결과로 도출된 것에 대해서는 임시적인 것으로 판단하는 것이 적절하다.

2) 과학의 발전 : 과학의 발전은 어떠한 방법적 접근으로 이루어지는가?

과학의 발전은 지식정보의 축적, 다시 말해서 이론이 탐구되고 개발됨으로써 이루어진다고 할 수 있다. 그리고 지식정보(이론)의 축적에 있어서는, 앞에서도 살펴보았듯이, 탐구방법인 조사방법이 중요한 역할을 하고 있다. 이러한 탐구방법은 아리스토텔레스로부터 다양하게 발전되어 오고 있는데, 과학적 탐구에 대해서는 16~17세기 베이컨과 로크, 데카르트와 갈릴레이에 이르러 자리를 잡기 시작했다고 할 수 있다.

(1) 과학적 탐구

과학적 탐구를 어떻게 볼 것인가에 대해 학자들마다 매우 다양한 견해를 제시하고 있다. 기원전 소크라테스, 플라톤, 아리스토텔레스의 자연철학을 과학적 탐구방법의 시작으로 보는 견해와 16~17세기 베이컨, 로크, 데카르트, 갈릴레이 등으로부터 비로소 과학적 탐구가 이루어지기 시작했다고 보는 견해 등 다양한 견해가 존재한다. 따라서 과학적 탐구에 대한 논의를 제대로 하기 위해서는 매우 방대한 작업이 요구되기 때문에 여기서는 실용적 조사방법의 탐구라는 본 저서의 목적에 따라 기본적인 이해를 하고 넘어가도록 하겠다.

베이컨과 로크로 대표되는 귀납법과 데카르트와 갈릴레이로 대표되는 연역법을 살펴보고, 20세기 가장 영향력 있는 칼 포퍼의 반증법과 토마스 쿤의 패러다임에 대해 대표적으로 살펴보도록 하겠다.

① 귀납법과 연역법

귀납법과 연역법은 고대로부터 이어온 아리스토텔레스의 방법론을 거부하고 16~17세기에 나타난 과학적 탐구방법이다. 베이컨과 로크, 데카르트와 갈릴레이 등은 특정한 것에서 보편성을 발견하고, 그것을 사물의 본질(essence of things)이라 칭하였던 아리스토텔레스의 추상적 방법론을 거부하고 그들 나름의 방법론을 제시하였다. 베이컨과 로크는 귀납법을, 데카르트와 갈릴레이는 연역법을 주장하였다.

영국의 철학자이자 정치가이며 영국 경험론의 시조인 베이컨(1561~1626)은 자연과학의 방법론으로 "베이컨의 귀납적 추리 원리(Baconian principle of inductive reasoning)"를 제시하였다. 즉, 경험주의에 기초한 귀납법을 주장하였다. 귀납적 방법은 개별적인 사실들로부터 일반적인 원리나 이론을 탐구하고 개발하는 방법이다. 귀납적 방법은 귀납주의에 기초해 있는데, **귀납주의의 핵심은 경험이다**. 따라서 귀납주의를 경험주의라고도 한다. 귀납주의의 과학적 방법론은 다음 ❙그림 2-9❙와 같이 이루어진다(Wysong, 1976). ① 특정한 자연현상을 관찰한다. ② 그러한 현상이 왜 발생했는가라는 생각을 한다. ③ 데이터 조사를 통해 과학적 가설을 설정한다. ④ 계속된 관찰(실험)을 통해 가설이 지지되는지 확인하고, 만일 반대되는 관찰이 이루어지면 새로운 가설을 세우고 계속된 관찰을 해간다. ⑤ 가설이 많은 관찰(실험)에 의해 뒷받침되면 이론으로 자리매김한다. ⑥ 일정한 시간 동안 계속해서 이론이 참으로 증명되면 그것은 법칙으로 자리를 잡는다.

그림 2-9 귀납법의 이론화 과정

이와 같은 귀납적 추론을 이론의 순환 틀에 적용하여 다시 설명해 보면, 귀납법은 조사를 통해 일정한 경향(패턴)을 발견하고 임시적 결론을 얻는 과정을 반복함으로써 일반화의 과정을 거쳐 이론을 구축해 가는 방법이다. 즉, 삼단논법을 거꾸로 적용하는 것이다. "소크라테스도 죽었다; 데카르트도 죽었다; 베이컨도 죽었다; 이와 같이 모든 사람은 죽는다"와 같이 개별적인 사실들을 축적하여 일반적인 원칙을 구축하는 것이다. 또 다른 예는 앞에서 살펴본 폭력으로부터 학습이론이 개발되는 과정이다. 즉, 어떤 사람이 배우자에게 폭력을 휘두르는 것을 보고 그 이유를 찾아보니 어렸을 때 부모에게서 폭력을 당한 경험이 있고, 그 경험이 학습이 되어서 지금의 배우자에게 폭력을 행사하는 것으로 확인되었다. 배우자에게 폭력을 행사하는 다른 많은 사람들을 관찰하여, 그들이 배우자에게 폭력을 행사하지 않는 사람들보다 과거에 부모로부터 폭력을 당한 경험이 훨씬 많다는 것이 확인되었다. 이러한 발견을 토대로 과거의 폭력경험은 지금의 폭력에 영향을 미치고 있다고 잠정적인 결론을 내렸다. 이러한 잠정적 결론이 다른 많은 사람들에게서도 동일하게 나타나는 것이 조사를 통해 확인(경험적 일반화)되었다. 따라서 많은 이들이 과거의 폭력경험은 지금의 폭력에 영향을 미친다는 것을 이론으로 인정하게 되었고, '학습이론'이라고 명명하게 되었다. 이와 같이 개별적인 사실을 가지고, 계속적인 탐구를 통해 일반적인 사실로 확인하고 정립하는 방법을 귀납적 방법이라고 한다. 귀납적 방법에서의 조사는 대부분 **질적(質的)연구**로 관찰 혹은 현장연구라 불리는 조사연구로부터 시작된다.[10] 그러나 흄(1711~1776)과 같은 과학철학자는 귀납법에 대해 논리적 한계를 지적하였다. 그에 따르면 귀납은 인과성을 기반으로 한다. 즉, 과거의 경험이 이루어졌다는 것은 그 경험의 원인이 작용하고 있다는 것을 의미하는 것이다. 따라서 미래에 그 경험을 하기 위해서는 과거의 원인적 상황이 동일하게 존재해야 한다. 즉, 과거의 경험을 근거로 미래를 예측하는 귀납이 정당한 추론이 되기 위해서는 과거의 경험이 일어났던 세계와 미래의 세계가 동일해야 한다는 자연의 일양성(Uniformity of Nature)이 가정되어야 한다는 것이다. 다시 말해서 과거의 경험적 지식이 미래에 뒤집히지 않기 위해서는 자연은 항상 동일해야 한다는 것이다. 그러나 자연의 일양성은 선험적 지식이 아니라 경험에 근거하여 확증할 수 있는 것이기 때문에 자연의 일양성을 근거로 한 귀납의 정당화는 순환적 논리에 빠져버리게 된다는 것이다. 이러한 비판에 대해 라이헨바흐는 현실적인 대안을 제시한다. 즉, 자연이 일양적일 수도 있고 일양적이지 않을 수도 있는데, 만약 일양적이면 귀납이 근거를 확보하게 되는 것이고, 일양적이지 않다면 어떤 방법도 체계적으로 미래 예측을 계속해서 성공할 수 없게 되는데, 그러한 상황에서는 귀납법을 사용하는 것이 그 가운데 가장 적절하다는 것이다. 그러나 이러한 귀납법의 한계는 과학은 반증을 통해 발전한다는 칼 포퍼의 반증주의에 의해 보다 명확하게 해결된다.

---

10) 귀납적 방법에서의 조사가 질적연구로 시작하지만 개별적인 사실이 일반적인 사실, 즉 이론화되기 위해서는 일반적으로 양적 조사가 필요하다.

한편 프랑스의 물리학자이며 근대철학의 아버지, 해석기하학의 창시자로 불리는 데카르트(1596~1650)는 합리주의와 연역법의 대표주자이다. 합리주의는 사실의 기준을 감각(적 관찰)에 두는 경험주의와는 다르게 지적이고 연역적인 것에 둔다. 데카르트는 불변의 사실들에 대한 지식들은 추리를 통해서 도달할 수 있다고 하였다. 이것이 바로 합리주의를 토대로 하고 있는 연역법이다. 연역적 체계를 위해서는 어떠한 경험의 간섭도 받지 않고, 반박할 수도 없는 다른 모든 지식의 토대, 즉 제1원리가 필요한데, 데카르트는 방법적 회의[11)]를 통해 '나는 생각한다, 고로 존재한다(Cogito ergo sum)'는 제1원리를 도출하였다. 모든 것이 거짓이라고 생각하는 동안에도 이렇게 생각하는 나는 반드시 존재하여야 한다는 것이다. 이것이 흔들릴 수 없는 진리이자 제1원리인 것이다. 따라서 나의 존재는 물질적 사물에 의존하지 않는다(윤선구, 2003). 데카르트는 제1원리를 기반으로 신의 존재를 증명하였고, 자연법칙들을 제안하였다. 데카르트에게 있어서 이것은 모두 연역적 추론을 통해서 이루지고 있다. 연역적 방법[12)]은 이와 같이 일반적인(general) 것으로부터 특수한(specific) 것을 추론해 내는 접근방법이다. 연역적 논리의 고전적인 예는 소크라테스의 대화법인 삼단논법이다. 삼단논법은 미리 알려진 두 판단을 토대로 새로운 판단을 이끌어 내는 추리방법이다. 예를 들어, 모든 사람은 죽는다는 대원리와 소크라테스는 사람이다라는 보편적 사실을 토대로, 따라서 소크라테스는 죽는다는 새로운 판단을 추론하는 것이다. 데카르트는 이를 바탕으로 수학적 연역법을 체계화하였다. 그러나 연역법은 대원리와 보편적 사실을 통해 새로운 판단을 추론한다. 즉, 대원리와 보편적 사실이 참이 되어야 새로운 판단이 참으로 나타날 수 있는데 과연 항상 진리인 대원리가 데카르트의 제1원리 외에 얼마나 존재하는가가 연역법의 한계가 될 수 있다.

이를 위의 이론의 순환 틀에 적용해 보면, 기존의 이론을 토대로 가설을 설정하고, 조사연구를 통하여 가설을 채택하거나 혹은 기각해서 새로운 지식을

11) 방법적 회의란 데카르트가 의심스럽고 불확실한 인식을 제거하고 확실한 인식만을 확보하기 위해 기존의 인식에 대해 의도적으로 제기하는 의심을 말한다(윤신구, 2003).

12) 연역적 방법은 연역주의에 기초해 있는데, **연역주의의 핵심은 논리적 추론이다.**

축적해 가는 방법이다. 학습이론을 예로 들어보자. 학습이론은 특정한 행동과 습관 및 언어 등은 학습이 된다는 것이다. 앞에서 과거의 폭력경험은 학습이 되어 현재의 폭력에 영향을 미친다고 하였다. 학습이론을 토대로 아동의 부적절한 대인관계 행동은 부모와의 부적절한 관계에서 학습된 것이라고 추론해볼 수 있다. 이러한 추론은 학습이론이라는 이론에 기반한 것이다. 이러한 추론을 증명하기 위해서 대표적인 표본(아동들)을 대상으로 조사연구를 한다. 따라서 연역적 방법에서의 확인이나 검증은 대부분 **양적(量的) 연구**로 이루어진다.

연역적 과정과 귀납적 과정은 오늘날 양적 조사와 질적 조사로 대표된다. 양적 조사는 많은 수의 대표적인 표본(샘플)을 대상으로 질문지를 활용하여 가설에 대하여 검증하는 것이 일반적이고, 질적 조사는 특정한 사례를 깊이 있게 관찰하여 요인구조(이론)를 도출해 내는 것이 일반적이다.[13] 그러나 연구조사 방법론이 발달하면서 양적 조사와 질적 조사의 활용과 목적이 다양해지고 있다. 질적 조사의 경우 요인구조를 도출하는 것 외에도 중요한 개념을 도출하거나 현상을 규정하고 해석하기 위해 사용되는 등 다양한 목적을 위해 활용되고 있다.

양적 조사와 질적 조사로 대표되는 연역적 과정과 귀납적 과정은 각기 장단점을 가지고 있다. 자세한 것은 뒤에서 다루게 되므로 여기서는 간단하게 언급하도록 한다. 연역적 과정은 대규모 표본을 통해 연구하고자 하는 집단의 일반적 성격을 규명해 내기 쉬운 반면에 각각의 사례에 대한 깊이 있는 조사연구가 불가능하다. 반면에 질적 조사는 각각의 사례에 대한 깊이 있는 조사연구가 이루어지는 반면에 대표성을 확보하기 어렵다. 따라서 양적 조사(연역적 과정)와 질적 조사(귀납적 과정)를 적절하게 통합하여 활용하는 것이 필요하다.

13) 연역적 방법에서 양적 조사를, 귀납적 방법에서 질적 조사를 주로 활용하기는 하지만, 그렇다고 양적 조사=연역적 방법, 질적 조사=귀납적 방법을 의미하는 것은 아니다. 귀납적 방법에서도 양적 조사를, 연역적 방법에서도 질적 조사를 활용하기도 한다.

② 반증법과 패러다임 전환

20세기 과학적 방법의 양대 산맥은 칼 포퍼와 토마스 쿤이다. 오스트리아에서 태어나서 영국에서 활동한 칼 포퍼(1902~1994)는 과학철학자로서 고전적인 귀납적 추론을 거부하고 반증하는 방법을 통해 과학이 발전한다고 주장하였다. 반면에 토마스 쿤(1922~1996)은 미국의 과학사학자이자 과학철학자로 《과학혁명의 구조》로 유명한데, 과학의 발전은 점진적으로 이루어지는 것이 아니라 패러다임의 전환(paradigm shift)을 통해 혁명적으로 이루어지며, 이 변화를 과학혁명이라고 불렀다.

칼 포퍼는 과학이 반증될 수 있는 것이어야 한다고 하였다. 예를 들어, 신은 증명도 반증도 할 수 없기 때문에 신의 존재는 과학이 아니다. 이것을 과학의 반증가능성이라고 하는데, 과학은 반증을 통해 발전해 간다는 것이다. 이러한 과학적 방법을 반증법이라고 하는데, 포퍼가 처음으로 '과학적 발견의 논리학'에서 이를 설명하였다. 반증주의에서 가설이나 이론은 관찰이나 실험에 의해 지속적인 확인을 받게 되는데, 만일 반증된 가설이나 이론은 더 우수한 가설이나 이론으로 대체되어 과학이 발전한다는 과학관이다. 따라서 포퍼는 모든 이론들을 가혹하게 검증하고, 반증된다면 새로운 이론을 찾아서 정립하며, 그러한 이론에 대해서도 동일하게 반증의 검증과정을 거칠 것을 요구한다. 즉, 가설은 반증 가능성이 높을수록 더 큰 의미를 지니며, 가설은 반증 시도를 극복하면서 발전되어 점점 더 우수해진다고 주장한다. 검증되거나 반증되는 법칙을 끊임없이 찾으려고 한다는 점에서 포퍼는 철저한 인과론자라고도 할 수 있다.

이러한 축적적 과학관을 거부하고 과학혁명을 주장한 과학철학자가 토마스 쿤이다. 어느 시대든지 과학이나 역사, 시대정신이 존재하는데, 쿤은 그 시대의 주류과학을 정상과학(normal science)이라고 하였다. 대부분의 과학자들은 정상과학의 테두리 내에서 과학 활동을 하는데, 그러한 정상과학은 패러다임[14]으로 존재한다는 것이다. 그러나 정상과학도 100% 완벽할 수는 없는 것

14) 패러다임은 패턴, 선형, 모델 등을 의미하는 그리스어 파라데이그마(paradeigma)에서 온 것으로 쿤은 문제를 해결하는 방법이라는 뜻으로 사용했다.

이어서 정상과학으로 설명할 수 없는 현상이 발생한다고 한다. 기존의 패러다임으로는 해결할 수 없는 이러한 현상은 결국 기존의 패러다임을 부정하게 하는 결과를 초래하게 되는데, 이러한 위기를 극복하기 위해 과학자들은 새로운 패러다임을 받아들이게 된다. 갈릴레이의 지동설과 뉴턴의 만유인력법칙, 아인슈타인의 상대성 이론 등이 대표적인 예이다. 이렇듯 새로운 패러다임을 받아들일 때(paradigm shift) 과학이 혁명적으로 발전한다는 것이다.

(2) 패러다임-이론-모델

사회복지실천을 잘하기 위해서는 패러다임과 이론 및 모델에 대해 정확하게 이해하고, 이들 간의 관계에 대해서도 제대로 이해할 필요가 있다. 왜냐하면 사회복지실천은 사회복지사가 임의로 하는 것이 아니라 이론이나 모델에 기반을 두고 해야 하기 때문이다. 그래야만 사회복지실천의 성과를 담보할 수 있다. 기본적으로 사회복지실천 모델은 이론이나 관점에 근거해서 만들어지고, 이론이나 관점은 패러다임, 즉 근본적 관점에 바탕을 두고 개발된다.

① 패러다임 : 사회과학에 있어서 패러다임은 무엇이고, 왜 필요한가?

패러다임	• 우리말로 '**원형原型**'으로 '**가장 기본적인 것**'이라는 뜻이다(정대연, 1997).	
	• 의미에 대한 과학적 탐색에서 과학을 특징짓는 **근본적인 관점**이다(Kuhn, 1970). 어떤 것에 대한 관점을 조직화시켜 주는 **근본적인 모델 또는 개요(scheme)**이다(Rubin & Babbie, 1997).	
	정리	패러다임은 근본적 관점이다.

사회과학을 수행하기에 앞서 인식하고 정립해야 하는 것이 패러다임이다. 패러다임은 사물과 현상을 바라보는 근본적 관점 혹은 시각이다. 어떠한 시각과 관점을 가지고 있는가, 즉 어떠한 패러다임을 가지고 있느냐에 따라 사물과 현상에 대한 이해를 다르게 하고, 설명도 다르게 하게 된다. 사회과학에서 사회현상을 바라볼 때 100% 객관적인 실제 모습을 탐구할 수 있을까? 대답은 '불가능하다'이다. 우리가 알고 있는 것은 실재하는 사회현상이 아니라

우리에게 보여진 사회현상이다. 예를 들어, 부부관계가 보통 수준인 어떤 부부가 있다고 하자. 부부관계가 매우 좋은 사람이 그 부부를 본다면 부부관계가 좋지 않다고 볼 것이다. 즉, 그 사람에게 비춰진 부부관계는 좋은 것이 아니다. 그러나 부부관계가 매우 안 좋은 사람이 그 부부를 본다면 부부관계가 좋다고 볼 것이다. 즉, 그 사람에게 비춰진 부부관계는 좋은 것이다. 이렇듯, 사회과학에서 패러다임은 사회현상을 이해하는 데 중요한 역할을 한다.

따라서 **사회과학자가 어떤 패러다임을 가지고 있느냐에 따라 다른 이론을 탐색·개발하게 된다.** 이는 또한 선호하는 이론이 다를 수 있다는 의미도 된다. 일반적으로 사회학에서는 인간행동을 사회구조 혹은 사회문화의 산물로 보는 패러다임을 가지고 있기 때문에 인간행동의 원인을 사회 속에서 찾으려고 한다. 반면에 심리학에서는 인간행동을 그가 가지고 있는 고유한 특성(성격 특성)의 산물로 보는 관점을 취하기 때문에 인간행동의 원인을 그 사람의 심리 속에서 찾으려고 한다. 사회복지에서는 생태체계적 관점을 취하기 때문에 인간행동의 원인을 사회환경과 그가 가지고 있는 고유한 특성의 상호작용 속에서 찾으려고 한다.

따라서 사회과학자는 자신이 어떤 패러다임을 가지고 있는지를 명확하게 인식해야 한다. 그리고 자기가 수행하는 조사와 개발·검증하는 이론은 바로 그러한 패러다임을 토대로 하고 있다는 것을 인식해야 한다. 이것을 다른 말로 하면 다른 패러다임을 가지고 있다면 다른 조사를 하고, 다른 결과를 만들어 낼 수 있다는 것이다. 이렇듯 패러다임에 대한 인식은 조사에 있어서 매우 중요하다.

그러나 패러다임이 고정불변하는 것은 아니다. 쿤(1970)은 포퍼의 반증주의에 영향을 받아, 기존의 패러다임을 부정하고 새롭게 출발할 때 과학은 혁명적으로 발달한다고 주장하고, 패러다임은 끊임없이 변화하고 발전하며 새로운 패러다임에 의해 대체된다고 하였다.

② 모델 : 사회복지에서 과학을 활용하는 것으로서의 모델은 무엇을 말하는 것인가?

<table>
<tr><td rowspan="3">모 델</td><td colspan="2">• 모델은 어떤 사물을 닮은 것을 의미한다. 다시 말하면, 모델은 어떤 실체를 모방하거나 추상화시켜 놓은 것으로 아직 완전하게 기본 요소가 잡혀 있지는 않지만 구조나 내용상 실제의 사물이나 현상과 동일한 형성물을 말한다(정대연, 1997).</td></tr>
<tr><td colspan="2">• 기준이 될 만한 어떤 사실이나 이론적 틀
기준이 될 만한 사람의 전형이나 사물의 표본(Daum 사전)</td></tr>
<tr><td>정리</td><td>이론은 현상의 원리에 대한 설명이다(설명체계). 그러나 이론을 연구대상(실체)에 적용시켜 그 연구대상을 해석하면(추상화시키면) 그 이론은 모델이 된다(추리체계).
㉠ 인지행동이론 : 인지가 행동에, 행동이 인지에 영향을 미친다고 인지와 행동 간 관계의 원리를 설명하는 것(1단계)
인지행동모델 : 인간 행동이나 인지에 인지행동이론을 적용하여 해석하는 것, 즉 인간행동은 인지에 영향을 미치고, 인지는 행동에 영향을 미친다고 적용하여 해석하는 것(2단계)[15]
(실천모델로서) 인지행동모델 : 인지행동이론을 근거로 인지체계를 변화시켜서 인간행동을 변화시키거나 인간행동을 변화시켜서 인지체계를 변화시키려고 시도하는 것</td></tr>
</table>

사회복지조사는 사회복지를 위해서 필요한 지식, 즉 이론을 개발하고 검증하기 위해서 이루어진다. 사회복지실천에서 사회복지사가 사회복지실천－개입－을 할 때 필요한 것이 실천모델이다. 사회복지에서 실천모델은 사회복지실천이 어떻게 수행되어야 하는지를 보여주는 틀이라고 할 수 있다. 사회복지사는 실천모델에 따라 사회복지실천을 수행하는 것이다. 따라서 사회복지에서 실천모델은 매우 중요하다.

이러한 실천모델이 만들어지기 위해서는 이론이 기반이 되어야 한다. 다시 말해서, **이론은 실천모델의 근간이 된다.** 즉, 어떤 이론을 가지고 있느냐에 따라 실천모델이 달라지게 된다. 예를 들어, 폭력에 대한 스트레스이론을 선호하는

15) 이론과 모델의 구분이 쉽지는 않다. 이론은 원리를 설명하는 것에 초점을 두고, 모델은 특정 대상 혹은 실체에 적용하여 해석하는 것에 초점을 맞춘다는 차이가 있는데, 내용상으로는 차이가 없기 때문이다. 따라서 원리에 대한 순수한 설명이냐 혹은 대상을 이해하기 위해서 이론을 적용하여 해석한 것이냐를 가지고 구분하기 바란다.

사회복지사는 폭력을 해결하기 위해서 스트레스를 예방하거나 줄이는 방향으로 사회복지실천을 펼쳐갈 것이다. 또 다른 사회복지사는 인지행동이론을 기반으로 하고 있는 인지행동모델에 의거하여 인지(생각하는 방식)를 바꿈으로써 폭력이라는 행동을 변화시키는 방향으로 사회복지실천을 펼쳐갈 것이다. 이렇듯 **패러다임은 이론 선택의 기반이 되고, 이론은 실천모델의 기반이 된다.** 그러나 패러다임과 실천모델 사이에 항상 이론이 존재하는 것은 아니다. 예를 들어, 극심한 가정폭력에 대해서 여성주의적 관점(패러다임)을 가지는 경우, 그것을 토대로 한 이론 없이도 이혼을 주요 해결책으로 목록화할 수 있다. 그러나 보수적인 기독교적 관점을 가지고 있는 경우에는 이혼이 아닌 결혼을 유지하는 다른 방법을 주요 해결책으로 고려할 가능성이 높다. 그러나 일반적으로는 실천모델을 개발하기 위해서는 이론에 근거하고, 이론을 선택하기 위해서는 패러다임을 선택해야 한다. 이는 사회복지실천의 전문성을 강화하기 위해서도 꼭 필요한 것이다.

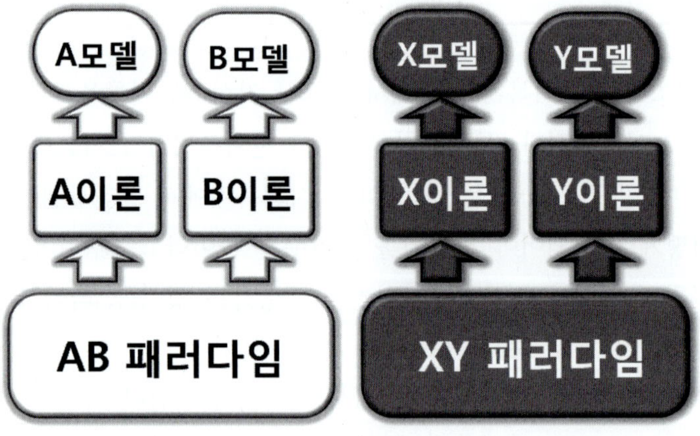

그림 2-10 이론과 패러다임, 이론과 모델의 관계

2. 조사의 구성 요소 : 조사의 핵심적 구성 요소는 무엇인가?

Key point

조사가 이루어지기 위한 기본 요소를 생각한다.

학습목표 질문

조사가 이루어지기 위한 필수적인 기본 요소는 무엇인가?

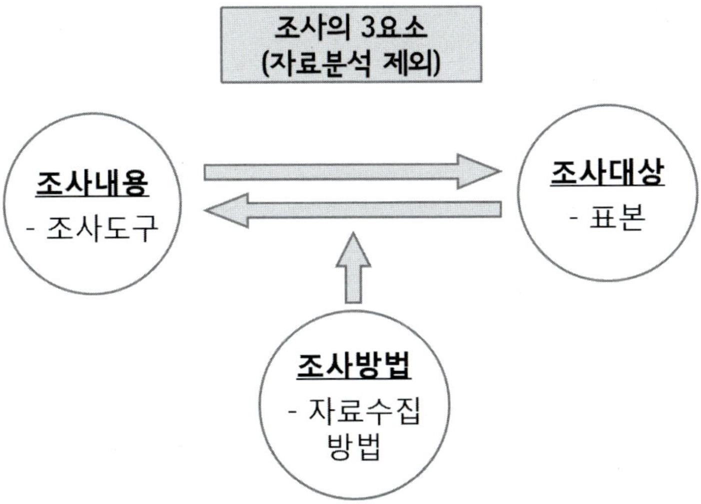

▎그림 2-11▎ 조사의 주요 구성요소

조사가 이루어지기 위해서는 **세 가지 요소**가 필요하다. 첫째, **조사할 내용**으로 이것은 연구문제가 되는데 최종적인 형태는 **질문(측정)**이 된다. 둘째, **조사할 대상**인데 일반적으로 조사대상(모집단) 가운데 선정해서 **표본**의 형태로 존재한다. 셋째, **조사방법**으로 조사할 내용인 질문을 가지고 표본에게서 응답을 얻는 방법인 **자료수집방법**이 있어야 한다. 사회복지조사론 혹은 사회과학 연구방법론은 기본적으로 이 세 가지를 이해하고 실행할 수 있도록 익히는 것이다. 이

세 가지 요소는 상호 고려되어 작업이 이루어진다. 즉, 조사내용을 구체화시켜 감에 있어서 표본과 자료수집방법을 고려하고, 표본을 선정함에 있어서 조사내용과 자료수집방법을 고려한다. 물론 자료수집방법은 연구문제와 표본을 고려하여 결정하게 된다.

결론적으로 조사연구가 잘 이루어지기 위해서는 ① 조사내용이 명확하게 구성되어야 하고, ② 조사하고자 하는 집단(모집단)을 잘 대표할 수 있도록 표본을 선정하여야 하고, ③ 자료수집이 적절한 방법을 통해 체계적으로 원활하게 이루어져야 한다. 따라서 **무엇을 조사할 것인가? 어떤 사람을 어떻게 뽑아서 조사할 것인가? 어떤 방법으로 조사할 것인가?** 의 세 가지 질문을 하고 이에 답하는 방법으로 조사를 진행해 가길 바란다.

3. 조사의 과정 : 조사는 어떠한 과정으로 이루어지는가?

Key point

조사의 기본 요소인 조사도구 개발, 조사대상자 선정, 자료수집을 중심으로 그 전 단계로는 계획을, 그 다음 단계로는 보고서 작업을 논리적 순서로 나열해 본다.

학습목표 질문

조사는 어떠한 과정으로 이루어지는가?

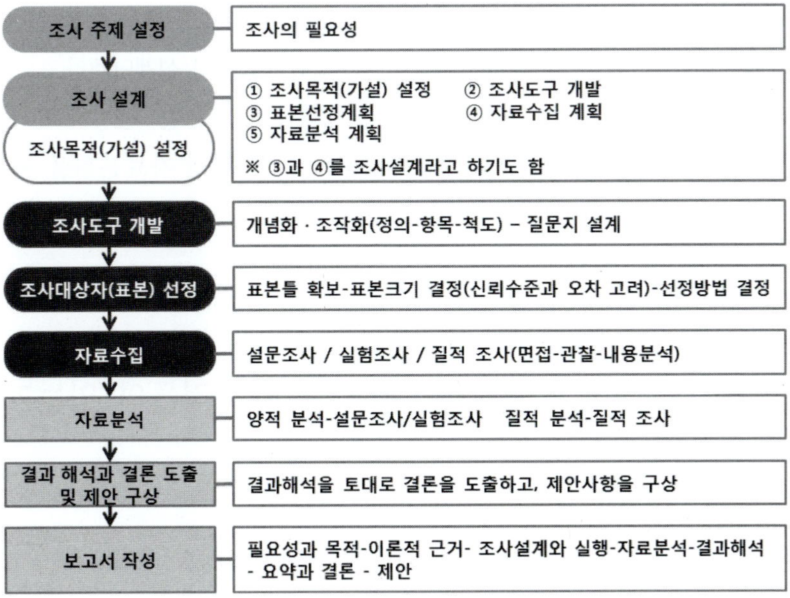

| 그림 2-12 | 조사의 과정과 절차

조사를 구성하는 세 가지의 핵심요소는 다음과 같은 조사과정과 절차 속에서 수행된다. 먼저 연구자는 **조사의 필요성을 인식**하게 된다. 조사의 필요성이 확립되면 **조사주제(문제)가 설정**된다. 조사주제가 설정되면 조사를 하기 위해 **조사설계**[16]를 하게 된다. 즉, **조사목적을 설정하고 필요시에는 가설을 설정**한다. 조사목적을 달성하기 위해 측정(조사도구 개발), 표본선정, 자료수집, 자료분석 등을 계획한다. **조사도구 개발**은 조사목적을 구성하는 주요 개념의 정의를 내리고 지표를 구성하는 것에 관한 계획이다. 즉, 어떤 자(척도尺度)를 사용하여 조사할 것인가를 계획하는 것이다. **표본선정 계획**은 조사를 하고자 하는 전체 집단(모집단)을 규정하고, 표본을 선정할 방법을 계획하는 것이다. **자료수집 계획**은 설문조사, 실험조사, 질적 조사, 내용분석조사 등에 관한 계획을 수립하는 것이다. **자료분석 계획**은 수집된 자료를 어떻게 분석할 것인가를 계획하는

16) 앞에서도 언급했지만 조사라는 용어는 다양한 의미로 사용된다. 따라서 '조사설계' 역시 다양한 의미로 사용하는데, 조사의 필요성이 확립된 다음에 조사를 하기 위해 이루어지는 전체 계획에 대해 '조사설계'라는 용어를 사용하기도 하고, 표본선정과 자료수집방법에 국한해서 '조사설계'라고 하기도 한다. 따라서 조사라는 용어는 어떠한 의미로 사용되었는가를 잘 따져보아야 한다.

것이다. 이렇게 조사설계가 이루어지면, 그것을 바탕으로 개념을 정의하고 **측정**을 결정하게 된다. 이 단계를 **개념화 – 조작화 – 질문지 설계단계**라고도 한다. 조사내용에 관한 작업이 끝나면 실제 조사대상인 표본을 선정하고, 그들을 대상으로 자료수집을 한다. 자료수집이 모두 이루어지면 자료분석을 하고, 분석을 통해 나온 결과에 대해 해석[17]을 하고 결론을 도출하면 최종단계로 보고서를 작성하게 된다.

4. 조사의 유형 : 조사의 유형은 어떤 것들이 있는가?

Key point

조사는 필요와 목적에 따라 다양하게 이루어질 수 있다는 것을 인식한다.

학습목표 질문

1. 조사의 목적에 따라 어떠한 조사유형이 있을 수 있는가?
2. 한 번의 조사와 여러 차례의 조사로부터 얻어지는 조사결과, 즉 정보는 어떠한 차이가 있는가?
3. 조사대상 범위나 수집된 자료의 성격에 따라서 어떠한 조사유형이 있을 수 있는가?

17) 조사결과를 해석할 때 유의해야 할 점이 있다. 집단적 차원에서 수집된 정보를 바탕으로 그 안의 개인들에 대한 것으로 해석해서는 안 된다(Schutt, 1996)는 것이다. 예를 들어, 비숙련 노동자의 비율이 많은 기업일수록 파업발생률이 높다는 것을 조사를 통해서 확인하였다고 해서, 비숙련 노동자들이 파업에 더 많이 참여한다고 결론 내려서는 안 된다는 것이다. 물론 비숙련 노동자들이 파업에 더 많이 참여할 수도 있지만, 반대로 비숙련 노동자의 비율이 많은 기업에서 숙련 노동자들이 파업을 더 많이 일으킬 수도 있기 때문이다. 따라서 집단적 차원에서 수집된 정보라면 집단에 적용해서 해석을 해야 한다. 그렇지 않고 집단적 차원에서 얻은 정보를 가지고 그 안의 개인에게 적용하여 해석하게 되면 오류가 발생할 수 있는데, 우리는 이러한 오류를 **생태학적 오류**(ecological fallacy)라고 한다. 이와 같은 논리로, 개인적 차원에서 수집된 정보를 바탕으로 집단적 차원에 적용하여 해석해도 안 된다. 예를 들어, 어떤 기업의 근로자들 일부를 표본으로 뽑아서 조사를 해봤더니 교육수준이 높을수록 높은 수준의 임금을 받는 자리에서 일하고 있다는 것을 확인하였다고 하자. 그러한 결과를 가지고 다른 기업들도 교육수준이 높은 사람들을 높은 수준의 임금을 받는 자리에 배치한다고 결론을 내려선 안 된다. 실제로는 그럴 수도 있고 그렇지 않을 수도 있다. 기업들은 나름대로의 업무배치 원칙이 있을 것이다. 업무배치의 기준이 교육수준인 기업도 있을 수 있지만 기술력이 기준인 기업도 있을 수 있다. 따라서 개인적 차원에서 수집된 정보는 개인적 차원에서만 해석해야지 집단적 차원에 적용해서는 안 된다. 만일 그렇게 된다면 오류에 빠질 수 있는데 우리는 이러한 오류를 **환원주의 오류**(reductionist fallacy or reductionism)라고 한다.

조사의 유형은 조사의 성격에 따라 다양하게 분류된다. 먼저, **목적에 따라 탐색연구, 기술연구, 설명연구, 평가연구 등으로도 구분된다. 또한 시간적 차원에 따라 횡단연구와 종단연구로 구분하고, 조사대상의 범위에 따라 전수조사, 표본조사로 나누거나, 수집되는 자료의 성격에 따라 양적연구와 질적연구로 분류하기도 한다.**

1) 목적에 따른 분류

사회복지조사의 목적과 활용에 따라 욕구조사, 실태조사, 요인조사, 평가조사 등으로 구분할 수도 있다.

(1) 일반적 목적에 따른 분류 유형

① 탐색연구

탐색연구는 기존의 이론과 조사연구가 부족하거나 없을 때, 특정 주제를 **탐색**(exploration)하기 위해 수행하는 연구이다. 예를 들어, 기존의 자료가 없는 국제결혼부부의 만족도나 부부만족도에 영향을 미치는 요인을 알아보고자 할 때 사례조사를 한다든지 혹은 일정한 표본을 뽑아서 조사를 하는 경우이다. 다른 예는 지역사회 욕구조사이다. 욕구조사의 경우 대부분이 탐색연구에 속한다. 탐색연구는 엄밀하게 계획되어 조사가 이루어지기보다는 다양한 방법－질적연구, 양적연구－으로 다소 느슨하게 이루어지는 것이 일반적이다. 탐색연구의 단점은 제목에서도 알 수 있듯이 탐색적으로 이루어지는 것이기 때문에 엄밀한 답을 얻을 수 없다는 것이다.

② 기술연구

기술연구는 특정 현상이나 상황에 대해 **기술**(description)하기 위해서 이루어지는 연구조사이다. 가장 전형적인 예는 인구조사(census)이다. 우리나라도 5년마다 인구센서스 조사를 하여 발표하는데, 바로 이것이 기술연구조사이다. 이밖에도 범죄율, 폭력율, 자원봉사율, 이혼율 등과 같은 정보를 확보하기 위해서 시행하는 조사가 이에 속한다. 욕구조사는 대부분 탐색연구에 속한다고 하였는데 범죄율, 폭력율, 자원봉사율, 이혼율 등도 욕구자료로 활용할 수 있으므로 넓게 보면 이와 같은 정보를 얻기 위한 연구조사들은 욕구조사에 해당한다고 할 수 있다.

③ 설명연구

설명연구는 특정 현상이나 상황에 대한 요인을 **설명**(explanation)하기 위해서 이루어지는 연구조사이다. 즉, 인과구조를 밝히고자 하는 것이다. 예를 들어, 부부만족의 요인은 무엇인가, 부부폭력의 요인은 무엇인가, 스트레스가 이혼의 원인인가 등과 같이 요인을 식별하거나, 특정 변수가 요인이 되는 것인지 확인하는 것이다.

④ 평가연구

평가연구는 사회복지정책, 사회복지실천, 사회복지행정을 **평가**(evaluation)하기 위해서 이루어지는 연구조사이다.

(2) 사회복지 활용 목적에 따른 분류 유형[18)]

① 실태조사
② 욕구조사
③ 요인조사
④ 평가조사

2) 시간적 차원에 따른 분류

연구조사가 이루어지는 시간적 차원을 기준으로 특정 시점에 한 번의 조사로 이루어지는 횡단연구와 여러 차례 반복적으로 이루어지는 종단연구로 분류할 수 있다.

① 횡단연구(cross-sectional study)

횡단연구는 **특정 시점**에서의 현상이나 요인에 대해 탐색, 기술, 설명, 평가의

18) 이들에 대한 설명은 제1장 2. 유형 부분을 참고하기 바란다.

목적을 위해 이루어지는 조사연구이다. 예를 들어, 우리나라에서 매 5년마다 실시하는 인구센서스는 각 시기의 횡단연구조사이다. 또한 「가정폭력방지 및 피해자보호 등에 관한 법률」 제4조의2에 의거하여 3년마다 가정폭력 실태조사를 실시하고 있는데, 역시 각 시기마다 이루어지는 실태조사를 횡단연구라고 할 수 있다. 횡단연구는 일회성으로 실시되기 때문에 시간이나 비용이 적게 드는 반면에 요인을 밝히는 설명적 성격의 횡단연구는 인과성에 관한 엄밀한 정보를 얻기 어렵다. 일반적으로 원인과 결과는 시간적 선후관계를 가지고 있다. 스트레스가 폭력에 영향을 미치는지를 엄밀하게 확인하려면 스트레스가 높은 사람과 낮은 사람을 구분하고 그들이 폭력을 행사하는지 여부를 확인해야 한다. 따라서 이러한 경우 원인이 결과로 나타나는지를 확인하려면 시간이 필요하다. 그러나 횡단연구는 특정 시점에서의 조사를 통해 인과관계를 밝히게 되므로 인과성에 관한 정확한 정보를 확보했다고 하기 어렵다.

② 종단연구(longitudinal study)

종단연구는 **일정 기간**에 걸쳐 일어나는 현상에 대한 과정을 기술하고 설명하기 위해 이루어지는 조사연구이다. 예를 들어, 앞에서 예를 든 매 5년마다 실시하는 인구센서스를 통해서 지난 20년간 우리나라 여성들의 취업의 추이를 밝히고자 한다면 그것은 종단연구조사가 된다. 또 다른 예는 노동패널조사이다. 우리나라는 한국노동연구원이 정부의 위탁을 받아 비농촌지역에 거주하는 5,000세대를 패널로 선정하여 1988년부터 해마다 경제, 소득과 소비활동, 교육과 훈련상황 등을 조사하여 시간의 흐름에 따라 한 사람과 가정의 움직임을 관찰하고자 패널조사를 실시하였는데, 이러한 것이 대표적인 종단연구이다. 종단연구는 시간과 비용이 많이 드는 반면에 인과관계에 관한 보다 정확한 정보를 얻을 수 있다는 장점이 있다. 종단연구에는 패널연구, 동년배(코호트) 연구, 추이(추세 혹은 경향)연구 등이 있다.

패널연구(panel study)는 **동일한 대상**에 대해 시차를 두고 이루어지는 연구조사이다. 앞에서 설명한 한국노동연구원의 노동패널조사는 5,000세대를 선정하여 매년 그들에 대해 조사를 실시하고 있다. 또한 2006년부터 한국보건사회연구원과 서울대학교 사회복지연구소가 한국복지패널 컨소시엄을 구성하여

7,000여 가구를 선정하여 매년 동일한 대상으로 조사를 실시하고 있는데, 이 역시 전형적인 패널연구이다.

동년배 연구(cohort study)는 **동일한 대상은 아니고 동일한 연령을 가진 조사대상자 층에서 표본을 선정**하여 이루어지는 연구조사이다. 즉, 모집단은 동일하지만 표본은 동일하지 않을 때 그 표본을 코호트(cohort－동년배)라고 하고, 그렇게 조사하는 것을 코호트(동년배) 연구조사라고 한다. 동년배 혹은 코호트연구는 두 시점의 표본이 동일인이 아니기 때문에 측정된 변화의 내용이 패널연구보다 정확성이 떨어진다고 할 수 있다(정대연, 1997).

추이연구(trend study)는 횡단연구를 여러 차례 시행하는 것과 같다. 예를 들어, 대통령선거를 위해서 일정 시기마다 후보들의 지지율을 조사하는 것이나 혹은 일정한 시기마다 정당의 지지율을 조사하는 것 등이 전형적인 예이다.

정리하면, 패널연구와 동년배 연구는 동일한 모집단을 가지고 있는데, 패널연구는 표본도 동일한 연구방법이고, 추이연구는 모집단 자체가 다른 연구방법이다.

3) 조사대상의 범위에 따른 분류

조사대상의 범위에 따라 모집단 전체를 조사하는 **전수조사**와 모집단의 일부를 표본으로 뽑아서 조사하는 **표본조사**로 분류할 수도 있다.

① 전수조사

인구센서스 조사는 전수조사의 전형적인 예라 할 수 있다. 전수조사는 시간과 비용이 많이 소요되기 때문에 대부분의 조사는 표본조사로 이루어진다.

② 표본조사

표본조사는 모집단의 일부를 선정하여, 즉 표본(sample)을 구성하여 수행하는 조사이다. 표본조사에서는 모집단을 잘 대표하는 대표성 있는 표본을 구성하는 것이 관건이며, 대표성 있는 표본에 대해 이루어진 표본조사일수록 조사결과에 대한 일반화 가능성이 높다고 할 수 있다.

4) 수집되는 자료의 성격에 따른 분류

수집되고 분석되는 자료의 성격에 따라 양적연구와 질적연구로 분류할 수도 있다.

① 양적연구

양적연구는 양(量)적 자료를 수집하고 연구조사결과도 수량화해서 제시하는 연구조사로 대부분 연역법을 활용한다. 대부분의 설문조사와 척도형태로 되어 있는 측정도구를 가지고 효과성을 확인하는 실험조사가 이에 속한다. 양적연구조사는 조사결과에 대한 이해가 쉬우나 깊이 있는 정보를 얻기 어렵다는 단점이 있다.

② 질적연구

질적연구는 양적 자료가 아닌 질(質)적 자료를 수집하기 위해서 시행하는 연구조사로 대부분 귀납법을 활용한다. 예를 들어, 이혼과정에 따라 심리상태가 어떻게 변화하는지에 대한 정보를 얻고자 할 때 질적연구조사를 수행하게 된다. 질적연구조사는 심층면접, 참여관찰 등의 방법을 활용하여 정보수집을 한다.

앞에서 살펴본 연구조사의 유형을 분류기준에 따라 다음의 <표 2-2>와 같이 정리할 수 있다.

〈표 2-2〉 **연구조사의 유형 정리**

<table>
<tr><th>분류기준</th><th colspan="2">연구조사 유형</th><th>내 용</th></tr>
<tr><td rowspan="4">목적과 활용 1</td><td colspan="2">실태조사</td><td>특정 현상의 실태를 파악하기 위해 이루어지는 조사</td></tr>
<tr><td colspan="2">욕구조사</td><td>욕구의 내용과 수요규모 등을 밝히는 조사</td></tr>
<tr><td colspan="2">요인조사</td><td>특정 현상의 요인(인과관계)을 밝히는 조사</td></tr>
<tr><td colspan="2">평가조사</td><td>정책, 실천, 행정을 평가하기 위해 이루어지는 조사</td></tr>
<tr><td rowspan="4">목적과 활용 2</td><td colspan="2">탐색연구</td><td>기존의 이론이나 연구가 부족하거나 없을 때 특정 현상에 대해 탐색적으로 이루어지는 연구</td></tr>
<tr><td colspan="2">기술연구</td><td>특정 현상을 기술하기 위해 이루어지는 연구(예 인구센서스)</td></tr>
<tr><td colspan="2">설명연구</td><td>인과관계를 밝히기 위해 이루어지는 연구(예 스트레스가 부부폭력의 요인인지 밝히는 연구조사)</td></tr>
<tr><td colspan="2">평가연구</td><td>정책, 실천, 행정을 평가하기 위해 이루어지는 연구(예 스트레스 해소 프로그램의 효과를 검증하기 위한 연구)</td></tr>
<tr><td rowspan="4">시간적 차원</td><td colspan="2">횡단연구</td><td>특정 시점에서의 현상이나 요인에 대해 탐색, 기술, 설명, 평가의 목적을 위해 이루어지는 조사연구</td></tr>
<tr><td rowspan="3">종단 연구</td><td>패널연구</td><td>동일한 대상에 대해 시차를 두고 이루어지는 연구</td></tr>
<tr><td>동년배 연구</td><td>동일한 대상층에 대해 시차를 두고 표본을 뽑아서 이루어지는 연구로 일명 ‘코호트 연구(cohort study)’</td></tr>
<tr><td>추이연구</td><td>횡단연구를 여러 차례 시행하여 경향을 알아보는 연구</td></tr>
<tr><td rowspan="2">조사대상 범위</td><td colspan="2">전수조사</td><td>모집단 전체에 대해서 조사가 이루어지는 연구</td></tr>
<tr><td colspan="2">표본조사</td><td>모집단에서 표본을 선정하여 표본에 대해 이루어지는 연구</td></tr>
<tr><td rowspan="2">자료의 성격</td><td colspan="2">양적연구</td><td>양적 자료를 수집하고, 양적인 해석을 하기 위해 수행되는 연구</td></tr>
<tr><td colspan="2">질적연구</td><td>질적 자료를 수집하고, 질적으로 해석하기 위해 이루어지는 연구</td></tr>
</table>

chapter 03

조사의 윤리와 가치중립 : 조사를 수행함에 있어서 갖추어야 하는 태도와 자세는 무엇인가?

Key point

사회복지에서 조사는 거의 대부분이 사람을 대상으로 한다는 점과, 연구자가 조사대상이 되는 사회의 구성원이라는 점을 생각해 본다.

학습목표 질문

조사를 수행함에 있어서 갖추어야 하는 태도와 자세는 무엇인가?

1. 조사의 윤리성

과학은 조사를 통하여 이론을 탐구하고 제공하는 것이다. 과학적 과정(조사)으로부터 탐구되고 개발된 이론은 인간생활과 밀접한 관련을 갖는 것이 대부분이다. 따라서 과학적 조사는 **인간생활에 도움이 되는 것이어야지 해를 입히는 것이 되어서는 안 된다.** 또한 인간생활에 도움을 주는 것이라고 하더라도 그 **과정과 절차에서는 엄격한 윤리성이 요구된다.** 즉, 수단과 목적 모두에서 윤리적이어야 한다는 것이다. 최근 몇 년 전에 우리 사회에서는 배아줄기세포연구에 대한 논란이 심하게 일었던 적이 있다. 배아줄기세포는 사람의 배아를 이용해서 만들기 때문에 생명윤리 논란이 되어왔다. 이것은 과학을 추구함에 있어서 윤리가 얼마나 중요한지를 단적으로 보여주는 예이다.

사회과학 조사를 함에 있어서도 조사의 윤리성은 다양하게 요구되고 있다. 특히 **조사과정에서 얻은 정보에 대해서는 비밀보장과 사생활보장이 이루어지지 않으면 안 된다.** 조사를 통해 얻은 정보는 조사대상자의 개인적인 정보를 다수 담고 있다. 조사대상자들이 조사에 응할 때는 비밀보장의 원칙과 다른 용도로 사용하지 않겠다는 약속을 믿고 개인적인 정보를 제공하는 것이다. 따라서 이러한 약속은 반드시 지켜져야 한다. 과거에는 조사를 하고 나면 데이터를 무한정 보관하였다. 그리고 때로는 아무렇게나 취급하기도 하였다. 그러나 최근에는 조사과정에서 얻은 정보를 일정 기간이 지난 후에는 폐기하고 있다. 전문조사기관에 조사를 의뢰한 경우 조사가 마무리되고 보고서가 작성되면 조사의뢰자 입회하에 데이터를 폐기하는 것이 일반적인 추세로 자리 잡고 있다. 이러한 현상은 그만큼 개인의 사생활보호를 중시하는 추세를 반영하는 것이다.

조사문항을 구성함에 있어서도 **아동 · 청소년들을 대상으로 하는 경우**, 그들에게 정신적인 영향을 포함하여 **좋지 않은 영향을 미칠 수 있는지의 여부를 철저히 파악해야 한다.** 아동 · 청소년들은 성이나 폭력, 비행과 관련한 질문에 있어서 매우 예민한 반응을 나타낼 수 있다. 따라서 조사문항을 구성할 때뿐만 아니라 조사과정에서도 이 점을 세밀하게 고려해야 한다.

또한 연구결과를 조작하거나 특정한 연구결과를 도출하기 위해 **조사과정이나 절차에서 왜곡이 있어서는 안 된다.** 아무리 과학적인 조사라 하더라도 오류가 없을 수는 없다. 이러한 상황에서 조사는 왜곡이나 조작이 매우 손쉬울 수 있다. 조사자가 윤리적이지 않으면 조사는 신뢰성을 확보할 수 없게 된다. 따라서 과학적 과정을 수행하고자 하는 조사자들에게는 엄격한 조사윤리가 요구된다.

이와 관련하여 조사의 윤리성, 특히 '사람을 대상으로 하는 조사'의 윤리성을 증진시키기 위하여 2004년 『생명윤리 및 안전에 관한 법률』(이하, 생명윤리법)이 제정(2005년 1월 1일 시행)되었다. 이 법의 목적은 "인간과 인체유래물 등을 연구하거나, 배아나 유전자 등을 취급할 때 인간의 존엄과 가치를 침해하거나 인체에 위해(危害)를 끼치는 것을 방지함으로써 생명윤리 및 안전을 확보하고 국민의 건강과 삶의 질 향상에 이바지"(제1조)하는 것이다. 특히 2012년 법 개정을 통하여 기존에 생명과학기술 분야에 한정되어 있던 생명윤리정책의 영역을 확대하여 오늘날과 같이 인간을 대상으로 하는 다양한 형태의 조사에 대해서도 생명윤리 및 안전기준이 적용되도록 하고, 인간대상연구 또는 인체유래물 연구를 하는 기관은 '기관생명윤리위원회(IRB, Institutional Review Board)'를 설치하도록 하였다. 생명윤리법이 규정하는 인간대상연구란, "사람을 대상으로 물리적으로 개입하거나 의사소통, 대인 접촉 등의 상호작용을 통하여 수행하는 연구 또는 개인을 식별할 수 있는 정보를 이용하는 연구"(제2조 제1항)를 뜻하는 것으로, 사회과학에서 흔히 활용되는 자료수집 방법인 설문조사나 면접조사 등이 모두 포함되는 것이다. 따라서 보건·의료와 같이 자연과학 영역에 속하는 연구자뿐 아니라 사회과학 연구자 역시 인간대상연구를 수행한다면, 연구를 시작하기 전에 연구계획서를 작성하여 기관생명윤리위원회의 심의를 받아야만 한다. 심의의 주요 내용은 연구계획서의 윤리적·과학적 타당성, 연구대상자로부터 적법한 절차에 따라 동의를 받았는지 여부,[1] 연구대상자의 안전에 관한 사항, 연구대상자의 개인정보 보호 대책 등이다.

1) 인간대상연구에서 연구를 수행하기 전에 연구대상자로부터 받아야 하는 동의의 내용은 다음과 같다.
① 연구의 목적
② 연구대상자의 참여 기간, 절차 및 방법
③ 연구대상자에게 예상되는 위험 및 이득
④ 개인정보 보호에 관한 사항
⑤ 연구 참여에 따른 손실에 대한 보상
⑥ 개인정보 제공에 관한 사항
⑦ 동의의 철회에 관한 사항
⑧ 그 밖에 기관위원회가 필요하다고 인정하는 사항

2. 사회과학적 인식의 객관성

사회현상을 탐색하고 연구하는 데 인식의 문제는 매우 중요하다. Weber(1974)도 『사회과학 방법론』에서 사회과학적 인식의 '객관성' 문제, 즉 가치중립의 문제를 제기하고 있다. 앞에서 사회과학의 특성을 살펴보면서도 언급했지만 사회현상에 있어서 완벽한 객관적 판단이 가능한가의 문제이다. 사람은 저마다 세상을 바라보는 틀, 즉 관점이 있다. 여기에는 사회과학을 하는 전문가들도 예외가 될 수 없다. 예를 들어, '옷을 벗었다'라는 진술문에 대해 생각해 보자. 이 진술문에 대해 어떤 사람들은 옷을 벗어 알몸이 되는 상황을 생각할 수 있지만 또 다른 사람들은 바깥에서 실내로 들어와서 겉옷을 벗고 있는 것을 생각할 수도 있다. 이렇듯 마치 사실관계를 묻고 있는 것 같지만 옷을 벗는 것과 관련해서도 어떠한 인식의 틀을 가지고 있는가에 따라 현상을 보는 것이 달라지는 것이다. 사실관계에서도 그렇기 때문에 '이 사람은 착하다'라고 하는 가치 혹은 태도 관련 진술문에 대해서는 더더욱 인식의 객관성이 문제가 된다. 사회과학 연구에 있어서 어떻게 하면 가치중립적으로, 객관적으로 연구하는가 하는 것은 중요한 문제가 아닐 수 없다. 따라서 **아무리 과학을 다룬다고 하더라도 판단이나 결정은 신중을 기해야 하고, 항상 수정가능성을 염두에 둘 필요가 있다. 이것은 사회과학자에게 요구되는 중요한 자세와 태도이다.**

PART 02

조사 과정

제4장 조사주제 설정 : 무엇을 조사할 것인가?

제5장 조사설계 : 무엇을 어떻게 조사할 것인가?

제6장 조사도구 개발 : 무엇을 가지고 조사를 할 것인가?

제7장 표본(조사대상자) 선정 : 표본을 어떻게 선정할 것인가?

앞에서는 조사의 기초가 되는 내용을 간략히 살펴보았다. 여기서는 본격적으로 조사과정을 이해하는 내용을 다루게 된다. 조사과정은 앞에서도 살펴보았듯이 다음과 같은 과정으로 이루어져 있다. 이 가운데 자료분석은 다른 과목으로 존재하므로 본 서에서는 자료수집까지만 다룰 것이다.

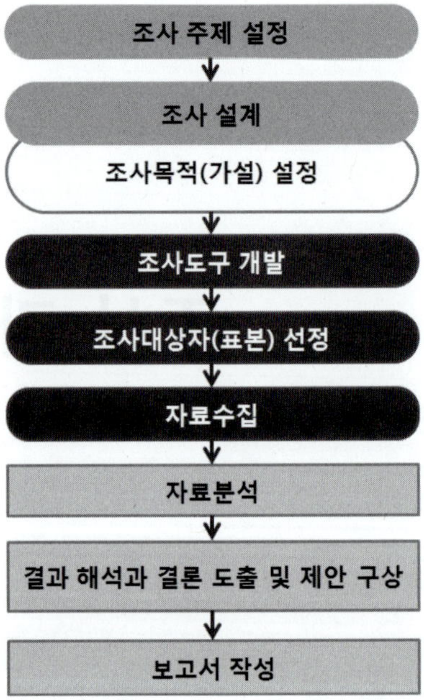

chapter 04

조사주제 설정 : 무엇을 조사할 것인가?

Key point

'왜' 혹은 '무엇을 위하여' 조사하고자 하는가? 라는 질문에 대한 설득력 있는 답을 찾아본다.

학습목표 질문

조사주제로 설정하기 위한 요건은 무엇이고, 이것을 근거로 조사하려고 하는 것은 무엇인가?

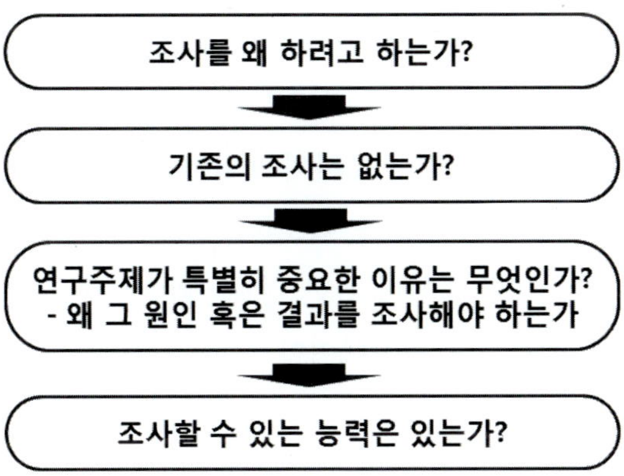

| 그림 4-1 | 조사주제 설정을 위한 질문

조사의 첫 번째 단계는 조사주제를 설정하는 단계이다. 이 단계는 문제제기가 이루어지고 조사의 필요성이 확립되어 조사가 결정되는 단계이다. 논문의 경우 특별히 '연구의 필요성' 부분으로 정리된다. 조사를 하기로 결정하기까지 다음과 같은 질문에 설득력 있는 답을 할 수 있어야 한다. '조사를 왜 하려고 하는가?', '기존에 조사된 것은 없는가?', '조사주제가 특별히 중요한 이유는 무엇인가?', 혹은 '조사주제는 어떠한 이론적 근거를 가지고 있는가?', '조사할 수 있는 능력은 있는가?' 등이다.

● 조사를 왜 하려고 하는가?

본격적인 조사과정을 수행하기 전에 조사를 왜 하려고 하는가에 대한 명쾌한 답을 제시하여야 한다. 조사는 많은 비용과 노력이 요구되는 과정이다. 따라서 이러한 과정을 수행하고자 한다면 당연히 마땅한 이유가 있어야 한다. 사회복지조사인 경우 사회복지를 위해 해결해야 하는 중요한 상황이 존재하여야 한다. 그리고 그러한 상황을 해결하기 위해 정보수집이 필요해야 한다. 예를 들어, '가정폭력의 원인을 밝히는 것'이 조사주제라고 하면 가정폭력이 해결해야 하는 문제라는 점을 명확히 해야 한다. 가정폭력의 경우, '가정폭력 발생빈도가 높다거나 개개인 사례가 심각한 피해를 가져오게 된다든가' 하는 것과 관련한 내용을 제시함으로써 가정폭력이 해결해야 할 상황(과제)이라는 것을 설득력 있게 밝히는 것이다. 조사의 필요성을 확실히 하는 가장 좋은 방법은 상황의 심각성에 관한 정보를 확보하고 제시하는 것이다. 상황의 심각성은 실태와 관련한 정보－넓이에 관한 정보－와 각 사례의 절박함과 관련한 정보－깊이에 관한 정보－를 제시하여야 한다.

예시	조사주제 : 아내폭력요인의 다차원 상호작용(최선희 · 김희수, 2007)

금년 초 결혼한 지 1달도 채 안 되어 가정폭력 문제로 파경에 이른 연예인 부부 관련 기사가 방송과 신문지상, 인터넷 등을 통해 자세하게 보도되었다(○○뉴스, 2007. 1. 2.; ○○일보, 2007. 1. 2.; www.daum.net, 2007. 1. 3.). 이를 계기로 우리 사회에서는 가정폭력에 대한 관심이 다시 한 번 부각되었고, ~중략~ ← **사례의 심각성(깊이)에 관한 정보**

~ 여성부(2005)에서 실시한 「2004 전국 가정폭력 실태조사」 자료를 보면, 배우자에 대한 신체적 폭력발생률은 28.4%로 보고되었고, 남편의 일방적인 아내폭력율은 12.1%, 아내의 일방적인 남편폭력율은 3.7%로 나타나 가정폭력의 주된 피해자는 여성임을 알 수 있다. ~중략~ ← **실태의 심각성(넓이)에 관한 정보**

가정폭력 문제에 개입하기 위해서는 피해자에 대한 이해와 보호뿐 아니라 가정폭력 행위자에 대한 폭넓은 이해와 변화가 필요하다. ← **문제해결에 필요한 정보**

조사주제가 사회적으로 이슈가 되고 있는 것이라면 사회복지를 위해 어떤 정보가 필요한 것인가를 확인해야 한다. 사회복지조사는 앞에서도 언급했던 것처럼 인간의 기본적인 욕구를 충족하고, 어려움을 해결하고, 안녕한 상태를 향상시키기 위한 것과 관련된 조사이다. 간단히 말해서, 문제해결과 삶의 질을 향상시키기 위한 조사이다. 사회복지를 위한 정보는 학문적인 것과 실천적인 것으로 구분된다. **학문적인 정보는 사회복지학문을 발전시키기 위한 것으로 이론을 검증하거나 개발하기 위한 것**—대부분 요인을 탐색하고 확인하는 것—이 가장 많다. **실천적인 정보는 사회복지실천과 사회복지정책 및 사회복지행정과 관련된 것**이다. **실천과 관련된 것은 실천프로그램을 개발하기 위해 필요한 욕구 관련 정보, 프로그램 내용 관련 정보, 실천효과를 검증할 수 있는 정보 등이 있고, 정책과 관련된 것은 정책을 수립하기 위한 정책욕구 관련 정보, 정책내용 정보, 정책을 평가할 수 있는 정보 등**이 있다. **행정과 관련된 것은 프로그램 관리에 필요한 정보, 직원개발에 관한 정보, 자원개발과 홍보를 위한 정보** 등이 있다.

● 기존의 조사는 없는가?

상황과 필요한 정보에 관한 것이 명료해지면 다음으로 검토할 것이 기존의 조사는 없는가이다. 중요한 이슈가 되고 있는 것이라면 일반적으로 많은 조사가 행해진다. 따라서 필요로 하는 정보에 관한 조사가 이미 이루어졌는지를 확인하는 것이 필요하다. 기존 조사자료를 검토하여 **기존의 조사가 부족하거나 한계가 있다는 것**, 즉 해결을 위해 필요한 정보(이론 혹은 전문적 지식)가 부족하다는 것을 확인해야 한다. 이러한 작업은 수행하고자 하는 조사가 기존 연구와 차별성이 있다는 것을 밝힘으로써 **조사의 기여도를 확인**하는 것이다. 학문적이든 혹은 실천적이든 조사의 기여도가 분명히 있음을 보여주는 것이다.

● **조사주제가 특별히 중요한 이유는 무엇인가?**

다음으로는 조사자가 설정한 **조사주제의 근거**를 확립하는 것이다. 예를 들어, 조사주제가 '스트레스가 가정폭력에 미치는 영향'으로 스트레스가 가정폭력의 원인인지를, 다시 말해서 가정폭력의 원인으로 스트레스를 검증하고자 하는 것이라 하자. 그러면 다른 사람들은 가정폭력에는 수많은 요인들이 존재하는데 왜 그 가운데 스트레스를 검증하려고 하는가라고 문제를 제기할 수 있다. 만일 욕구조사를 하면서 '규범욕구'[1]를 조사하겠다고 하면, 왜 주민들에 의해 '표현된 욕구'를 조사하지 않고 규범욕구를 조사하는가라고 문제제기를 할 수 있다. 이것은 조사 외에 프로그램을 개발할 때도 동일하게 적용되는 것이다. 프로그램 개발을 할 때 일반적으로 특정 이론이나 모델을 근거로 제시하게 되는데, 그때도 왜 그 이론이나 모델이어야 하는가를 밝혀야 하는 것이다. 이와 같이 조사자가 조사주제 설정의 근거를 확립하고 제시하지 않으면 조사의 필요성에 대한 동의를 얻기 어려울 것이다. 논문인 경우 기존의 연구를 검토하고 부족한 것이나 한계를 확인하여 그것과 함께 제시하는 것이 일반적이다.

1) 규범욕구는 전문가에 의해 판단된 욕구를 의미한다.

예시 조사주제 : 아내폭력요인의 다차원 상호작용(최선희 · 김희수, 2007)

~ 가정폭력 행위의 원인에 대한 다양한 연구(김재엽 · 이서원, 1998; 김득성 · 김정옥 · 송정아; 2000; 김경신 · 김정란, 2001; 김재엽 · 최수찬, 2005; 김정인 · 김시업, 2005 등)와 이를 토대로 한 프로그램 개발이 다양하게 이루어지고 있다(김재엽, 1999; 이서원, 2003; 장희숙 · 명화숙 · 이서원, 2003; 박민수, 2005 등). 그런데 가정폭력 행위자 특성과 관련된 연구들을 보면, 가정폭력 행위와 관련된 다양한 요인들 가운데 부분적인 것만을 다루거나, 몇 개의 요인들을 동일한 선상에서 독립변수로 투입하여 가정폭력과의 관련성을 다루는 등의 작업이 대부분이다.

~그러나 이러한 방식의 연구와 그것을 토대로 한 프로그램 개발은 많은 한계를 가지고 있다. 즉, 가정폭력 행위 요인들은 서로 상호작용할 것으로 예측되기 때문이다. 그럼에도 불구하고 대부분의 요인연구가 일차원적으로 이루어지고 있어서 다양한 요인들의 상호작용구조를 밝히지 못하고 있고, 따라서 프로그램에서 다루는 내용을 효율적으로 구성하기 어렵게 되어 있다. 가정폭력행위자에 대한 보다 실효성 있는 개입을 위해서는 가정폭력 요인들의 다양한 상호작용 구조가 밝혀지고, 그것을 토대로 맞춤형 프로그램들이 개발되어야 한다. ~중략~

← 가정폭력 요인들의 상호작용구조를 조사해서 밝혀야 하는 이유 제시

● 조사할 수 있는 능력은 있는가?

마지막으로 **조사수행능력(실행가능성)**을 확인하는 것이다. 이 부분은 논문이나 조사보고서에서 제시하는 것은 아니다. 조사자 혹은 조사기관에서 고려해야 할 사항이다. 논문을 쓸 경우에는 연구자의 조사수행능력이, 실천현장에서는 조사담당자의 조사수행능력과 아울러 기관의 재원이나 여건 등이 실행가능성을 좌우하게 된다. 조사자의 조사수행능력에는 조사주제, 조사방법, 조사대상에 대한 전문성이 포함된다. 조사하려고 하는 주제에 관한 전문적인 지식을 습득하고 있어야 하고, 조사방법에 대한 전문적인 능력을 갖추고 있어야 하며 조사대상에 대한 충분한 이해가 뒷받침되어야 하는 것이다. 아무리 중요한 조사주제이고, 실천적 · 학문적 · 정책적 기여도가 높고, 근거이론이나 모델이 뛰어나다고 하더라도 조사자가 조사수행능력이 없다면 조사주제는 정확하게 밝혀질 수 없다. 따라서 조사자 혹은 조사기관에서는 이러한 내용을 확인하고 만일 부족한 것이 있다면 전문가의 도움을 받아야 한다.

chapter 05

조사설계 : 무엇을 어떻게 조사할 것인가?

Key point

구체적으로 '무엇을?' '어떻게?'라는 질문에 대한 설득력 있는 답을 찾아본다.

학습목표 질문

1. 조사목표는 어떻게 설정하는 것인가?
2. 조사목표를 달성할 수 있는 조사계획에는 어떠한 내용이 포함되어야 하는가?

1. 조사설계

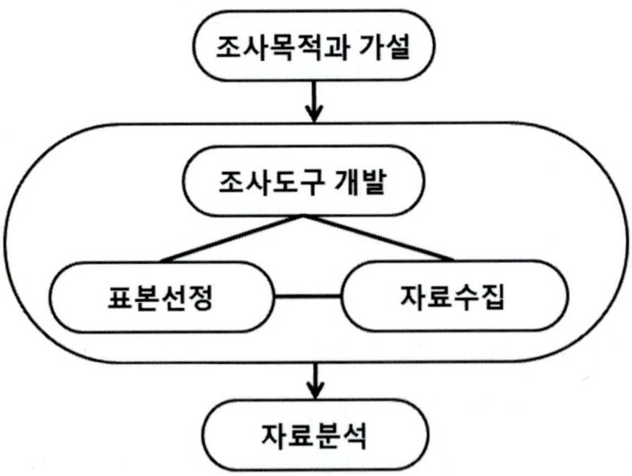

|그림 5-1| 조사설계 요소

조사가 결정되고 조사주제가 설정되면 조사를 수행하기 위한 계획을 수립하게 된다. 이 단계를 조사설계라고 하는데, 조사목적에서부터 조사결과가 도출되기까지의 과정에 대한 설계이다. 이 과정에는 다섯 차원에 대한 계획, 즉 ① 조사목적(가설 포함), ② 측정, ③ 조사대상 표본선정, ④ 조사(자료수집), ⑤ 분석 등의 계획이 포함된다.

그러나 첫 번째 과정인 조사목적에 대한 계획은 조사설계 단계에서 어떻게 수립할 것인가를 계획하는 것이 아니라 아예 수립된다. 다시 말해서, 조사목적에 대한 계획은 조사목적을 어떻게 세울 것인가를 계획하는 것이 아니라 조사목적을 확립하는 것을 의미한다. 조사목적을 수립하는 이유는 조사가 방향성을 잃지 않도록 하기 위해서이다. 두 번째 과정은 측정계획을 수립하는 것이다. 측정계획이란 측정도구에 대한 계획이다. 측정도구에 대한 계획은 질문과 응답형태에 대한 계획을 의미한다. 측정에 대한 계획 수립이 끝나면 조사대상자[1]인 표본을 선정하는 세 번째 과정의 계획을 수립하여야 한다. 대부분의 조사에서 조사대상이 될 수 있는 모든 대상－모집단－을 조사하지 않고 그 가운데 일부에 대해 조사를 하기 때문에 전체집단에서 조사의 실제 대상인 표본을 선정하게 된다. 다음으로 네 번째 과정인 실제 조사(자료수집)에 대한 계획을 수립한다. 설문조사를 이용할 것인가 혹은 실험을 이용할 것인가 혹은 현장조사를 이용할 것인가 등에 대한 계획이다. 물론 이 과정은 조사주제와 측정 및 표본 등을 고려하여 결정하게 된다. 자료수집에 대한 계획이 수립되면 다음은 수집된 자료를 어떻게 분석할 것인가를 계획한다. 일반적으로 자료분석에 대한 계획은 철저하게 수립되지 않고 자료수집 이후에 계획과 동시에 분석에 들어가는데, 다른 과정과 마찬가지로 이 과정 역시 세밀하게 세워지는 것이 좋다. 계획이 잘 수립되면 분석과정에 오류가 생길 가능성이 줄어들기 때문이다.

---

1) 일반적으로 표본이라는 표현보다 조사대상자라는 용어를 많이 사용하는데, 조사대상자라는 용어는 약간의 혼동을 줄 수 있는 용어이다. 표본으로 선정될 자격이 있는 모든 요소(모집단 혹은 전체집단)를 의미하기도 하고 조사를 하기 위해 선정된 요소(표본)를 의미하기도 하기 때문이다. 일반적으로 표본의 의미로 많이 사용되지만 본 서에서는 오해의 소지를 피하기 위해 표본으로 통일해서 사용하고자 한다.

2. 조사목적과 가설 설정

조사목적과 가설은 조사를 진행하는 데 있어서 나침반 역할을 한다. 조사목적뿐만 아니라 가설의 중요한 기능 가운데 하나가 조사주제를 명확히 하는 것이기 때문이다. 따라서 조사목적과 가설을 잘 설정하는 것은 정확한 조사를 위해 필요한 매우 중요한 과업이다.

1) 조사목적 : 조사를 왜 하고, 무엇을 밝혀낼 것이고, 어떻게 활용할 것인가?

(1) 조사목적의 수준

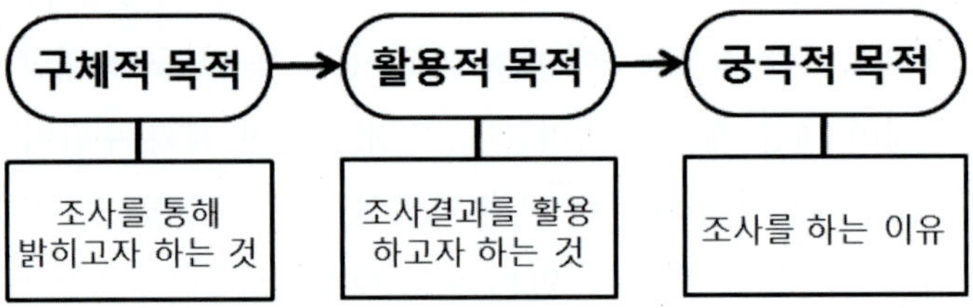

| 그림 5-2 | 조사목적의 수준

조사를 한다는 것과 조사주제가 확정되면 가장 먼저 하게 되는 것이 조사목적을 수립하는 것이다. 조사를 하고자 할 때 목적이 뚜렷해야 함은 두말할 필요가 없이 중요하다. 조사목적은 조사의 전 과정에 있어서 방향키의 역할을 해주기 때문이다. 즉, 조사과정이 제대로 진행되고 있는지 그렇지 않은지 평가를 하거나 모니터링을 할 때 가장 중요한 기준이 조사목적인 것이다.

조사목적은 수준에 따라 크게 세 가지로 구분해 볼 수 있는데 여기서는 과업의 순서에 따라 살펴보도록 하겠다. ① **조사의 궁극적 목적(조사를 하는 이유)**, ② **조사의 구체적 목적(조사를 통해 밝히고자 하는 것)**, ③ **조사의 활용적 목적(조사결과의 기여도)** 등이다.

① 궁극적 목적

조사를 하는 이유, 즉 조사의 궁극적 목적은 조사주제를 설정하는 과정에서 논의되지만 조사목적 부분에서 보다 명확하고 구체적으로 세워지게 된다. 예를 들어, 부모의 양육행동과 자녀의 비행행동과의 관련성, 즉 부모의 양육행동이 자녀의 비행행동의 요인인지 아닌지를 밝히는 연구라면, 그러한 것을 왜 밝히려고 하는지를 분명하게 하는 것이다. 청소년의 비행행동을 예방하거나 혹은 해결하기 위해 부모의 양육행동을 변화시키고자 하는 것인가 혹은 부모교육 프로그램의 내용을 확보하기 위한 것인가 혹은 청소년의 비행행동에 대한 부모의 양육행동 이론을 개발하기 위한 것인가 혹은 검증하기 위한 것인가 하는 것을 명확히 하여야 한다.

조사를 하는 이유는 조사를 통해 밝히고자 하는 것을 보다 분명하게 해준다. 무엇을 밝혀야 하는지, 어떤 정보를 얻어야 하는지를 명확하게 해준다. 청소년의 비행행동에 대한 부모의 양육행동 이론을 검증하거나 개발하는 것이라면 둘 간의 관계만 밝히면 된다. 그러나 부모교육 프로그램 내용을 확보하고자 한다면 보다 세부적인 정보가 필요하다. 청소년의 비행행동을 구성하는 다양한 종류의 하위 비행행동들과 부모의 양육행동과의 관계뿐만 아니라 부모의 양육행동이 자녀의 비행행동에 어떠한 메커니즘으로 영향을 미치는지를 밝혀야 한다. 부모의 양육행동의 변화를 꾀하기 위해서는 보다 다양한 정보가 필요하기 때문이다.

② 구체적 목적

조사의 구체적 목적은 조사를 통해 구체적으로 밝히고자 하는 것이다. 조사의 이유가 분명해지면 조사의 구체적 목적이 명확해진다. 실태를 밝히는 조사라면 어떤 내용의 실태를 밝히겠다는 것인지, 요인을 밝히는 조사라면 단순히 둘의 관계성만을 밝힐 것인지 혹은 응답자의 특성에 따른 관계성도 밝힐 것인지가 분명해진다.

예시 1	조사주제 : 부부간 가정폭력의 실태
① 폭력의 종류로서 심리적 폭력(언어폭력), 신체폭력, 성폭력 발생률을 밝힌다. ② 폭력의 주체로서 남편에 의한 아내폭력, 아내에 의한 남편폭력, 상호폭력 발생률을 밝힌다. ③ 응답자의 특성별로 폭력발생률을 밝힌다.	
예시 2	**조사주제 : 열등의식, 음주, 부부권력구조가 부부폭력에 미치는 영향**
① 부부폭력 발생률(결과변수/종속변수)을 밝힌다. ② 열등의식, 음주, 부부권력구조의 내용(설명변수/독립변수)을 밝힌다. ③ 부부폭력에 대한 열등의식, 음주, 부부권력구조의 영향을 밝힌다.	

③ 활용적 목적

조사의 활용적 목적은 조사결과를 활용해서 얻기를 기대하는 것이다. 조사의 구체적 목적이 설정되면 조사의 활용적 목적을 수립하게 되는데, 조사의 활용적 목적을 수립하는 것은 조사의 기대효과를 확인하는 것이다. 예를 들어, 부부폭력의 실태를 밝히는 조사에 있어서 부부폭력의 실태를 밝힘으로써 부부폭력의 심각성을 인식하는 것과 부부폭력을 해결하기 위한 정책적 개입의 정당성을 확보하는 것이다. 부부폭력의 요인을 밝히는 조사라면 부부폭력 가해자/피해자 치료 프로그램의 내용요소를 확인하여 프로그램이 개발될 수 있도록 할 수도 있다.

조사목적 예시	조사주제 : 아내폭력 요인의 다차원 상호작용(최선희 · 김희수, 2007)
~중략~ 가정폭력 문제에 개입하기 위해서는 피해자에 대한 이해와 보호뿐 아니라 가정폭력 행위자에 대한 폭넓은 이해와 변화가 필요하다. 그 가운데에서도 가정폭력 행위자에 대한 개입은 가정폭력을 종결시킨다는 점에서 매우 중요하다. 이러한 맥락에서 가정폭력 행위의 원인에 대한 연구(김재엽 · 이서원, 1998; 김득성 · 김정옥 · 송정아; 2000; 김경신 · 김정란, 2001; 김재엽 · 최수찬, 2005; 김정인 · 김시업, 2005 등)와 프로그램 개발이 다양하게 이루어졌다(김재엽, 1999; 이서원, 2003; 장희숙 · 명화숙 · 이서원, 2003; 박민수, 2005 등). 그러나 이제까지의 원인 연구와 그것을 토대로 한 프로그램 개발은 한계를 가지고 있다. 즉, <u>가정폭력 행위 요인들은 서로 상호작용할 것으로 예측됨에도 불구하고 대부분의 요인 연구가 일차원적으로 이루어지고 있어서 다양한 요인들의 상호작용구조를 밝히지 못하고 있으며, 따라서 프로그램도 다양한 가정폭력 행위자 특성에 따라 차별화되어 개발되지 못하고 있는 실정이다.</u> ~중략~	

아내폭력과 관련된 요인들의 상호작용과 상호작용 구조를 밝히고자 한다.
← **조사를 하는 이유(궁극적 목적)**
이에 본 연구에서는 아내폭력에 영향을 미치는 요인들을 정신의학적 요인, 사회심리적 요인, 사회구조적 요인, 가부장적 요인으로 구분하고 이들 요인들 간의 다차원적인 상호작용 효과를 검증하고자 한다. 이를 통하여 아내폭력에 영향을 미치는 요인들의 다양한 조합의 차이를 확인함으로써, ← **조사를 통해 밝히고자 하는 것(구체적 목적)**
가정폭력 행위자의 특성에 따른 맞춤형 실천 프로그램 개발의 기초를 제공하고자 한다.
← **조사결과의 기여도(활용적 목적)**

(2) 조사목적의 유형

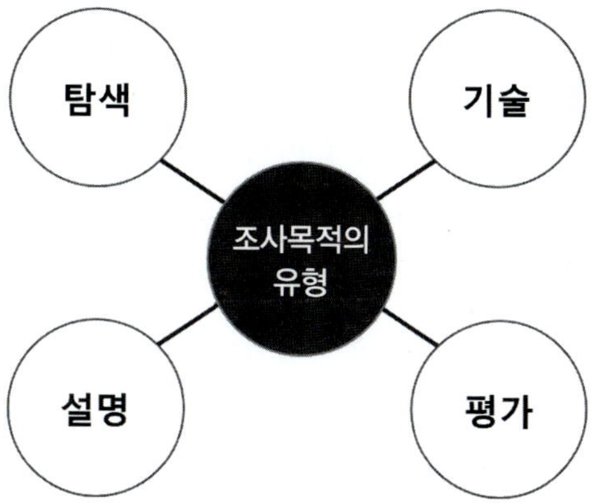

┃그림 5-3┃ 조사목적의 유형

조사를 하는 목적은 탐색, 기술, 설명, 평가 등의 네 가지 유형으로 구분된다.

① 탐색(exploration)

조사를 할 때 관련 정보와 이론 및 지식이 풍부한 경우도 있으나, 그렇지 못한 경우도 많다. 예를 들어, 가정폭력의 경우 우리나라는 법으로도 제정이 되었기 때문에 관련 조사와 이론 및 지식이 많이 축적되어 있다. 이런 경우에는 이론적 근거를 바탕으로 연구주제나 가설을 수립하기가 용이하다. 그러나 관련 정보와 이론 및 지식이 별로 존재하지 않는 조사주제의 경우에는 주제 및 가설을 설정하기가 어렵다. 이런 경우에 실시하는 조사가 탐색조사이다.

즉, 주제를 탐색해 보기 위해 실시하는 것이다. 예를 들어, 최근 사회복지분야에서 중요하게 인식되고 있는 사회자본의 경우, 지역사회와 관련해서 이루어진 기존 조사나 관련 정보나 이론 및 지식이 별로 없다. 따라서 지역사회의 사회자본에 대해 연구하고자 하는 경우, 개인적 경험이나 추측을 기반으로 조사주제를 설정하여 조사를 수행하는 경우가 많다. 이렇게 개인적인 경험이나 추측을 기반으로 정밀한 조사를 위한 정보를 수집하는 차원에서 이루어지는 조사를 탐색적 조사라고 한다. 탐색조사는 질적연구와 양적연구 모두를 사용할 수 있지만 질적연구가 보다 일반적이다.

② 기술(description)

사물이나 현상을 기술하기 위해 조사를 수행하는 경우도 많다. 예를 들어, 우리나라는 가정폭력에 관한 법률에 따라 3년마다 가정폭력의 실태를 조사해서 발표한다. 가정폭력이 얼마나 많이 발생하는지를 알아보고 제시하기 위해 실시하는 것이다. 이러한 경우 기술조사라고 한다. 또 다른 예는 우리나라의 자원봉사에 관한 실태조사이다. 우리나라 사람들의 몇 %가 자원봉사에 참여하는지, 몇 %가 자원봉사를 중도에 그만두는지(중도탈락률), 평균적으로 몇 시간을 자원봉사 하는지 등을 알아보고, 자원봉사를 활성화하기 위한 자료로 사용한다. 이러한 목적으로 수행된 조사를 기술조사라고 한다. 이 밖에도 이혼율, 자살률, 출산율 등 실태를 알아보기 위한 조사가 모두 기술조사에 속하는 것이다. 기술조사를 위해서도 질적연구와 양적연구 모두를 사용할 수 있지만 양적연구가 보다 일반적이다.

③ 설명(explanation)

사물이나 현상의 원인을 밝히고자 하는 조사를 설명조사라고 한다. 기술조사가 주로 사회복지적 개입이 필요한가를 판단하기 위한 목적으로 수행되는 것이라면 설명조사는 주로 사회복지적 개입을 어떻게 할 것인가에 관한 정보를 알아보기 위해서 수행된다. 예를 들어, 가정폭력의 실태를 밝혀서 사회복지적 개입이 시급하다는 주장을 하게 된다면 그때의 가정폭력 실태조사는 기술조사이다. 그러나 사회복지적 개입을 위해서 가정폭력의 원인을 밝히고자 실시하는 조사라면 설명조사가 되는 것이다. 예를 들어, 가정폭력에 대한 스트레스 이론을 검증하여 스트레스가 가정폭력의 원인(요인)인 것을 확인하고, 스트레스를 사회복지 실천의 개입 지점으로 설정하고자 하는 경우, 가정폭력에 대한 스트레스 이론 검증 조사가 설명조사이다. 간단히 말해서, 설명조사는 인과구조를 밝히는 조사이다. 설명조사를 위해서도 질적연구와 양적연구 모두를 사용할 수 있지만 양적연구가 보다 일반적이다.

④ 평가(evaluation)

프로그램이나 정책을 평가하기 위해 실시하는 조사를 평가조사[2)]라고 한다. 평가조사는 기존의 프로그램이나 정책에 대한 검증을 위해서도 수행되고 있지만, 신규 프로그램이나 정책을 개발할 때 개발된 프로그램이나 정책의 효과성을 확인하기 위해서도 실시된다. 평가조사는 최근 사회복지분야에서 중요성이 매우 높아지고 있다. 사회복지실천과 정책의 책임성이 점점 더 강하게 요구되고 있기 때문이다. 예산을 지원하는 경우 거의 대부분이 프로그램이나 정책의 효과성을 요구하고 있고, 전문성을 제고하기 위해서도, 고객에게 책임을 다하기 위해서도 평가조사는 매우 중요하다. 평가조사를 위해서도 질적연구와 양적연구 모두를 사용할 수 있다.

2) 탐색조사, 기술조사, 설명조사에 평가조사를 추가하였지만 평가조사의 목적에 따라 기술조사나 설명조사에 포함시킬 수도 있다. 예를 들어, 어느 정도의 효과가 있었는지를 밝히고자 하는 평가조사라면 기술조사라고도 할 수 있다. 다른 한편 실험(개입/프로그램)을 하여 효과성을 확인하고, 실험(개입/프로그램)이 효과의 원인이 되는 것을 밝히고자 하는 조사라면 설명조사라고 할 수 있다. 여기서 평가조사를 따로 분류한 이유는 최근에 평가조사가 많이 이루어지고 있기 때문이다.

2) 가설과 변수 : 가설은 무엇이고, 왜 필요하며, 어떤 종류가 있는가? 변수는 무엇이고, 어떤 종류가 있는가?

(1) 가설

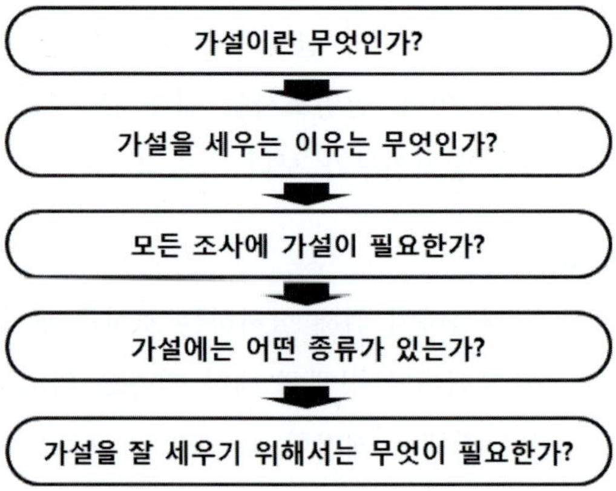

그림 5-4 가설을 이해하기 위한 학습질문

가설은 조사를 통하여 검증하고자 하는 둘 또는 그 이상의 변수들 간의 관계에 관한 가정적인 명제이다. 즉, 결론에 대한 임시적인 진술이다. 따라서 형태도 '~할수록 ~할 것이다'라는 형식으로 사실 여부가 확인되지 않아서 가정적인 특징을 갖는다. 보통 조사에서 요인과 요인 간의 관계를 밝히고자 할 때 단순히 관계가 있다 혹은 없다 하는 식으로 결론을 도출하지 않는다. 한 걸음 더 나아가서 요인과 요인이 어떻게 관계하고 있는가를 밝히게 된다. 예를 들어, 폭력에 대한 스트레스 이론을 검증하는 연구에서 스트레스와 폭력 간에는 관련이 있다는 식의 결론을 내리는 것이 아니라 스트레스와 폭력이 어떻게 관련이 있는지를 밝힌다. 즉, '스트레스가 높을수록 폭력을 행사할 확률이 높다'라는 식으로 결론을 내리게 된다. 따라서 이러한 경우 가설은 '스트레스와 폭력이 관계가 있을 것이다'라는 식이 아니라 '스트레스가 높을수록 폭력을 행사할 확률이 높을 것이다'라는 식으로 설정해야 한다. 예상되는 구체적이고 명확한 결론을 토대로 가설을 설정하는 것이다.

가설을 설정하는 이유는 ① 조사하고자 하는 것을 명확하게 하기 위한 것과 ② 조사주제를 검증 – 대부분 이론 검증이나 인과관계를 밝히는 것 – 하기 위해서이다. 가설은 결론에 대한 임시적인 진술이기 때문에 결론적으로 밝히고 싶은 내용을 구체적으로 담고 있다. 따라서 막연한 조사주제를 구체화시켜서 명확하게 해주는 기능을 한다. 또한 조사주제를 검증하기 위해서는 연구가설을 설정하고 이를 토대로 영가설을 설정한 후 영가설에 대한 통계적 검증과정을 거쳐서 기각하거나 채택하는 형태로 연구가설을 검증하게 된다.

가설이 모든 조사에서 필요한 것은 아니다. 가설을 설정하는 것은 대부분 이론의 검증과 프로그램(개입)의 효과를 밝히기 위한 조사연구－대부분 인과관계의 형태로 되어 있음－이다. 일반적으로 욕구조사[3)]를 하거나 실태조사를 하는 경우에는 가설을 설정하지 않는다.

가설의 종류는 연구가설과 영가설 및 대립가설 등이 있다. 연구가설은 조사연구문제에서 설정된 가설로 기대하는 결과의 형태로 되어 있다. 앞에서 든 예와 같이 스트레스와 폭력 간의 관계에 관한 조사에서 그 관계를 밝히기 위한 가설로 '스트레스가 높을수록 폭력을 행사할 확률이 높을 것이다'라고 설정할 수 있을 것이다. 그러나 이것을 통계적으로 검증하기 위해서는 영가설의 형태로 바꾸어 주어야 한다. 즉, '스트레스에 따라 폭력행사의 확률은 차이가 없을(차이가 0) 것이다(H0)'라는 형태의 영가설로 바꾸어 주어야 한다. 연구가설을 그대로 검증하려면 모든 경우의 수를 다 살펴보아야 하지만, 영가설에 대해서는 영가설에 위배된 경우가 일정 사례 이상이면 기각되기 때문이다. 영가설이 기각되면 연구가설이 채택되는 것이기 때문에 가설의 검증은 영가설의 기각을 통해서 이루어지게 된다. 대립가설(H1)은 영가설에 대립되는 형태로 영가설이 기각되는 형식을 취하게 된다. 즉, '스트레스 수준에 따라 폭력을 행사할 확률은 차이가 있을 것이다'라는 것이다. 따라서 이것은 연구가설과 비슷한 내용이 된다. 연구가설은 관계가 있을 것이라는 내용이고, 영가설은 관

3) 물론 욕구조사를 할 때도 욕구를 미리 가정해서 가설을 세울 수는 있으나 일반적인 경우는 아니다.

계가 없을 것이라는 것인데 영가설이 기각되었을 때 세우는 것이니까 대립가설은 관계가 있을 것이라는 내용이 되기 때문이다. 연구가설이라는 용어가 있음에도 대립가설이라는 용어를 사용하게 되는 것은 통계적 검증에서는 영가설이 중심이 되는데 그에 대응해서 표현하고자 하기 때문이다. 따라서 대립가설이라는 용어는 대부분 통계적 검증과정에서 연구가설 대신 사용한다. 또한 연구가설이 차이를 밝히거나 연관성이 있음을 밝히는 것이 아닌 경우도 있을 수 있는데 이런 경우에는 연구가설과 영가설이 같은 내용이 되고, 연구가설과 대립가설은 다른 내용을 갖게 된다.

연구주제와 마찬가지로 가설을 세우는 것도 매우 간단한 것 같이 보이지만 실제로 가설을 세워보면 쉽지 않음을 경험하게 된다. 연구주제와 가설을 잘 세우기 위해서는 인과관계에 관한 기존 연구나 이론에 대한 풍부한 지식을 가지고 있지 않으면 안 된다. 가설을 세우는 것은 아이디어를 만들어 내는 것인데, 아이디어를 만들어 내기 위해서는 기존의 이론과 지식에 대해 해박해야만 한다. 따라서 가설을 설정하기 위해서는 문헌연구를 통해 이론이나 기존의 연구내용을 면밀하게 검토하는 과정이 요구된다.

가설 예시	조사주제 : 청소년 스트레스가 폭력비행에 미치는 영향(김재엽 · 최선희, 1998)

I. 서론

최근 ~ (중략)

<가설 1> 청소년들의 스트레스가 높을수록 폭력비행률이 높을 것이다. **(연구가설)**

⇒ 청소년의 스트레스 수준에 따라 폭력비행확률은 차이가 없을 것이다. **(영가설–H0)**

⇒ 청소년의 스트레스 수준에 따라 폭력비행확률은 차이가 있을 것이다. **(대립가설–H1)**

<가설 2> 스트레스와 폭력비행의 매개변인으로서

1. 초등학교 시기의 폭력**경험이 있는 경우 그렇지 않은 경우보다** 폭력비행확률이 **높을 것이다.**
2. 폭력사용에 태도가 긍정적인 경우 부정적인 경우보다 폭력비행확률이 높을 것이다.
3. 폭력물을 접촉한 경험이 있는 경우 접촉경험이 없는 경우보다 폭력비행확률이 높을 것이다.
4. 음주경험이 있는 경우 음주경험이 없는 경우보다 폭력비행확률이 높을 것이다.

(2) 가설 속의 개념 : 변수

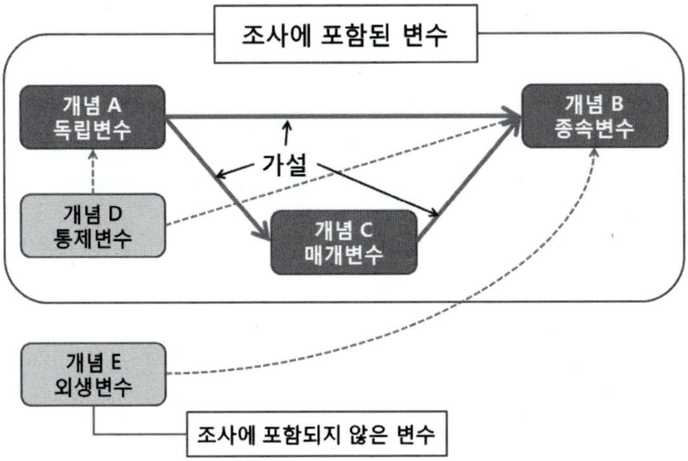

| 그림 5-5 | 변수의 종류

가설 속의 변수들

가설 1 : **스트레스(독립변수)**가 높을수록 **폭력(종속변수)**을 행사할 가능성이 높을 것이다.

가설 2 : **스트레스(독립변수)**가 높을수록 **공격성(매개변수)**이 높을 것이다.
공격성이 높을수록 **폭력(종속변수)**을 행사할 가능성이 높을 것이다.

통제 : 스트레스가 폭력에 미치는 영향은 성별에 따라 다를 가능성이 높다. 따라서 성별을 고려하고도 관계가 있는지 검증하기 위해서는 성별 변수를 조사에 포함시키고 분석에도 포함시켜야 한다.
그럴 때 **성별** 변수를 **통제변수**라고 한다.

조사 외 : 폭력에 영향을 미치는 것은 스트레스뿐만 아니라 **열등의식, 자존감, 과거 폭력 경험** 등도 예상이 된다. 그러나 관심사가 스트레스이고, 나머지는 관심사항이 아니면 그 변수들은 조사하지 않을 것이다. 그러면 그 변수들을 **외생변수**라고 한다.

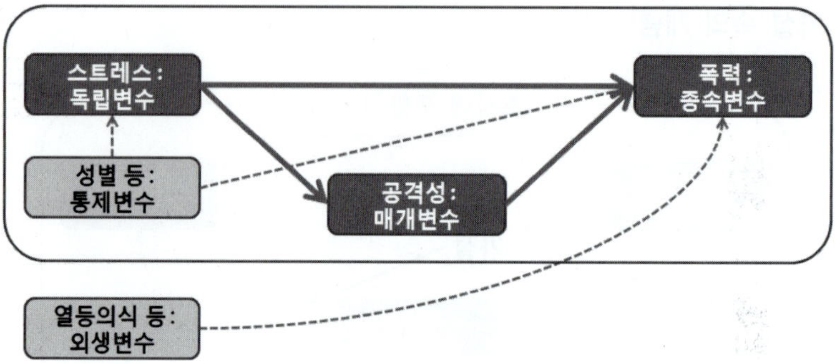

| 그림 5-6 | 가설 속의 변수들

우리가 조사를 통해 이론(지식)을 탐구하거나 검증하고자 가설을 설정할 때, 그 가설 속에는 개념이 존재한다. 예를 들어, 'A는 B에 영향을 미친다(A → B)' 라는 이론을 검증하는 연구라면, 이 이론과 이로부터 설정되는 가설 속에 있는 A와 B를 개념이라고 할 수 있다. A와 B라는 개념으로 구성되어 있는 가설을 검증하기 위해서는 A와 B를 파악할 수 있는 질문문항을 만들어야 한다. 질문문항을 만들어서 알아본다는 것은 사람(조사대상)마다 질문문항에 대한 답이 다르기 때문이다. 사람마다 그 내용이 다르기 때문에 우리는 A와 B를 각각 변할 변(變)자를 써서 '변수'라고 한다. 변수(變數)란 말 그대로 조사대상에 따라 다른 값을 갖는다는 의미를 가진 용어이다. 변수의 상대되는 용어는 상수이다. 상수(常數)란 조사대상에 따라 변하지 않는 수로서, 예를 들어 여성들을 대상으로 조사를 한다고 할 때 성별은 상수가 되는 것이다. 모든 조사대상이 여성이기 때문에 성별에서 조사대상마다 다른 값을 가질 수 있는 것이 아니기 때문이다.

조사연구에서 질문문항이나 개념은 모두 변수라는 용어로 사용된다. 여기서는 변수의 종류에 대해 더 자세히 알아보고자 한다.

① 독립변수(independent variable)

이론구조에서 원인(요인, 설명요소)이 되는 변수로 다른 어떤 변수에도 영향을 받지 않아서 독립변수라고 칭한다. 사회복지조사에서는 문제의 원인을 알아내기 위해[4] 독립변수를 설정하게 된다. 예를 들어, '폭력에 대한 스트레스 이론'은 '스트레스가 높아지면 폭력 가능성이 높아진다'는 것인데, 여기서 '스트레스'는 폭력의 원인이 되는 것이다. 만일 이것을 검증하기 위한 가설을 '스트레스가 높으면 폭력을 행사할 가능성이 높아질 것이다'라고 세웠다면 '스트레스'가 독립변수가 되는 것이다.

② **종속변수**(dependent variable)

이론구조에서 원인에 의해 설명되는 변수, 즉 독립변수에 영향을 받는 변수로 독립변수에 종속되어 영향을 받는다고 해서 종속변수라고 한다. '폭력에 대한 스트레스 이론'을 검증하기 위한 가설에서 '폭력'은 스트레스에 의해 영향을 받는 종속변수이다.

③ **매개변수**(mediating variable)

이론구조에서 원인과 결과 사이에 영향을 중개(매개)하는 변수이다. 독립변수는 종속변수에 직접적으로 영향을 미칠 수도 있지만 매개변수를 통해서도 영향을 미칠 수 있다. '폭력에 대한 스트레스 이론'을 예로 들면, 스트레스는 폭력에 직접적으로 영향을 미치기도 하지만 스트레스는 공격성을 통하여 폭력에 영향을 미칠 수도 있다. 즉, 스트레스가 높아지면 공격성이 높아지고, 공격성이 높아지면 폭력을 행사할 가능성이 높아지는 것이다. 이럴 경우 '공격성'은 스트레스와 폭력을 연결해 주는 역할을 하는 것인데 그런 역할을 하는 변수를 매개변수라고 한다.

④ **통제변수**(control variable)

독립변수와 종속변수의 관계에 영향을 미쳐서 독립변수와 종속변수의 정확한 관계를 파악하기 어렵게 만드는 변수가 있을 수 있다. 예를 들어, 교회 수와 술집 수의 관계를 보면 두 변수가 상당한 상관관계를 가지고 있는 것으

4) 과학적 조사의 목적은 이론(지식)을 개발하고 검증하기 위한 것이다. 또한 'A → B'의 구조로 되어 있는 이론은 특정 현상을 예측하거나 원인을 밝히는 구조이기 때문에 과학적 조사의 목적이 '예측'과 '원인 밝히기'이기도 하다는 것을 다루었다.

로 나타날 수 있다. 즉, 교회 수가 많으면 술집 수가 많다는 것이다. 그러나 이것은 상식적으로 이해하기 어려운 상관관계이다. 따라서 교회 수와 술집 수 간의 관계를 정확하게 파악하는 것을 어렵게 하는 것이 개입되어 있다고 볼 수 있다. 교회 수와 술집 수라는 변수에 관련되어 있는 제3의 변수를 생각할 수 있는데 그것이 바로 '도시의 크기' 혹은 '인구규모'라고 할 수 있다. 도시가 크면 교회도 많지만 술집도 많다. 즉, '도시의 크기' 혹은 '인구규모'가 교회 수에도 영향을 미치고 술집 수에도 영향을 미쳐서 '교회 수'와 '술집 수'가 마치 상당한 상관관계가 있는 것처럼 작용하는 것이다. 만일 교회 수와 술집 수의 관계를 밝힘에 있어서 '도시의 크기'나 '인구규모'를 고려하지 않으면 **허위관계**(spurious relationship)[5)]를 사실인 것처럼 잘못 받아들이게 된다. 따라서 '도시의 크기'나 '인구규모'처럼 두 변수 간의 관계에 영향을 미치는 변수를 조사에 포함시켜서 이러한 변수의 숨은 영향을 차단하게 되는데, 이렇게 조사에 포함된 변수를 통제변수라고 한다. 아래에서 설명되는 억제변수와 왜곡변수도 조사에 포함되면 통제변수로 불리게 된다.

⑤ 외생변수(extraneous variable)

조사를 함에 있어서 종속변수에 영향을 주는 모든 변수를 독립변수나 통제변수로 조사하는 것은 아니다. 아마도 그것은 불가능할 것이다. 조사에서는 개발하거나 검증하고자 하는 이론(지식)에 초점을 맞추고 독립변수와 종속변수 및 통제변수를 질문문항으로 만들어 조사하게 되는 것이다. 따라서 종속변수에 영향을 미치는 모든 요인을 조사하는 것은 아니다. 조사에 포함되지는 않았지만 종속변수에 영향을 미치는 변수를 외생변수라고 한다. 예를 들어, '폭력에 대한 스트레스 이론'에서는 폭력(종속변수)에 대한 요인으로 스트레스(독립변수)와 이들의 관계에 영향을 미칠 수 있는 있는 '성'이나 '연령' 등

5) 두 변인 간의 관계를 분석했을 때 의미있게 나왔던 관계가 정교화 모형을 기초로 두 변인의 관계에 영향을 미쳤을 만한 변수를 투입(통제변수)하여 분석하면 의미있던 관계가 사라져 관계가 없는 것으로 나타나는 경우, 두 변인 간의 관계를 허위관계라고 한다. 이를 다른 말로 **우연적 관계**(fortuitous relationship) 혹은 **우발적 관계**(accidental relationship)라고도 한다. 조사자는 허위관계를 실질적인 관계로 오해하지 않도록 변수선택에 주의를 기울여야 한다.

(통제변수)을 조사하지만 '폭력에 대한 권력(힘) 이론'에서는 폭력에 대한 요인으로 권력(힘)을 조사하게 된다. 따라서 '폭력에 대한 스트레스 이론'을 검증하기 위한 조사연구에서는 '권력'은 조사되지 않지만 '폭력에 대한 권력(힘)이론'에 의하면 '권력'은 폭력에 영향을 미친다. 만일 '폭력에 대한 스트레스 이론'을 검증하기 위한 연구라면 '권력'은 외생변수가 되고, 반대로 '폭력에 대한 권력이론'을 검증하기 위한 조사를 한다면 조사되지 않는 '스트레스'가 외생변수가 된다. 그러나 '폭력에 대한 스트레스 이론'을 밝히면서 '권력'의 영향력을 통제하기 위해 '권력'을 조사에 포함시켰다면 '권력'은 통제변수가 되는 것이다.

⑥ 억제변수(suppressor variable)

독립변수와 종속변수가 본래는 관계가 있으나 제3의 특정 변수의 작용으로 관계가 없는 것처럼 나타나는 경우가 있다. 이 경우 제3의 특정 변수를 통제[6] 하면 관계가 나타나게 되는데, 이런 경우 제3의 특정 변수를 억제변수라고 한다. 즉, 관계가 있는 두 변수 간의 관계를 억제해서 관계가 없는 것처럼 보이는 작용을 하기 때문에 억제변수라고 한다. 억제변수를 확인하기 위해 조사와 분석에 투입하게 되면 억제변수는 통제변수가 된다. 변수 간의 영향관계를 제대로 밝히기 위해 고려해야 하는 변수를 조사와 분석에 투입하게 되면, 그러한 변수를 모두 합쳐서 통제변수라 하기 때문이다. 따라서 다음에서 교육수준은 통제변수이며 동시에 억제변수의 성격을 가지고 있는 것이다.

6) 통제변수에서도 설명했듯이 조사나 통계분석에서 통제한다는 의미는 그 변수를 조사와 분석에 포함시켜서 그 변수의 영향력을 차단한다는 의미이다. 즉, 그 변수의 영향력을 고려한 상태에서 독립변수가 종속변수에 미치는 영향을 파악하는 것이다.

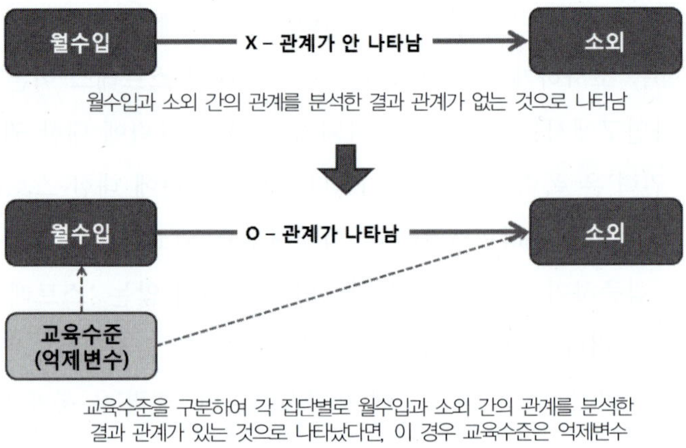

| 그림 5-7 | 억제변수를 통제하지 않은 경우와 통제한 경우

⑦ 왜곡변수(distorter variable)

독립변수와 종속변수의 관계가 제3의 특정 변수에 의해 왜곡되게 나타나게 되는 경우, 그 특정 변수를 왜곡변수라고 한다. 즉, 특정 변수를 통제하게 되면 독립변수와 종속변수의 영향관계가 반대로 나타나게 되는 경우가 있는데, 이러한 경우 특정 변수로 인해 영향관계의 왜곡현상이 발생하였다고 하여 왜곡변수라고 한다. 여기서도 왜곡변수를 확인하기 위해 조사와 분석에 투입하게 되면 왜곡변수는 동시에 통제변수가 된다.

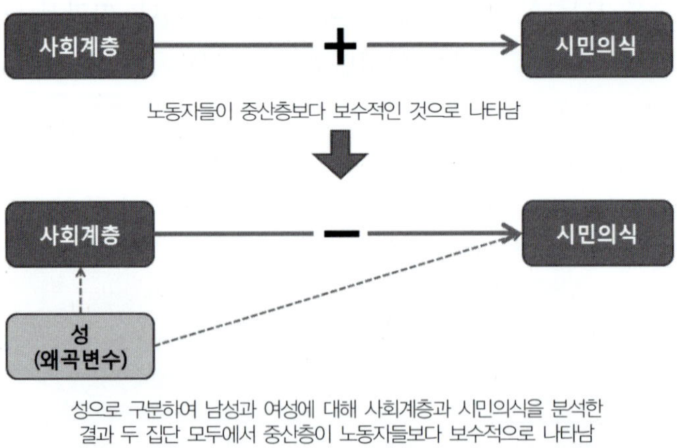

| 그림 5-8 | 왜곡변수를 통제하지 않은 경우와 통제한 경우

chapter 06

조사도구(Measurements) 개발 : 무엇을 가지고 조사를 할 것인가?

Key point

구체적으로 '무엇을 가지고 조사를 할 것인가?' 라는 질문에 대한 설득력 있는 답을 찾아본다.

학습목표 질문

질문지는 어떠한 과정을 거쳐 어떻게 만드는 것인가?

1. 조사도구 개발과정

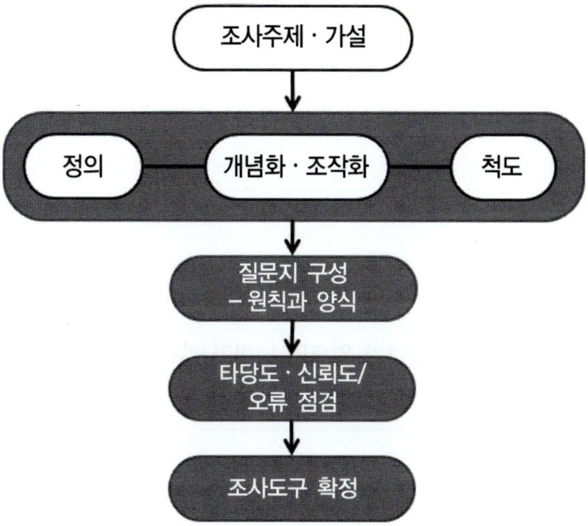

┃그림 6-1┃ 조사도구 개발과정

조사도구란 조사할 내용을 의미하는 것, 즉 알아보고 싶은 내용에 관한 것으로 설문조사에서는 조사를 위한 설문지, 실험에서는 실험결과를 알아볼 수 있는 평가지,[1] 질적 조사인 현장조사-관찰-에서는 관찰항목 등을 일컫는다. 일반적으로 측정개발에서는 설문지 개발을 다루므로 여기서도 설문지 개발을 중심으로 하겠다. 평가지는 보통 설문지와 동일한 양식으로 되어 있기 때문에 구분하지 않도록 한다.

결혼만족도에 관한 조사를 하고 싶다면 조사도구는 결혼만족도를 알아보기 위한 질문들이 되는 것이다. 조사도구는 성, 나이, 직업 등 사실(facts)을 물어보는 비교적 간단한 질문도 있고, 결혼만족도, 스트레스 등 추상적인 개념(attitude)을 알아보기 위한 다수의 질문으로 구성되기도 한다.

조사도구 예시 조사주제 : 결혼만족도

- 귀하의 성은 어떻게 되십니까? ① 남자 ② 여자 ← **성에 관한 조사도구**
- 실례지만 귀하의 연세는 어떻게 되십니까? 만 _____세 ← **연령에 관한 조사도구**
- 귀하는 평소에 결혼생활을 하면서 다음 사항에 대해 얼마나 만족하십니까? 혹은 불만족하십니까?

항 목	① 매우 불만	② 다소 불만	③ 다소 만족	④ 매우 만족
1) 경제적인 측면(수입, 지출관리 등)	①	②	③	④
2) 아내의 사회적 지위(직업 포함)	①	②	③	④
3) 귀하에 대한 아내의 사랑	①	②	③	④
4) 아내의 성격	①	②	③	④
5) 귀하에 대한 아내의 정신적 지지	①	②	③	④
6) 부부간의 성생활	①	②	③	④
7) 아내의 어머니로서의 역할(**자녀가 없으면 넘어가세요**)	①	②	③	④

← **결혼만족에 관한 조사도구**

1) 주로 설문지의 형태로 되어 있다.

조사도구(질문)는 원하는 정보를 얻기 위한 질문이지만 쉽게 만들 수 있는 것이 아니다. 물론 성별을 묻는 것이나 혹은 나이와 직업을 묻는 것과 같은 비교적 단순하고 쉽게 만들 수 있는 조사도구도 있다. 그러나 결혼만족도, 스트레스, 비행, 과잉행동 등 추상적인 개념을 묻기 위한 조사도구는 매우 어려운 작업을 요한다.

조사도구를 제대로 만들기 위해서는 기본적으로 거쳐야 하는 단계가 있다. 이러한 단계를 제대로 거칠 때 객관화된, 즉 다른 사람들이 납득할 수 있는 조사도구를 만들 수 있게 된다. 조사도구를 개발하는 과정은 앞에서 다루었던 조사주제 설정과 가설설정의 단계를 거쳐 개념화·조작화의 단계, 설문지 만들기, 오차 점검 등의 5단계로 구성된다. 설문지 만들기는 시안을 개발하고 사전조사를 거쳐 타당도와 신뢰도 및 오류를 점검하고 수정·보완하여 최종적으로 완성된다. 이 가운데 개념화와 조작화는 조사도구 개발의 핵심적 과정이다.

2. 1단계 : 개념화(Conceptualization)와 조작화(Operationalization)

개념화와 조작화는 질문문항을 만드는 과정 가운데 핵심적인 과정이다. 조사주제를 설정하고 이에 따라 가설을 설정하면 가설은 개념과 개념 간의 관계로 표현이 된다. 앞의 예시에서 나온 가설을 예로 들어보자. '청소년들의 스트레스가 높을수록 폭력비행률이 높을 것이다'라는 가설을 보면 '스트레스'와 '폭력비행'이라는 개념 간의 관계가 설정되어 있다. 조사를 통해서 이러한 가설을 검증하려면 스트레스와 폭력비행을 측정할 수 있는 질문문항이 만들어져야 한다. 개념으로 존재하는 것을 질문문항으로 만들어 내야 하는 것이다. 바로 이 과정을 개념화·조작화의 과정이라고 한다.

개념화·조작화의 과정이 질문문항을 만드는 데 핵심적인 과정이라고 하더라도 모든 조사에서 반드시 필요한 과정은 아니다. 측정하고자 하는 개념에 관하여 기존에 개발된 질문문항이 존재하면 그것을 가져다 사용하면 된다. 개념화와 조작화는 질문문항을 새롭게 개발할 때 반드시 필요한 과정이다.

개념화와 조작화는 엄격하게 분리된 것이 아니고 연속된 것이다. 개념화하고 조작화하는 과정을 구체적 내용으로 살펴보면, 정의를 내리고, 그 정의를 기준으로 지표와 척도를 구성하는 과정을 일컫는다. 그런데 어디까지가 개념화이고 어디까지가 조작화인가를 명확하게 구분할 수 있는 것이 아니다. 연속적으로 연결된 관계 속에 개념화와 조작화가 함께 존재한다는 것이다. 즉, 개념화로 시작해서, 조작화로 끝나는 형태이다. 이것을 도식으로 표현하면 【그림 6-2】와 같다. 그러나 굳이 구분해 본다면 개념화는 정의를 내리는 과정이라고 할 수 있고, 조작화는 정의를 기준으로 지표와 척도를 구성하는 과정이라고 할 수 있다.

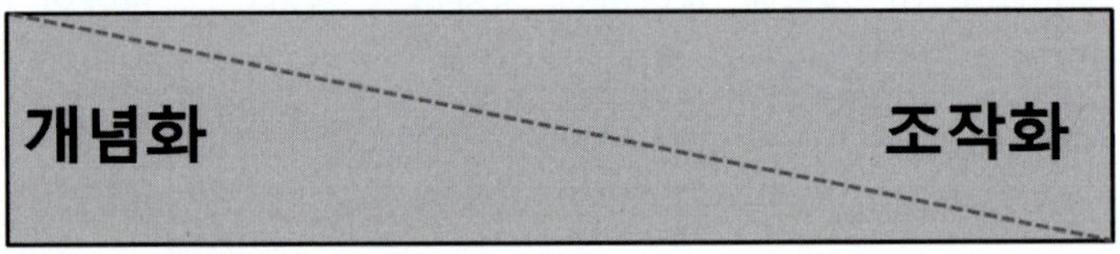

【그림 6-2】 연속적 개념으로서의 개념화와 조작화의 관계

개념화와 조작화는 조사도구를 개발하는 데 있어서 매우 중요한 과정이다. 측정하고자 하는 개념을 정확하게 조사할 수 있도록 하는 과정으로 조사의 타당도와 신뢰도와 관련이 있기 때문이다. 개념화와 조작화가 정확하게 이루어지면 조사의 타당도와 신뢰도는 매우 높아지게 된다. 따라서 조사의 타당도와 신뢰도를 확보하기 위해서는 개념화와 조작화가 제대로 이루어져야 한다.

1) 개념화

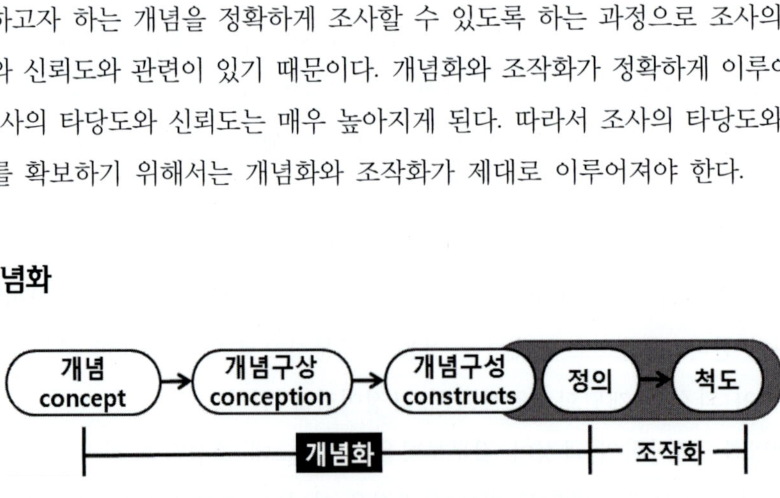

【그림 6-3】 척도개발과정에서의 개념화

개념은 하나의 '존재'에 대한 '사상(事象)'들을 묶어 '의미'를 단순화시킨 '의미체(意味體)'이다. 즉, 존재하는 것에 대한 여러 가지 모습을 종합하여 하나의 의미를 가진 것으로 만들어진 것이다. 스트레스, 비행행동, 양육, 산, 강, 바람, 동물, 사람, 신 등 세상의 모든 사물이나 현상들은 모두 나름대로의 의미를 지닌 개념들이다. 다시 말하면, 세상의 모든 사물이나 현상들은 나름대로의 이름을 가지고 있는데 그러한 이름은 사물이나 현상의 의미를 담고 있는 의미체인 것이다. 바로 그 의미체를 우리는 개념이라고 한다. 그러나 개념은 구체적이고 명확하게 의미가 정립된 것이라기보다는 느슨하게 종합된 의미로 추상적이어서 일반적으로 사람들마다 그 개념에 대한 인식이 다르다. 이러한 **추상적인 개념을 명료하게 만들어 가는 과정이 개념화이다.**

모든 개념은 다음과 같은 성질을 가지고 있다. ① 가장 최소한의 요소인 '용어'로 구성된다. ② 존재와 일치하여야 한다. ③ 형식적으로 모순이 없어야 한다. ④ 다른 개념과 분명히 구분되어야 한다. ⑤ 개념을 명백히 하기 위해서는 '정의'가 필요하다. 그리고 모든 개념은 다음과 같은 기능을 가지고 있다. ① 보거나 느낄 수 없는 현상에 대한 이해를 가능하게 해준다. ② 언어 또는 기호로 표시될 수 있기 때문에 지식의 누적 혹은 확장을 가능하게 해준다. ③ 조사의 출발과 방향을 설정해 준다. ④ 조사의 범위를 지정해 주고, 조작화 과정에서 변수와 지수의 선정기준이 된다. ⑤ 조사의 연역적 결과를 이끌어준다(정대연, 1997). 여기서 눈여겨 볼 것이 개념의 성질 가운데 다섯 번째인 '개념을 명백히 하기 위해서는 정의가 필요하다'는 것과 기능 가운데 네 번째인 '조사의 범위를 지정해 주고, 조작화 과정에서 변수와 지수의 선정기준이 된다'는 것이다. 개념을 명백히 하기 위해서는 정의가 필요하다. 따라서 바로 이 **정의를 내리는 과정을 개념화의 과정이라고 할 수 있다.** 그리고 이러한 **정의를 기준으로 세부내용을 개발하는 과정을 조작화의 과정이라고 할 수 있다.**

개념은 추상적인 수준에 있기 때문에 어떤 면에서는 존재하지 않는 것이라고 할 수 있다. 예를 들어, 스트레스를 생각해 보자. 스트레스가 존재하는가? 만일 누군가 스트레스를 느낀다면 그는 스트레스를 증명할 수 있는가? 그가 밤에 잠을 이룰 수가 없다고 한다면 그것이 스트레스가 존재한다는 증거가 되는가? 만일 그렇다고 한다면 밤에 잠이 오지 않는 경우에는 모두 스트레스라고 할 수 있는가? 사실 우리가 스트레스라는 개념을 사용할 때는 합의된 수준에서 사용하는 것이다. 스트레스 외에도 우리가 사용하는 모든 개념, 즉 '책상', '폭력', '과잉행동' 등과 같은 모든 용어는 합의해서 사용하는 것이다.

합의를 해서 사용하는 과정을 더 구체적으로 살펴보자. 사람들은 **개념**(concept)에 대해 각자가 머릿속에 그리는 것이 있다. '책상'이라고 했을 때 각 사람마다 머릿속에 떠올려지는 것은 다르다. 물론 우연히도 서로 다른 사람이 동일한 상을 떠올릴 수도 있지만 그것은 우연히 가능한 것이고 대부분의 경우에는 다르다. 이렇게 머릿속에 떠올려지는 것, 즉 마음의 상(像)을 **개념구상**(conception)이라고 한다. 따라서 개념은 실재하고 있는 것에 대한 객관적인 <의미>이지만 개념구상은 개념에 대한 <주관적인 의미파악>이다. 각 사람의 개념구상을 가지고 논의를 거쳐 합의를 하게 되는데 이것이 합의된 정의를 내리는 것이다. 이렇게 합의된 정의를 내리는 과정을 **개념화**(conceptualization)과정이라고 한다.

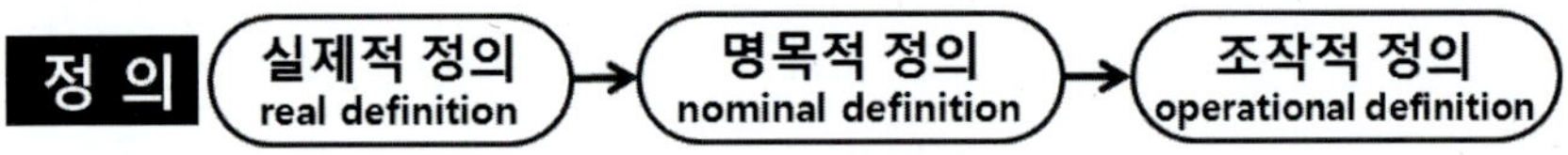

그림 6-4 정의의 종류

정의는 일반적으로 세 가지가 존재한다. **실제적 정의**(real definition)와 **명목적 정의**(nominal definition), **조작적 정의**(operational definition)이다. 실제적 정의는 개념에 대해 실제의 모습 그대로를 나타낼 수 있도록 규정하는 것이다. 그러나 이것은 현실적으로 가능하지 않다. 예를 들어, '책상'이라고 할 때 책상에 대한 정확한 정의를 내릴 수는 없다. 책상에 대해 정의를 내리면 그것은 책상의 특정한 측면 혹은 특징만을 제시하는 것이다. 예를 들어, '책상은 책을 읽기 위해 만들어진 상'이라고 할 때 그것의 모양과 특성 및 재질 등은 언급되지 않아서 사람마다 머릿속으로 그리는 책상의 모양이 달라지게 된다. 실제적 정의는 사물이나 현상의 실제 모습을 그대로 드러내는 개념규정이기 때문에 사람마다 다르게 인식된다면 그것은 실제적 정의라고 할 수 없는 것이다. 따라서 실제정의는 존재할 수 없다. 굳이 표현한다면 개념을 개념으로 표현하는 것이다. 즉, '책상은 책상이다'라고 표현하는 것이다. 즉, '책상'이라는 개념은 실제의 책상 그 자체인 것이다. 이것을 철학적 용어로 '물화(物化)'라고 한다.

사물이나 현상에 대한 실제적 정의는 불가능하기 때문에 우리는 합의된 정의를 내려서 사용한다. 명목적으로 그렇게 하자고 합의해서 사용하는 것이기 때문에 이를 명목적 정의라고 한다. 우리가 사용하는 대부분의 정의가 여기에 속한다. 학자들이나 전문가들의 정의, 그들로부터 추론된 정의 등이 모두 명목적 정의인 것이다. 이러한 명목적 정의 역시 추상적 수준에 있어서 조사에 그대로 활용하기 어려운 경우가 많다. 질문문항은 정의를 기준으로 해서 개발되는데, 정의가 추상적 수준에 있다면 그것을 기준으로 질문문항을 만들기는 어려울 것이다.

따라서 그러한 경우 정의를 보다 구체적으로 내려서 질문문항을 구성할 수 있도록 하는데 그것을 조작적 정의라고 한다. 조작적 정의는 조사라는 작업을 위해 내리는 것으로 다른 말로 작업적 정의라고도 한다. 예를 들어, '집단응집력'을 측정이 가능하도록 '성원들이 의견을 같이하는 정도' 혹은 '성원들이 모임을 갖는 빈도'라고 정의를 내리거나 우정을 '자주 만나는 빈도' 혹은 '서로 상대방을 돕기 위해 소비하는 시간'이라고 정의를 내린다면 이것을 조작적 정의라고 할 수 있다.

각 사람들의 '개념구상'을 가지고 정의를 내리는 과정을 통해 일반적으로 받아들여질 수 있게 된 것을 **'개념구성(constructs)'**이라고 한다. 즉, **개념구성은 각 사람의 정신적인 상을 종합하여 '널리 알려진 사실이나 보편타당한 용어로 정의를 내린 것'**이다. 이렇게 **개념에 대해서 '개념구성'을 도출하는 과정을 개념화(conceptualization)**과정이라고 한다. 이러한 과정을 거치는 이유는 사람들마다 사물이나 현상에 대한 인식이 다르기 때문에 이러한 과정을 거치지 않고 조사자가 임의로 정의를 내려서 질문지를 구성하고 그것을 토대로 조사를 하게 되면 다른 사람은 그 결과에 대해 동의하지 않을 것이기 때문이다. 즉, 합의할 수 있는 조사도구(질문문항)를 만들어 내기 위함이다. 논문에서 이러한 과정은 이론적 배경에서 제시된다.

개념화과정은 앞에서 살펴본 ❙그림 2-7❙의 이론의 수레바퀴에서, 조사로부터 일반화를 거쳐 이론이 만들어지는 과정과 같은 과정이다. 즉, 각 사람의 개념구상을 알아보고(조사), 합의하는 절차(일반화)를 거쳐 개념구성(이론)을 만드는 것이 이론을 개발하는 과정과 같다. 따라서 '개념구성'을 '이론적 개념'이라고도 한다.

2) 조작화

조작화(operationalization)는 개념화 과정의 연속이다. 따라서 개념화와 조작화를 엄밀하게 구분하기는 어렵다. 조작화는 **개념구성(constructs)된 것을 측정가능한 형태로 변형시키는 과정**이다. 개념구성을 질문문항 혹은 지표로 만드는 과정이다. 이를 달리 표현하면 개념구성, 즉 조작적 정의를 기준으로 그에 부합되는 내용을 도출(구성)하는 것이다.

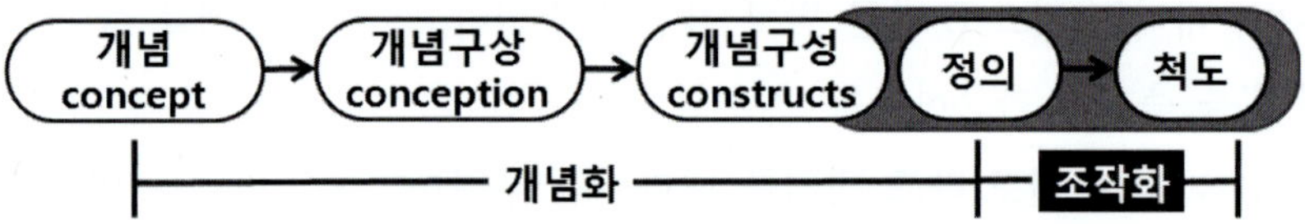

❙그림 6-5❙ 척도개발과정에서의 조작화

이러한 조작화는 1단계에서 끝나는 것은 아니다. 항목이 구체화될 때까지 계속해서 이루어진다. 예를 들어, 청소년의 문제행동에 대해 1단계 조작화로 흡연, 음주, 폭력, 가출, 절도 등의 지표를 구성할 수 있을 것이다. 여기서 폭력은 언어폭력, 심리적 폭력, 신체적 폭력, 성폭력 등으로 보다 구체화할 필요가 있는데 이를 2단계 조작화라고 한다. 이 가운데 신체적 폭력은 물건 던지기, 뺨 때리기, 주먹으로 때리기, 발로 차기, 도구를 이용해서 때리기 등으로 보다 구체화하여야 하는데 이를 3단계 조작화라고 할 수 있다.

- **개념의 조작화 과정**
  - 문제행동 : 개념
  - 음주, 흡연, 폭력, 가출, 절도 : 문제행동의 지표(1단계 조작화)
  - 언어폭력, 심리적 폭력, 신체적 폭력, 성폭력 : 폭력의 지표(2단계 조작화)
  - 물건 던지기, 뺨 때리기, 주먹으로 때리기, 발로 차기, 도구로 때리기 : 신체적 폭력의 지표(3단계 조작화)

지표(index) 혹은 질문문항(questionnaire)은 개념구성을 측정가능한 형태로 만든 것이다. 이러한 과정을 조작화 과정이라고 한다. 그러나 조작화의 과정은 지표 혹은 질문문항을 만드는 것과 함께 응답범주를 구성하는 것도 포함한다. 응답범주는 질문문항에 대한 응답의 형태이다. 예를 들어, 월평균소득을 알아보고자 할 때 응답범주를 구성한다고 하면 '원단위'로 물어볼 것인가 혹은 '만원단위'로 물어볼 것인가 혹은 '100만 원 미만', '100만 원에서 200만 원 미만' 하는 식의 구간으로 물어볼 것인가를 결정하는 것이다. 이렇게 질문문항에 응답범주를 구성하여 척도를 완성하는 것을 척도화(scaling)라고 한다. 조작화는 바로 이러한 척도화 과정이라고 할 수 있다.

조작화는 지표를 개발하고 응답범주를 구성하는 것을 포함하여 구체적으로 질문체계를 개발하는 것이다. 그러나 모든 조사에서 개념화와 조작화의 과정을 모두 거쳐 질문문항을 개발하여 사용하는 것은 아니다. 오히려 이미 개발된 질문체계를 활용하는 경우가 훨씬 더 많다. **물론 사회복지실천현장에서 많이 이루어지고 있는 욕구조사 같은 경우에는 문항을 일일이 개발하여 사용하는 경우가 훨씬 더 일반적이지만, 학문적 연구에서는 기존의 질문체계를 사용하는 경우가 더 많다.** 기존의 질문체계를 보통 '척도'라고 명명하여 사용하는데 '스트레스', '우울', '가족건강성', '결혼만족도', '폭력', '공격성', '탄력성', '자존감' 등과 같은 많은 개념에 대해서는 활용할 수 있는 척도들이 개발되어 있다. 이러한 척도를 활용하게 되면 당연히 조작화 단계는 거치지 않게 된다.

그러나 이러한 척도를 활용하더라도 개념화 작업은 필요하다. 먼저 개념화 과정을 통해 조사하고자 하는 개념을 명확히 규명하고, 그것을 기준으로 적절한 척도를 찾아서 활용하는 것이다. 따라서 기존의 척도는 개념화 과정에서 논의되는 개념들과 일관성을 가질 수 있어야 한다. 학문적 연구에 있어서 이론적 배경에서 논의되는 개념과 사용하는 척도가 일치하지 않거나 연관성을 제시하지 않는 경우가 많은데 반드시 연관된 것이어야 한다.

3. 2단계 : 척도(Scale) 개발

| 그림 6-6 | 척도의 의미

척도는 개념을 알아보기 위해 만들어진 질문문항들과 응답범주가 결합된 질문체계이다. 이러한 척도는 1개의 질문－응답내용이 포함된－으로 되어 있는 것으로부터 몇 십 개의 질문으로 구성된 것까지 다양하게 개발된다. 즉, 결혼만족도 척도로 '현재의 결혼에 대해 만족하십니까? ① 예, ② 아니요'라는 1개의 질문으로 되어 있는 것으로부터 40개의 질문으로 구성된 것까지 다양하게 존재한다. 이것은 정보를 어느 수준으로 얻을 것인가와 관계가 있다.

척도는 하나의 질문문항으로 되어 있는 경우 좁은 의미로 응답범주를 의미하는 것으로도 사용된다. 사회적 현상이나 개념을 측정하기 위해서는 일반적으로 수량화된 응답범주를 개발하여 사용한다. 그렇게 해야만 계량적 분석이 가능해지기 때문이다. 이때 수량화된 응답범주를 또 다른 의미의 척도[2)]라고 하는 것이다. 좁은 의미의 척도, 즉 **응답범주의 형태를 기준**으로 **연속형 척도－불연속형 척도, 명목척도－서열척도－등간척도－비율척도가 있고, 여러 개의 질문문항으로 구성된 경우, 질문문항과 응답범주가 결합된 질문체계 전체를 의미하는 넓**

2) 척도는 분석과정에서 매우 중요하다. 척도의 종류에 따라 분석방법이 달라지기 때문이다. 따라서 척도에 대해 명확하게 이해하는 것은 조사뿐만 아니라 분석을 위해서도 절대적이다.

은 의미의 척도 형태로는 **리커트 척도, 써스톤 척도, 거트만 척도, 의미차별 척도** 등이 있다.

1) 응답범주의 형태에 따른 구분

(1) 연속형 척도 - 불연속형 척도

응답범주의 값들이 연속성을 갖느냐 그렇지 않느냐에 따라 **연속형 척도**와 **불연속형 척도**로 구분된다. 연속형 척도는 응답범주에 매겨진 수치들이 연속적 성격을 가지고 있는 것으로 체중, 나이, 소득 등이 이에 해당하고, 불연속형 척도는 응답범주에 매겨진 수치들이 불연속적 성격을 가지고 있는 것으로 성별, 종교, 직업 등이 이에 해당한다. 예를 들어, 소득을 보면 200만 원이라고 응답한 사람은 100만 원이라고 응답한 사람보다 2배 소득이 많다는 것을 의미하여, 이런 경우를 연속형 척도라고 한다. 반면에 성별을 ① 남자, ② 여자로 하여 물었을 때 ①과 ②는 단지 응답범주를 구분하기 위해 붙여진 기호적 성격을 가진 수치에 불과하여 연속적 성격을 갖는 것이 아니기 때문에 이러한 경우를 불연속형 척도라고 한다. 통계분석을 할 때는 응답범주 척도가 연속형이냐 불연속형이냐에 따라 분석방법을 달리하기 때문에 둘 사이를 구분하는 것은 조사, 특히 자료분석에서 매우 중요하다.

(2) 명목척도 - 서열척도 - 등간척도 - 비율척도

수치적 의미, 정보의 양에 따라 척도는 **명목척도(名目尺度 nominal/categorical/qualitative scale), 서열척도(序列尺度 ordinal scale), 등간척도(等間尺度 interval scale), 비율척도(比率尺度 ratio scale)** 등으로도 구분할 수 있다. 명목척도, 서열척도, 등간척도, 비율척도의 순으로 정보가 많아진다. 조사를 할 때 가급적 정보가 많은 것이 좋지만 비율척도는 개방형 질문으로 이루어지기 때문에 무응답이 상대적으로 많다. 따라서 조사자는 무응답이 다소 많아지더라도 많은 정보를 가진 척도를 선택할 것인가 혹은 정보는 다소 적더라도 가급적 많은 사람들이 응답하는 것을 선택할 것인가를 조사목적에 따라 판단해야 한다.

명목척도(nominal/categorical/qualitative scale) : 응답범주에 붙여진 번호가 아무런 수적인 의미를 가지고 있지 않고 단지 범주를 구분하는 기능만을 가지고 있을 때, 그 숫자가 명목적으로 붙여진 것에 불과하다는 의미에서 명목척도라고 한다. 명목척도는 사람을 분류하기 위해 알아보는 질문에서 많이 사용된다. 예를 들면, 성별(① 남, ② 여), 직업, 종교, 출신지역 등에 대한 질문에 대한 응답범주가 명목척도이다. 성별을 묻는 질문의 응답범주 '① 남 , ② 여'에서 1과 2는 아무런 수적인 의미를 가지고 있지 않다. 단지, 남자와 여자라는 응답범주를 구분하기 위해 명목적으로 붙여진 숫자에 불과한 것이다. 일종의 기호라고 할 수 있다.

서열척도(ordinal scale) : 응답범주에 붙여진 번호가 순서의 의미를 가질 때 서열척도라고 한다. 서열척도에서 숫자는 순서의 의미만 있을 뿐 숫자가 가지고 있는 크기의 의미는 없다. 따라서 상대적 서열의 의미가 있을 뿐 동일한 간격의 의미는 없는 것이다. 뒤에서 설명되는 리커트식 척도는 응답범주로만 보면 대부분 서열척도로 되어 있다. 서열척도의 예를 들면, 계층을 묻는 질문에서 응답범주가 '① 상층, ② 중층, ③ 하층'으로 구성되거나, 선호를 묻는 질문에서 응답범주가 '① 매우 좋다, ② 좋다, ③ 나쁘다, ④ 매우 나쁘다'로 구성될 때 이는 모두 서열척도가 된다. 계층질문 응답범주에서 1, 2, 3은 숫자가 갖는 크기의 의미는 없고 단지 1이 2보다 높은 계층을, 2는 3보다 높은 계층이라는 순서의 의미만을 갖는 것이다. 따라서 상층과 중층 사이와 중층과 하층 사이는 동일한 간격을 가지고 있다고 판단해서는 안 된다.

등간척도(interval scale) : 응답범주에 붙여진 숫자가 서열(순서)을 넘어서 범주 간에 동일한 간격을 의미할 때 등간척도라고 한다. 등간척도는 간격은 동일하지만 절대 0을 가지고 있지 않기 때문에 비율의 개념을 적용할 수 없다. 다시 말해서, +, −는 가능하나 ×, ÷는 불가능하다. 예를 들면, 온도, 지능 등이 있는데 이들은 +, −는 가능하나 ×, ÷는 불가능하여 몇 도 더 높다든지 혹은 몇 도 더 낮다든지라고 표현할 수 있어도 두 배가 더 덥다든지 혹은 1/2만큼 차갑다든지라는 표현은 불가능하다. 이는 절대 0이 존재하지 않기 때문이다. 온도에서 0은 온도가 없는 것이 아니라 영하와 영상을 구분하는 지점의 온도로서 존재하는 것이다. 이러한 등간척도는 사회과학에서는 그다지 많지 않다.

비율척도(ratio scale) : 응답범주들 간에 동일한 간격은 물론이고, 절대 0이 존재하여 모든 연산이 가능하다. 예를 들어, 나이, 소득, 무게, 성적 등은 '~배' 더 많다, 혹은 적다라는 표현이 가능하다. 즉, 비율적용이 가능하다는 것이다. 그러나 이 경우 질문은 모두 개방형 질문이어야 한다. 만일 나이에 대한 질문에서 응답형태를 '① 20대, ② 30대, ③ 40대, ④ 50대 이상'과 같이 구성하였다면 이는 비율척도가 아니다. 앞의 1, 2, 3, 4는 나이를 의미하는 숫자가 아니고, 나이의 범주를 의미하는 숫자로서 이는 서열척도가 된다. 따라서 어떤 변수가 어느 척도냐를 묻는 것은 적절하지 않다. 응답의 형태가 어떤 방식으로 이루어졌느냐가 척도를 구분하는 기준이 되는 것이다.

예 시 측정도구에서의 척도들

- 귀하의 **성**은 어떻게 되십니까? ① **남자** ② **여자** ☜ **명목척도**
- 실례지만 귀하의 **연세**는 어떻게 되십니까? **만 ____세** ☜ **비율척도**
- 실례지만 귀댁 자녀의 **지능지수(IQ)**는 얼마나 됩니까? ☜ **등간척도**
- 귀하는 평소에 결혼생활을 하면서 다음 사항에 대해 얼마나 만족하십니까? 혹은 불만족하십니까?

항 목	① 매우 불만	② 다소 불만	③ 다소 만족	④ 매우 만족
1) 경제적인 측면(수입, 지출관리 등)	①	②	③	④
2) 아내의 사회적 지위(직업 포함)	①	②	③	④
3) 귀하에 대한 아내의 사랑	①	②	③	④
4) 아내의 성격	①	②	③	④

5) 귀하에 대한 아내의 정신적 지지	①	②	③	④
6) 부부간의 성생활	①	②	③	④
7) 아내의 어머니로서의 역할(**자녀가 없으면 넘어가세요**)	①	②	③	④
	☜ **서열척도**			

2) 질문체계로서의 척도

(1) 리커트 척도(Likert scale)

리커트 척도는 리커트(R. Likert)와 그의 동료들이 고안하였기 때문에 붙여진 이름이다. 이는 다른 이름으로 총합평정법이라고 한다. 일반적으로 어떤 개념을 묻는 질문을 만들 때 하나의 질문문항(단일차원법)을 만들지 않고 여러 개의 질문문항(다차원법)을 만들어서 사용하게 된다. 예를 들어, 결혼만족도, 스트레스, 우울, 부모-자녀관계 등과 같은 개념을 알아볼 때 조사자는 그 개념을 대표하는 많은 문항들을 개발할 것이다. 이렇게 여러 개의 질문으로 구성하여 그 개념을 응답값들의 총합으로 측정하는 것을 리커트 척도라고 한다. 리커트 척도에서 각 문항은 모두 비중이 같은 것으로 가정하고 총합을 단순 합산값으로 사용한다. 따라서 **각 문항은 동일한 비중을 갖도록 제작하는 것이 필요하다.** 또한 각각의 문항들 간, 전체를 종합한 것과 개별문항 간에는 높은 관련성이 있어야 좋은 척도라는 것이 리커트 척도의 기본 가정이다.

예 시	리커트 척도

■ 귀하는 평소에 결혼생활을 하면서 다음 사항에 대해 얼마나 만족하십니까? 혹은 불만족하십니까?

항 목	① 매우 불만	② 다소 불만	③ 다소 만족	④ 매우 만족
1) 경제적인 측면(수입, 지출관리 등)	①	②	③	④
2) 아내의 사회적 지위(직업 포함)	①	②	③	④
3) 귀하에 대한 아내의 사랑	①	②	③	④
4) 아내의 성격	①	②	③	④
5) 귀하에 대한 아내의 정신적 지지	①	②	③	④
6) 부부간의 성생활	①	②	③	④
7) 아내의 어머니로서의 역할(**자녀가 없으면 넘어가세요**)	①	②	③	④

리커트 척도는 일반적으로 응답범주를 좌우균형을 이루도록 구성한다. 예를 들어, 찬반을 물을 때 매우 찬성 (1), 다소 찬성 (2), 중간 (3), 다소 반대 (4), 매우 반대 (5) 등과 같이 찬반이 균형을 이루는 척도로 구성한다. 따라서 리커트 척도의 응답범주는 대부분 서열척도와 같은 형태를 갖는다.

(2) 거트만 척도(Guttman scale)

거트만 척도는 척도분석(scalogram analysis)이라고도 하며 거트만(L. Guttman)과 그의 동료들에 의해 고안되었다. 거트만 척도는 질문문항들의 서열성이 존재하는 것을 전제로 한다. 질문문항을 개발함에 있어서 리커트 척도처럼 여러 개의 문항으로 구성할 때, 문항들 간의 관련성, 즉 내적 일관성이 확보되느냐 하는 것이 문제이다. 이것은 바로 '타당성'의 문제이다. 이것은 여러 문항으로 척도를 구성함으로써 나타나는 문제로서 거트만과 그의 동료들은 이러한 문제를 해결하기 위해 여러 개의 문항으로 구성하면서도 마치 한 개의 문항처럼 이해될 수 있는 척도를 개발하였다. 예를 들어, 우리나라 사람들의 일본인에 대한 사회적 거리를 측정하고자 한다면 다음과 같이 거트만식 척도를 구성할 수 있다.

① 일본인과 결혼하여 가족으로 받아들일 의향이 있다. (예–5점)
② 일본인들과 개인적인 친구로서 지낼 의향이 있다. (예–4점)
③ 일본인들과 같은 직장에서 일할 의향이 있다. (예–3점)
④ 일본인들과 같은 동네에서 함께 살 의향이 있다. (예–2점)
⑤ 일본인들을 한국 방문객으로 받아들일 의향이 있다. (예–1점)

위의 예에서 일본인에 대한 사회적 거리를 측정하기 위해 5개의 문항을 사용하였지만 각각의 질문문항은 가장 강한 것에서부터 가장 약한 것까지 5단계로 구성되었다. 따라서 ①번에 긍정적인 응답(예)을 한 경우에는 다음 문항들은 할 필요가 없게 된다. 그러나 ①번에 부정적이라면 ②번 질문을 하게 되는데, 만일 긍정적이라면 나머지 질문은 응답할 필요가 없게 된다. 이렇게 하면 점수는 0점에서부터 5점까지 6구간의 단일점수로 사용할 수 있다. 따라서 여러 개의 문항을 사용하지만 마치 한 개의 문항을 사용하는 것과 같은 것이다.

거트만 척도는 집단 간 수용성을 비교하는 데 장점을 가지고 있다. 앞의 예에서 남자와 여자의 평균값을 비교하면 성별로 누가 더 수용성이 높은지 쉽게 식별된다.

그러나 거트만 척도는 리커트 척도의 결과와 별다른 차이가 없고, 여러 개의 문장을 만들고 문장의 뜻으로 간격을 맞추는 것이 쉽지 않아서 실제 조사에서는 거의 사용되지 않는다.

(3) 써스톤 척도(Thurston scale)

써스톤 척도는 유사등간법(類似等間法 ; equal-appearing-interval)이라고도 하며 써스톤(L. L. Thurston)과 그의 동료들에 의해 개발되었다. 써스톤 척도도 거트만 척도와 같이 각각의 문항들에 가중치를 부여함으로써 문항의 비중을 달리하여 척도를 구성한다. 문항들이 동일한 비중의 간격을 갖도록 하기 때문에 유사등간법이라고도 하는 것이다. 즉, 써스톤 척도는 각 문항들의 서열성과 등간성을 전제로 한다.

예 시	써스톤 척도

■ 배우자 만족에 있어서 가장 중요하다고 생각하는 것부터 가장 덜 중요한 것까지를 순위로 매겨 주십시오. (1단계 : 평정자에게 질문)

■ 배우자에게 가장 만족하는 문항을 선택하여 주십시오. (2단계 : 조사대상자에게 질문)

순 위	문 항	평정자 순위 평균값
	1) 경제적 능력	2.5
	2) 사회적 지위	1.2
	3) 성격	4.3
	4) 학벌	6.2
	5) 성적 능력	3.9
	6) 가사참여	3.2
	7) 대인관계	5.5

척도점수는 한 개를 선택하도록 한 경우에는 그 항목의 평정자 순위 평균값이 되고, 두 개를 선택하도록 한 경우에는 두 항목의 평정자 순위 평균값의 평균이 된다. 예를 들어, 위의 문항에서 두 개를 선택하라고 하여 조사대상자가 성격과 대인관계를 선택하였다면 척도점수는 (4.3+ 5.5)/2=4.9가 된다.

써스톤 척도를 개발하는 방법은 첫째, 조사하고자 하는 개념을 알아볼 수 있는 질문을 최대한 많이 만든다. 둘째, 사전조사로 평정자들로 하여금 설정한 범주에다 문항들을 분류하여 넣도록 한다. 예를 들어, 가장 비호의적인 것에서부터 가장 호의적인 것까지 혹은 가장 쉬운 것부터 가장 어려운 것까지 혹은 가장 일반적인 것부터 가장 구체적인 것까지 11개의 범주[3]를 설정하고 문항들을 11개의 범주에 분류하여 넣도록 하는 것이다. 셋째, 각각의 범주의 점수를 기준으로 문항의 평균값과 분산을 구한 다음, 분산이 큰 문항—사람들이 다양하게 범주값을 부여한 문항—을 제외하고, 가장 적합한 문항을 선정하여 평균값을 기준으로 척도점수로 설정한다.

3) 11개의 범주는 써스톤과 그의 동료들이 사용했던 것이기 때문에 관례적으로 사용되고 있으나 반드시 11개일 필요는 없고, 9개나 7개를 사용해도 상관없다.

써스톤 척도는 평정자에 따라 문항점수가 달리 나타날 수 있다는 점과 같은 척도점수라도 선택한 문항 수와 종류가 차이가 있을 수 있고, 절차가 복잡하고 번거롭기 때문에 실제 조사에서는 거의 사용되는 경우가 없다.

(4) 의미차별 척도(Semantic differential scale)

의미차별[4] 척도란 두 개의 반대되는 용어 사이에서 선택하도록 개발된 것이다. 리커트 척도는 응답자로 하여금 특정 입장에 찬성하거나 반대하도록 요청한다. 그러나 의미차별 척도는 응답자에게 두 개의 반대적 입장 중에서 선택하도록 요청한다(Rubin & Babbie, 1997).

예 시 의미차별 척도

(1) 나는 잠을	잘 못 잔다	①	②	③	④	⑤	잘 잔다
(2) 나는 신체적으로	건강하지 못하다	①	②	③	④	⑤	건강하다
(3) 나는 식욕이	없다	①	②	③	④	⑤	왕성하다
(4) 나는 집중을	잘 못 한다	①	②	③	④	⑤	잘 한다
(5) 나의 기억력은	나쁘다	①	②	③	④	⑤	좋다

의미차별 척도는 질문항목을 개발한 다음 술어부분 양쪽에 서로 반대의미를 가진 술어를 배치하고 그 사이에서 어느 쪽에 더 가까운지 선택하도록 하여 제작한다. 위의 예와 같이 '나의 기억력은 나쁘다'에서 '나쁘다'의 반대되는 술어 '좋다'를 반대쪽에 배치시키고 그 사이에서 어느 쪽에 가까운지를 선택하도록 하는 것이다.

4) 어의차별이라고도 한다.

4. 3단계 : 질문구성

질문문항이 구성되고 응답범주 척도가 결정되면 질문지가 작성된다.[5] 질문지 작성은 다음과 같은 과정을 거쳐서 완성된다.

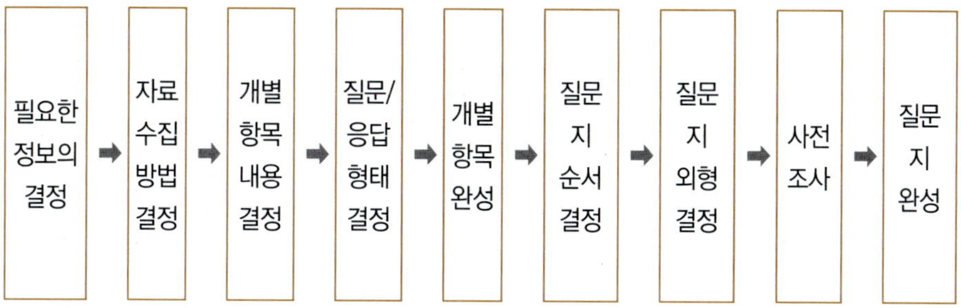

|그림 6-7| 질문지 제작의 일반적 과정

● 필요한 정보의 결정

필요한 정보들은 조사설계 시 조사를 하는 이유인 가설(hypothesis)에서 얻어야 한다. 예를 들어, 여성의 취업 여부 ⇨ 결혼만족도의 조사모형에 따라 가설을 '여성의 취업 여부에 따라 결혼만족도가 차이가 날 것이다'라고 설정하였다면 필요한 정보는 ⓐ 여성의 취업 여부, ⓑ 결혼만족도, ⓒ 조사대상자 특성이 될 것이다.

다음으로 필요한 정보에 대해 알아야 할 수준을 세부적으로 분류한다. 예를 들어, 조사대상자 특성의 정보는 보다 세부적으로 나이, 성별, 학력 등으로 구체화시켜서 정보를 얻어야 한다.

● 자료수집방법 결정

조사방법에 따라 문항 수 및 질문의 형태가 상이하기 때문에 조사설계에서 계획된 자료수집방법[6]을 고려한다. 예를 들어, 우편조사(mail survey)는 가장 많은

5) 측정도구, 즉 척도는 개념화와 조작화 과정을 거쳐서 개발할 수도 있지만 기존에 개발되어 검증된 척도를 활용할 수도 있다.

6) 자료수집방법에 관해서는 뒤에서 자세히 다루게 된다.

문항을 질문할 수 있고, 민감한 내용도 다룰 수 있다. 반면에 전화조사(telephone survey)의 경우에는 적은 문항만을 조사할 수 있고, 전화를 통해서 문항과 응답범주를 읽어주는 방식으로 조사를 하기 때문에 질문내용이 복잡한 것은 적절하지 않다. 직접 면접조사(interview survey)는 중간 정도의 질문문항을 다룰 수 있으며 조사자가 보충할 수 있기 때문에 비교적 복잡한 질문을 사용할 수 있다.

● 개별항목의 내용 결정

개별항목의 내용을 결정할 때는 다음과 같은 사항을 고려해야 한다. 첫째, 꼭 필요한 내용인가? 일반적으로 조사를 기획하게 되면 많은 것들을 알아보려고 한다. 나중에 필요하게 될지도 모르니 조사를 해놓으면 좋을 것이라는 생각 때문이다. 그러나 조사는 매우 어려운 작업이기 때문에 반드시 필요하지도 않은 내용까지 조사하는 것은 적절하지 않다. 대부분의 조사에 있어서 이후에 또다시 분석하여 활용하는 경우는 없기 때문이다. 둘째, 응답자가 필요한 정보를 알고 있는가? 예를 들어, '교사의 업무가 과다하다고 생각하는가?'라는 질문을 일반인들에게 하면 교사의 업무상황에 대해 모르는 사람은 대답하기 어려울 것이다. 이러한 경우에는 추측이나 편견을 토대로 대답할 수 있기 때문에 정확한 조사가 이루어지기 어렵다. 셋째, 응답자가 그 정보를 제공해 줄 수 있는가? 예를 들어, '지난 1년 동안 신용카드 사용액'에 대해 묻는다면 응답자가 충분히 숙지하지 못해서 정보를 제공해 줄 수 없거나 혹은 밝히기 싫은 내용이기 때문에 정보를 제공해 주지 않을 수 있다. 마지막으로, 한 문항으로 충분한가? 예를 들어, '본드를 흡입했을 때 기분은 어땠습니까?'라는 질문을 한다고 가정해 보면 본드를 흡입한 경험이 없는 사람은 답변하기 어려울 것이다. 따라서 그러한 경우에는 '본드를 흡입해 본 적이 있습니까?', '있다면 그때 기분은 어땠습니까?'와 같이 두 개로 나누어서 질문하는 것이 적절하다.

● 질문/응답형태의 결정

개별항목이 결정되면 질문 혹은 응답형태를 결정해야 한다. 개방형으로 할 것인가 혹은 다지선다형으로 할 것인가 아니면 양자택일형으로 할 것인가이다. 일반적으로 개방형으로 하면－특히 비율척도로 구성할 때는 개방형으로 하여야 함－보다 많은 정보를 얻을 수 있지만 응답을 회피하는 경향이 있어서 모든 표본대상자에게 응답을 못 받을 가능성이 있다. 따라서 조사자는 보다 많은 혹은 깊이 있는 정보가 필요한가 혹은 보다 많은 표본대상자에게 응답을 받는 것이 필요한가를 결정해야 한다. 이는 차후에 자료분석 방법을 선택하는 것과도 연관되므로 신중하게 결정하여야 한다. 다지선다형으로 할 때는 응답범주의 상호배타성과 포괄성의 원칙[7]이 지켜져야 한다.

● 개별항목의 완성

개별항목의 내용과 질문/응답형태가 결정되면 질문문항을 구성하기 위한 마지막 과정을 거쳐야 한다. 즉, 질문문항 구성의 원칙이 지켜지고 있는지를 점검하는 것이다. 질문문항의 구성원칙은 다음과 같다.

(1) 가능한 한 쉽고 의미가 명확하게 구분되는 단어를 이용한다. 질문문항은 초등학교를 졸업한 정도라면 이해될 수 있도록 구성하는 것이 바람직하다. 따라서 질문문항이 구성되면 조사자는 질문문항이 쉽게 이해되는지를 조사대상자로 생각하고 있는 집단의 사람에게 사전조사하는 것이 필요하다.

(2) 다지선다형 응답에 있어서는 가능한 응답을 모두 제시해 주어야 한다. 이것을 **포괄성(collectively exhaustive)의 원칙**이라고도 한다. 예를 들어, '환경오염에 대한 책임은 개인, 기업, 정부 중 어디에 있다고 생각하십니까?'라는 질문을 하였다면 응답범주를 개인, 기업, 정부로 세 가지로 구성하기 쉬운데, 다음과 같이 8가지로 제시해 주어야 한다. ① 개인, ② 기업, ③ 정부, ④ 개인+기업, ⑤ 개인+정부, ⑥ 기업+정부, ⑦ 개인+기업+정부, ⑧ 잘 모르겠다. 왜냐하면 어떤 사람들은 환경오염에 대해서 개인과 기업이 동일하게 책임이 있다고 생

---

7) 상호배타성과 포괄성의 원칙에 대해서는 바로 뒤 '개별항목의 완성'에서 구체적으로 설명된다.

각할 것이고, 또 다른 사람들은 개인과 기업, 정부의 삼자가 모두 책임이 있다고 생각할 것이기 때문이다. 따라서 사람들이 생각할 수 있는 모든 가능한 응답을 제시해 주어야 한다.

(3) 응답항목들 간의 내용이 중복되어서는 안 된다. 이는 **상호배타성(mutually exclusive)의 원칙**이라고 한다. 예를 들어, '귀하께서는 현금서비스를 받으신 돈을 주로 어느 용도에 쓰고 계십니까?'라는 질문에 대해 응답범주를 다음과 같이 ① 생활비, ② 교육비, ③ 의료비, ④ 신용카드 대금결제, ⑤ 부채청산, ⑥ 기타로 구성하였다면 ⑤번의 부채청산에는 ④번의 신용카드 대금결제가 포함되는 개념이기 때문에 응답자들은 혼란을 겪을 것이다. 또한 소득을 알아보기 위해 다음과 같이 ① 100만 원 이하, ② 100만 원에서 200만 원 이하, ③ 200만 원에서 300만 원 이하, ④ 300만 원 이상으로 응답범주를 구성한다면 100만 원, 200만 원, 300만 원이 양쪽에 중복되어 있어서 혼란을 초래한다. 따라서 응답범주 간에는 의미가 중첩되어서는 안 된다.

(4) 하나의 질문항목으로 두 가지 내용을 묻는 것이나 종속절이나 조건이 붙은 복합문 등을 사용하는 것은 적절하지 않다. 예를 들어, '귀하께서는 현재 근무하는 회사의 임금수준과 작업조건에 대해 만족하고 계십니까?'라고 묻는 것은 적절하지 않다. 만일 그렇게 질문하고 만족하는 수준을 매우 불만족에서부터 매우 만족까지 4점 척도로 구성하였다면 임금수준과 작업조건에 대해 다르게 인식할 수도 있기 때문에 응답범주를 '임금수준-매우 만족, 작업조건-매우 만족'에서부터 '임금수준-매우 불만족, 작업조건-매우 불만족'까지 16가지를 제시하여야 한다. 따라서 임금조건과 작업조건을 분리해서 두 개의 질문으로 구성하는 것이 바람직하다.

(5) 조사자 임의로 응답자들에 대한 가정을 해서는 안 된다. 응답자에 대한 가정은 정확하지 않을 가능성이 높기 때문에 가정을 전제로 질문을 하는 것은 바람직하지 않다. 예를 들어, '귀하께서 왜 특정 음식점을 선호하십니까?'라고 묻는 것은 적절하지 않다. 응답자가 특정 음식점을 선호한다는 가정을 하고 있기 때문이다. 응답자가 특정 음식점을 선호하지 않는다면 질문에 답하기

곤란하게 된다. 혹은 답을 한다고 해도 그것은 상황을 제대로 파악하는 것이 아니다.

(6) 단어들의 뜻을 명확히 설명하여야 한다. 사람들마다 다르게 해석될 수 있는 단어를 사용하게 되면 모두 동일한 조건에서 답하는 것이 아니기 때문에 오류의 개입이 커지게 될 수 있다. 예를 들어, '귀댁의 한 달 평균 **소득**은 얼마입니까?'라는 질문이나 '귀 기업에서 지난 1년간 발생한 **이익**은 모두 얼마나 됩니까?'라는 질문의 경우에 **소득**은 근로소득만을 의미할 수도 있고 이자나 임대료 등의 소득까지를 의미할 수도 있고, **이익**은 매출 총이익일수도 있고 순이익일 수도 있어서 응답자마다 다른 기준으로 답을 할 수 있기 때문에 정확한 조사가 어려워진다.

(7) 응답자들에게 지나치게 자세한 응답을 요구해서는 안 된다. 예를 들어, 가구의 식생활비를 물어보면서 주식비, 부식비, 외식비 등으로 세분해서 묻는다면 정확하게 답변할 수 있는 사람들은 일부에 지나지 않을 것이다. 이것은 응답자가 제공할 수 있는 정보의 수준을 넘어서는 것이기 때문에 겉으로 보기에는 매우 자세히 조사한 것 같지만 실제로는 매우 부정확한 조사를 하게 된다.

(8) 대답을 유도해서는 안 된다. 예를 들어, '파업을 하면 경제가 어려워진다고 합니다. 귀하께서는 파업을 찬성하십니까? 반대하십니까?'라고 묻는다면 파업에 찬성하면 경제를 어렵게 만드는 데 일조를 하는 것이라는 전제가 깔려 있기 때문에 응답자가 자기 견해를 제대로 밝히기 어렵게 된다. 대부분 조사자는 조사결과를 예측하고 조사를 하게 된다. 그런 경우 예측대로 조사결과가 나와주길 바라는 마음이 있기 때문에 의도하지 않더라도 질문문항에 조사자의 그런 기대가 반영될 가능성을 완벽하게 배제하기 어렵다. 따라서 정확한 조사를 위해서는 객관적 입장을 견지하고 중립적 의미를 지닌 단어와 문장을 사용하는 것이 중요하다.

(9) '그리고', '와', '과' 같은 연결어의 사용에 주의해야 한다. 연결어는 자칫 질문의 뜻을 전혀 다르게 만들어놓기도 한다. 예를 들어, '과일과 야채를 파는 상점들 간에는 경쟁이 치열하다고 생각합니까?'라고 질문할 때, 과일을 파는

가게와 야채를 파는 가게들 간의 경쟁인지 혹은 둘 다를 파는 가게들 간의 경쟁인지 알 수 없기 때문에 연결어를 사용할 때는 주의해서 다른 뜻으로 해석되지 않도록 유의해야 한다.

(10) 응답자가 대답하기 곤란한 질문에 대해서는 직접적인 질문을 피하도록 한다. 일반적으로 사회적 바람직성에 어긋나는 내용에 대한 질문은 조사대상자들이 대답하기 부담스러워 한다. 예를 들어, 외도를 해본 경험을 묻는다든지 혹은 가정폭력경험을 묻는 것 등이 그렇다. 이런 경우에는 '외도를 해본 경험이 있습니까?'라거나 '배우자를 때린 적이 있습니까?'라고 묻기보다는 '배우자 이외의 사람을 사랑해 본 적이 있습니까?'라거나 '살다 보면 배우자와 다투기도 하는데 다투는 상황에서 혹시 폭력을 행사한 경험도 있으십니까?'라는 식으로 물어야 한다. 그렇지 않으면 조사대상자가 의심을 받거나 심문을 받는 것 같은 느낌을 가지게 될 수도 있어서 조사를 중간에 그만둘 수도 있기 때문이다.

● 질문의 순서 결정

질문의 개별항목이 완성되면 질문문항을 배치해야 한다. 질문문항의 순서는 다음과 같은 것을 고려하여 결정한다. 첫째, 가능한 한 쉽고 부담 없는 편안한 것부터 질문한다. 처음부터 복잡한 질문이나 예민한 질문을 하게 되면 조사에 몰입하기 어렵게 되기 때문이다. 이것은 사회복지실천에서 사회복지사와 클라이언트가 관계형성을 먼저 하는 것과 같은 이치이다. 둘째, 응답자의 인적사항은 가능한 한 맨 뒤에 배치한다. 처음부터 응답자의 인적사항에 관한 질문을 하게 되면 응답자들은 불편해하거나 기분 나쁘게 생각한다. 셋째, 사실(facts)을 묻는 것을 앞에 배치하고, 태도나 견해(attitudes)를 묻는 것은 뒤에 배치한다. 사실관계는 비교적 명확한 것이기 때문에 응답자의 대답이 맞고 틀리고가 명확하다. 따라서 응답자가 피로하지 않은 상태에서 묻는 것이 오류가 적을 것이다. 반면에 태도나 견해에 대한 응답은 응답자의 내면이 반영되는 것이기 때문에 집중력이 떨어진 상태에서 대답한다고 해도 오류의 가능성이 상대적으로 적으므로 뒤에 배치하는 것이 적절하다. 마지막으로, 앞

뒤 문항의 영향관계를 고려한다. 질문배치에서 가장 중요한 것은 앞뒤의 문항들이 자연스럽게 이어지는 것이다. 예를 들어, 가정폭력을 조사한다고 할 때, 언어적 폭력, 심리적 폭력, 신체적 폭력, 성적 폭력 등으로 순서를 배치하는 것이다. 이것을 언어적 폭력, 성적 폭력, 심리적 폭력, 신체적 폭력으로 배치하면 응답자가 편안하게 생각하지 않을 가능성이 높다. 왜냐하면 폭력의 정도가 상대적으로 경미한 것으로부터 심한 것으로 질문하는 것이 일반적으로 자연스럽기 때문이다.

● 질문지의 외형 결정

질문문항이 개발되고 배치도 끝나게 되면 질문지의 표지를 만들고, 내용을 편집하여야 한다. 먼저, 질문지의 표지에 대해 살펴보면, 질문지 표지에는 조사주제, 인사, 조사목적, 비밀보장과 조사목적 이외에 사용하지 않겠다는 약속, 조사기간, 조사주체(연락처) 등이 포함되어야 한다. 이때 외도나 폭력 등과 같이 부정적 의미를 담고 있는 주제에 대해서는 조사주제를 잘 다듬어서 제시하여야 한다. 만일 '부부폭력에 대한 조사연구'라고 하면 응답자가 불편해하거나 기분 나쁘게 생각할 수도 있기 때문이다. 이런 경우 '부부간 갈등해결에 관한 조사연구'라고 한다면 응답자가 훨씬 덜 불편해할 수 있을 것이다.

질문내용의 편집에 있어서 가장 먼저 고려해야 할 것은 글자크기이다. 아동이나 노인들에 대한 조사라면 글자크기를 크게 해야 할 것이다. 노인들에 대한 조사에서는 일반적으로 12포인트 정도의 글자크기가 적당하다. 일반 성인에 대한 조사에서도 10포인트 글자크기보다 작게 하는 것은 적절하지 않다. 글자크기는 응답자의 상황에 맞게 하는 것도 중요하지만 질문지의 분량과 관계가 있으므로 이를 고려하는 것도 필요하다. 글자크기가 크면 보기에는 쉽지만 질문지가 늘어나서 질문의 양이 많아 보이는 단점이 있다. 따라서 이러한 것을 종합적으로 고려하여 글자크기를 적절하게 결정하는 것이 필요하다.

예 시 질문지 외형 - 표지(최선희 · 양혜원, 2004)

한국과 일본의 시설거주 노인생활에 관한 조사연구

부 탁 의 말 씀

안녕하십니까?

바쁘신 중에도 귀중한 시간을 할애하여 주셔서 대단히 감사합니다.

저희는 한국과 일본의 시설거주 노인들의 생활에 대한 조사연구를 하고 있습니다. 이러한 조사연구는 앞으로 노인인구가 점점 더 늘어날 것이고, 그에 따라 시설에 거주하게 되는 경우도 많아질 것이므로 노인들이 시설에 거주하면서 보다 나은 생활을 할 수 있는 방안을 마련하기 위한 것입니다.

선생님께서 응답해 주신 내용은 통계법 제13조 및 제14조에 의거 비밀이 보장되며, 통계목적 이외에는 절대로 사용되는 일이 없으니 평소 생각하시는 대로 적어주시면 됩니다.

도와주시는 것에 감사드리며 더욱 건강하시길 빕니다.

2000년 4월

○○○○대학교 의과대학 ○○○ · 한국성서대학교 사회복지학 전공 최선희

(☎ 02-3***-**** /

02-9**-****)

다음으로는 같은 차원의 질문으로 응답범주의 형태가 같은 것은 종합하는 것이다. 일반적으로 '자존감', '스트레스', '비행행동 횟수', '결혼만족도' 등 소위 척도라고 불리는 것들은 응답범주가 동일하다. 이런 경우에는 질문들을 표로 정리하는 것이 좋다. 앞(95~97쪽)에서 예시로 나온 '결혼만족도'를 묻는 질문이 바로 그렇게 종합하여 표로 제시한 것이다.

질문지를 편집하는 것은 외형상 질문지의 양을 적절하게 보이게 하고, 응답자가 보기 좋게 하여 응답에 적극적으로 임하도록 하기 위함이다. 그렇게

하는 것이 보다 정확한 조사를 가능하게 한다.

● 질문지의 사전조사

질문지가 완성되면 질문지에 대한 사전조사를 실시하여야 한다. 사전조사란 본 조사를 하기 전에 질문지가 제대로 만들어졌는지를 평가하기 위하여 실시하는 조사이다. 사전조사는 문장표현(wording)조사와 타당도조사 및 신뢰도조사를 하는 것이다. 문장표현조사는 문장표현이 적절하게 이루어졌는가 혹은 단어사용이 적절한가 등을 검토하는 것이다. 조사대상자 가운데 3~5명을 선정하여 표현된 문장과 단어가 충분히 이해되는가를 알아본다. 문장표현조사는 조사대상자 가운데 일부를 선정하여 하는 것이 가장 바람직한데, 조사자의 동료들에 대해서도 실시하여 종합적으로 판단하기도 한다.

타당도조사는 질문문항이 조사하고자 하는 개념을 충분히 대표하여, 그 질문들을 통해 조사하고자 하는 개념을 정확하게 조사할 수 있느냐를 평가하는 것이다. 신뢰도조사는 질문문항이 일관성이 있어서 동일한 대상에게 계속해서 조사를 했을 때 동일한 결과를 산출하는가를 평가하는 것이다. 보통 30명 정도를 예비조사하여 신뢰도를 분석한다. 신뢰도와 타당도는 본 장의 타당도와 신뢰도 부분에서 자세히 다루게 될 것이다.

● 질문지의 최종 완성

질문지에 대한 사전조사가 끝나면 질문지가 최종적으로 완성된다. 그러나 사전조사가 끝나고 질문지가 완성되었다고 하더라도 분석틀을 점검하고 질문지의 내용이 조사자가 알아보고자 하는 것을 제대로 반영하고 있는지 다시 한 번 점검하는 것이 좋다. 조사목적에 따라 질문이 구성되었다고 하더라도 질문을 개발하는 과정에서 이 모양 저 모양으로 추가되는 것이 많기 때문에 분석계획과 예상된 결과를 토대로 모든 질문문항들의 사용을 재평가하는 것이다. 이렇게 되면 불필요한 문항을 제거하고, 분석작업을 함에 있어서 효율성을 기할 수 있게 된다.

● 질문지 작성 과정 예시 – 조사주제 설정에서 질문문항까지

조사주제 설정
청소년 스트레스가 청소년 폭력비행에 미치는 영향(김재엽 · 최선희, 1998)

⬇

가설 설정
청소년의 스트레스가 높을수록 폭력비행율이 높을 것이다.

⬇

개념화
폭력은 일반적으로 "상대에게 신체적 고통이나 상해를 가할 의도나 그러한 의도가 있다고 인식되어진 행위"로 정의하고 있는데**(일반적인 개념화 과정)**, 본 연구에서는 폭력비행의 범위를 확장하여 신체적 폭력비행뿐 아니라 심리적 폭력, 돈이나 물건을 위협해서 빼앗는 행위, 고의로 기물을 파손하는 행위 등을 포괄하는 개념으로 폭력비행(강지원, 1992 : 115-118)을 이해하고자 한다**(조작적 정의)**.
일반적으로 스트레스는 그 의미에 따라서 1) 자극으로서의 스트레스, 2) 반응으로서의 스트레스, 3) 상호작용으로서의 스트레스로 구별될 수 있다(Lazarus & Folkman, 1984; 김정희 역, 1991)**(일반적인 개념화 과정)** ~중략~ 청소년 스트레스의 측정은 원호택(1990)의 "청소년 범죄행동 유발요인에 대한 심리학적 연구"에서 사용하였던 스트레스 척도를 바탕으로 공부영역, 가정영역, 대인관계영역, 이성관계영역, 건강영역을 중심으로 하여 청소년들이 경험하는 스트레스를 측정하였다. 각각의 스트레스 영역에 해당되는 세부항목은 다음과 같다**(기존에 개발되어 있는 조사도구를 이용)**. ~생략~

⬇

조작화
폭력비행은 크게 신체적 폭력, 심리적 폭력, 사회적 폭력의 세 차원으로 구성하였다. 그 가운데 신체적 폭력비행은 Straus(1979)가 제작한 CTS(Conflict Tactics Scale)척도를 우리 문화에 맞도록 재구성하여 사용하였다. 본 연구에서 사용한 신체적 폭력을 측정하는 CTS척도는 지난 1년간 다른 학생에게 폭력을 행사한 경험이 있는지를 묻는 총 8개의 문항으로 폭력유형에 따라 세게 밀치기, 손바닥으로 뺨 때리기의 경미한 폭력, 발로 차거나 주먹으로 때리기, 물건(혁대, 몽둥이 등)으로 때리기, 사정없이 마구 때리기, 칼(가위)이나 흉기로 위협하거나 다치게 하기의 심한 폭력으로 구성되어 있다. 심리적 폭력비행은 따돌리기의 1개 질문을 통해 측정하였다. 또한 폭력비행에 해당하는 3개의 질문을 포함하여 사회적 폭력을 측정하였는데 세부문항은 다음과 같다. 다른 사람의 돈이나 물건을 강제로 위협해서 빼앗기, 공원이나 지하철 등 안에서 고의로 기물 파손하기, 집단 패싸움에 관한 문항이다.

조작화의 예 – 청소년 스트레스	
하위영역	**질문문항**
학업영역	① 시험성적이 나빠졌다.
	② 공부 때문에 부모님께 잔소리를 듣거나 야단을 맞았다.
가정영역	③ 아버지와 어머니가 부부싸움을 했다.
	④ 집안 경제형편이 어려워졌다.
대인관계영역	⑤ 선배나 주변 친구들에게 따돌림을 당했다.
	⑥ 선생님에게 체벌이나 차별대우를 받았다.
이성관계영역	⑦ 이성친구와 헤어졌다.
건강영역	⑧ 사고를 당하거나 다쳤다.

⬇

질문지 구성

● **완성된 질문지 예**(최선희 · 양혜원, 2004)

한국과 일본의 시설거주 노인생활에 관한 조사연구

부 탁 의 말 씀

안녕하십니까?

바쁘신 중에도 귀중한 시간을 할애하여주셔서 대단히 감사합니다.

저희는 한국과 일본의 시설거주 노인들의 생활에 대한 조사연구를 하고 있습니다. 이러한 조사연구는 앞으로 노인인구가 점점 더 늘어날 것이고, 그에 따라 시설에 거주하게 되는 경우도 많아질 것이므로 노인들이 시설에 거주하면서 보다 나은 생활을 할 수 있는 방안을 마련하기 위한 것입니다.

선생님께서 응답해 주신 내용은 통계법 제13조 및 제14조에 의거 비밀이 보장되며, 통계목적 이외에는 절대로 사용되는 일이 없으니 평소 생각하시는 대로 적어주시면 됩니다.

도와주시는 것에 감사드리며 더욱 건강하시길 빕니다.

2000년 4월

○○○○대학교 의과대학 ○○○ · 한국성서대학교 사회복지학 전공 최선희
(☎ 02-3***-**** / 02-9**-****)

문 1) 다음은 지난 1주일 동안 스트레스를 얼마나 받았는지 알아보기 위한 것입니다.

1점에서 5점 사이로 점수를 매겨주십시오. 스트레스를 전혀 받지 않았으면 1점, 매우 심하게 느꼈으면 5점이므로 귀하가 느꼈던 정도에 따라 점수에 표시하여 주십시오. 스트레스는 반드시 나쁜 사건에서만 일어나는 것은 아니고 좋은 일에서도 일어날 수 있다는 점을 참고하여 주시기 바랍니다.

1 : (스트레스가) 전혀 없다.	4 : 다소 심하다.
2 : 별로 없다.	5 : 매우 심하다.
3 : 웬만큼 있다.	

스트레스 항목	전혀 없다	별로 없다	웬만큼 있다	다소 심하다	매우 심하다
(1) 현재 하시고 있는 일과 관련하여 받은 스트레스는 어느 정도입니까?	①	②	③	④	⑤
(2) 가족 및 기타 중요한 사람들과의 대인관계에 있어서의 스트레스는 어느 정도입니까?	①	②	③	④	⑤
(3) 주변 사람들의 사망, 출생, 결혼, 이혼 등으로 인한 스트레스는 어느 정도입니까?	①	②	③	④	⑤
(4) 귀하나 혹은 다른 사람들의 병이나 상해에 의해서 받은 스트레스는 어느 정도입니까?	①	②	③	④	⑤
(5) 금전적인 문제로 인한 스트레스는 어느 정도입니까?	①	②	③	④	⑤
(6) 일상적인 것인 아닌 사건들, 즉 범죄, 자연재해, 이사, 우발사고 등으로 인한 스트레스는 어느 정도입니까?	①	②	③	④	⑤
(7) 일상생활의 변화 때문에 혹은 너무 변화가 없어서 받은 스트레스는 어느 정도입니까?	①	②	③	④	⑤
(8) 지난 1주일간 전반적으로 느끼는 스트레스는 어느 정도입니까?	①	②	③	④	⑤

문 2) 다음 글을 읽어보시고 지난 1일주간 귀하의 상태를 ∨표를 해주십시오.

우 울 항 목	그런 적이 전혀 없었다	그런 적이 거의 없었다	그런 적이 가끔 있었다	그런 적이 종종 있었다	그런 적이 매우 자주 있었다
(1) 슬픔과 우울한 느낌으로 힘들었다.	①	②	③	④	⑤
(2) 아주 좋지 않은 기분이나 허무함을 느꼈다.	①	②	③	④	⑤
(3) 무엇이 바람직한 것인지 판단하기 힘들었다.	①	②	③	④	⑤
(4) 모든 것에 대해 절망적으로 느꼈다.	①	②	③	④	⑤
(5) 죽고 싶다는 생각을 했었다.	①	②	③	④	⑤
(6) 실제로 죽으려고 한 적이 있었다.	①	②	③	④	⑤

문 3) 지난 1주일간 귀하의 전반적인 생활에 관해 여쭈어 보는 것입니다. 귀하의 상태를 가장 잘 나타냈다고 생각되는 곳에 ∨표를 해주십시오. 가장 안 좋은 경우가 1점이고 가장 좋은 상태가 5점입니다.

(1) 나는 잠을	잘 못 잔다	①	②	③	④	⑤	잘 잔다
(2) 나는 신체적으로	건강하지 못하다	①	②	③	④	⑤	건강하다
(3) 나는 식욕이	없다	①	②	③	④	⑤	왕성하다
(4) 나는 집중을	잘 못 한다	①	②	③	④	⑤	잘 한다
(5) 나의 기억력은	나쁘다	①	②	③	④	⑤	매우 좋다
(6) 나는 결정을	잘 못 한다	①	②	③	④	⑤	쉽게 내린다
(7) 나는 불안하다	심각하다	①	②	③	④	⑤	그렇지 않다
(8) 나는 슬프다	심각하다	①	②	③	④	⑤	그렇지 않다
(9) 나는 신경질적이다	심각하다	①	②	③	④	⑤	그렇지 않다
(10) 나는 현재 생활에 대해	불만이다	①	②	③	④	⑤	만족한다
(11) 나는 맡은 일을	잘 처리 못 한다	①	②	③	④	⑤	잘 처리한다
(12) 나는 인간관계를	잘 못 한다	①	②	③	④	⑤	잘 한다

(13) 나는 경제적인 문제로	걱정하고 있다	①	②	③	④	⑤	걱정이 없다
(14) 나는 원하는 것을	살 수 없다	①	②	③	④	⑤	살 수 있다
(15) 나는 경제적인 원조를	필요로 한다	①	②	③	④	⑤	필요로 하지 않는다
(16) 나는 나 자신을	믿지 못한다	①	②	③	④	⑤	믿는다
(17) 나는 성적으로	매력적이지 못하다	①	②	③	④	⑤	매력적이다
(18) 나는 감정이	쉽게 상한다	①	②	③	④	⑤	그렇지 않다

문 4) 다음은 자식과 함께 사는 것과 시설에 사는 것에 대한 질문입니다.

(1) 노후에 자식들과 함께 살지 않고 시설에서 사는 것에 대해 어떻게 생각하십니까?

① 매우 좋지 못하다 ② 좋지 못한 편이다
③ 보통 ④ 좋은 편이다
⑤ 매우 좋다

(2) 자유롭게 선택할 수 있다면 노후에 어떻게 사는 것이 좋다고 생각하십니까?

① 자식들과 함께 사는 것이 좋다 ➜
② 부부끼리 따로 사는 것이 좋다
③ 시설에서 사는 것이 더 좋다
④ 상황에 따라 다르다
⑤ 잘 모르겠다

(2-1) 만일 자식들과 함께 사는 것이 좋다면 누구하고 살고 싶으십니까?
① 장남
② 딸
③ 아들이면 누구나
④ 마음에 드는 사람

(3) 지금 현재 시설에 오는 것을 누가 결정하였습니까?

① 나 스스로 ② 배우자
③ 아들 ④ 딸
⑤ 며느리 ⑥ 사위
⑦ 기타

(4) 지금 현재 시설에 만족하십니까?

① 매우 불만이다 ② 다소 불만이다
③ 다소 만족한다 ④ 매우 만족한다

(5) 지난 1달간 방문한 사람을 다 적어주십시오.

____

____

(6) 다음 사람들이 얼마나 방문하였는지 말씀해 주십시오.

① 배우자 (　　　)에 한 번꼴　　② 아들 (　　　)에 한 번꼴
③ 며느리 (　　　)에 한 번꼴　　④ 딸 (　　　)에 한 번꼴
⑤ 사위 (　　　)에 한 번꼴　　⑥ 손자녀(　　　)에 한 번꼴
⑦ 기타 (　　　)가 (　　　)에 한 번꼴

(7) 누가 방문해 주었으면 좋겠습니까?

① 배우자　　② 아들
③ 며느리　　④ 딸
⑤ 사위　　⑥ 손자녀
⑦ 친구　　⑧ 기타(형제, 자매, 친척 등)

문 5) 다음은 자식들과의 관계에 대한 질문입니다.

항 목	매우 불만이다	다소 불만이다	다소 만족한다	매우 만족한다
(1) 현재 자식들이 방문하는 정도에 만족하십니까?	①	②	③	④
(2) 현재 자식들이 연락하는 정도에 만족하십니까?	①	②	③	④
(3) 현재 자식들과의 관계에 대해서는 만족하십니까?	①	②	③	④
(4) 현재 자식들의 경제적인 지원에 만족하십니까?	①	②	③	④

마지막으로 "자료분류를 위해" 몇 가지 여쭙겠습니다(자료분류용 질문)

1. 귀하의 성별은 어떻게 되십니까?
① 남자　　② 여자

2. 귀하의 연세는 어떻게 되십니까?
____________________세

3. 귀하의 학력은 어떻게 되십니까?
   ① 초등(국민)학교 졸업(중퇴 포함) 이하 ② 중학교 졸업(중퇴 포함)
   ③ 고등학교 졸업(중퇴 포함) ④ 전문대 재학 중/졸업
   ⑤ 대학 재학 중/졸업 ⑥ 대학원 재학 중/졸업

4. 귀하의 전반적인 경제상태는 어떻습니까?
   ① 매우 어렵다 ② 어려운 편이다 ③ 보통이다
   ④ 풍족한 편이다 ⑤ 매우 풍족하다

5. 귀하의 종교는 어떻습니까?
   ① 개신교 ② 천주교 ③ 불교
   ④ 기타 종교 ⑤ 무종교

6. 귀하의 배우자는 어디에 살고 계십니까?
   ① 시설에서 함께 산다 ② 다른 시설에서 산다
   ③ 아들과 함께 산다 ④ 딸과 함께 산다
   ⑤ 혼자 살고 있다

7. 현재 살아 있는 자녀들은 어떻게 됩니까?
   아들 – (   ) 명, 딸 – (   ) 명

8. 현재 시설에 거주하신 지는 얼마나 되었습니까?
   ____________________년

조사에 끝까지 응해주신 것에 다시 한 번 감사드립니다.

5. 4단계 : 타당도(Validity)와 신뢰도(Reliability) 검사

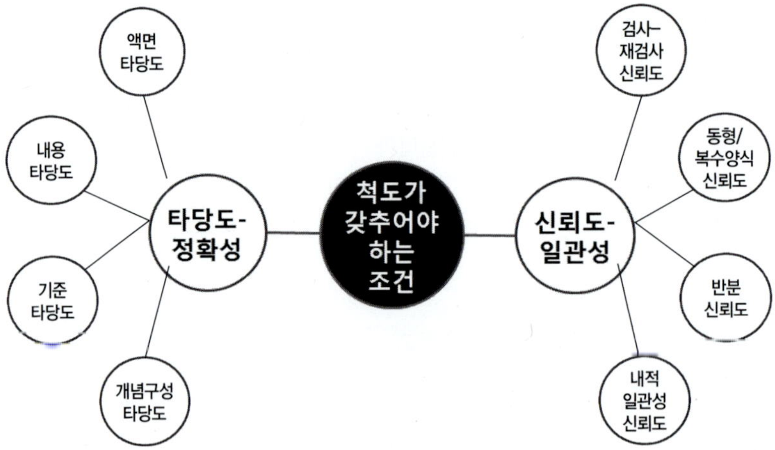

| 그림 6-8 | 척도가 갖추어야 하는 조건 – 타당도와 신뢰도

조사연구를 함에 있어서 가장 기본적이면서도 중요한 것이 정확한 조사이다. 예를 들어, 스트레스를 조사하고자 한다면 우울이나 불안이 아닌 스트레스를 정확하게 측정해야 한다. 정확한 조사의 기본은 제대로 된 측정도구를 개발하는 것이다. 측정도구, 즉 질문이 완성되면 측정도구가 갖추어야 할 두 가지 핵심조건을 갖추고 있는지 확인해 보아야 한다. 개발된 측정도구를 사용하는 데 아무런 문제가 없는지를 확인하는 것이다. 그것은 마치 자동차를 개발해서 문제가 없는지 시운전을 하는 것이나, 신약을 개발해서 안전에 문제가 없는지 사전에 조사를 하는 것과 같은 절차이다. 측정도구가 갖추어야 할 핵심적인 요소는 타당도와 신뢰도이다. **타당도는 측정도구가 조사하고자 하는 주제의 주요 내용을 정확하게 담고 있는가(정확성)**, 즉 측정하고자 하는 것을 정확하게 측정하는가를 의미한다. **신뢰도는 개발된 측정도구가 동일한 대상에 대해 여러 번 반복 · 시행했을 때 동일한 결과를 얻을 수 있는가(일관성), 즉 안정성**을 의미하는 것이다.

1) 타당도(정확성)

조사주제를 밝히기 위해 개념화와 조작화 과정을 거쳐 측정도구, 즉 질문지를 개발하게 되는데, 측정도구가 갖추어야 하는 가장 중요한 조건이 타당도와 신뢰도를 확보하고 있어야 한다는 것이다. 타당도는 다른 말로 정확성이라고 한다. 즉, 측정도구가 특정 개념을 조사하기 위해 만들어졌다면 당연히 그 측정도구는 특정 개념을 정확하게 조사할 수 있어야 한다. 앞에서도 스트레스의 예를 든 바와 같이, 스트레스를 조사하기 위해 측정도구를 개발하였다면 그 측정도구를 가지고 조사를 한 결과의 내용은 당연히 스트레스여야 한다는 것이다. 다시 말해서, 결혼만족도를 알아보기 위한 질문이라면 그 질문을 통해 결혼만족도를 정확하게 측정할 수 있어야 한다는 것이다. 사회성을 측정하기 위한 질문은 사회성을 정확하게 조사할 수 있어야 한다. 조사하고자 하는 개념을 얼마나 정확하게 조사해 내는가 하는 것이 타당도이다. 이는 너무나 당연한 것이다. 그러나 앞에서 살펴본 바와 같이 개념이라고 하는 것은 눈에 보이는 분명하고 명확한 모습을 지닌 것이 아니다. 개념에 대해 사람들마다 생각하는 것도 다르다. 그렇기 때문에 합의를 하는 과정을 거쳐도 모든 사람이 동일하게 똑같이 생각하는 정도로 합의가 명확하게 되기는 어렵다. 즉, 모든 사람이 100% 동일하게 생각하고 합의하는 개념은 현실적으로 존재하기 어렵다. 조사자가 아무리 정교하게 개념화를 하고 조작화를 하더라도 100% 완벽한 측정도구를 만들 수는 없는 것이다. 따라서 특정한 개념을 측정하기 위해 개발된 질문문항들이라 하더라도 그 개념을 제대로 측정할 수 있도록 만들어졌는지 검증하여야 한다.

타당도는 학자들마다 다양하게 제안되고 분류되는데, AERA(American Educational Research Association), APA(American Psychological Association), NCME(National Council on Measurement in Education)에서는 타당도를 내용타당도(content-related evidence of validity; content validity), 기준타당도(criterion-related evidence of validity), 개념구성타당도(construct-related evidence of validity; construct validity)로 분류하고 있다. 그러나 필자는 이에 따르지 않고 많은 학자들이 내용타당도를 액면타당도(face validity)와 내용타당도

(content validity)로 다시 구분하여 네 가지로 제시하는 것을 따라서 타당도를 네 가지로 살펴보겠다. 그렇게 하면 질문문항을 보다 정밀하게 구성하는 데 도움이 된다. 액면타당도는 개별문항의 내용 적절성과 문장구성 적절성을 확인하는 것이고, 내용타당도는 질문들 전체가 측정하고자 하는 개념을 제대로 대표하고 있는지를 확인하는 것이기 때문에 척도의 다양한 측면을 검토하게 해준다.

(1) 액면/안면 타당도

액면타당도는 **척도가 조사하고자 하는 것을 얼마나 명백하게 드러내고 있는가 하는 정도**이다. 즉, 각각의 질문은 알아보고자 하는 개념을 알아볼 수 있는 것인가? 적절한 단어가 사용되고 있고, 그 수준은 적절한가? 하는 것이다. 예를 들어, '우울' 척도를 다음과 같이 개발하였다면, 액면타당도를 확인하기 위해서는 다음과 같은 질문을 확인하는 것이다.

우 울 항 목	그런 적이 전혀 없었다	그런 적이 거의 없었다	그런 적이 가끔 있었다	그런 적이 종종 있었다	그런 적이 매우 자주 있었다
1) 슬픔과 '**우울**'한 느낌으로 힘들었다.	1	2	3	4	5
2) 아주 좋지 않은 기분이나 '**허무**'함을 느꼈다.	1	2	3	4	5
3) 무엇이 바람직한 것인지 판단하기 힘들었다.	1	2	3	4	5
4) 모든 것에 대해 절망적으로 느꼈다.	1	2	3	4	5
5) 죽고 싶다는 생각을 했었다.	1	2	3	4	5

첫째, 5개의 질문들은 각각 모두 우울을 묻고 있는 것인가? 둘째, 우울을 알아보는데 질문문항 속에 '우울'이라는 단어가 포함된 것은 부적절한 것이 아닌가? 셋째, 조사대상자들이 '허무'라는 단어의 뜻을 정확히 알고 있을까? 이러한 질문에 대한 답은 전문가로부터 구할 수도 있지만, 일반인 혹은 조사대상자와 같은 사람들을 대상으로부터 확인하는데 대부분 일반인으로부터 구

한다. 따라서 액면타당도는 정밀한 수준의 타당도가 아닌 대략적인 수준의 타당도라고 할 수 있다.

(2) 내용타당도

내용타당도는 **척도의 내용이 조사하고자 하는 주제, 즉 측정하고자 하는 것을 적절하게 사정(査定; assess)하는 정도**를 의미한다. 다시 말해서, 척도가 조사하고자 하는 주제의 내용을 얼마나 잘 대표하고 있느냐 하는 것이다. 예를 들어, 정신건강에 대한 척도를 개발하는 데 관심이 있는 조사자는 먼저 개념(무엇이 정신건강인가? 건강과 질병은 어떻게 구별될 수 있는가? 등)에 대한 정의를 내려야 하고, 정의가 담고 있는 모든 측면들을 적절하게 담아낼 수 있도록 항목을 구성해야 한다. 내용타당도에서 중요한 것은 개념을 정확하게 정의하는 것과 그러한 개념을 충분히 사정할 수 있는 항목을 구성하는 것이다. 이를 위해서는 관련문헌을 검토하여 근거로 활용할 수 있는 모델이나 이론을 확보하는 것이 필요하다. 예를 들어, "우리는 정신건강에 관한 항목을 선정하기 위해 XYZ인지이론을 사용하였고, 사회적 관계에 관한 질문을 만들기 위해서 ABC역할모델 패러다임을 활용하였다"와 같은 표현을 제시하여야 한다. 그러나 특정 이론이나 모델을 따르지 않고 참고문헌을 바탕으로 구성할 수도 있다. 양자 모두 내용타당도는 전문가들로부터 판단을 받은 정보를 바탕으로 확인하게 된다. 액면타당도에서 제시한 우울척도에 대해 내용타당도를 검토한다면 6개 항목은 우울의 전반적인 내용을 담고 있는가를 살펴보는 것이다. 이것을 다른 예로 설명해 보면, 사칙 연산 능력을 알아보기 위해 '+'와 '−'라는 두 개의 질문을 사용하였다고 하면, '+'와 '−'는 사칙 연산에 포함되는 것이므로 질문항목 자체는 문제가 없으나 사칙 연산 능력을 알아보는 데는 충분하지 않다. 즉, '+'와 '−'는 사칙 연산에 대해 액면타당도는 있는 질문들이다. 그러나 사칙 연산 능력을 확인하기 위해서는 '×'와 '÷'에 대한 질문항목도 포함되어야 한다. 따라서 '+'와 '−'의 두 개 질문으로 구성된 척도는 액면타당도는 있으나 내용타당도는 없다고 할 수 있다. 여기에 '×'와 '÷'도 포함시킨다면 내용타당도도 확보되었다고 할 수 있다.

(3) 기준/준거 타당도

기준타당도는 **척도가 다른 기준 혹은 준거와 부합하는 정도(상관관계)**를 의미한다. 기준타당도는 실용적 타당도(pragmatic validity) 혹은 경험적 타당도(empirical validity)라고도 한다(박옥희, 2006). 왜냐하면 기준이나 근거가 대부분 실제 상태이기 때문이다. 예를 들어, 운전면허시험이나 대학수학능력시험 등을 척도라고 한다면 운전능력이나 수학능력의 실제 상태가 기준이나 준거가 된다. 기준타당도에는 동시타당도와 예측타당도가 있다.

① **동시타당도**(concurrent validity)는 새로 개발된 측정도구가 지금 현재의 특징 상태와 집단 및 현상을 구분하는 정도를 의미한다. Beck의 우울척도(Beck's Depression Index, BDI)를 예로 들어보자. 정신과 전문의로부터 우울치료를 받아야 하는 사람과 우울하지 않은 사람들이 구분되었다고 하였을 때, BDI가 이들을 구분해 내는 정도를 기준타당도의 동시타당도라고 할 수 있다. 즉, 사람들이 BDI 점수가 어느 수준에 도달하면 그 이후부터 우울한 상태로 판단하는 것이 아니라 지금 현재 우울한가 그렇지 않은가를 BDI 점수가 구분해 낼 때 우울 상태와 그에 대한 진단이 동시적으로 이루어지는 것이라고 해서 동시타당도라고 하는 것이다.

② **예측타당도**(predictive validity)는 개발된 측정도구의 점수가 어느 선에 도달하면 그때부터 특정한 상태에 도달했다고 판단하거나 혹은 특정 행위가 가능해졌다고 판단하게 되는 경우 예측타당도라고 한다. 즉, 측정도구가 미래의 어떤 상태나 행위를 얼마나 잘 예측하였느냐 하는 것이다. 운전면허시험을 예로 들어보자. 운전면허시험의 경우 일정한 점수, 즉 합격점 이상을 받으면 그때부터 운전을 할 수 있다는 것을 나타내는 것이다. 다시 말해서, 운전면허시험 점수가 합격점에 도달했다는 것은 운전을 할 수 있을 것이라는 예측을 가능하게 해주는 것이다. 이때 운전면허시험의 타당성을 알아보기 위해서 합격점을 받은 사람들이 실제로 운전을 할 수 있는지 없는지를 확인한다면 그것은 기준타당도의 예측타당도가 되는 것이다. 운전할 수 있는지 없는지를 알아보는 것이 아니라 일정 점수 이상이면 운전할 수 있다고 인정해 주는 것

이기 때문에 동시적으로 판단하는 것이 아닌 것이다. 이것은 수학능력시험도 마찬가지이다. 대입 수학능력시험 점수를 높게 받은 학생은 대학에 들어가서 수학할 수 있다는 것을 확인하는 것이다. 따라서 대입 수학능력시험에서 높은 점수를 받은 학생이 대학에 들어가서 학업에 잘 적응한다면 대입 수학능력시험은 대학에서의 수학능력을 잘 예측한 것이라고 할 수 있다. 이 경우 높은 기준타당도－예측타당도를 가지고 있다고 할 수 있다.

(4) 개념구성/구인/구성 타당도

개념구성타당도는 **실재하지 않는 개념(concept)에 대해 사람들마다 가지고 있는 정신적인 상(개념구상conception)을 개념화의 과정을 거쳐 개념구성(constructs)으로, 그리고 지표(index)로 만들었을 때 그 개념구성 혹은 지표가 얼마나 잘 되어 있는가 하는 것**이다. 간단히 말해서, 개념구성이 잘 되었는가 하는 것이다. 개념구성이 잘 되었다면 ❙그림 6－9❙와 같이 각 문항 간의 상관관계도 높고, 각각의 하위항목과 그것들을 합한 전체(개념)와의 상관관계도 높을 것이다. 만일 하위영역이 존재한다면 각각의 하위영역과 전체 총점 간의 관계도 마찬가지일 것이다. ❙그림 6－10❙은 문항들 간의 상관관계가 낮은 경우로 이러한 경우 타당도가 높지 않게 된다.

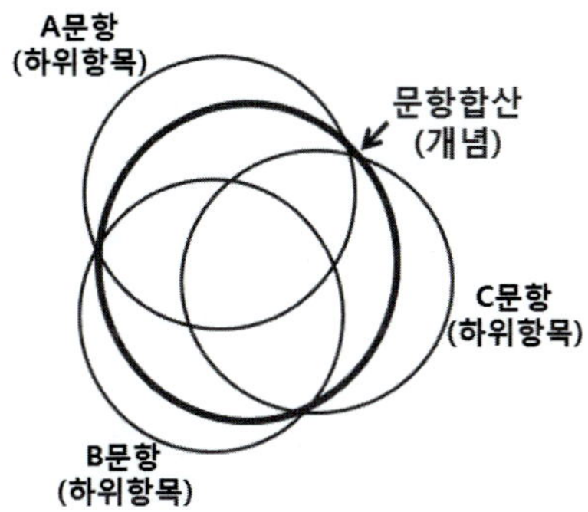

❙그림 6-9❙ 개념구성이 잘 된 경우

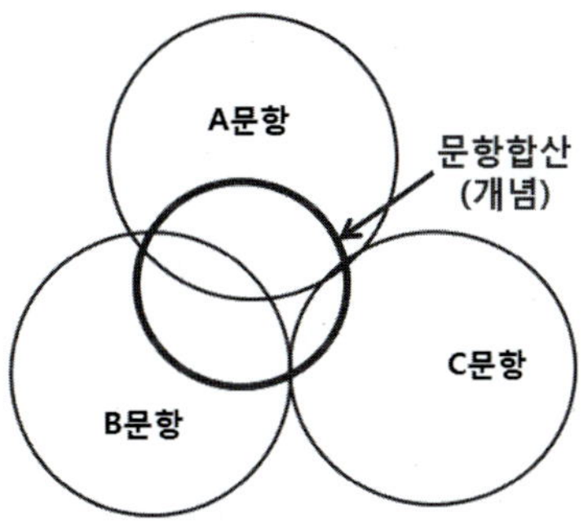

❙그림 6-10❙ 개념구성이 잘 되지 않은 경우

따라서 이러한 경우 개념구성타당도는 총점과 각 문항점수, 총점과 하위영역점수와의 상관관계분석(correlation analysis)이나 요인분석(factor analysis)을 통해 파악할 수 있다.[8] 이를 ① **요인타당도(factor validity)**라고도 한다. 개념구성타당도에는 요인타당도 외에 수렴타당도(convergent validity)와 판별타당도(discriminant validity)가 있다.

② **수렴타당도(convergent validity)**는 **새롭게 개발된 척도로 조사된 결과와 타당도가 입증된 기존의 척도로 조사된 결과가 일치하는 정도**를 의미한다. 둘 사이에 일치하는 정도가 높으면 개념구성타당도－수렴타당도가 높다고 할 수 있다. 예를 들어, 결혼만족도를 측정하는 타당성이 입증된 기존의 척도 B가 있다고 하자. 그런데 결혼만족도를 측정하기 위해 새롭게 척도 A를 개발하였다면 두 척도로 측정한 결과는 매우 비슷하게 나와야 한다.[9] 즉, 상관관계가 높아야 하는데 그럴 때 새롭게 개발된 척도 A는 수렴타당도가 높다고 하는 것이다.

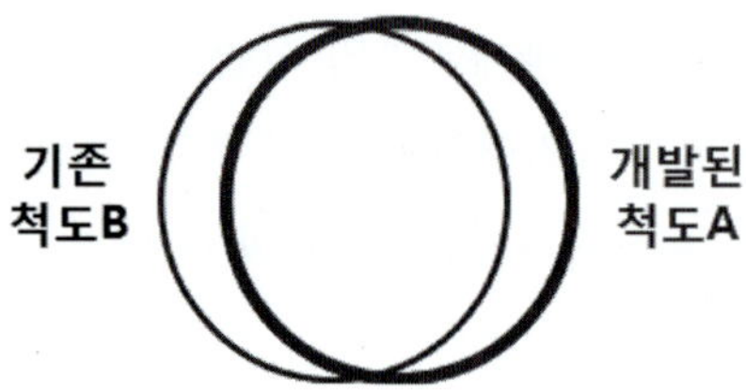

| 그림 6-11 | 기존의 척도를 기반으로 한 수렴타당도

수렴타당도는 다음과 같이도 검증할 수 있다. 결혼만족에 대한 평등이론이 있다면, 두 척도를 조사해서 검증을 위한 분석을 해보면 이론에 근거하여 부부간의 평등(C)수준이 높으면 결혼만족도(B)도 높을 것이다. 결혼만족도 척도(A)를 개발하여 평등과의 관계성을 분석하여 이론대로 평등이 높을수록 결혼

8) 상관관계분석은 두 변인 간의 관계가 있는지 없는지를 검증하는 통계분석방법이다. 척도의 각 문항들의 총점과 개별문항 간의 관계를 알아본다는 것은 개별문항들이 다른 문항들과 조화를 잘 이루고 있는지 그렇지 않은지를 알아보는 것이다. 이것은 특정 개념을 측정하기 위해 문항들이 잘 구성되었다는 것을 의미하는 것이다. 요인분석도 마찬가지이다. 요인분석은 변수들(각각의 질문들은 모두 하나의 변수가 됨)이 특정한 요인으로 결집되는가를 알아보는 통계분석방법이다. 따라서 요인분석 역시 질문들이 특정한 개념을 측정하기 위해 잘 구성되었는가를 알아볼 수 있는 것이다.

9) 이것도 상관관계분석을 통해 알아볼 수 있다.

만족도가 높게 나타난다면 새롭게 개발된 결혼만족도 척도(A)는 수렴타당도가 있다고 할 수 있다. 다시 말해서 새로 개발된 척도를 기존에 존재하는 이론에 적용하였을 때, 이론대로 나온다면 수렴타당도가 있다는 것을 의미한다.

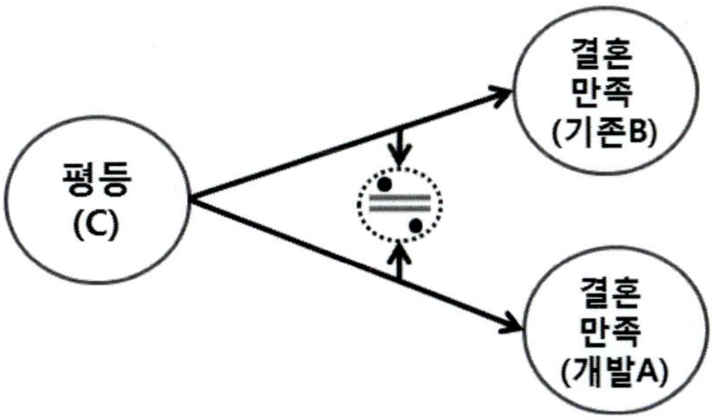

| 그림 6-12 | 이론을 기반으로 한 수렴타당도

수렴타당도는 두 개의 척도를 비교한다는 점에서 복수양식신뢰도[10)]를 검증하는 것과 비슷하다. 차이는 수렴타당도는 타당도가 입증된 기존의 척도와 비교하는 것이고, 복수양식신뢰도는 척도를 개발할 때 두 개의 유사한 척도를 만들어 비교한다는 점이다.

③ **판별타당도(discriminant validity)는 새롭게 개발된 측정도구는 그것이 측정하고자 하는 개념과 일치하는 정도가 다른 척도가 그 개념과 일치하는 정도보다 당연히 훨씬 더 커야 한다는 것이다.** 예를 들어, 전문가에 의해 실제 결혼만족도가 높은 사람들과 낮은 사람들이 구분되었다고 가정하면, 이들 두 집단의 결혼만족도 차이는 다른 척도, 예를 들어 의사소통 척도를 가지고 측정했을 때 차이가 나는 것보다 훨씬 더 커야 한다는 것이다. 다음 그림에서와 같이 실제로 결혼만족도가 높은 사람들과 낮은 사람들을 대상으로 결혼만족도를 측정하기 위해 개발된 척도를 가지고 조사한 결혼만족도 차이는 10점인데, 의사소통 척도로 조사한 의사소통의 차이는 18점이 되었다면 결혼만족도 척도는 타당도, 특별히 판별타당도를 갖추고 있다고 할 수 없다. 즉, 결혼만족도 척도는 실제 결

10) 신뢰도와 관련해서는 뒤에서 설명된다.

혼만족이 높은 사람들과 낮은 사람들을 판별해 내는 능력은 다른 어떤 척도보다 높아야 하는데[11] 예시에서는 오히려 의사소통 척도가 결혼만족을 판별해내는 능력이 결혼만족도 척도보다 높기 때문에 판별타당도가 낮다는 것이다. 따라서 수렴타당도를 확인하는 것과 아울러 다른 척도와 판별되는가를 확인하는 것도 중요한 과정이라고 할 수 있다.

실제적인 결혼 상태	결혼만족도가 높은 사람들	결혼만족도가 낮은 사람들
개발된 결혼만족도 척도로 조사된 점수	결혼만족도 85점	결혼만족도 75점
의사소통 척도로 조사된 점수	의사소통 88점	의사소통 70점

그림 6-13 개발된 결혼만족도 척도가 판별타당도를 갖추고 있지 못한 경우

2) 신뢰도(일관성)

신뢰도의 개념은 Charles Spearman(1904)에 의해 소개되었고, 각기 독립적으로 얻어진 두 점수 사이의 상관들 평균으로 정의되었다(성태제, 1995). 즉, **신뢰도는 확보된 측정도구가 동일한 대상에 대해 여러 번 반복 시행되어도 동일한 결과를 얻을 수 있는 정도(일관성)**를 의미하는 것이다. 믿을 수 있는 조사결과를 얻기 위해서는 측정도구의 타당도뿐만 아니라 신뢰도를 확보해야 한다. 일반적으로 측정도구가 타당하게 만들어졌다고 하더라도 일관성까지를 확보하고 있는 것은 아니다.[12] 척도를 개발하여 조사에 적용하였을 경우, 그것이 측정하고자

11) 왜냐하면 결혼만족도를 기준으로 분류된 집단이기 때문이다. 즉, 결혼만족도가 높은 집단에 의사소통이 낮은 사람들도 있을 것이고 결혼만족도가 낮은 집단에 의사소통은 높은 사람들도 있을 것이기 때문에 의사소통의 차이는 결혼만족도 차이보다 클 수 없기 때문이다.

12) 물론 완벽하게 타당하게 만들어진 척도는 신뢰도도 가지고 있다. 그러나 그러한 완전한 척도는 존재하지 않기 때문에, 타당도가 확보된 척도라 하더라도 신뢰도를 충분히 확보하지 못한 경우가 일반적이다.

하는 개념을 측정해 내고 있다고 하더라도(타당도), 동일한 조사대상에게 반복적으로 조사를 시행하게 되면 매번 유사한 결과를 얻을 수 있어야 한다. 그것은 다른 말로 안정성이라고도 한다. 그렇다면 왜 동일한 결과가 아니고 유사한 결과를 얻을 수 있어야 한다고 했을까? 그것은 바로 조사대상이 사람들이기 때문이다. 사람들은 항상 변화하는 존재이다. 그렇기 때문에 스트레스를 가지고 있다고 하더라도 늘 똑같은 수준의 스트레스를 가지고 있지는 않다. 불안하다고 하더라도 늘 동일한 수준으로 불안한 것은 아니다. 아무리 부부간에 만족한다고 하더라도 늘 똑같은 수준으로 만족할 수는 없는 것이다.

척도의 신뢰도를 검사하는 경우, 척도가 하나의 개념, 예를 들어 결혼만족도만을 검사하는 경우에는 전체 문항에 대한 신뢰도를 검사하지만, 결혼만족도의 하위 영역이 존재하고 하위 영역이 분석에 사용된다면 하위 영역에 대해서도 신뢰도 검사를 해야 한다. 예를 들어, 결혼만족도 척도가 '부부간 역할분담에 대한 만족'과 '의사소통에 대한 만족'의 두 가지 하위 영역으로 구성되어 있다면 결혼만족도 전체와 각각의 하위 영역인 부부간의 역할에 대한 만족과 의사소통에 대한 만족에 대해서도 신뢰도 검사를 해야 한다.

신뢰도 검사는 문항들 간의 상관관계를 토대로 이루어진다. 따라서 신뢰도 검사를 하면서 신뢰도가 낮게 나오는 경우 신뢰도를 떨어뜨리는 문항, 즉 다른 문항들과의 상관관계가 떨어지는 문항을 제거하여 신뢰도를 확보하여 척도를 사용하기도 하는데 이는 적절하지 못한 대처방법이다. 왜냐하면 문항들은 개념화와 조작화를 거쳐 구성되고, 그것들을 바탕으로 타당도를 검사하기 때문이다. 만일 문항을 제거하면 타당도에 문제가 발생할 수 있다.

신뢰도를 검사하는 방법은 다음과 같이 크게 네 가지가 있다.

(1) 검사 – 재검사 신뢰도(test-retest reliability)

검사－재검사 신뢰도는 **동일한 대상에게 다른 조사시점에서 조사한 결과가 일치하는(상관관계) 정도**이다. 검사－재검사 신뢰도는 가장 원형적인 신뢰도이다. 신뢰도의 정의가 동일한 대상에게 반복적으로 시행해서 비슷한 결과를 얻는 정도라고 하였는데, 검사－재검사라는 표현이 신뢰도 정의 속에 담겨 있는 것이기 때문이다. 그렇기 때문에 처음에 신뢰도를 검사할 때는 당연히 검사－재검사 신뢰도를 사용하였다. 검사－재검사 신뢰도를 확인하기 위해서는 개발된 측정도구를 조사대상이 되는 집단에서 일부[13]를 표본으로 뽑아서 일정한 시간을 두고 조사를 하여 두 조사결과 간의 일치도－상관관계－를 확인하는 것이다. 그러나 오늘날 검사－재검사 신뢰도는 두 시기에 조사를 해야 하는 불편함과 정교성과 안정성이 떨어지기 때문에 거의 사용되지 않는다.

| 그림 6-14 | 검사–재검사 신뢰도

(2) 동형검사/대안양식/복수양식/유사양식 신뢰도(parallel/alternate-form reliability)

신뢰도 측정의 또 다른 방법은 동일한 개념을 측정하는 **동일한 형태의 두 개의 측정도구를 개발하여 조사대상이 되는 집단에서 일부를 표본으로 뽑아서 동시에 조사를 하여 두 점수 간의 일치하는 정도 – 상관관계 – 를 통해 검증하는 신뢰도이다.** 이것이 신뢰도를 검증하는 방법이 되는 원리는 검사－재검사 신뢰도에서 두 조사에 동일척도를 사용하지 않고 동일한 내용을 묻고 있으나 표현만 다소 다른 동일한 형태의 측정도구를 사용한다고 생각하면 쉽게 이해된다. 검사에서 사용된 측정도구와 재검사에서 사용된 측정도구는 동일한 내용을 묻고 있으나 표현만 다소 다르기 때문에 정상적인 조사라면 두 조사의 결과는 상당 부분 일치하여야 한다. 이 두 가지 측정도구를 두 시점이 아닌 한 시점에서 동시에 조사한다고 생각하면 동형검사 신뢰도는 검사－재검사 신뢰도

13) 통상 30사례 정도를 뽑아서 하게 된다. 그 이유는 30사례가 정규분포를 가정할 수 있는 최소수준의 사례 수이기 때문이다.

를 구하는 방식과 비슷해지는 것이다. 동형검사 신뢰도는 두 개의 측정도구를 만들어야 하는 불편함 때문에 역시 별로 사용되지 않는다.

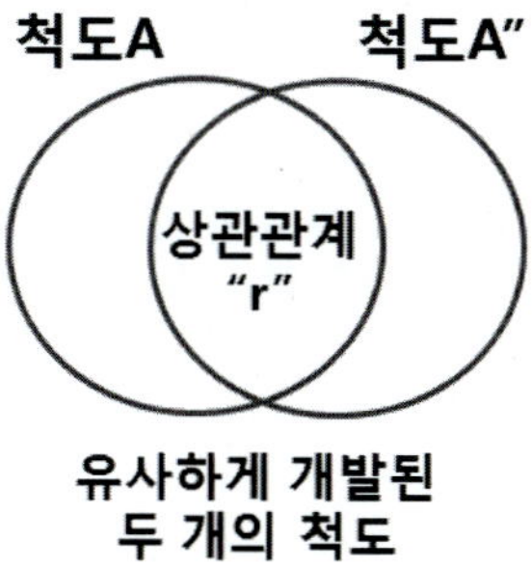

❙그림 6-15❙ 동형검사 신뢰도

(3) 반분 검사 신뢰도(split-half reliability)

반분 검사 신뢰도는 **개발된 측정도구의 문항들을 반으로 나누어서 그 둘의 총점 간의 일치하는 정도(상관관계)를 통하여 검증하는 신뢰도이다.** 반분 검사 신뢰도 역시 동형검사 신뢰도와 비슷한 논리이다. 개발된 하나의 척도를 둘로 나누어 상관관계를 보는 것이나 두 개의 척도를 조사하여 둘 간의 상관관계를 보는 것은 비슷하다. 개발된 하나의 척도를 반으로 나누어 둘로 만들었을 때 그 둘을 아예 다른 도구로 간주하면 동형검사 신뢰도가 되는 것이기 때문이다. 그러나 반분 검사 신뢰도는 문항을 어떻게 반분하느냐에 따라서 신뢰도가 조금씩 달라질 수 있다. 또한 척도가 하위 영역으로 구성되고, 하위 영역이 2~3개 설문문항으로 구성되어 있다면 하위 영역의 반분 검사를 하기 어렵고, 하위 영역으로 구성된 전체 문항들도 하위 영역으로 인해 반분하기 어려운 상황이 발생하기 때문에, 또한 정교성이 떨어지기 때문에 이 방법 역시 거의 사용되지 않는다. 뒤에서 설명되는 내적 일관성 신뢰도는 모든 가능한 반분 검사 신뢰도를 평균한 개념과 같은 것이기 때문에 안정성이 높은 내적 일관성 신뢰도를 활용하기 때문이다.

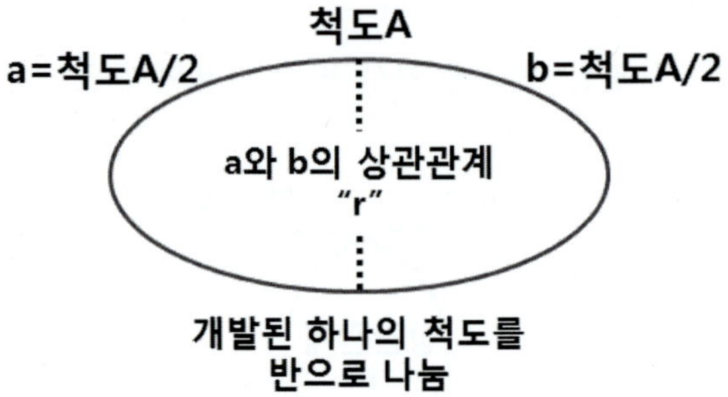

그림 6-16 반분 검사 신뢰도

(4) 내적 일관성 신뢰도(internal consistency reliability)

내적 일관성 신뢰도는 **문항들 간의 내적 일관성의 정도를 토대로 신뢰도를 측정하는 것으로 문항들 간의 상관관계를 토대로 계산된다.** 내적 일관성 신뢰도는 문항을 어떻게 반분하느냐에 따라 신뢰도가 조금씩 달라지는 반분 검사 신뢰도의 한계를 극복하기 위해 개발된 것으로 모든 반분 검사 신뢰도 점수를 평균한 것이다. Cronbach에 의해 개발되었기 때문에 신뢰도 검사값을 Cronbach α 값이라고 한다. 이 값은 0에서 1 사이의 값을 갖게 되는데 통상적으로 .7 이상으로 나와야 적절한 신뢰도를 갖추었다고 판단한다. 그러나 몇 점 이상이어야 한다는 절대적 기준은 없다. 오늘날 신뢰도 검사는 거의 대부분 내적 일관성 신뢰도를 통해 이루어진다.

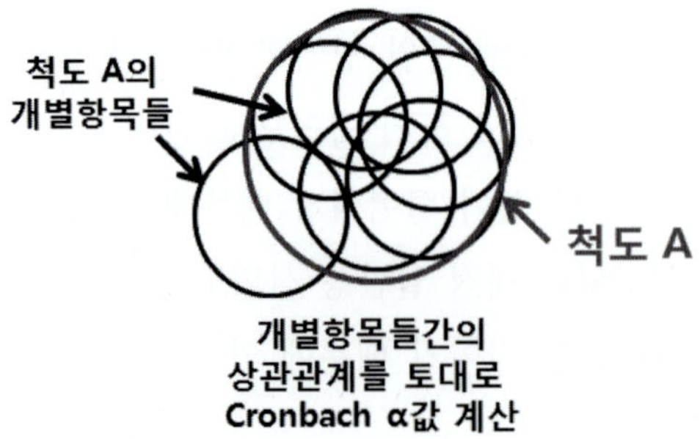

그림 6-17 내적 일관성 신뢰도

〈표 6-1〉 타당도와 신뢰도의 종류와 검증방법 정리

타당도/신뢰도	종 류		검증방법
타당도	안면/액면 타당도		일반인(전문가) 판단
	내용타당도		전문가 판단
	기준타당도	동시타당도	실제적 상태, 행동, 현상과의 부합 정도 (상관관계 분석)
		예측타당도	
	개념/개념구성/구인 타당도	요인타당도	상관관계분석, 요인분석
		수렴타당도	상관관계분석, 회귀분석
		판별타당도	
신뢰도	검사-재검사 신뢰도		두 검사점수 간 상관관계분석
	동형검사/대안양식/복수양식/유사양식 신뢰도		두 척도 간 상관관계분석
	반분 검사 신뢰도		신뢰도분석 : 반분검사
	내적 일관성 신뢰도		신뢰도분석 : Cronbach α

6. 5단계 : 오차[14](Errors) 점검

조사를 하는데 어쩔 수 없이 꼭 발생하게 되는 것이 오차이다. 조사에서 오차는 존재하는 실제 상태와 조사해서 얻어지는 결과와의 차이를 의미한다. 어떠한 조사든지 사물의 현상을 완벽하게 있는 그대로 측정해 내지는 못한다. 예를 들어, 어떤 사람의 스트레스를 측정한다고 하자. 개념화·조작화에서 언급했듯이 스트레스를 측정하기 위해서는 먼저 개념규정을 해야 하는데 사물(개념)의 실제 상태를 규정하는 정의(실제적 정의)는 실효적으로 존재하지 않는다. 실제 정의는 개념을 개념으로 설명하는 방식으로만 가능한데 그것은 정의로서의 실효성이 없다. 예를 들어, '스트레스는 스트레스다'와 같이 스트레스라는 개념을 스트레스라는 개념으로 규정하는 방식으로밖에 실제적 정의는 내릴 수 없으므로 이것은 사용하는 데 별다른 유용성을 제공해 주지 못한

14) 오류라고도 한다.

다. 따라서 명목적 정의나 조작적 정의를 내려서 사용하게 되는데 그렇게 되면 실제 상태를 특정해서 한정하는 것이기 때문에 실제 상태와 동일한 것이라고 할 수 없다. 그래서 이러한 정의를 토대로 측정도구를 만들어 사용하는 경우 필수적으로 오차가 발생할 수밖에 없다. 또한 조사연구를 실시함에 있어서 모집단 전체를 조사하지 못하고 표본을 선정하여 조사하는 경우에도 오차가 발생하게 된다. 아무리 대표적인 표본을 뽑아서 조사연구를 한다고 해도 표본이 모집단과 100% 완벽하게 일치할 수는 없기 때문이다.

조사과정에서 오차는 필수적으로 발생하는 것이라고 하더라도 조사자는 그 오차를 최소화하기 위해 노력해야 한다. 오차가 많은 조사는 신뢰할 수 없기 때문이다. 따라서 조사과정에서 발생하는 오차를 이해하는 것은 매우 중요한 일이다. 오차는 크게 두 가지 분류체계로 구분할 수 있다. 표집 오차와 비표집 오차, 체계적 오차와 무작위 오차로 구분된다.

1) 표집 오차와 비표집 오차

모집단 전체를 조사하지 않고 표본을 뽑아서 조사를 하기 때문에 모집단의 결과와 표본의 결과는 정확하게 일치하지 않는다. 그렇게 해서 발생하는 차이를 표집 오차라고 한다. 대중매체에서 조사결과를 발표하면서 오차구간을 이야기할 때는 표집 오차를 의미하는 것이다. **표집 오차 이외에 문항이 잘못되었든가 혹은 조사방법이 잘못되어서 발생하는 일체의 오차를 비표집 오차라고 한다.** 표집 오차는 수치로 계산해 낼 수 있으나 비표집 오차는 언제 어디서 어떻게 발생할지 모르기 때문에 계산해 낼 수 없다. 따라서 표집 오차와 비표집 오차의 크기를 비교할 수는 없다.

조사에는 비표집 오차가 있기 때문에 조사하고자 하는 집단 전체[15)]를 조사하더라도 오차가 발생해서 정확한 조사가 되지는 않는다. 모집단 전체를 조사하면 표집 오차는 발생하지 않지만 비표집 오차가 크게 발생한다. 모집단 전체를 조사하려면 조사원이 많아야 하는데 조사원들의 조사능력은 차이가

15) 모집단(母集團)이라고 한다.

있기 때문에 조사원들의 차이로 인해 오차가 발생할 수도 있고, 응답자들 가운데 인지능력이 떨어지는 사람이 포함되어 있을 것이기 때문에 그들은 정확한 조사가 되지 않으므로 오차가 발생하는 등 오차발생 요인이 많고, 크다. 반면에 모집단을 대표할 수 있는 표본을 뽑아서 조사를 하는 경우에는 표집오차는 발생하지만 비표집 오차를 줄일 수 있다. 따라서 집단 전체를 조사하는 것과 일부 표본을 뽑아서 하는 조사와 어느 조사가 더 정확한지 판단하기 어렵다. 표본을 표집 오차가 크지 않은 규모로 대표성 있게 선정하고, 조사방법을 체계적으로 운용한다면 모집단 전체를 조사하는 것보다 오히려 더 정확할 수도 있다.

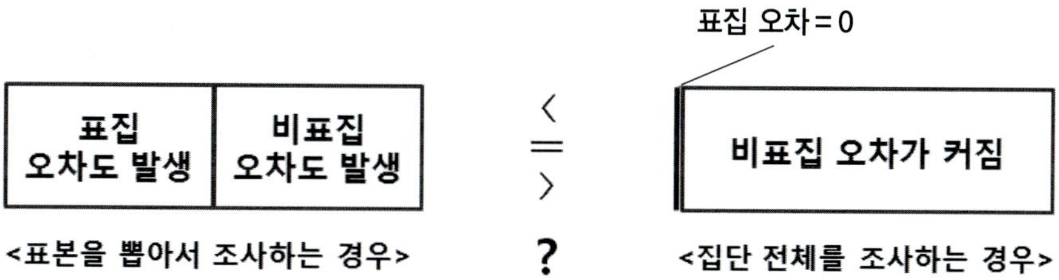

그림 6-18 오차의 크기 비교

2) 체계적 오차와 무작위 오차

오차는 체계적 오차와 무작위 오차로 구분하기도 한다. 체계적 오차와 무작위 오차 모두 표집과 관련된 것이 아니라는 점에서 비표집 오차라고 할 수 있다. **체계적 오차는 조사체계상의 문제로 인해 발생하는 오차를 일컫는다.** 조사체계상의 문제로 인해 발생하기 때문에 체계적 오차라고 한다. 가장 일반적인 것이 개념화·조작화를 제대로 하지 못해서 측정도구가 타당성 있게 만들어지지 못해서 발생하는 오차이다. 또한 편견이 개입된 문항이나 사회적 당위성을 묻는 질문이 포함되어 있을 때도 발생하게 된다. 이런 경우에는 조사체계가 잘못된 것이기 때문에 모든 조사대상자에게서 잘못된 정보를 얻게 된다. 따라서 체계적 오차를 줄이기 위해서는 개념화·조작화 과정을 엄밀하게 거쳐서 타당성 있는 측정도구를 개발하여 조사해야 한다. 체계적 오차는 타당도와 관련이 있다.

무작위 오차는 조사체계와 상관없이 발생하는 오차이다. 조사체계상의 문제가 없어서 타당성 있는 측정도구를 만든다고 하더라도 오차는 발생하게 된다. 가장 일반적인 것이 질문이 조사대상자의 이해능력을 넘어서는 경우이다. 예를 들어, 조사대상자가 글을 못 읽거나 인지능력이 떨어지게 되면 아무리 개념화·조작화를 제대로 해서 타당성 있는 측정도구를 개발하였다고 하더라도 정확한 조사가 어려워지게 된다. 이렇듯 조사체계와는 무관하게 무작위적으로 발생하는 오차를 무작위 오차라고 한다. 이는 대부분 조사대상자의 상황에 따라 발생하는 것이기 때문에 체계적 오차같이 모든 조사대상자에게 잘못된 정보를 얻는 것이 아니라 특정한 조사대상자에게서 잘못된 정보를 얻게 된다. 무작위적으로 발생하기 때문에 이것은 신뢰도와 관련이 있다.

조사결과를 신뢰할 수 있느냐 없느냐는 오차를 어느 정도나 줄일 수 있느냐에 달려 있다. 조사는 오차와의 싸움이라는 말이 있다. 그만큼 오차를 인식하고 이를 줄이기 위해서 노력해야 한다는 말이다. 오차를 줄이기 위해서는 타당도와 신뢰도를 확보한 측정도구를 개발해서 활용해야 함은 물론이고, 조사대상자 선정이 적절하게 이루어져야 하고, 조사방법도 조사대상자에 적합하게 운용되어야 한다.

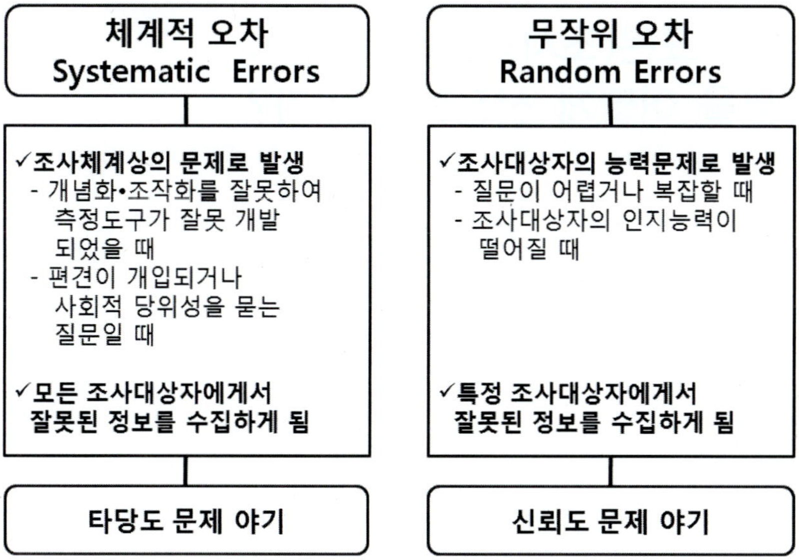

| 그림 6-19 | 체계적 오차와 무작위 오차

chapter 07

표본(조사대상자) 선정 : 표본을 어떻게 선정할 것인가?

Key point

표본을 뽑아서 조사를 한 다음 그 결과를 모집단의 결과인 것처럼 해석하기 위해서는 표본이 모집단을 대표할 수 있어야 한다. 즉, '모집단에 대한 표본의 대표성 확보' ➜ '조사결과의 일반화'

학습목표 질문

조사대상이 되는 전체 집단–모집단–에서 실제 조사대상인 표본은 어떻게 뽑을 수 있는가?

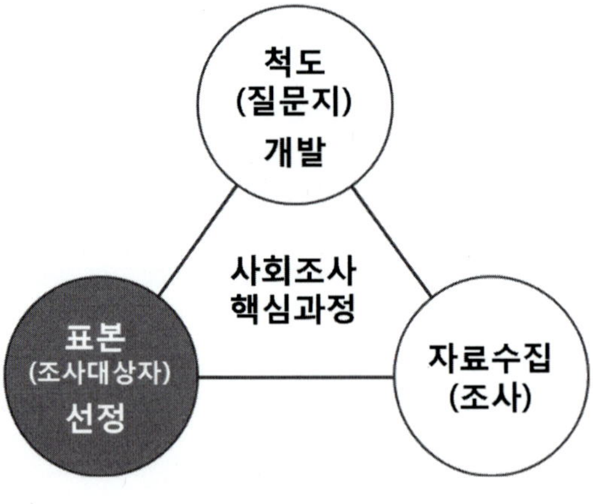

┃그림 7–1┃ 사회조사 핵심과정으로서의 표본선정

표본선정은 사회조사의 3대 핵심과정 가운데 하나이다. 사회조사는 척도개발, 표본선정, 자료수집의 3개 핵심과정으로 이루어져 있다. 즉, 질문(지)을 만들고 조사대상자를 선정하여 조사를 수행하는 것이다. 이 가운데 표본선정은 조사대상자를 선정하는 것이다.

표본선정은 모집단에서 표본을 선정하는 것이다. 이상적으로는 조사대상자 전체 집단인 모집단을 조사하는 것이 좋으나 모집단은 대부분 대규모이기 때문에 전체를 다 조사한다는 것은 현실적으로 어렵다. 또한 비표집 오차가 커지기 때문에 정확한 조사를 하기도 어렵다. 따라서 모집단을 대표할 수 있는 일부-표본-를 뽑아서 조사를 하고, 그 조사결과를 전체 모집단의 결과인 것처럼 이해하고 받아들이려고 한다. 따라서 표본을 선정함에 있어서 가장 중요하게 고려할 것이 모집단에 대한 대표성과 표본결과를 모집단의 결과로 일반화하는 것이다. 이를 위해서 중요한 두 가지 과정이 표본의 크기를 결정하는 것과 표본추출 방법을 선택하는 것이다.

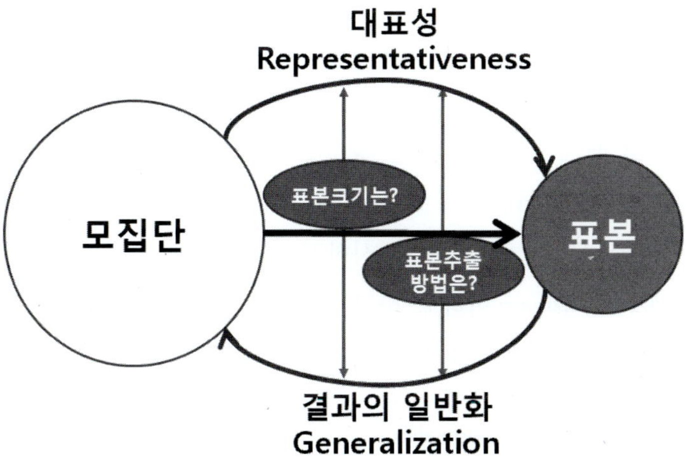

그림 7-2 모집단과 표본에 있어서 대표성과 일반화

표본선정과정을 이해하는 데 있어서 사전에 필요한 용어에 대한 이해를 먼저 하고 가자.

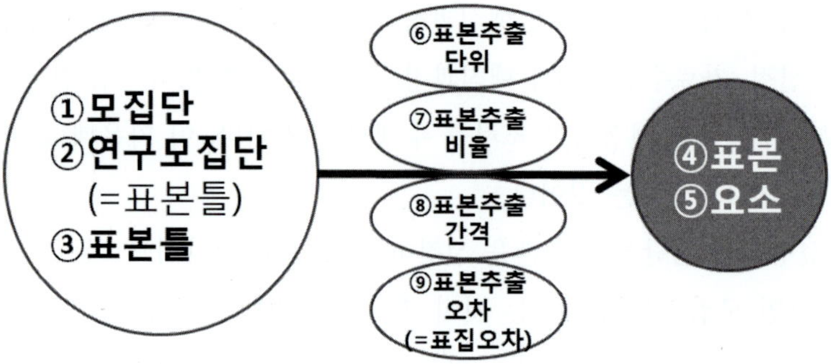

그림 7-3 표본추출에서의 용어

① **모집단**(population)

조사주제가 적용되는 집단으로 조사대상이 추출되는 집단이다. 즉, 표본으로 선정될 가능성을 가지고 있는 요소들(elements) 전체를 말한다. 조사연구를 할 때 연구자가 관심이 있는 것은 조사연구주제에 대해 대상 집단 전체에서 어떻게 나타나는가 하는 것이다. 예를 들어, 연구자가 청소년 비행의 원인 가운데 하나가 부모의 양육태도라는 것을 밝히는 데 관심이 있다고 가정하자. 연구자는 조사를 해서 얻은 결론을 모든 청소년에게 적용하여 설명할 수 있기를 바랄 것이다. 본래 그렇게 하려면 모든 청소년을 조사해야 한다. 그러나 조사연구를 할 때 우리나라의 모든 청소년을 조사하는 것은 현실적으로 불가능하다. 따라서 우리나라 모든 청소년 가운데 일부를 조사해서 그 결과를 가지고 모든 청소년들의 결과처럼 제시하게 된다. 이때 우리나라 모든 청소년을 모집단(母集團 population)이라고 하고, 조사를 하는 일부 청소년을 표본(標本 sample)이라고 한다. 따라서 표본은 모집단의 일부분이 된다.

② **연구모집단**(study population)

조사에서 실제로 표본추출이 이루어지는 모집단으로, 표본틀(sampling frame)과 같다고 보면 된다. 조사를 수행함에 있어 전체 모집단의 목록을 구하는 것이 불가능할 때가 많다. 예를 들어, 전화번호부를 통해서 표본추출을 하는 경우에도 전화번호부에 등재되지 않은 모집단 요소가 있기 때문에 확보된 모집단 목록은 조사에서 전체 모집단의 목록과 차이가 있다. 이런 경우 확보된 목록상의 모집단을 연구모집단이라고 한다.

③ **표본틀**(sampling frame)

표본을 추출하기 위한 모집단의 목록을 의미한다.

④ **표본**(sample)

모집단에서 실제로 조사를 하기 위해 선정된 요소(element)들의 집합을 말한다. 실제로 조사가 이루어지는 대상, 즉 실제 조사대상자들이다.

⑤ **요소**(element)

조사에서 정보수집의 단위를 말한다. 이는 정보수집이 이루어지는 정보원에 관한 것이 아닌 조사에서 필요한 정보가 산출되는 단위를 의미한다. 개인을 대상으로 그 개인이 가지고 있는 정보를 조사하는 경우에는 '개인'이 조사에서의 요소가 되고, 가구에 대한 조사를 한다면 '가구'가 요소가 된다. 기업별 특성을 조사한다면 '기업'이 요소가 된다.

⑥ **표본추출 단위**(sampling unit)

표본추출을 하는 단위로 표본추출과정에서 선정하고자 하는 요소나 요소의 집합을 말한다. 예를 들어, 주민들을 대상으로 사회조사를 하는 경우 '개개의 주민'이 표본추출 단위가 되는데, 군집 무작위 표본추출[1]의 경우에는 1단계로 군집을 선정하면 선정된 군집 하나하나가 표본추출 단위가 되고, 2단계로 군집에서 조사대상자를 선정하는 경우에는 바로 그 대상자가 표본추출 단위가 된다. 요소는 모집단이나 표본 등 집합체를 구성하는 단위를 지칭하고, 표본추출 단위는 모집단에서 요소를 표본으로 뽑을 때 뽑는 그 요소를 지칭하는 용어라고 할 수 있다.

1) 표본추출방법은 뒤에서 설명된다.

⑦ **표본추출 비율**(sampling ratio)

모집단에서 표본이 차지하는 규모의 비율로 표본의 크기를 모집단의 크기로 나눈 값이다. 표본추출 비율 = 표본 크기/모집단 크기

⑧ **표본추출 간격**(sampling interval)

체계적 무작위 표본추출에서 표본을 추출하는 간격, 즉 표본요소들 사이의 간격을 의미한다. 표본추출 간격은 모집단의 크기를 표본의 크기로 나눈 값으로 표본추출 비율을 구하는 식과 역의 관계가 있다.

표본추출 간격(k) = 모집단 크기/표본 크기

⑨ **표본추출 오차**(sampling error)

실제 모집단의 수치(모집단평균, 모집단분산 등)와 표본으로부터 추정된 모집단 수치 간의 차이로 **표집 오차**라고도 한다.

1. 표본크기(sample size) 결정 : 표본의 크기는 어떻게 결정하는가?

표본크기는 정확하고 믿을 만한 조사결과를 얻기 위해 필요한 조사단위의 수로 언급된다. 조사단위는 남자와 여자 같은 '사람'이 될 수도 있고, 지방·병원·학교와 같은 '장소'가 될 수도 있고, 학교생활기록 등과 같은 '물건'이 될 수도 있다.

일반적으로 표본의 크기를 크게 하면 모집단에 근접하게 되어 모수(모집단에 관한 수치)와 표본 통계치 간의 차이가 줄어들게 되어 모집단에 대한 추정을 보다 정확하게 할 수 있다. 즉, 표집 오차가 작게 된다. 그러나 비용이 많이 들고, 비표집 오차가 커지는 문제가 발생한다. 따라서 적절한 표본크기를 결정하는 것이 필요하다. 적절한 표본크기를 구하는 방식을 알기 위해서는 확률분포에 대한 이해가 필수적이다. 확률분포상의 요소들을 활용하여 표본의 크기를 구하게 되는데 활용되는 요소들에 따라 적절한 표본의 크기를 구하는

방법도 다양하다. 또한 표본추출방법에 따라서도 적정 표본 수를 산정하는 방식은 달라진다. 그것을 여기서 일일이 설명하는 것은 복잡하기 때문에 생략하기로 한다. 여기서는 단순 무작위 표본추출방식과 체계적 무작위 표본추출방식에서 적용할 수 있는 방법을 제시하고자 한다. 표본크기를 구하는 식을 이해하기 위해서는 표준정규분포에서의 허용오차와 Z값을 알아야 한다. 따라서 그에 대해서 먼저 간략하게 설명하기로 한다.

자연의 분포는 다음 그림과 같이 평균을 중심으로 종모양으로 되어 있다는 것, 즉 평균이나 평균에 가까운 것이 많고 평균에서 많이 벗어나는 극단적인 것은 매우 적다는 것을 이미 알고 있을 것이다. 이것을 일반적으로 정규분포라고 한다. 예를 들어, 우리나라 청소년들의 용돈을 조사하였는데 평균이 100,000원이고 표준편차가 20,000원이었다고 가정해 보자. 그러면 정규분포에 따라 평균인 100,000원에서 ±1표준편차 이내인 80,000원에서 120,000원 사이를 쓰는 청소년들은 전체의 약 68%가 될 정도로 많은데, 평균에서 ±1.96표준편차 이상 떨어진 60,800원 이하를 쓰는 청소년과 139,200원 이상을 쓰는 청소년들은 5%에 불과할 정도로 적게 된다.

이것을 조금 다른 방식으로 살펴보자. 우리나라 청소년의 실제 용돈 평균이 100,000원이고, 표준편차가 20,000원이라고 가정하자. 청소년 1,000명을 표본으로 뽑아서 용돈을 조사하여 용돈 평균이 95,000원이 나왔다면 가설로 설정된 금액인 100,000원과 큰 차이가 없기 때문에 즉, ±1표준편차 안에 있으므로[2] 가설은 검증되어 우리나라 청소년들의 한 달 용돈 평균은 100,000원이 맞다고 결론을 내리게 된다. 그러나 조사를 해서 얻은 용돈 평균이 50,000원(표준편차 5,000원)이라면 가설로 설정된 금액인 100,000원과 차이가 너무 커서, 즉 ±2표준편차[3] 훨씬 밖에 있으므로 가설을 받아들이기 어렵다고 판단할 것이다. 왜냐하면 실제 용돈이 100,000원이고, 표준편차가 20,000원인 경우에 1,000

2) 이것은 통계적 검증을 해야 하는데 중앙집중한계정리가 기반이 되는 통계적 검증이기 때문에 그것을 제대로 이해하기 위해서는 많은 설명이 필요하여 이곳에서는 설명 없이 그대로 넘어가도록 하겠다. 이것을 제대로 이해하기 위해서는 중앙집중한계정리를 이용한 추리통계 원리를 참고하기 바란다.

3) 실제로는 ±1.96표준편차이나 편의상 ±2표준편차라고 하겠다.

명을 조사하면 50,000원 이하를 쓰는 청소년을 만날 확률은 5%도 안 되기 때문에 평균이 50,000원이 되는 것은 불가능하기 때문이다. 이럴 경우 조사자는 청소년들의 용돈이 100,000원이 아니고(가설을 기각하고) 자기가 조사해서 얻은 용돈 평균인 50,000원을 기준으로 약 ±2표준편차인 40,000원에서 60,000원 사이가 실제 용돈일 것이라고(대립가설 설정) 추정하게 될 것이다.

이러한 판단은 맞을 수도 있고 틀릴 수도 있다. 왜냐하면 조사를 하는데 우연히도 용돈을 아주 적게 쓰는 학생들만 표본으로 뽑혔을 가능성도 있기 때문이다. 이렇게 실제로는 가설값이 맞는데도 틀렸다고 판단할 경우도 확률상 존재하는데, 우리는 이것을 제1종 오류 혹은 α오류라고 한다. 그렇지만 이렇게 제1종 오류를 범할 확률은 5% 이내이므로 통상적으로는 가설이 틀렸다고 판단을 한다. 따라서 이러한 판단은 95%만이 신뢰할 수 있는 것이다. 그래서 조사결과를 발표할 때 95% 신뢰수준에 오차구간은 ±α라고 하는 것이다.

그림에서 분포를 표준화시켜서 표준정규분포(Z분포)를 만들면 평균은 0이고 Zα/2는 ±2.5%의 허용오차를 갖는 표준정규분포상의 Z값이다. 그 값이 ±1.96이라는 것이다.

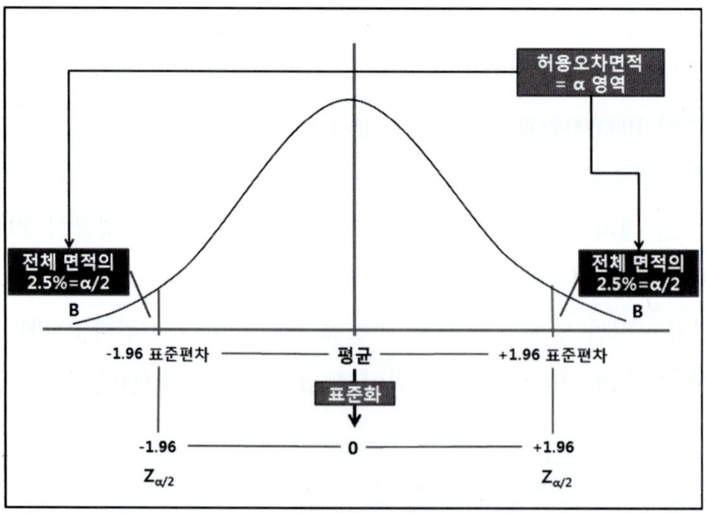

| 그림 7-4 | 분포에서의 허용오차와 Z값

$$Z_{\alpha/2}\sqrt{pq/n} = B \quad \Rightarrow \quad n = \frac{(Z_{\alpha/2})^2 \cdot pq}{B^2}$$

$Z\alpha/2$: Z분포에서 오른쪽 꼬리부분에 α의 1/2을 두는 Z의 값
즉, 허용오차의 1/2이 되는 Z의 값(오차가 ±2.5일 때 1.96이 됨)

B : 오차 허용 범위의 값

p : 모비율–특정 값이 나올 확률, 혹은 성공확률
(0.5일 때 표본 크기가 최대가 되므로 보수적으로 0.5를 사용)

q : 특정 값이 나오지 않을 확률, 혹은 실패확률 $1-p=q$

n : 표본 수

<예시> 95%의 신뢰구간에서 허용오차를 ±2.5로 둘 경우 필요한 표본 수는?

$$n = \frac{(Z_{\alpha/2})^2 \cdot pq}{B^2} = \frac{1.96^2 \cdot 0.5 \cdot 0.5}{0.025^2} \fallingdotseq 1{,}537$$

|그림 7-5| 표본의 크기 산정식

허용오차와 Z값에 대해 기본적인 이해를 하였으면 그것을 근거로 표본의 크기를 구하는 식을 살펴보자. 허용오차와 Z값과 모집단의 분산값(혹은 모비율)을 알아야 한다. 여기서는 모비율을 적용하는 산정식으로 알아보도록 한다. 그 산정식은 |그림 7–5|에 제시되어 있다. 95%의 신뢰구간에서 허용오차를 ±2.5%로 하는 표본 수를 구하기 위해서는 허용오차 ±2.5의 $Z_{\alpha/2}$값[4]과 모비율을 알아야 한다. $Z_{\alpha/2}$값은 1.96이다. 그런데 모비율에 대한 정보는 일반적으로 가지고 있지 않은 경우가 많다. 이 경우 보수적으로 0.5를 사용할 수 있다. 모비율이 0.5가 될 때 표본의 크기는 최대가 된다(이계오 등, 2007). 즉, 모비율이 0.5보다 크거나 작으면 표본크기는 0.5일 때보다 작아진다. 따라서 0.5를 적용하여 표본크기를 산출하면 오차는 더 줄어들게 되므로 모비율 0.5를 사용하여 보수적으로 표본크기를 산출하여 적용하면 된다. **이것을 표본크기 산정식에**

4) Z값은 통계책의 Z분포표상에서 찾으면 된다.

대입하면 95%의 신뢰수준에 허용오차를 ±2.5%로 하기 위해서 필요한 표본 수는 1,537명이 된다.[5)]

2. 표본추출(sampling) : 표본추출방법에는 어떤 것들이 있고, 어떻게 하는 것인가?

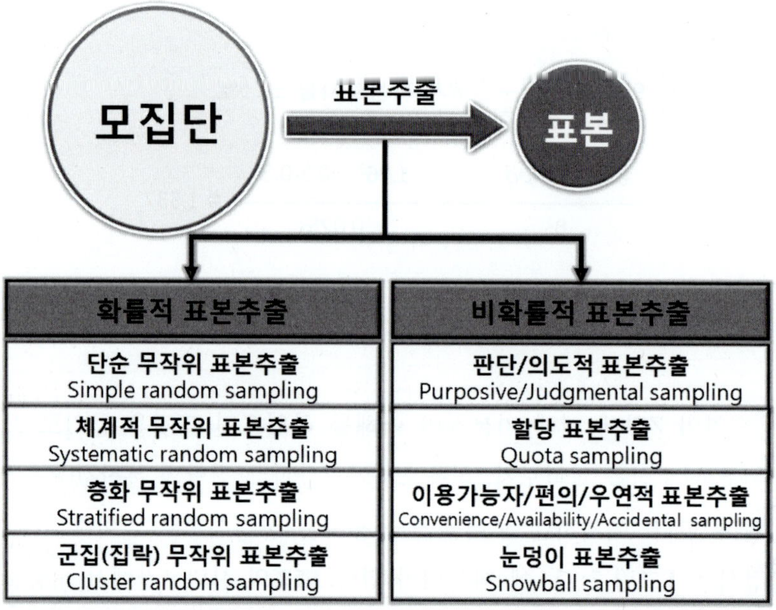

그림 7-6 표본추출 방법

표본추출은 조사대상인 전체집단, 즉 모집단에서 실제 조사를 할 대상인 표본을 선정하는 것이다. 표본추출방법은 크게 **확률적 표본추출**과 **비확률적 표본추출**로 구분될 수 있다. **확률적 표본추출은 모집단의 모든 구성요소가 표본으로**

5) 위에서도 말했지만 이것은 단순 무작위 표본추출과 체계적 무작위 표본추출에 적용되는 산정식을 토대로 한 것이므로 다른 표본추출방식을 적용하는 경우에는 사용할 수 없다. 그러나 크게 차이가 나는 것은 아니므로 정확한 적정 표본 수라기보다는 대략적인 것으로 이해하고 사용하기 바란다. 참고로 대부분의 사회조사기관에서는 이러한 산정식을 적용하여 표본크기를 구하고 있다.

선정될 확률이 동일한 표본추출방법이다. 반면에 **비확률적 표본추출은 모집단의 모든 구성요소가 표본으로 선정될 확률이 동일하지 않은 표본추출방법**이다. 확률적 표본추출과 비확률적 표본추출의 가장 큰 차이는 표본이 모집단을 대표할 수 있는가(representative)하는 것과 그로 인해 표본의 결과를 모집단의 결과인 것처럼 일반화(generalized)해서 해석할 수 있는가이다.

기본적으로 **확률적 표본추출로 조사대상자를 선정하여 조사한 경우 표본은 모집단을 대표하는 것으로 간주하여 표본의 결과를 모집단의 결과인 것처럼 일반화하는 것이 가능**하지만 비확률적 표본추출로 조사대상자를 선정하여 조사한 경우에는, 그 표본은 모집단을 대표하지 못하게 되고, 그렇게 됨으로써 표본의 결과를 가지고 모집단의 결과인 것처럼 일반화하는 것은 불가능해진다. 따라서 표본을 선정함에 있어서 확률적 표본추출을 하는 것이 바람직하지만 모집단에 대한 정보가 불충분하거나, 접근성 등의 문제로 인해 확률적 표본추출이 어려운 경우가 많기 때문에 다양한 표본추출 방법에 대해 이해하고 조사상황에 따라 적절하게 활용하는 것이 필요하다.

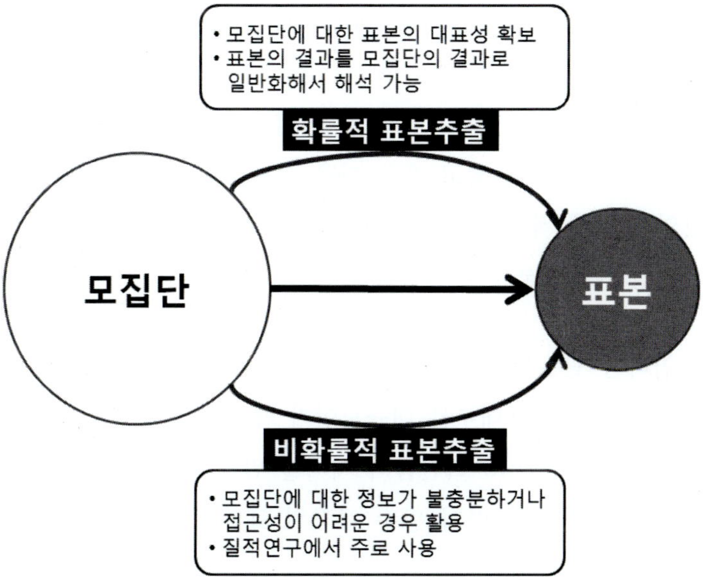

| 그림 7-7 | 확률적 표본추출과 비확률적 표본추출의 차이

1) 확률적 표본추출

확률적 표본추출은 모집단의 모든 구성요소가 표본으로 선정될 확률이 동일한 표본추출방법이다. 확률적 표본추출방법으로 표본을 선정하여 조사한 경우, 선정된 표본은 모집단을 대표하게 되어 표본으로부터 얻어진 결과를 모집단으로 일반화할 수 있다. 확률적 표본추출방법으로는 다음과 같은 것들이 있다.

(1) 단순 무작위 표본추출(simple random sampling)

단순 무작위 표본추출방법은 모집단에서 표본을 선정함에 있어서 **아무런 작위(作爲 - 의도적 행위)가 개입되지 않은 표본추출 방법**이다. 난수표[6]를 이용하거나 제비뽑기 방법 혹은 로또를 추첨하는 것과 같은 방식으로 표본을 추출하는 방법이다.

표본추출과정을 예로 들어보자. 모집단이 100명(요소)인 조사대상에서 10명의 표본을 선정한다고 가정하면,

❶ 모집단을 구성하고 있는 100명(혹은 100명의 목록)에게 1번부터 100번까지 번호를 부여한다.

❷ 1번부터 100번까지 번호가 매겨진 제비를 만든다.

❸ 제비를 하나의 통에 넣고 흔든 다음 차례대로 10장을 뽑는다.

❹ 10장의 제비에 적혀 있는 번호와 동일한 번호를 가지고 있는 모집단의 조사대상자를 표본으로 선정한다.

그러나 이러한 단순 무작위 표본추출은 실제로는 거의 사용되지 않는다. 왜냐하면 실제 모집단은 대부분 대규모이기 때문에 모집단의 요소에 일일이 번호를 부여하기도 어렵고, 그만큼의 제비를 만드는 것도 많은 시간과 비용이 소모되기 때문이다. 따라서 단순 무작위 표본추출은 소규모 모집단에서

6) 난수표는 0부터 9까지의 숫자를 각 숫자가 동일한 비율로 나오도록 무질서하게 배치한 표이다.

소규모 표본을 선정하는 상황이나 혹은 다른 확률적 표본추출 방법을 사용하기 위한 기초적인 단계[7]에서만 주로 활용된다.

(2) 체계적 무작위 표본추출(systematic random sampling)

체계적 무작위 표본추출 방법은 **작위(의도적 행위)가 개입되지 않지만 표본추출을 함에 있어서 일정한 체계를 가지고 있는 표본추출 방법**으로 계통 표본추출이라고도 한다. 체계적 무작위 표본추출에서는 전체 모집단의 목록에서 매 k번째 요소를 표본으로 선정한다. 모집단을 작은 것에서부터 큰 것으로 혹은 가나다순으로 또는 번호순 등으로 일렬로 세워놓고, 일정한 간격으로 표본을 추출하기 때문에 '체계적'이라는 용어를 사용한다. 체계적 무작위 표본추출을 하게 되는 일반적인 예는 전화조사를 할 때 전화번호부에서 조사대상자를 선정하거나, 학교에서 학생들을 조사대상자로 선정할 때 출석부 등을 이용하여 뽑는 것 등을 들 수 있다.

표본추출과정을 예로 들어보자. 모집단이 100명인 조사대상에서 10명의 표본을 선정한다고 가정하면,

❶ 모집단을 구성하고 있는 100명(의 목록)을 일렬로 세우고, 1번부터 100번까지 번호를 부여한다.

❷ 일정한 간격으로 표본을 추출하는데 100명의 모집단에서 10명을 뽑는 것이므로 표본추출 간격은 매 10번째(표본추출 간격 k=모집단/표본이므로 k=100/10=10)가 된다. 따라서 1번부터 10번 사이에서 1명을 선정하고, 그 번호로부터 10씩 늘어나는 번호를 선정하게 된다.

❸ 처음 표본추출 지점을 선정하기 위해서는 1번부터 10번까지의 제비를 만들어 단순 무작위 표본추출을 시행한다. 따라서 체계적 무작위 표본추출을 하기 위해서는 반드시 단순 무작위 표본추출을 시행해야 한다. 이렇게 해서 뽑힌 제비번호가 최초 표본추출 지점이 된다.

---

7) 확률적 표본추출을 하게 되면 최초 단계에서 반드시 한 번은 단순 무작위 추출과정을 거치게 된다.

❹ 최초 표본추출 지점이 3번이었다면 매 10번째 간격으로 나머지 표본을 추출한다. 즉, 3, 13, 23, 33, 43, 53, 63, 73, 83, 93번째 요소가 표본으로 선정되는 것이다.

(3) 층화 무작위 표본추출(stratified random sampling)

층화 무작위 표본선정 방법은 **집단을 구분하는 일정한 기준(층層)을 설정하고 그 기준에 따라 집단을 분류하고 분류된 집단의 비율만큼 표본을 선정하는 것이다.** 층화 무작위 표본추출을 사용하게 된 이유는 단순 무작위 표본추출이나 체계적 무작위 표본추출을 하는 경우 이론적으로는 표본이 모집단의 특성을 대표하도록 선정되게 되어 있으나 실제로는 표본의 특성과 모집단의 특성이 다르게 추출되는 경우가 많기 때문이다. 예를 들어, 모집단의 남녀비율이 4 : 6이라고 하면 앞의 두 가지 방법으로 표본을 추출한 경우 이론적으로 표본의 남녀비율이 4 : 6이 되어야 한다. 그러나 실제로는 4 : 6으로 딱 떨어지지 않는 경우가 많이 발생한다. 따라서 표본의 성비를 처음부터 4 : 6으로 설정하고 남자에서 40%, 여자에서 60%의 표본을 추출하는 것이다. 이렇게 되면 표본추출 오차를 줄일 수 있게 된다. 층화시키는 기준은 여러 가지가 있으나 일반적으로 성, 연령, 지역이 가장 많이 사용된다.

표본추출과정을 예로 들어보자. 모집단이 100명인 조사대상에서 10명의 표본을 선정한다고 가정하면,

❶ 층화(stratification)시킬 변수를 결정한다. 예를 들어, 남녀 성비를 맞추기로 하였다고 가정하자.

❷ 층화시킬 변수의 모집단 특성을 파악한다. 여기서는 모집단의 남녀 성비를 파악한다. 예를 들어, 모집단의 성비를 4 : 6이라고 가정한다. 그러면 표본의 성비도 4 : 6으로 설정한다.

❸ 모집단을 남자와 여자로 구분한다. 모집단 성비가 4 : 6이므로 남자 모집단이 40명, 여자 모집단이 60명이 된다.

❹ 남자 모집단 40명에서 4명의 표본을 뽑고, 여자 모집단 60명에서 6명의 표본을 추출한다.

❺ 남자 모집단 40명에서 남자 4명의 표본을 추출하는 것과 여자 모집단 60명에서 여자 6명의 표본을 추출하는 것은 앞에서 설명한 ⓐ 단순 무작위 표본추출이나 ⓑ 체계적 무작위 표본추출 방법을 활용한다. 따라서 층화 무작위 표본추출에서도 반드시 단순 무작위 표본추출 방법을 거치게 된다.

층화는 동시에 여러 변수에 대하여 할 수 있다. 예를 들어, 성과 연령 그리고 지역의 세 가지 층화변수를 동시에 사용하여 표본을 선정할 수 있다. 연령을 세 집단으로 구분하고 지역을 세 곳으로 구분하게 되면 성(2) * 연령(3) * 지역(3)=18개 하위집단이 만들어진다. 전체 모집단에서 18개 하위집단의 비율만큼 표본에서 추출 사례 수로 할당하여 표본을 선정하는 것이다. 층화 무작위 표본추출을 하게 되면 대표성이 높아지는데, 층화변수를 많이 사용할수록 더 높아진다.

(4) 군집 무작위 표본추출(cluster random sampling)

군집 무작위 표본추출 방법은 **동일한 특성을 가진 일정한 집단**(군집 혹은 집락)**을 모집단의 요소로 보고, 1단계로 모집단에서 군집으로 된 표본요소를 추출하고, 2단계로 선정된 군집으로부터 조사대상자를 선정하는 방법**으로 집락 무작위 표본추출이라고도 한다. 군집 무작위 표본추출은 모집단의 목록(sampling frame)을 구하기 어려운 경우에 많이 활용된다. 학생들을 대상으로 조사를 하는 경우 우리나라 혹은 특정 지역의 학생들 명단을 모두 구하기가 쉽지 않다. 따라서 이런 경우 군집 무작위 표본추출 방법을 활용하게 된다.

표본추출과정을 예로 들어보자. 모집단이 100개 학교 학생 50,000명인 조사대상에서 500명의 표본을 선정한다고 가정하면, 군집 무작위 표본추출로 표본을 추출하는 방법은 매우 다양하지만 여기서는 하나의 과정으로 수행해 본다.

❶ 50,000명의 학생들이 100개 학교에 어떻게 분포되어 있는지 확인한다. 예를 들어, 재학생이 300명인 학교가 20개교, 500명인 학교가 40개교, 600명인 학교가 40개교라고 가정하자.

❷ 100개 학교 가운데 일정한 학교를 표본으로 추출한다. 여기서는 10개 학교를 추출하는 것으로 가정하자. 10개 학교를 선정함에 있어서 학교규모를 층화변수로 해서 300명 학교 2개교, 500명 학교 4개교, 600명 학교 4개교로 표본구성을 설정한다. 10개 학교를 선정함에 있어서 층화표본추출을 하지 않고 ⓐ 단순 무작위 표본추출이나 ⓑ 체계적 무작위 표본추출 방법을 이용하여 선정할 수도 있다. 여기서는 이렇게 해서 선정된 학교가 위에서처럼 300명 학교 2개교, 500명 학교 4개교, 600명 학교 4개교가 선정되었다고 하자.

❸ 표본 수 500명을 10개의 학교표본의 규모별 학생비를 고려하여 나누어 보면, 300명 학교 2개교에서 60명, 500명 학교 4개교에서 200명, 600명 학교 4개교에서 240명이 된다.

❹ 따라서 학교별 표본 수는 300명 학교 2개교에서 각각 30명, 500명 학교 4개교에서 각각 50명, 600명 학교 4개교에서 각각 60명이 된다.

❺ 각 학교에서 30명, 50명, 60명을 뽑는 과정에서 표본추출하는 방법은 앞에서와 같이 ⓐ 단순 무작위 표본추출, ⓑ 체계적 무작위 표본추출, ⓒ 층화 무작위 표본추출, ⓓ 군집 무작위 표본추출을 적절하게 활용한다.

군집 무작위 표본추출에 있어서, 군집을 선정하거나 군집에서 표본을 선정할 때는 무작위 표본추출(random sampling) 방법으로 표본을 선정해야 한다. 그래야만 모집단의 모든 구성요소가 표본으로 추출될 확률이 동일해져서 일반화가 가능해지기 때문이다.

2) 비확률적 표본추출

비확률적 표본추출은 모집단의 모든 구성요소가 표본으로 선정될 확률이 동일하지 않은 표본추출방법이다. 비확률적 표본추출방법으로 표본을 선정하여 조사한 경우, 선정된 표본이 모집단을 대표하지 못하여 표본으로부터 얻어진 결과를 모집단으로 일반화하는 데 한계가 있다. 그러나 경우에 따라서는 확률적 표본추출보다 나을 때도 있고, 확률적 표본추출방법을 활용하지 못할 때도 있어서 비확률적 표본추출방법을 사용한다. 비확률적 표본추출방법[8)]에는 다음과 같은 것들이 있다.

(1) 판단/의도적 표본추출(purposive or judgmental sampling)

판단/의도적 표본추출 방법은 연구자가 표본으로 적절하다고 판단하는 대상을 선정하는 방법이다. 판단/의도적 표본추출은 조사자가 마음대로 표본을 선정하는 것이 아니라 표본으로 적합한 기준(판단자료)을 가지고 있는 요소를 추출하는 것이다. 따라서 표본추출을 하기 위해 표본 선정(inclusion)기준이나 혹은 배제(exclusion)기준을 가지고 있는 것이 일반적이다. 예를 들어, 비행기 기내서비스에 대한 만족도를 평가하기 위한 조사를 하는 경우, 비행기를 연간 3회 이상 이용하고 총 이용횟수가 10회를 넘는 이용자를 선정기준으로 삼을 수도 있고, 최근 6개월 내에 비행기 이용실적이 없는 사람은 제외하는 배제기준을 적용할 수도 있다. 또한 건강한 가족의 요인을 밝히는 조사를 하는 경우, 건강한 가족을 부부간의 만족도가 높고, 부모-자녀관계가 좋은 가족이라는 선정기준을 적용할 수도 있다.

판단/의도적 표본추출은 연구자가 모집단에 대한 많은 정보를 가지고 있을 때 가능하다. 연구자가 모집단에 대해 충분한 정보를 가지고 있는 경우에는 확률적 표본추출 방법보다 더 적합한 표본을 선정할 수도 있다. 판단/의도적 표본추출은 설문조사(surveys)보다는 질적 조사(qualitative research)에서 많이 활용한다.

(2) 할당 표본추출(quota sampling)

할당 표본추출 방법은 모집단을 구성하는 하위집단에 일정한 비율을 적용하여 그 비율만큼 표본을 추출하는 방법이다. 모집단의 하위집단에 비율을

8) 비확률적 표본추출 방법은 복수의 이름을 가진 것이 두 가지가 있으니 헷갈리지 않기 바란다.

적용함에 있어서 모집단을 구성하는 것과 동일한 비율(비례)을 적용할 수도 있고, 다르게 비율(비비례)을 적용할 수도 있다. 예를 들어, 모집단의 남녀비율이 4 : 6인 경우 표본에서의 남녀비율도 4 : 6(비례)으로 설정할 수도 있고, 표본에서의 비율은 5 : 5(비비례)로 설정할 수도 있다. 하위집단을 구분하는 것은 확률적 표본추출 방법 가운데 층화 무작위 표본추출 방법에서 층화변수를 적용하는 것과 같다.

비례 할당 표본추출의 경우, **표본의 하위집단 추출비율을 결정하는 것은 층화 무작위 표본추출과 동일하다. 다만, 할당된 비율의 표본을 추출하는 과정에서 층화 무작위 표본추출은 마지막까지 무작위 추출(random sampling)을 하지만, 할당 표본추출의 경우에는 무작위 추출(random sampling)을 하지 않고 비확률 표본추출 방법으로 표본을 선정한다는 점이 다르다.** 비비례[9] 할당 표본추출을 하는 경우에도 역시 무작위 추출을 하지 않는다. 층화 무작위 표본추출은 확률적 표본추출 방법이지만 만일 모집단 하위집단의 비율을 비비례로 한다면(비비례 층화 표본추출), 그 방법은 확률적 표본추출 방법이라고 할 수 없다.

(3) 편의/이용가능자/우연적 표본추출(convenience/availability/accidental sampling)

특별한 기준 없이 이용가능한 대상을 표본으로 추출하여 조사연구를 하는 것이다. 이러한 표본선정 방법은 조사결과를 일반화하는 데 상당한 한계가 수반되기 때문에 사용하는 데 주의를 해야 한다.

(4) 눈덩이 표본추출(snowball sampling)

눈덩이 표본추출 방법은 하나의 표본에 대해 조사를 하고 그 표본이 제공해주는 정보를 근거로 그 다음 조사대상자를 선정하는 방식으로 표본을 추출하는 것이다. 이것은 미혼모 혹은 성매매여성 등과 같이 조사대상자를 접촉하기 어려운 경우에 주로 사용된다. 조사대상이 되는 사람들은 일반적으로는

9) 비비례라고 하는 것은 모집단의 구성비대로 표본을 선정하는 것이 아니라는 의미이다. 즉, 모집단의 남녀구성비가 6 : 4라고 할 때 표본에서는 성비를 5 : 5로 맞추어서 선정하게 되면 표본의 성비와 모집단의 성비가 달라지게 되는데 이를 비비례라고 한다.

드러나지 않아도 서로에 대한 정보는 많이 가지고 있는 경우가 많다. 따라서 한 사람을 표본으로 접촉하여 조사를 수행한 다음, 그로부터 정보를 제공받아, 그 정보를 근거로 또 다른 조사대상자를 찾아서 접촉하게 된다. 마치 눈덩이가 굴러가면서 커지는 것과 같다고 해서 눈덩이 표본추출 방법이라고 한다. 눈덩이 표본추출 방법 역시 일반적인 사회조사(surveys)보다는 질적연구에서 많이 활용되고 있다.

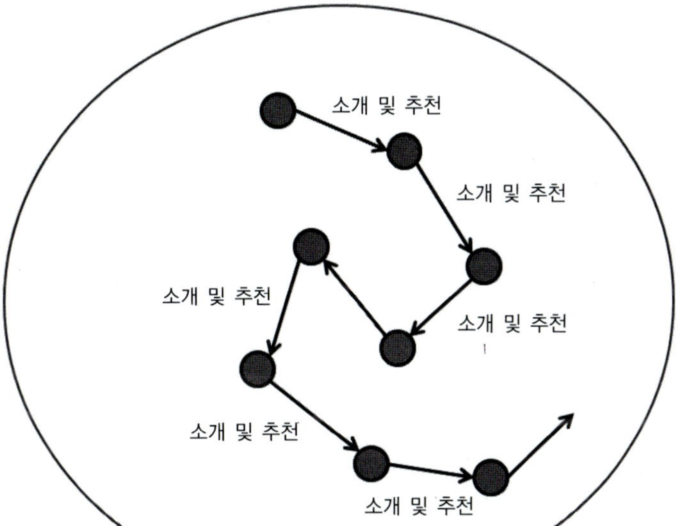

| 그림 7-8 | 눈덩이 표본추출 과정

PART 03

조사 방법

제8장 설문조사연구 : 설문조사연구는 무엇이고 어떻게 하는 것인가?

제9장 실험연구 : 실험연구는 무엇이고 어떻게 하는 것인가?

제10장 질적연구 : 질적연구는 무엇이고 어떻게 하는 것인가?

제11장 참여행동연구 : 참여행동연구는 무엇이고 어떻게 하는 것인가?

여기서 다루는 조사 방법은 조사연구의 3대 핵심과정 가운데 자료수집을 의미하는 것이다. 자료수집은 척도개발, 표본선정과 함께 조사연구의 3대 핵심과정 가운데 하나이다.

자료수집을 광의로 연구조사방법까지 아우르는 것으로 보면 1부 2장의 조사유형 같이 매우 다양하게 논의될 수 있지만 여기서는 자료수집방법과 연결하여 다음과 같이 설문조사연구, 실험연구, 질적연구, 그리고 최근에 새롭게 주목받고 있는 참여행동연구[1]로 분류하여 자세히 살펴보도록 하겠다. 물론 이들이 모두 배타적인 것은 아니다. 기본적으로 모든 연구는 질적연구와 양적연구로 구분된다.[2] 그런데 여기서 질적연구를 제외한 설문조사연구, 실험연구, 참여행동연구가 양적연구를 의미하는 것은 아니다. 물론 설문조사연구는 양적연구를 수행하는 것이 대부분이지만, 실험연구는 양적연구로 진행될 수도 있고 질적연구로 진행될 수도 있고, 두 가지를 통합하여 이루어질 수도 있다. 참여행동연구는 기본적으로 질적연구의 성격을 띠고 있으나 질적연구로만 진행되는 것은 아니다. 그리고 자세한 설명에서는 제외했지만 분석기반연구 가운데 내용분석은 양적연구보다는 질적연구의 형태로 이루어지는 것이 훨씬 많고, 2차자료분석은 양적연구가 대부분이다. 따라서 그림 에서도 내용분석을 질적연구에 붙여서 표현하였다. 이렇듯 설문조사연구, 실험연구, 질적연구, 참여행동연구가 배타적인 것은 아니지만 구분해서 설명하고자 한다.[3]

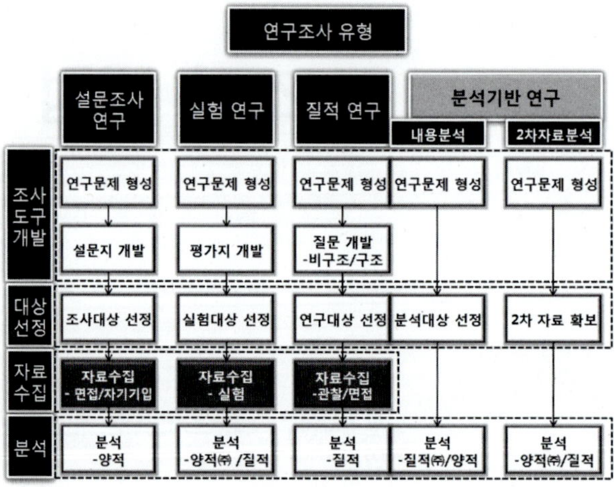

1) 참여행동연구는 기본적으로 질적연구의 성격을 띠고 있으나 조사와 행동(action)이 결합된 것으로 뒤의 연구조사유형에는 포함시키지 않고, 하나의 장(11장)으로 구성해서 설명하겠다.

2) 질적연구는 조사목적이 조사대상의 내용, 과정, 의미 등을 밝히고자 하는 것이다. 예를 들어, 부부들이 이혼에 이르게 되는 과정이나, 그 과정에서 느끼는 심리적인 변화 등을 밝히고자 하는 것이다. 반면에 양적연구는 조사대상에 관해 수량적 정보를 얻고자 하는 것이다. 예를 들어, 이혼과정에서 일정 수준 이상의 심리적 어려움을 겪는 사람들은 얼마나 되는가를 밝히는 것이다.

3) 분석기반연구의 2차자료분석은 조사연구보다는 자료분석에 속하므로 설명에서는 제외하기로 하겠다. 또한 내용분석은 주로 질적연구로 이루어지므로 질적연구에 포함하여 설명하도록 하겠다.

설문조사연구는 연구문제에 따라 설문지를 개발하고, 적절한 조사대상자를 선정하여 이들을 대상으로 조사를 하는 것이다. 자료수집방법으로는 연구자가 면접을 하는 방식과 조사대상자가 스스로 기입하는 자기기입식 방식이 있는데, 면접방식은 직접 만나서 면접하는 것과 전화로 면접하는 방법이 있다. 자기기입식 방식은 직접 만나서 설문지를 주고 스스로 기입하게 하는 방법과 우편으로 보내거나 인터넷 등을 이용하는 방법이 있다.

실험연구는 실험을 통해서 필요한 정보를 얻는 연구방법이다. 사회복지에서 실험은 대부분 프로그램이나 개입이 된다. 연구문제를 확인할 수 있는 평가지를 개발하고, 실험대상을 선정하여 실험을 하는 것으로서 자료수집방법은 실험이다. 실험은 크게 집단을 대상으로 하는 집단실험과 하나의 사례를 대상으로 하는 단일사례연구가 있다. 집단실험설계로는 원시실험설계와 실험설계 및 유사실험설계가 있고, 단일사례설계는 단일사례단일요소 설계와 복수사례단일요소 설계 및 단일사례다중요소 설계가 있다.

질적연구는 연구문제를 확인할 수 있는 관찰요소와 면접요소를 개발하고, 관찰대상자나 면접대상자를 선정하여 관찰을 하거나 면접을 하는 것이다. 따라서 자료수집방법으로는 관찰과 면접이 있다.

분석기반연구는 기존의 자료를 분석하여 필요한 정보를 얻는 것이다. 연구문제를 해결할 수 있는 분석대상을 선정하거나 2차분석자료를 확보하여 그것들을 분석하는 것이다. 따라서 따로 자료수집을 하는 과정이 없다. 즉, 자료수집과 분석이 통합되어 있다고 할 수 있는데 이러한 점이 분석기반연구가 다른 조사연구와 구별되는 것이다.

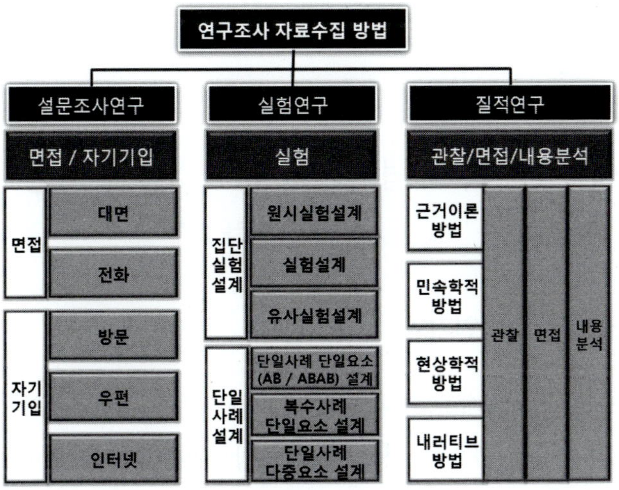

연구조사 유형별 자료수집방법

chapter 08

설문조사(Survey)연구 : 설문조사연구는 무엇이고 어떻게 하는 것인가?

Key point

설문조사는 설문지를 만들고, 설문할 대상을 표본을 선발하고, 면접(대면면접, 전화면접)과 우편과 컴퓨터를 이용한 조사방법 등을 통하여 수행하는 조사이다.

학습목표 질문

1. 설문조사는 무엇인가?
2. 설문조사는 왜 필요한가?
3. 설문조사는 어떻게 하고, 결과는 어떻게 분석하는가?
4. 설문조사에서 유의할 점은 무엇인가?

1. 설문조사의 개념과 필요성 : 설문조사는 무엇이고, 왜 필요한가?

1) 설문조사는 무엇인가?

설문조사는 말 그대로, 질문하여 필요한 정보를 얻는 조사이다. 사회과학에서 조사를 통해서 필요한 정보를 얻는 방법은 크게 ❶ 물어보는 것, ❷ 실험하는 것, ❸ 관찰하고 면접하는 것으로 구분해 볼 수 있다. 이 가운데 물어보는 방법을 통해 필요한 정보를 얻는 조사를 설문조사라고 하는 것이다. 설문조사는 알아보고자 하는 것을 질문의 형태로 개발하여 구조화된 설문지를 만들고, 조사대상자를 표본추출하여 이들을 대상으로 조사를 한다. 설문조사는 조사대상자에게 직접 설문을 하기도 하지만 다양한 매체를 이용할 수도 있다. 전화를 이용할 수도 있고, 우편을 이용하거나 컴퓨터를 이용할 수도 있다. 설문조사는 오늘날 사회과학에서 가장 자주 사용하는 조사방법이다(Rubin & Babbie, 1997).

2) 설문조사는 왜 필요한가?

설문조사는 대부분 이론을 검증하기 위해 이루어진다. 앞에서 과학적인 조사의 목적이 이론의 개발과 검증이라고 하였는데, 설문조사는 주로 이론을 검증하는 데 활용된다. 여기서 이론이라 함은 매우 광범위한 뜻을 갖는 것으로 이를 보다 구체적으로 살펴보면 사회복지분야에서 설문조사는 욕구(욕구조사-탐색연구), 실태(실태조사-기술연구), 인과관계(인과관계-설명연구), 프로그램 효과(평가조사-평가연구)를 밝히거나 검증하는 데 주로 사용된다.

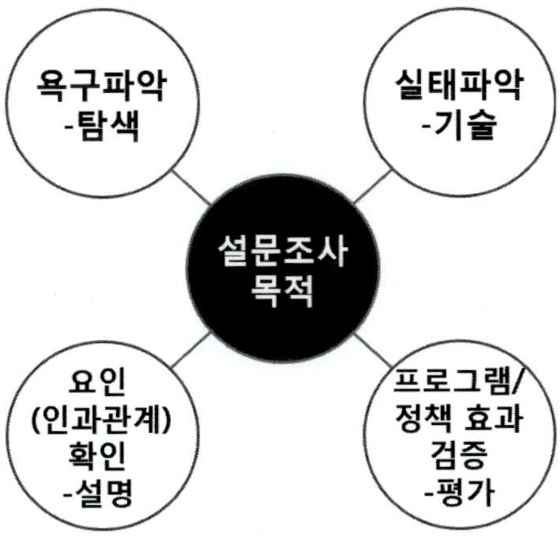

| 그림 8-1 | 설문조사의 목적

예를 들면, 설문조사는 다음과 같은 연구문제를 해결하기 위해 이루어진다.

- 어떠한 어려움을 가지고 있는가?**(욕구조사)**
- 도움을 받고 싶은 것은 무엇인가?**(욕구조사)**

- 프로그램에 참여할 의사는 있는가?**(욕구조사)**

- 우리나라의 가정폭력률은 얼마나 되는가?**(실태조사)**
- 우리나라 성인들의 자원봉사율은 얼마나 되는가?**(실태조사)**
- 우리나라 성인들의 음주와 도박실태는 어떠한가?**(실태조사)**
- 우리나라 청소년들의 비행률과 가출실태는 어떠한가?**(실태조사)**
- 우리나라 청소년들이나 노인들의 우울·스트레스 수준은 어떠한가?**(실태조사)**
- 우리나라 부부들의 만족도는 어느 수준인가?**(실태조사)**
- 대통령의 국정수행에 대한 우리나라 국민들의 지지도는 어느 수준인가?**(실태조사)**

- 우리나라 부부폭력의 요인은 무엇인가?**(요인조사)**
- 스트레스는 부부폭력의 요인인가?**(인과관계 조사)**
- 우리나라 사람들이 자원봉사를 하는 이유(동기)는 무엇인가?**(요인조사)**
- 우리나라 사람들의 음주와 도박의 원인은 무엇인가?**(요인조사)**
- 우리나라 청소년들의 비행과 가출의 원인은 무엇인가?**(요인조사)**
- 체벌은 비행의 요인인가?**(인과관계 조사)**
- 우리나라 청소년들이나 노인들의 우울·스트레스의 요인은 무엇인가?**(요인조사)**

- 프로그램에 만족하는가?**(프로그램 효과 조사)**
- 프로그램 참여 이후 변화한 것은 무엇인가?**(프로그램 효과 조사)**
- 프로그램에서 도움이 된 것은 어떤 것인가?**(프로그램 효과 조사)**

욕구나 실태를 파악하기 위해서는 모집단을 대표하는 대규모의 표본을 필요로 하고, 이 표본들에 대하여 동일한 형태의 구조화된 설문지가 필요하다.

또한 개인 차원의 조사가 아닌 이론을 검증하거나 개발하기 위해서도 대규모 표본이 필요하다. 왜냐하면 이론은 (경험적) 일반화의 과정을 거치기 때문이다. 따라서 실태를 파악하거나 이론을 검증·개발하기 위해서는 설문조사가 필요하다. 프로그램 효과에 대한 조사는 프로그램 참여자를 대상으로 조사하는데 표본의 크기는 소규모로 이루어지는 경우가 일반적이다.

2. 설문조사의 방법 및 분석 : 설문조사는 어떻게 하고, 결과는 어떻게 분석하는가?

설문조사는 ① 연구주제를 설정하고, ② (필요한 경우) 가설을 설정하고, ③ 개념화·조작화 과정을 거쳐 설문지를 개발하고, ④ 조사대상자를 선정하고, ⑤ 여러 자료수집방법을 활용하여 조사를 하고, 그 결과는 ⑥ 통계분석을 통해 확인한다. 이러한 과정 가운데 ①~④의 과정은 앞에서 모두 살펴보았고, ⑥ 통계분석은 조사에서 독립하여 다른 과목(예 자료분석론)으로 운영되므로, 여기서는 ⑤ 자료수집방법을 중심으로 다루고자 한다.

설문조사의 자료수집방법은 크게 두 가지로 구분이 되고, 보다 세부적으로 다섯 가지로 구분해 볼 수 있다. 조사원이 면접(interview)을 하여 조사하는 면접조사와 응답자가 설문지에 직접 응답을 기입하는(self-administered) 자기기입식 조사로 구분할 수 있다. 면접조사는 대면(직접) 면접조사와 전화 면접조사로 나뉘고, 자기기입식 조사는 방문하여 이루어지는 방문조사와 우편을 통해 이루어지는 우편조사 및 인터넷을 활용하는 인터넷 조사로 나뉜다.

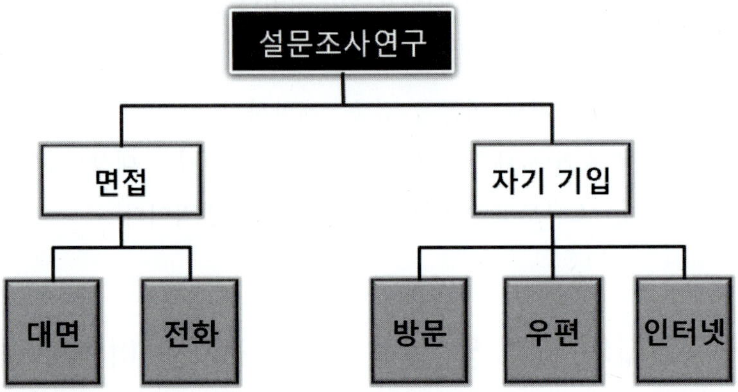

❙그림 8-2❙ 설문조사의 자료수집방법

(1) 면접조사

면접조사는 조사자가 응답자에게 설문지의 질문을 읽어주고 응답자의 대답을 기록하는 방식으로 조사를 하는 것으로 대면 면접조사(in-person interviewing)와 전화 면접조사(telephone interviewing)가 있다. 면접조사는 비용이 많이 들지만 많은 장점을 가지고 있기 때문에 연구자가 선호하는 자료수집방법이다. 면접조사는 면접원이 조사과정에서 응답자들로 하여금 보다 적극적으로 조사에 참여하도록 할 수 있고, 응답자가 의문을 가지고 있는 질문에 대답할 수도 있으며, 응답의 뜻을 명확하게 확인할 수 있는 장점이 있다(Frey & Oishi, 1995). 면접원이 존재함으로써 "모르겠다"와 "무응답"을 줄일 수 있음은 물론 응답자의 정확한 응답을 얻을 수 있다. 응답자가 모르겠다거나 응답하기 어렵다고 하게 되면 면접원이 보다 심층적으로 질문하거나 질문에 대한 부연설명을 통해 응답자의 의견을 이끌어 낼 수 있기 때문이다. 복잡한 주제에 대해서도 면접원이 응답자의 이해를 도울 수 있는 설명을 통해 응답자가 자신의 생각을 정리하여 밝힐 수 있도록 할 수 있기 때문에, 또한 면접원이 응답자를 관찰할 수 있기 때문에(대면 면접조사인 경우) 보다 정확한 응답을 얻을 수 있다.

① **대면 면접조사**(in-person interviewing)

대면 면접조사는 앞에서 언급했듯이 면접원의 존재로 인해 신뢰성과 타당성이 높은 조사를 할 수 있다. 또한 응답률이 비교적 높다. 응답률이 높다는 것은 표본으로부터 조사된 결과가 모집단을 대표하는 데 유리하다는 것을 의미한다. 바람직하기는 표본으로 추출된 조사대상이 100% 조사되는 것이지만 현실적으로는 거의 그렇지 못하기 때문이다. 그러나 대면 면접조사의 경우 조사설계를 잘하여 시행하면 80~85%의 응답률을 얻을 수 있다. 미국의 경우 연방정부에서 지원하는 조사에서는 이러한 정도의 응답률을 요구하는 경우가 많다(Rubin & Babbie, 1997).

대면 면접조사는 이와 같은 장점과 아울러 몇 가지 단점도 가지고 있다. 조사원을 활용하고, 직접 방문하여 조사하기 때문에 비용이 많이 든다. 또한 조사자가 면접원의 면접과정을 일일이 관찰하지 못하기 때문에 면접과정을 통제하기 어렵다. 다시 말해서, 조사가 면접원으로 인해 영향받는 것을 통제하기 어렵다는 것이다. 따라서 대면 면접조사에서는 조사에 면접원의 요인이 개입되지 않도록 하는 것이 매우 중요하다. 이를 위해서는 면접지침을 명확하게 규정하고 면접원이 이 지침을 따를 수 있도록 해야 한다.

다음은 ○○조사기관에서 사용하는 면접원 지침서를 수정・보완한 내용이다.

❶ 응답자에 대한 동기부여

대면 면접조사는 조사대상자(respondent)와 얼굴을 맞대고 상호작용을 하면서 필요한 자료를 수집하는 것으로, 면접의 성패는 조사대상자가 면접에 적극적으로 응하도록 할 수 있느냐 없느냐 하는 것이다.

이를 위해서는

첫째, 조사대상자로 하여금 면접에 응하겠다는 협조, 동의를 받아야 하며,

둘째, 조사가 매우 중요하고, 보람 있는 일이라는 것을 인식시켜 응답자가 정직하게 대답을 할 수 있도록 해야 하며

셋째, 응답자의 마음속에 있을 수 있는 면접의 장애요인들을 파악하여 이것을 극복해야 한다(예를 들면, 면접목적에 대한 의심이나 질문이 어려워 대답을 못하는 것 등).

❷ 면접 준비물 확인

조사에 필요한 물품, 예를 들어 설문지, 보기카드, 필기구, 조사대상자 할당표, 응답자 선물 등이 갖추어져 있는지 확인한다.

❸ 자기 소개하기

첫째, 면접원 자신의 신분을 먼저 밝히고, 소속기관의 기능을 설명해서, 응답자로 하여금 관심을 갖도록 하는 것이 중요하다. “안녕하세요. 저는 ○○연구소에서 나온 면접원 ○○입니다....”

둘째, 방문목적을 명확하게 설명하고, 면접을 해야 하는 이유를 이해시켜 면접에 협조할 수 있도록 유도해야 한다.

❹ 태도와 복장

► 정직하고 성실한 인상을 줘야 한다.
► 항상 중립적/객관적이어야 한다.
► 반드시 존댓말을 쓰며, 겸손해야 한다.
► 응답자의 반응을 존중하고 성실해야 한다.
► 응답자와 친밀한 유대관계를 형성해야 한다.
► 복장을 단정히 해야 한다. 복장이 지나치게 화려하거나 특수해서는 안 된다.
► 지나친 화장이나 액세서리는 하지 말아야 한다.

❺ 조사방식 유의사항

► 설문지를 맡기거나 응답자가 직접 기록하게 해서는 안 된다.
► 한 장소에서 여러 명을 함께 면접해서는 안 된다.
► 전화로 면접해서는 안 된다.
► 표본으로 선정된 사람들을 대상으로 면접해야 한다. 상가, 비디오가게, 슈퍼마켓 등에서 모여 있는 사람들을 대상으로 면접하면 안 된다.
► 3개월 이내에 유사한 내용의 설문경험이 있는 사람을 면접해서는 안 된다.

❻ 면접과정 유의사항

► 면접원이 면접하기 전 설문지에 대해 완전히 숙지해야 한다.
► 면접이 시작되는 시간을 기록한다.
► 설문지나 보기카드를 면접 전에 응답자가 미리 넘겨보지 않도록 한다.
► 모든 문항은 설문지에 있는 그대로 질문해야 한다. 순서를 바꾸어 질문하거나 요약해서는 안 된다.
► 보기카드는 빠짐없이 보여주어야 한다.
► 보기카드에 낙서나 메모를 해두어서는 안 된다.
► 응답자가 설문지를 읽거나, 응답내용을 기록하게 해서는 안 된다.
► 응답된 모든 단어를 그대로 기록해야 한다.
► “모르겠다”라고 응답한 경우, 그대로 넘어가지 말고 재차 질문해서 유효응답을 얻어내도록 해야 한다.

- ► 개방형 질문의 경우 불명확한 용어나 구체적이지 못한 응답을 하는 경우가 많으므로, 충분히 생각할 수 있는 시간을 주거나, 캐어묻기(probing)를 해서 질문에 맞는 응답을 받아야 한다.
- ► 면접이 완료되면, 응답자의 양해를 구하고, 응답내용의 빠진 곳이나, 잘못 기록한 것이 없는지 전체적으로 재점검해야 한다.
- ► 설문지 검토가 끝나면, 면접종료 시간 및 소요시간, 응답자 이름, 주소, 전화번호 등을 기재하여야 한다. 이때, 응답자가 응답자 정보에 관해 거부하는 경우가 많은데 응답내용은 어떠한 다른 목적으로도 절대 사용되지 않는다는 점과 검증을 위한 것이라는 설명을 한다.

❼ 응답 기록하기

- ► 설문지의 기록은 꼭 볼펜 등 지울 수 없는 것으로 기재한다.
- ► 응답내용은 최대한 빨리 빠짐없이 기록하도록 하며, 다른 사람이 읽을 수 있어야 한다.
- ► 응답내용을 마음대로 수정해서는 안 된다.
- ► 응답 이외에 제안이나 의견이 있는 경우에는 반드시 기록해 둔다.

② **전화 면접조사**(telephone interviewing)

전화조사는 대면 면접조사에 비하여 비용이 적게 들고, 신속하게 조사를 할 수 있으며 연구자가 면접원의 조사과정을 관찰할 수 있기 때문에 조사통제가 용이하여 많이 사용되고 있는 자료수집방법이다. 전화조사 또한 일반적으로 응답률이 높아서 선정된 표본에 근접한 응답자를 확보할 수 있으므로 대표성 확보가 용이하다(Frey & Oishi, 1995). 최근에는 전산의 발달에 따라 컴퓨터보조시스템(CATI : Computer-Assissted Telephone Interviewing)[1)]이 개발되어 운영되면서 조사에서 분석까지 더욱 신속하게 처리할 수 있게 되어 신속성이라는 전화 면접조사의 장점이 더 확대되고 있다.

전화 면접조사는 이러한 장점도 있지만 몇 가지 단점도 있다. 지금은 RDD (Random Digit Dialing)시스템으로 해결되었지만 전화번호부에서 표본을 추출하여 조사를 진행하던 최근까지 전화번호부에 등재되지 않았거나 전화가 없는

1) CATI는 RDD를 통해 전화가 연결되면 컴퓨터 화면에 인사말과 설문이 나타나고, 응답받은 것을 곧바로 면접원이 컴퓨터에 입력할 수 있도록 되어 있는 시스템이다. 설문과 보기가 하나씩 나타나는데 응답을 입력하면 바로 다음으로 넘어가게 되어 있다. 이렇게 응답이 입력되어 중앙컴퓨터로 보내지기 때문에 중앙컴퓨터에 의해 통계처리가 곧바로 이루어진다.

사람들이 조사에서 배제되는 문제가 있었다. 최근에는 휴대전화가 급속하게 보급되면서 집전화기에 의존했던 전화 면접조사는 조사대상자에 대한 접근성이 더욱 떨어지게 되었다. 따라서 대표성의 문제가 야기되기 쉽다.[2)] 그러나 RDD시스템이 개발되면서 조사대상자의 접근성 문제는 해결되고 있다. RDD는 전화번호부를 무작위로 뽑아서 연결해 주는 전산 프로그램이다. 그러나 아직도 집전화를 통한 조사와 휴대전화를 통한 조사를 통합해서 분석하는 것과 관련해서는 논란이 있다. 다음으로는 전화를 통해서 조사가 이루어지기 때문에 설문의 보기가 너무 많아서는 안 되고, 문항 수도 많아서는 안 된다. 응답자가 불러준 보기를 기억에 의존해서 답해야 하기 때문에 보기가 많으면 비교해서 응답하기 쉽지 않기 때문이다. 또한 면접이 이루어진다는 점에서는 대면 면접조사와 전화 면접조사가 같지만 전화 면접조사는 직접 만나서 조사가 이루지는 것이 아니기 때문에 응답자가 조사에 집중하도록 하는 것이 대면 면접조사보다 더 어렵다.

전화 면접조사에서도 면접원에 대한 지침은 매우 중요한데 다음은 ○○조사기관에서 사용하는 지침의 일부를 발췌해서 수정·보완한 내용이다.

- 전화를 걸었을 경우 대부분의 사람들이 면접원의 목소리와 태도에 따라 조사 승낙을 결정한다. 따라서 면접원은 어떤 경우에라도 상냥함과 친절함을 유지해야 한다.
- 시작 시 '안녕하세요'라고 반드시 인사하고 설문지 서두의 인사말(조사목적)을 숙지하여 모든 응답자에게 똑같이 말해준다.
- 어떻게 해서 우리집을 알게 되었는지 물으면 '정해진 인원에 따라 전화번호부에서 일정 간격으로 전화를 걸고 있는데 마침 선생님 댁에 전화가 걸리게 되었습니다'라는 방식으로 사전 정보를 가지고 있지 않음을 알려 응답자가 안심할 수 있게 한다.
- 연세 있으신 분들의 경우 설문에 들어가기 이전에 나는 무식해서 잘 모른다고 거부하는 경우가 많은데, 그럴 경우 '제가 여쭈어 보는 질문과 보기 내용에 따라 생각대로 응답해 주시면 됩니다'라는 방식으로 조사에 참여하도록 권유한다.
- 바빠서 못하겠다고 하면, 정중하게 한 번 더 요청하고, 그래도 안 되겠다고 하는 경우에는 '실례했습니다'라고 인사하고 전화를 끊는다.
- 조사를 승낙하면 감사의 표현을 하고 질문에 들어간다.
- 응답자에 대한 호칭을 적절하게 구사한다(예 선생님, 귀하, 본인 등).

2) 위에서는 응답률이 높아서 대표성이 좋다고 기술하였는데, 거기서 응답률이 높다는 것은 전화가 연결되었을 때를 말하는 것이고, 여기서는 조사대상자에 대한 접촉을 의미하는 것이다.

〈표 8-1〉 대면 면접조사와 전화 면접조사의 비교(Frey & Oishi, 1995)

<table>
<tr><th colspan="2" rowspan="2">자료의 질과 관련된 이슈들</th><th colspan="2">보다 장점이 되는 조사유형</th><th rowspan="2">설 명</th></tr>
<tr><th>대면 면접조사</th><th>전화 면접조사</th></tr>
<tr><td rowspan="3">계획 수행</td><td>비 용</td><td></td><td>○</td><td rowspan="3">전화 면접조사가 비용, 인력, 시간 면에서 가장 강점을 가지고 있음</td></tr>
<tr><td>인 력</td><td></td><td>○</td></tr>
<tr><td>시 간</td><td></td><td>○</td></tr>
<tr><td rowspan="3">표 본</td><td>표본 일치도[3)]</td><td>○</td><td></td><td>두 조사 모두 강점을 가지고 있으나 몇몇 하위 모집단에서 대면조사가 더 강점을 가지고 있음</td></tr>
<tr><td>응답률</td><td>○</td><td></td><td></td></tr>
<tr><td>익명성</td><td></td><td>○</td><td>두 조사 모두 익명성을 충분히 보장하고 있지는 않지만 전화조사가 보다 강점을 가지고 있음</td></tr>
<tr><td rowspan="4">면접원</td><td>면접원 영향</td><td></td><td>○</td><td>전화조사가 면접원을 통제하는 데 유리함</td></tr>
<tr><td>명확성</td><td>○</td><td></td><td rowspan="2">대면조사에서 면접원이 추가적인 질문 등을 하고 정확한 답을 이끌어 내는 데 더 유리함</td></tr>
<tr><td>추가정보 확보</td><td>○</td><td></td></tr>
<tr><td>시각적 보조자료 활용</td><td>○</td><td></td><td></td></tr>
<tr><td rowspan="2">질 문</td><td>민감한 질문</td><td>○</td><td></td><td>대면조사가 더 유리한 것으로 알려져 있으나 그 이유는 밝혀지지 않았음</td></tr>
<tr><td>개방형 질문</td><td>○</td><td></td><td></td></tr>
<tr><td rowspan="2">응 답</td><td>응답누락</td><td>○</td><td>○</td><td>두 조사 모두 응답누락이 별로 일어나지 않음</td></tr>
<tr><td>사회적 바람직성에 의한 응답</td><td></td><td>○</td><td>사회적 바람직성과 관련한 질문에서 직접 대면하는 것보다 전화조사에서 더 솔직하게 응답</td></tr>
<tr><td>질문지</td><td>문항수가 많은 설문</td><td>○</td><td></td><td>대면조사는 관계형성에 더 유리하여 문항수가 많은 설문에 더 유리함</td></tr>
</table>

3) 표본 일치도란 선정된 표본과 실제 조사된 응답자의 일치도를 의미한다.

(2) 자기기입식 설문조사(survey by self-administered questionaire)

자기기입식 설문조사는 응답자가 설문지를 보고 직접 응답을 작성하는 설문조사를 말한다. 자기기입식 설문조사의 대표적인 형태는 우편조사이지만 경우에 따라서 가정으로 방문하여 설문지를 전달하고 작성하도록 놓아두고 뒤에 다시 방문해서 회수하기도 한다. 혹은 우편조사와 방문조사를 겸해서 하기도 한다. 우편으로 보내고 방문해서 회수하기도 하고, 방문해서 설문지를 전달하고 우편으로 회수하기도 한다. 그런 점에서 우편조사와 방문조사는 매우 유사하다고 할 수 있다. 최근에는 인터넷이 보급되면서 온라인으로 설문을 보내고 온라인으로 회수하는 조사도 늘어나고 있다.

① 우편조사(mail survey)

우편조사는 ❶ 설문지와 ❷ 설문지에 대한 설명과 작성·반송을 요청하는 편지 및 ❸ (우표가 붙은) 반송용 봉투를 함께 넣어서 우편으로 보내고, 반송용 봉투를 이용하여 회수하는 조사방법이다. 우편조사는 다른 자료수집 방법에 비해 익명성이 높고, 많은 양의 질문이 가능하다는 장점을 가지고 있다. 익명성이 높다는 것은 민감한 질문에 대한 응답률이 높고, 사회적 바람직성에 의한 응답은 낮다는 것을 의미한다. 따라서 조사내용에 대해 비교적 솔직한 응답을 얻을 수 있다.

그러나 우편조사는 회수율이 낮다는 약점을 가지고 있다. 이것은 점점 더 심화되고 있는데 인터넷과 휴대전화의 발달로 우편문화가 사라지고 있기 때문이다. 이러한 현상은 인터넷과 휴대전화 사용이 급격히 증가하는 우리나라에서 더 그렇다. 필자의 경험에 의하면 일반인을 대상으로 한 우편조사에서 회수율은 15%를 넘지 못했다. 회수율이 낮다는 것은 조사된 응답자와 선정된 표본 간의 일치도가 낮다는 것을 의미하고, 이것은 조사된 응답자가 모집단의 대표성을 확보하지 못한다는 것과 같은 뜻이다. 그렇게 되면 조사결과를 모집단의 결과로 일반화하는 데 어려움을 갖게 된다. 따라서 최근의 우편조사는 일반인보다는 이해관계를 가지고 있는 특정 집단을 대상으로 조사할 때 활용가능하게 되었다. Rubin과 Babbie(1997)는 수용할 수 있는 회수율로 50% 이상(60%는 좋고, 70% 이상은 매우 좋음)은 되어야 한다고 제시하고 있다.

우편조사의 회수율을 높이기 위해 다양한 방법이 이용되고 있는데, 대표적인 것이 확인 설문지를 발송하는 것과 답례품을 적절하게 활용하는 것이다. 확인 설문지 발송은 비응답자에게 재차 설문에 대한 요청문과 함께 설문지를 추가로 보내주는 것이다. 확인 설문지는 보통 2~3주 만에 보내는데 그동안 설문지를 분실했을 가능성이 높기 때문이다. 확인 설문지를 잘 활용해도 회수율을 많이 높일 수 있다. 확인 설문지는 2주 간격으로 보통 2~3회 발송한다. 하와이대학교 설문조사연구소에서 이러한 방식으로 세밀하게 우편조사를 실시한 결과 설문지를 발송한 지 2주 안에 40%가 회수되고, 1차 확인 설문지를 보낸 뒤 다시 2주 안에 20%가, 2차 확인 설문지를 보낸 뒤 2주 후에 10%가 추가로 회수되었다고 한다(Rubin & Babbie, 2008). 확인 설문지와 함께 답례품을 적절하게 활용한다면 회수율을 높일 수 있을 것이다.

또한 우편조사는 일단 발송이 되면 조사과정에 대한 통제를 하기 어렵다는 점과 그로 인한 무작위 오차(random errors)의 개입 가능성이 높다는 약점도 가지고 있다. 우편으로 발송하고 우편으로 회수하기 때문에 표본으로 선정된 조사대상자가 응답을 했는지 확인하기 어렵고, 응답을 여러 차례 나누어서 함으로써 응답자 상황이 바뀌기도 하고, 질문에 대한 의문이 생겨도 확인하기 어려워 정확한 의미파악을 토대로 응답하지 못할 수도 있으며 무응답이 많이 발생할 수도 있다.

② 방문조사(distribution & self-administration survey)

자기기입식 방문조사는 조사원이 조사대상자를 방문해서 설문지를 전달하고 작성하도록 한 다음 다시 방문해서 회수하는 것이다. 이것은 대면 면접조사와 우편조사와 유사한 점이 있다. 조사원이 방문을 해서 조사대상자를 접촉하는 것이 대면 면접조사와 같고, 조사대상자가 설문을 작성하도록 하는 점에서는 우편조사와 같다. 따라서 두 조사의 장단점도 공유하고 있다고 할 수 있다. 방문조사는 우편조사에 비해 응답자의 응답내용을 검토할 수 있어서 무응답이나 잘 모르겠다는 응답을 줄일 수 있는 장점이 있다. 그러나 우편조사에 비해 비용이 많이 들고 익명성이 떨어지는 약점이 있다. 방문조사는 대면 면접조사에 비해 시간이 덜 소요되고, 익명성이 조금 더 보장되어 사회적 바람직성에 의한 대답의 가능성이 낮으나 조사내용을 명확하게 하거나 추가적인 질문(probing)을 할 수 없다는 단점이 있다. 방문조사도 대면 면접조사와 같이 조사원의 태도와 자세 및 복장 등이 중요하다. 그 점은 대면 면접조사 지침을 원용하면 될 것이다.

③ **인터넷 조사**(online survey)

인터넷 조사는 크게 온라인을 통해 설문지를 발송하고 회수받는 것과, 설문지를 특정 사이트(site)에 올려놓고 설문지에 응답하도록 하는 방식으로 구분된다. 인터넷 조사는 인터넷 보급이 확산되면서 활용되기 시작하여 활용이 급격하게 늘어나고 있다. 온라인을 통해 설문지를 발송하고 회수받는 것은 우편조사와 유사하다. 그러나 설문지를 주고받는 것이 우편조사보다 훨씬 간단하기 때문에 비용이 적게 들고, 회수율도 더 높다. 그러나 우편조사가 가지고 있는 단점을 모두 극복한 것은 아니고 여전히 동일한 문제점을 가지고 있다. 특히 우리나라 인터넷 보급률이 매우 높다고 하나 인터넷을 접하지 못하거나 하지 않는 사람들도 많기 때문에 표본에 대한 접근성이 아직까지는 낮은 편이다. 설문지를 특정 사이트에 올려서 조사하는 방식은 모집단에 대한 대표성이 매우 떨어지기 때문에 인터넷 조사를 통해서 의미 있는 조사를 하기에는 한계가 많다.

3. 설문조사에서 유의할 점은 무엇인가?

설문조사는 설문지를 개발하여 대부분 대규모 표본을 대상으로 조사가 이루어진다. 따라서 조사의 오차가 개입할 여지가 매우 많다. 먼저 설문지가 타당도와 신뢰도를 확보하고 있어야 한다. 조사에서 타당도와 신뢰도라 함은 보통 '척도'의 형태로 되어 있는 것을 검증하는 것으로 이해된다. 그러나 학문적인 연구, 즉 이론의 개발이나 검증을 위한 연구가 아닌 사회복지실천현장에서의 연구는 척도형 질문이 아닌 질문들도 매우 많이 활용된다. 척도형 질문이 아닌 경우에는 거의 대부분 타당도와 신뢰도 검증이 이루어지고 있지 않다. 따라서 척도형 질문뿐만 아니라 일반 질문에서도 타당도와 신뢰도를 확보하려는 노력이 요구된다. 다음으로 조사대상자를 선정함에 있어서 확률적 표본추출을 활용하는 것이다. 그러나 현실적으로 완벽한 확률적 표본추출을 하는 것은 매우 어려운 일이다. 모집난 리스트를 확보하는 것도 어렵고, 확보를 한다고 해도 접근성의 문제로 인해 확률적 표본추출에 따라 선정된 조사대상자를 조사하는 것도 쉽지 않다. 또한 조사원의 능력 차이도 많은 비표집 오차를 발생시킨다. 따라서 조사과정에서 발생할 수 있는 오차를 어느 정도 통제할 수 있느냐가 보다 정확한 조사를 할 수 있는 관건이 된다. 마지막으로 조사결과를 해석할 때, 표집 오차를 고려하는 것이다. 모집단이 대규모의 무한집단이라고 가정하는 경우 1,000명을 조사하는 경우 표집 오차는 약 ±3.2가 된다. 이것은 표집에 따라 결과가 최대 6.4%만큼 차이가 날 수 있다는 것이다. 따라서 설문조사의 결과를 해석할 때는 반드시 오차를 고려해야 한다.

chapter 09

실험연구(Experiment) : 실험연구는 무엇이고 어떻게 하는 것인가?

Key point

실험연구는 사회복지에서 주로 사회복지실천(개입, 프로그램, 사업 등)의 효과성을 분석하기 위해 활용되는 조사연구로서 그 중요성이 점점 더 커지고 있다. 효과성을 어떻게 확인할 수 있을까를 생각해 보기 바란다.

학습목표 질문

1. 실험연구는 무엇인가?
2. 실험연구는 왜 필요한가?
3. 실험연구는 어떤 것들이 있는가?
4. 실험연구는 어떻게 하는가?
5. 집단실험설계와 단일사례설계는 무엇이며 어떻게 다른가?

1. 실험연구의 개념과 필요성 : 실험연구는 무엇이고 왜 필요한가?

1) 실험연구는 무엇인가?

실험연구는 실험을 통해서 필요한 정보를 얻는 조사연구이다. 앞에서도 언급했듯이 사회복지를 위해 필요한 정보는 크게 ❶ 설문지를 통해 묻는 방식으로 얻거나, ❷ 실험을 통해서 얻거나, ❸ 관찰과 면접을 통해서 얻는다. 설문지를 통해 묻는 방식으로 정보를 얻는 것을 앞에서 살펴본 바와 같이 **설문**

조사연구라고 한다면, 실험을 통해서 정보를 얻는 것을 **실험연구**라고 한다. 사회복지에서 실험연구의 실험은 주로 **프로그램**이나 **개입**을 의미한다. 즉, 프로그램을 운영하거나 개입을 하면서 필요한 정보를 얻는 것이다. 사회복지 실험연구에서 필요한 정보는 주로 프로그램이나 개입의 **효과성**이다.

2) 실험연구는 왜 필요한가?

실험연구는 최근에 사회과학, 특히 사회복지분야에서 많이 수행되고 있고, 급격히 늘어나고 있다. 사회복지분야에서 책임성과 전문성에 대한 관심과 요구가 높아지면서 이에 대처하기 위해 실험연구가 많이 활용되고 있다. 사회복지를 구현하기 위한 주요한 접근방법은 사회복지정책과 사회복지실천이다.[1)] 그리고 사회복지실천의 주요 수단은 개입(intervention)과 프로그램(program)이다. 따라서 사회복지실천의 책임성을 확보하기 위해서는 개입이나 프로그램의 효과성을 검증해야 한다. 이러한 개입이나 프로그램의 효과성을 검증[2)]하기 위해 가장 적합한 조사연구 방법이 실험연구이다. 물론 실험연구는 이론을 검증하거나 욕구를 파악하기 위해서도 일부 사용되긴 하지만 주된 목적은 프로그램과 개입의 효과성을 밝히는 것이다.

그림 9-1 실험연구의 목적

1) 사회복지행정은 정책과 실천이 운영되는 체계를 의미하므로 여기서는 제외하였다.

2) 프로그램이나 개입의 효과성을 검증한다는 것은 기존 프로그램의 효과성을 확보하는 것과 아울러 새로운 프로그램을 개발하는 데도 활용한다는 것을 의미한다.

개입이나 프로그램의 효과성을 측정하기 위해서는 개입이나 프로그램을 적용하고 얼마나 효과가 있는지 알아보아야 한다. 따라서 이에 가장 적합한 연구방법은 실험연구가 된다. 실험을 통해 실험의 효과를 파악하는 것이 실험연구이기 때문에 실험으로써 개입이나 프로그램을 운영하고 개입이나 프로그램의 효과를 파악하는 것이다. 따라서 사회복지에서 실험연구는 실험집단과 통제집단[3)]을 구성하여 실험집단에는 실험내용인 개입이나 프로그램을 적용하고, 그 결과를 통하여 개입이나 프로그램의 효과성을 측정·검증하거나, 개입이나 프로그램을 개발하는 것이다.

2. 실험연구의 유형 및 수행과정 : 실험연구는 어떤 것들이 있고, 어떻게 수행하는 것인가?

1) 실험연구에는 어떤 것들이 있는가?

실험연구를 위한 방법들이 다양하게 개발되어 적용되는데, 이것은 프로그램이나 개입의 효과성을 밝히는 것이 그만큼 까다롭고 해결해야 할 과제가 많다는 것을 의미한다. 실험연구에는 크게 집단실험설계와 단일사례설계가 있다. 집단실험설계에는 원시실험설계, 실험설계, 유사실험설계가 있고, 단일사례설계에는 단일사례 단일요소설계인 AB, ABAB설계, 복수사례 단일요소설계인 다중기초선 설계, 단일사례 다중요소설계인 ABCD설계가 있다.

3) 통제집단이란 실험집단과 비교하기 위해 실험적 처치를 하지 않는 집단을 의미한다. 다른 말로 비교집단이라고 할 수 있다. 이러한 통제집단이 설정되지 않는 실험연구도 있다.

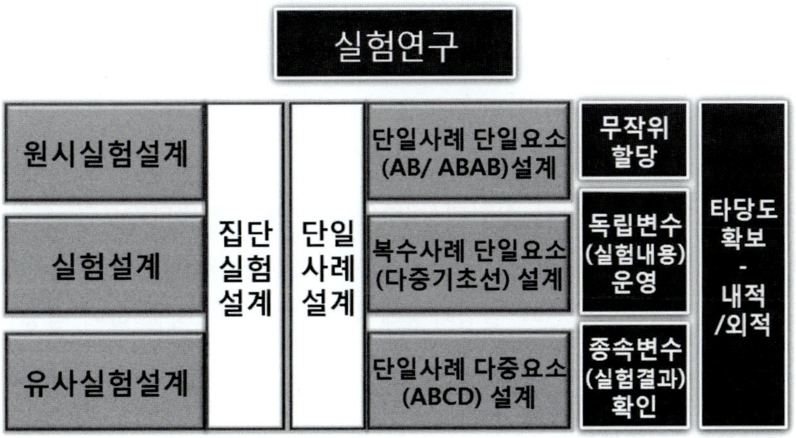

| 그림 9-2 | 실험연구 개괄

2) 실험연구는 어떻게 하고, 결과는 어떻게 분석하는가?

실험연구에서는 타당도를 확보하는 것이 무엇보다 중요하다. 그런데 타당도를 완벽하게 확보하는 것은 불가능하다. 따라서 타당도를 확보하기 위해 많은 실험연구 방법들이 개발되어 활용되고 있다. 그것은 크게 집단실험설계와 단일사례설계로 구분된다. **집단실험설계**로는 실험설계의 모습을 제대로 갖춘 것을 의미하는 ❶ 실험설계, 원시적인 형태의 ❷ 원시실험설계, 실험설계와 유사한 형태의 ❸ 유사실험설계로 구분된다. **단일사례설계**는 단일사례설계의 전형적인 형태인 ❶ 단일사례 단일요소설계인 AB설계와 ABAB설계, 이들을 보완한 형태인 ❷ 복수사례 단일요소설계인 다중기초선 설계, ❸ 단일사례 다중요소설계인 ABCD설계가 있다.

집단실험설계와 단일사례설계의 가장 큰 차이는 실험의 대상이 집단[4]이냐 혹은 단일사례[5]냐 라는 점이다. 집단인가 혹은 단일사례인가에 따라 실험의 모습이 달라진다. 집단인 경우 실험 전후[6] 검사의 차이를 바탕으로 실험의

4) 집단은 실험집단과 통제집단이 있다.

5) 단일사례는 하나의 구성원만 있는 사례를 의미하는 것은 아니다. 하나의 구성원만 있는 사례이거나, 여러 구성원으로 이루어졌다고 하더라도 그 집단을 하나의 사례로 인식하고 접근하면 단일사례가 된다.

효과성을 검증하는 데 반해, 단일사례는 하나의 사례를 대상으로 하기 때문에 실험 전후의 검사를 바탕으로 효과성을 검증하기에는 매우 큰 한계를 가진다. 이러한 한계로 인하여 단일사례는 실험 전과 실험과정에서 여러 차례 검사를 하여, 그것을 토대로 효과성 검증을 하게 된다. 따라서 집단실험설계와 단일사례설계는 단순히 실험대상 측면에서 차이가 있다기보다 실험설계 유형 측면에서 차이가 있으며, 그 차이의 내용은 실험 전후에 검사를 하여 검증을 하느냐 혹은 실험 전과 실험과정에서 여러 차례 검사를 하여 검증을 하느냐하는 것이다.[7]

실험연구의 수행과정은 다음 그림과 같다.

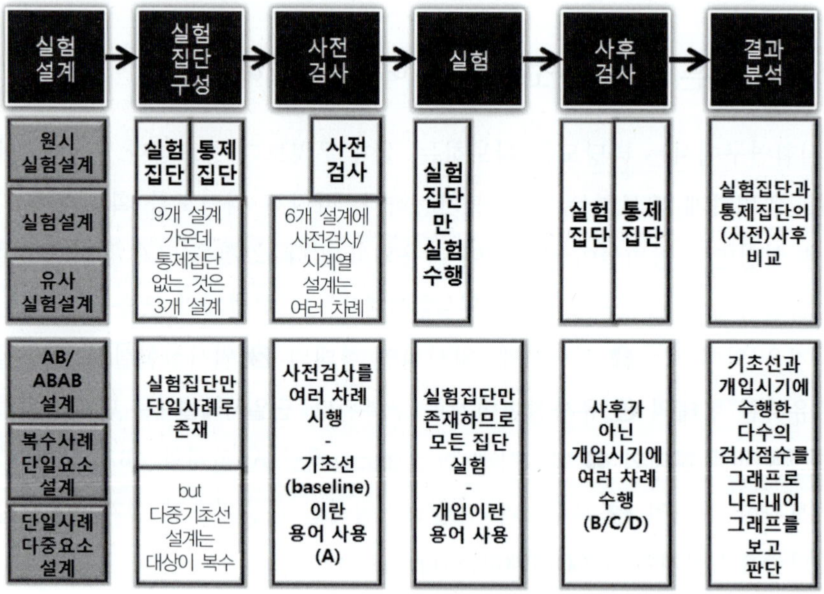

| 그림 9-3 | 실험연구의 수행과정

---

6) 모든 집단실험설계에서 실험 전후의 검사가 있는 것은 아니다.

7) 집단실험설계에는 사전에 여러 차례 검사를 하고 사후에 여러 차례 검사를 하는 설계도 있다.

실험연구를 수행하기 위해서는 가장 먼저 검증하고자 하는 실험내용, 즉 개입이나 프로그램이 있어야 한다. 실험연구에서는 이것이 연구주제이거나 연구문제이다. 개입이나 프로그램이 효과가 있는가라는 것이다. 이러한 연구주제나 연구문제를 해결하기 위해서 실험연구를 진행하고자 할 때, 첫 번째 과정은 실험집단을 구성하는 것이다. 집단실험설계에서는 실험집단이 되고, 단일사례설계에서는 단일사례가 된다. 집단실험설계에서는 설계에 따라서 실험집단 외에 통제집단도 구성한다. 비교집단으로서 통제집단이 구성된다면 기본적으로는 실험집단과 통제집단이 차이가 없어야 한다. 이를 위해서는 실험집단과 통제집단에 무작위 할당을 하는 것이 필요한데, 사회복지에서는 사람을 대상으로 하는 실험이기 때문에 일반적으로 무작위 할당이 용이하지 못하다. 실험집단, 통제집단, 단일사례가 결정되었다면 다음으로 사전검사 혹은 기초선 조사를 한다. 집단실험설계에서는 사전검사를 하고 단일사례설계에서는 기초선 조사를 하는데 집단실험설계의 사전검사는 1회[8]를 시행하고, 단일사례설계의 기초선 조사는 여러 차례 시행을 한다. 사전검사나 기초선 검사가 끝나면 실험, 즉 개입이나 프로그램이 운영된다. 개입이나 프로그램의 실험은 실험집단－단일사례설계인 경우 사례－에 대해서 이루어진다. 집단실험설계에서는 개입이나 프로그램 중간에 측정을 하지 않고 종결한 후에 사후검사를 실시한다. 반면에 단일사례설계에서는 개입과정에서 주기적으로 검사를 시행한다. 개입이나 프로그램 등의 실험은 인과관계로 보면 독립변수, 즉 요인이 된다. 이에 대해 실험의 효과는 종속변수가 되는 것이다. 종결을 하게 되면 집단실험설계에서는 사후검사를 실시하고 결과분석을 하게 된다. 결과분석은 집단실험설계에서는 실험집단과 통제집단의 사전사후검사를 비교하는 방식으로 이루어지고, 단일사례설계는 기초선 조사와 개입과정에서 주기적으로 측정한 조사들을 비교하여 판단한다.

8) 집단실험설계의 사전검사와 사후검사가 각각 1회만 시행되는 것은 아니다. 시계열설계는 여러 차례 사전검사와 사후검사를 실시한다.

3. 집단실험설계와 단일사례설계란 무엇인가?

1) 집단실험설계

- 집단실험설계는 무엇인가?
- 집단실험설계에서 타당도는 무엇이고 왜 중요한가?
- 집단실험설계의 세부방법들은 어떤 것들이 있는가?
- 집단실험설계에서 유의할 점은 무엇인가?

(1) 집단실험설계는 무엇인가?

집단실험설계는 집단의 형태로 되어 있는 연구대상을 바탕으로 실험적 처치[9]의 효과성을 검증하는 실험적 방법이다.

(2) 집단실험설계에서 타당도는 무엇이고 왜 중요한가?

실험연구를 통하여 개입이나 프로그램의 효과를 정확하게 밝히는 정도를 타당도(validity)라고 한다. 예를 들어, 우울감소 프로그램의 효과를 검증하기 위하여 우울감소 프로그램을 실시하고 사전사후검사를 비교하여 우울이 낮아졌다면 그것이 우울감소 프로그램만의 효과라고 할 수 있는가라는 것이다. 혹시 우울감소 프로그램 이외의 다른 요소나 상황 때문에 나타난 효과가 아닌가를 따져보고, 최종적으로 프로그램의 효과라고 확신하는 정도를 타당도라고 한다. 따라서 실험연구에서 타당도를 확보하는 것은 매우 중요한 과제가 된다. 타당도에는 나타난 결과가 실험에 의한 것이라는 확신의 정도를 나타내는 **내적 타당도**(internal validity)와 실험으로 입증된 효과가 다른 모든 집단에서도 나타날 수 있다는 확신의 정도를 나타내는 **외적 타당도**(external validity)가 있다.

9) 사회복지에서 실험적 처치는 대부분 집단을 대상으로 하는 사회복지프로그램을 의미한다.

① 내적 타당도(internal validity)와 저해요인

내적 타당도는 실험을 하고 난 후 검사(사후검사)를 하였을 때 나타난 결과 점수가 순수하게 실험에 의한 것이라는 것을 확신하는 정도, 즉 인과관계에 관한 확신의 정도를 의미한다. 사회과학에서 실험 상황은 자연과학에서와는 달리 사람을 대상으로 하기 때문에 실험상황을 통제하는 것이 매우 어렵다. 자연과학에서의 실험은 일반적으로 외부의 영향이 차단된 실험실에서 실험적 처치의 영향을 측정하게 된다. 외부의 영향을 차단하고 실험을 하기 때문에 나타난 결과를 실험적 처치의 결과라고 판단하는 데 큰 어려움이 없다. 그러나 사회과학, 특히 사회복지에서의 실험은 인간을 대상으로 프로그램을 진행하거나 사회복지적 개입(intervention)을 하는 것을 의미한다. 프로그램이나 개입에 따라 다양하기는 하지만 일반적으로 주 1~2회 정도를 시행하게 된다. 실험에 참여하는 사람(피험자)들은 주 1~2회 실험에 참여하는 것 외에는 일상적인 생활을 한다. **이들 피험자들은 실험적 처치인 프로그램이나 개입의 영향을 받는 것 이외에 일상생활에서 다양한 영향을 받게 된다.** 사회과학에서의 실험은 피험자들이 외부의 영향을 받는 것을 통제하기가 매우 어렵다. **따라서 실험이 종결된 후 검사를 했을 때 그 검사결과가 실험으로 인한 것인지 혹은 다른 요인으로부터 영향을 받은 것인지 구별하는 것이 쉽지 않다.** 사회과학 실험의 이러한 특성으로 인해 실험을 수행한 후 그 결과가 실험으로 인한 것이라는 것을 밝히는 것이 매우 중요한 과업이다. 이러한 과업이 바로 내적 타당도를 확보하는 것이다. 그런데 이러한 내적 타당도를 위협하는 요인, 즉 실험 결과에 영향을 미칠 수 있는 실험 외적 요인들이 매우 다양하다. 따라서 이러한 내적 타당도를 위협하는 요인들을 잘 이해하고 통제하는 것은 실험연구에서 매우 중요한 과업이다.

여기서는 내적 타당도를 위협하는 요인들을 살펴보도록 한다.

1 성숙(maturation)

성숙은 실험의 대상 주제, 예를 들어 스트레스 감소 프로그램이라는 실험에서 스트레스가 **실험에 의하지 않고도 시간이 흐름에 따라 자연적으로 좋아지거**

나 나빠지는 것을 의미한다. 옛말에 '시간이 약이다'라고 했다. 이 말의 뜻은 무엇이든지 시간이 지나가면 나아진다는 것이다. 그러나 성숙효과가 상황이 항상 나아지는 것만을 의미하는 것은 아니다. 시간이 지남에 따라 자연스럽게 나빠지는 것도 포함해서 성숙효과라고 한다. 예를 들어, 치매 어르신들의 경우 시간의 흐름에 따라 치매가 악화될 수가 있는데 이때도 성숙효과가 개입한다고 한다. 성숙효과는 실험 외적으로 실험결과에 영향을 미쳐서, 그 결과가 실험으로 인한 결과라는 주장을 어렵게 만든다. 연구자는 실험의 주제가 실험에 참여하는 대상, 즉 피험자들에게 시간이 흐름에 따라 어떻게 나타날 수 있는지를 정밀하게 탐색하고, 성숙효과를 고려하여 실험결과를 파악하는 것이 필요하다.

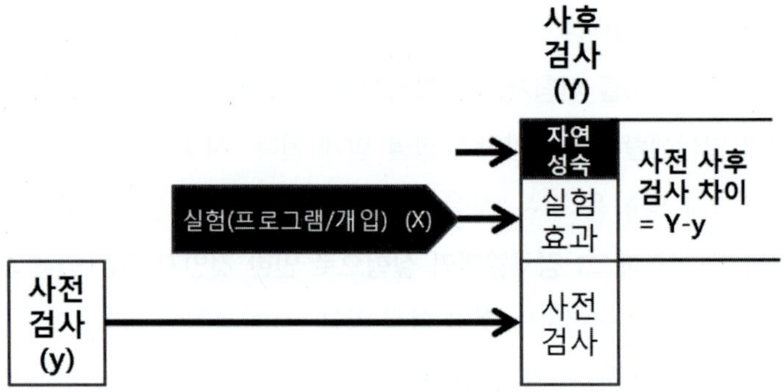

|그림 9-4| 실험에서 성숙의 영향

예 시	스트레스 감소 프로그램과 성숙효과

특정한 스트레스 사건발생으로 인하여 높은 스트레스를 경험한 사람들에게 스트레스 감소 프로그램을 실시하고 그 효과를 검증하고자 한다. 그런데 프로그램을 실시하지 않고 일정 기간 이 사람들의 스트레스 상황을 지켜볼 경우, 스트레스 사건이 재발하지만 않는다면 스트레스는 어느 정도 감소하게 된다. 따라서 스트레스 프로그램을 진행하기 전에 사전검사를 하고 프로그램을 종결하면서 사후검사를 실시하였을 때 사전점수와 사후점수 간의 차이에는 프로그램의 효과도 있지만 자연적으로 좋아진 효과도 포함되어 있을 것이다. 이러한 경우 성숙효과가 개입했다고 한다.

2 외부사건(history events)

외부사건은 실험에 참여하는 사람들이 실험 이외의 상황에서 실험결과에 영향을 받을 수 있는 특정한 사건을 경험하는 것을 의미한다. 이러한 사건은 국가·사회적인 것으로부터 개인적인 것에 이르기까지 다양하다.

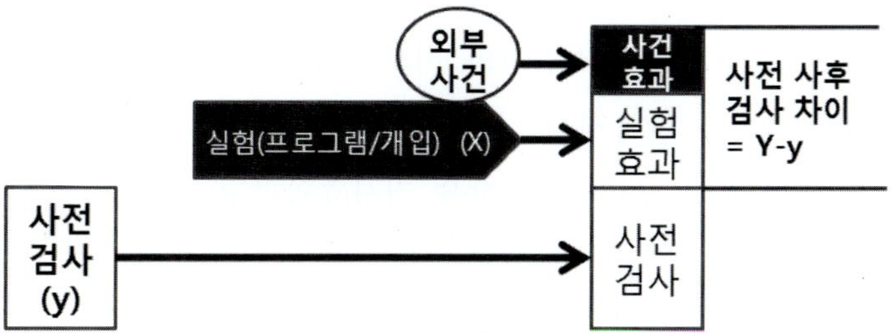

| 그림 9-5 | 실험에서 외부사건의 영향

예시 1	스트레스 감소 프로그램 진행 중에 월드컵 본선 진출 사건

스트레스 감소 프로그램의 효과를 검증하기 위해 사전검사를 하고 프로그램을 진행하는 중에 우리나라 축구대표팀이 월드컵 본선에 진출했다. 프로그램에 참여한 사람들은 우리나라 월드컵 대표팀의 본선 진출 소식을 접하고 스트레스가 많이 해소되었을 것이다. 그런 상황에서 프로그램 종결이 되고 사후검사를 실시하면 프로그램 효과보다 더 많은 스트레스 감소가 이루어질 수 있다. 이러한 경우를 외부사건의 효과가 개입했다고 한다.

예시 2	스트레스 감소 프로그램 진행 중에 승진이나 복권 당첨

스트레스 감소 프로그램의 효과를 검증하기 위해 사전검사를 하고 프로그램을 진행하는 중에 프로그램 참가자 가운데 한 사람은 승진을 하였고, 다른 한 사람은 복권에 당첨되었다. 이들이 그런 경험을 한 후 얼마 지나지 않아 종결이 이루어지고 사후검사를 하였다면 역시 스트레스 감소 프로그램의 효과보다 더 크게 스트레스 감소가 이루어졌을 것이다. 역시 이러한 경우를 외부사건의 효과가 개입했다고 한다.

③ **검사(testing)**

검사효과는 실험 전 검사(사전검사)가 실험 후 검사(사후검사)에 영향을 미치는 것을 의미한다. 따라서 여기에서의 검사는 실험 전에 하는 사전검사를 뜻하는 것이다. 일반적으로 실험의 효과를 파악하기 위해 실험 전후에 검사를 실시하여 사전검사와 사후검사를 비교하게 되는데, 이때 사용하는 검사는 대부분 동일한 것이다. 그래야만 사전검사와 사후검사를 비교할 수 있기 때문이다. 그런데 동일한 검사를 반복해서 시행하게 되면 앞의 검사가 뒤의 검사에 영향을 미치게 된다. 바로 이러한 영향을 검사효과라고 한다.

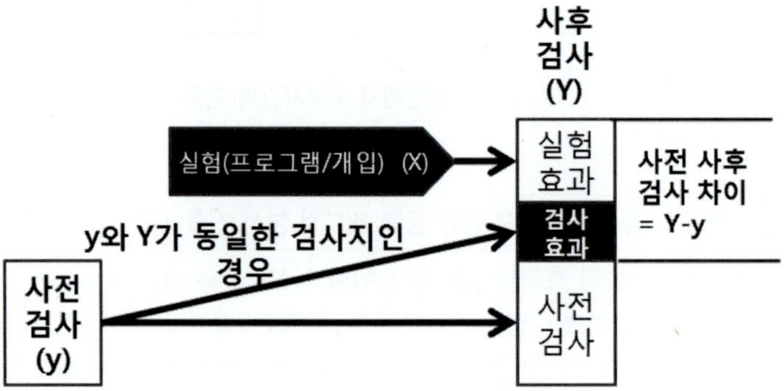

그림 9-6 실험에서 사전검사의 영향

예 시	스트레스 감소 프로그램과 검사효과

스트레스가 높은 사람들에게 스트레스 감소 프로그램을 실시하고 그 효과를 검증하고자 한다. 사전검사를 하고 프로그램을 진행한 후에 사후검사를 하는데, 참가자들은 사전에 스트레스 검사를 받았기 때문에 사후검사를 할 때 스트레스를 좀 더 낮게 체크하게 되었다. 즉, 검사지에 정답이나 오답이 있는 것이 아님에도 정답을 체크하는 것처럼 보다 나은 쪽으로 검사에 임하였다. 이럴 경우 검사효과가 영향을 미쳤다고 한다. 사전사후검사를 시행할 때 동일한 검사지를 사용하는데 그럴 경우 사전검사 경험으로 인해 사후검사가 영향을 받게 되는 것이다.

4 **도구**(instrumentation)

실험에서 검사효과가 나타나는 것을 피하기 위해서 사전검사와 사후검사에 동일한 검사도구가 아닌 다른 도구를 사용하기도 한다. 그런데 이렇게 **다른 도구를 사용하게 되면 실험의 효과 이외에도 검사도구의 차이로 인해 검사결과가 차이를 보이게 되는데 이것을 도구효과**라고 한다. 예를 들어, 스트레스 감소 프로그램의 효과를 측정하기 위해 사전검사와 사후검사를 동일한 스트레스 척도가 아닌 서로 다른 스트레스 척도를 사용하였다면 그때 발생하는 사전검사와 사후검사와의 차이는 실험에 의한 것뿐만 아니라 검사도구의 차이로 인한 것도 포함될 것이다. 따라서 도구효과는 검사효과와 선택적 관계에 있다. 즉, 검사효과를 피하기 위해 서로 다른 검사도구를 사용하면 도구효과가 발생하고, 도구효과를 발생시키지 않기 위해 동일한 검사도구를 사용하면 검사효과가 생기기 때문이다.

도구효과는 측정도구의 차이로만 발생하는 것은 아니다. 사전검사자와 사후검사자가 다르거나 사전검사시간과 사후검사시간이 다른 경우, 즉 사전검사와 사후검사의 검사상황이 다를 때도 발생하게 된다.

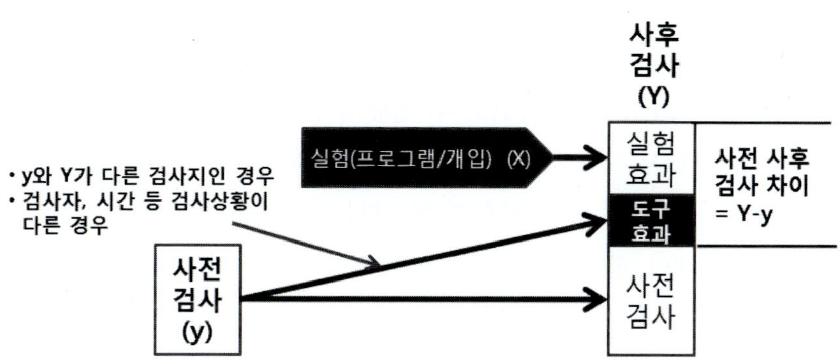

그림 9-7 실험에서 도구의 영향

예 시	스트레스 감소 프로그램과 도구효과

스트레스가 높은 사람들에게 스트레스 감소 프로그램을 실시하고 그 효과를 검증하고자 한다. 검사효과를 피하기 위해 사전검사는 A라는 스트레스 척도를 사용하여 측정하고, 프로그램을 진행한 후에 사후검사를 하는데, 사후검사에서는 B라는 스트레스 척도를 사용하여 측정하였다. 그런데 알고 보니 A척도는 스트레스를 느슨하게 측정하고 B척도는 엄격하게 측정하여 동일한 대상에게 동시에 검사를 해도 A척도로 측정한 스트레스 점수가 B척도로 측정한 스트레스 점수보다 높았다. 이렇게 사전검사 척도와 사후검사 척도가 다르기 때문에 스트레스 감소 프로그램의 효과가 실제보다 더 많은 것으로 나타나는 경우 도구효과가 개입되었다고 한다.

5 참여자 선정 편중(selection biases)

실험집단과 통제집단을 활용하여 실험을 하는 경우 실험집단과 통제집단은 동일해야 한다. 두 집단을 무작위(random)로 동일하게 배정해야 하는데 사회과학에서의 실험은 두 집단을 무작위로 배정하는 것도 쉽지 않고, 무작위로 배정한다고 해도 두 집단을 동일하게 하기는 매우 어렵다. 실험 참여 여부는 동의를 얻어야 하는데 그렇게 되면 동의를 하는 사람과 동의를 하지 않는 사람으로 구분되어 동질성이 떨어질 수도 있다. 이렇듯 실험집단과 통제집단의 동질성을 확보하지 못해서 실험결과를 확신하기 어려울 때, 선정 편중의 효과가 개입되었다고 한다. 참고로 두 집단의 동질성을 확인할 때 실험과 관련된 요소를 반드시 확인해야 한다. 예를 들어, 자원봉사의 효과를 보고자 할 때, 자원봉사와 관련이 있을 것으로 예측되는 '이타성(利他性)'과 같은 변인의 동질성을 파악해야 한다. 만일 그렇지 않으면 이타성이 실험결과에 영향을 미치는 것을 통제할 수 없기 때문이다.

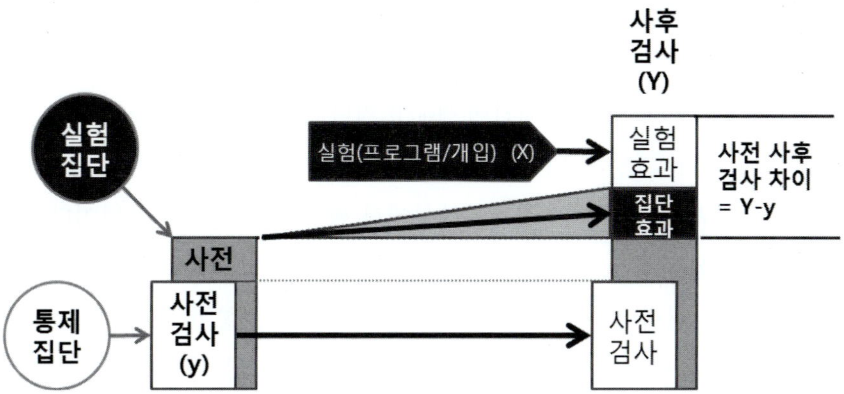

| 그림 9-8 | 실험에서 실험집단과 통제집단 참여자 선정이 편중된 경우의 영향

예 시 자원봉사 프로그램과 선정편중 효과

자원봉사 프로그램이 이타성에 미치는 효과를 알아보기 위해 자원봉사 프로그램을 실시하고 그 효과를 검증하고자 한다. 이번에는 자원봉사 프로그램에 참여한 사람과 참여하지 않은 사람들을 비교하는 방식으로 효과성 검증을 하기로 하였다. 자원봉사를 억지로 시킬 수는 없기 때문에 희망자에게 자원봉사를 시키고(실험집단), 희망하지 않는 사람을 통제집단(비교집단)에 참여시켰다. 실험집단으로 하여금 자원봉사를 하게 한 다음 실험집단과 통제집단에 대해 사후검사를 실시하고 두 점수를 비교하였다. 실험결과 실험집단의 이타성 점수가 월등하게 높게 나왔다. 그렇다면 과연 월등하게 높게 나온 이타성 점수가 자원봉사 프로그램의 효과라고 할 수 있을까? 거기에는 자원봉사 효과뿐만 아니라 이미 실험집단에 참여하고자 희망한 사람들의 이타성이 높았던 효과도 있었을 것이다. 이러한 경우 참여자 선정이 편중되었다고 하는 참여자 선정 편중의 효과가 개입되었다고 하는 것이다.

이번에는 비교집단 없이 자원봉사를 희망하는 사람들을 대상으로 이타성 사전검사를 실시하고, 자원봉사를 실시한 다음 사후검사를 실시하였다. 그리고 사전검사점수와 사후검사점수를 비교해 보니 별 차이가 없었다. 이 경우 자원봉사 프로그램의 이타성 효과가 없다고 할 수 있을까? 이미 이타성이 높은 사람들이 참여하였기 때문에 자원봉사로 특별히 더 높아질 여지가 없었을 수도 있다. 이러한 경우에도 참여자 선정 편중효과가 개입되었다고 할 수 있다.

6 통계적 회귀(statistical regression)

통계적 회귀는 극단적 사례들이 시간이 지남에 따라 평균적으로 변화하는 것을 뜻하는 말이다. 예를 들어, 키가 매우 큰 부모의 자녀가 그 부모보다는 작은 평균적인 신장을 가지거나, IQ가 매우 높은 부모의 자녀가 그 부모보다 낮은−평균 쪽으로 가는−IQ를 가지게 되는 현상을 일컫는 용어이다. 예외적으로 발생한 극단적 사례는 시간이(세대가) 지나면서 평균을 향해서 가는 것이 일반적 현상이다. 그렇게 되어 가는 상황을 통계적 회귀라고 한다. 따라서 본래 통계적 회귀라는 용어는 시계열분석에서 많이 다루어지는 개념이다. 실험에서도 이러한 상황이 발생하게 되는데, 실험에 포함된 예외적으로 높거나 낮은 사례들이 실험과정에서 평균적 수준으로 가는 경향이 있기 때문에 실험의 효과가 커지거나 혹은 작아지는 상황이 발생하게 된다. 이러한 상황을 통계적 회귀효과가 개입되었다고 하는 것이다.

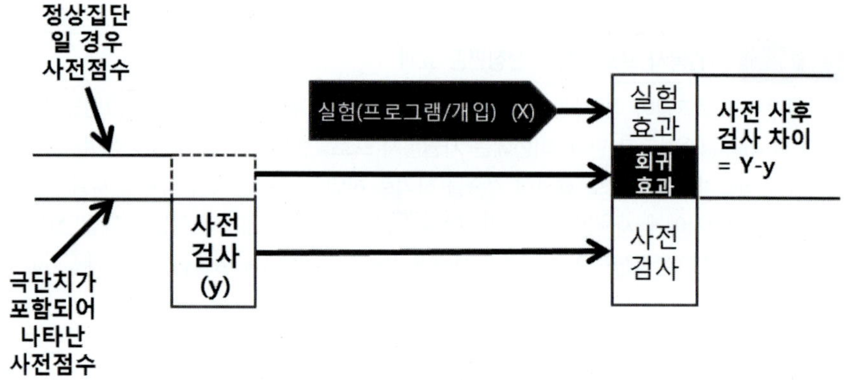

그림 9-9 실험에서 통계적 회귀의 영향

예 시	스트레스 감소 프로그램과 통계적 회귀 효과

스트레스가 높은 사람들에게 스트레스 감소 프로그램을 실시하고 그 효과를 검증하고자 한다. 그런데 공교롭게도 예외적으로 스트레스가 매우 높은 상황에 있는 사람들이 프로그램에 참가하게 되었다. 이런 사람들은 스트레스 감소 프로그램을 시행하지 않아도 시간이 지나면 스트레스가 떨어지게 된다. 이는 시간의 효과가 아니라 갑작스럽게 예외적으로 높아진 스트레스가 일반적으로 높다고 하는 다른 참여자 수준으로 떨어지는 것이다. 이러한 상황을 평균적인 상황으로 돌아간다(회귀한다)고 표현한다. 사전검사를 하고 스트레스 감소 프로그램을 진행하고 사후검사를 측정하였다. 이 경우 사전검사점수와 사후검사점수 간의 차이에는 프로그램의 효과뿐만 아니라 순간적으로 높았던 스트레스 수준이 정상수준으로 떨어진 효과도 포함된 것이다. 이때 후자의 효과에 대해 통계적 회귀의 효과가 개입되었다고 한다.

7 참여자 탈락(experimental mortality)

실험을 수행하다 보면 실험에 참여하는 피험자들이 실험에서 탈락하는 경우가 종종 발생한다. 불의의 사고 발생, 이사, 집단 성원 간의 갈등 등 다양한 이유로 인해 참여자가 실험에서 빠지게 되는데, 이런 경우 실험결과에 영향을 미친다. 참여자가 빠졌기 때문에 사전점수와 사후점수가 달라질 수도 있고, 참여자가 빠지면 집단역동성이 영향을 받기 때문에 집단 성원들의 사후 점수에도 영향을 미치게 된다. 이렇게 참여자가 실험 도중에 탈락하게 됨으로써 실험결과가 영향받는 것을 참여자 탈락의 효과라고 한다.

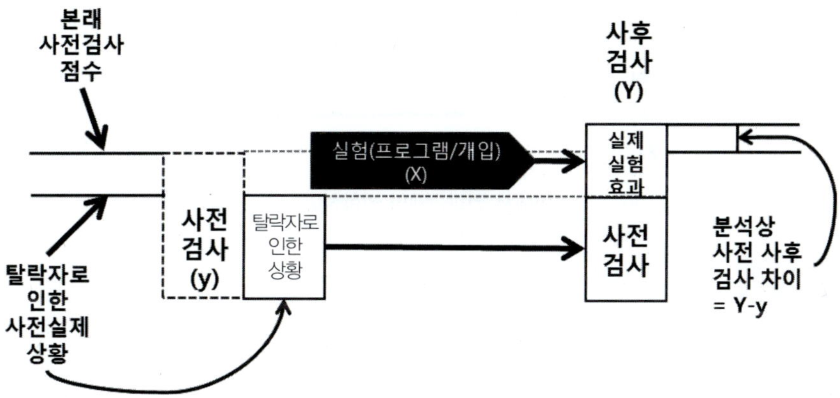

| 그림 9-10 | 실험에서 참여자 탈락의 영향

예 시	자존감 향상 프로그램과 참여자 탈락 효과

자존감이 낮은 청소년들을 대상으로 자존감 향상 프로그램을 실시하고 그 효과를 검증하고자 한다. 자존감 사전검사를 하고 자존감 향상 프로그램을 진행하는데 자존감이 상대적으로 높았던 청소년 두 명이 프로그램에 나오지 않았다. 프로그램을 끝까지 진행하고 자존감 사후검사를 실시하여 사전점수와 비교를 하였는데 자존감이 별로 높아지지 않았다. 그러면 프로그램의 효과가 없다고 할 수 있는가? 그렇지 않다. 자존감이 상대적으로 높았던 청소년 두 명이 사전검사를 하였을 때 빠졌다면 사전검사점수는 더 낮아졌을 것이다. 이 점수와 사후검사점수를 비교하면 차이는 커진다. 이것이 바로 프로그램의 효과이다. 다시 말하면 자존감이 상대적으로 높았던 청소년들이 계속해서 참여하였다면 사후검사점수는 더 높게 나왔을 수 있다는 것이다. 이렇게 프로그램 중간에 참가자가 빠지게 되어 실험결과를 정확하게 검증하기 어렵게 되었을 경우 참여자 탈락효과가 개입되었다고 한다.

⑧ **인과방향의 모호성**(ambiguity about the direction of causal influence)

실험을 함에 있어서 실험결과(종속변수)가 실험(독립변수)으로 인한 것인지 혹은 실험(독립변수)이 실험결과(종속변수)가 나타날 수 있도록 운영되었는지 불분명한 경우가 발생하는 경우가 있다. 즉, 독립변수가 종속변수에 영향을 준 것인지 혹은 종속변수가 나타나도록 영향을 받아 운영되었는지 모호한 경우가 있다. 이를 인과방향의 모호성이라고 한다.

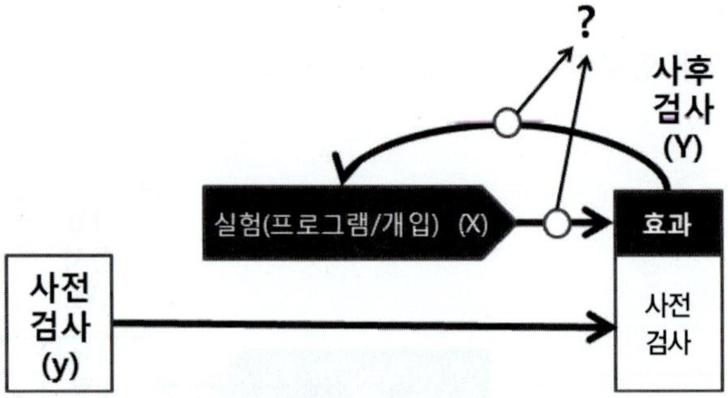

▌그림 9-11▌ 실험에서 인과관계의 방향성이 모호한 경우의 영향

예 시	약물중독 치료 프로그램과 인과방향의 모호성

약물중독 치료 프로그램의 효과를 검증하기 위해 프로그램을 실시하였다. 사전검사를 하고 프로그램을 실시한 다음 사후검사를 실시하려고 하였는데, 프로그램 진행과정에서 약물을 끊을 수 없었던 사람들이 대부분 프로그램에서 빠지게 되었다. 프로그램을 마치고 사후검사를 하고 보니 약물의존성을 벗어난 사람들이 거의 대부분이었다. 그렇다면 약물중독 치료 프로그램은 효과가 있다고 할 수 있는가? 그렇지 않다. 이 프로그램은 오히려 많은 약물중독자들을 탈락하게 만들었다. 프로그램의 효과는 약물의존성이 낮은 사람들이었기 때문에 끝까지 참여할 수 있어서 나타난 결과라고 할 수 있다. 이렇게 실험으로 진행한 프로그램과 결과 간의 인과관계가 명확하지 않은 경우 인과방향의 모호성이 개입되어 있다고 하는 것이다. 이는 피험자 탈락효과와 비슷해 보이지만 피험자 탈락과는 다른 상황이다.

피험자 탈락은 실험인 프로그램 때문이 아니라 이사, 병고 등의 자연적인 것이다. 따라서 실험결과의 크기를 정확하게 파악하기 어렵다는 문제가 발생하는 것이나 인과방향의 모호성은 프로그램이 정도가 심한 대상자에게 영향을 미쳐서 탈락하게 만들고 상대적으로 정도가 약한 사람들이 남아서 결과가 크게 나온 것처럼 인식하게 만드는 것이다. 이것은 실험의 효과인지 그렇지 않은지를 구별하기 어렵게 하는 것이다.

9 실험적 처치의 확산 또는 모방(diffusion or imitation of treatments)

실험이 제대로 이루어지기 위해서는 실험집단과 통제집단이 상호작용이 없어야 한다. 서로 상호작용을 하다 보면 실험적 처치, 즉 프로그램이나 개입의 효과가 확산될 수 있기 때문이다. 이렇듯 실험적 처치의 효과가 통제집단으로 확산되어 실험의 효과를 정확하게 확인하기 어렵게 하는 것이 실험적 처치의 확산 또는 모방의 효과라고 한다.

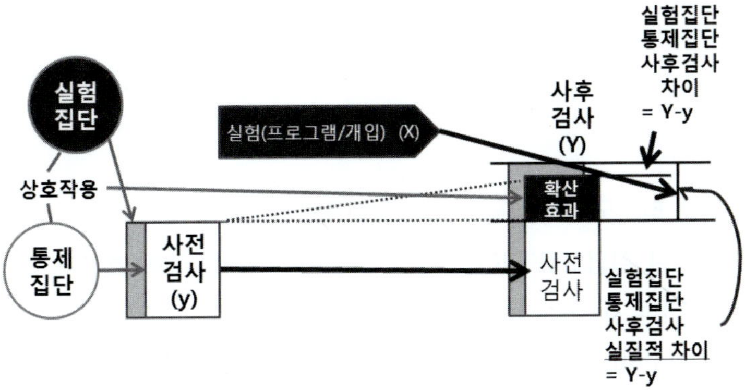

그림 9-12 실험에서 실험적 처치가 확산된 경우의 영향

예를 들어, 청소년들을 대상으로 사회성 향상 프로그램의 효과성을 밝히려는 실험을 한다고 가정해 보자. 한 학교에서 같은 학년 한 개 반씩을 각각 실험집단과 통제집단으로 설정하고, 실험집단을 대상으로 사회성 향상 프로그램을 실시한다면, 실험집단에 속한 청소년들과 통제집단에 속한 청소년들 간에 프로그램과 관련된 상호작용을 할 가능성이 높다. 그렇게 되면 실험 후 실험집단과 통제집단의 사후검사 점수를 비교하는 과정에서 통제집단의 사후점수가 상호작용의 영향으로 실제보다 부풀려지게 된다. 그렇게 되면 실험의 효과, 즉 프로그램의 효과는 실험적 처치의 확산으로 효과 크기가 실제보다 작은 것처럼 나타나게 되는 것이다. 따라서 연구자는 실험집단과 통제집단이 상호작용할 수 없도록 실험설계를 해야 한다.

예 시	자존감 향상 프로그램과 실험적 처치의 확산효과
	자존감 향상 프로그램의 효과를 알아보기 위해 ○○중학교 2학년 1반 학생들을 대상으로 프로그램을 실시하였다. 그리고 2학년 2반 학생들은 통제집단으로 설정해서 프로그램 후에 두 반 학생들의 자존감을 비교하여 프로그램의 효과를 검증하고자 한다. 1반 학생들을 대상으로 다양한 내용의 자존감 향상 프로그램을 진행하고 같은 시점에 1반 학생들과 2반 학생들의 자존감을 측정하여 비교하였다. 그 결과 프로그램에 참여한 1반 학생들의 자존감과 2반 학생들의 자존감이 별로 차이가 없었다. 그렇다면 자존감 향상 프로그램은 효과가 없는 것인가? 그렇지 않을 수 있다. 1반 학생들과 2반 학생들이 친한 학생들이 많아서 1반 학생들이 프로그램 내용을 2반 학생들과 사적으로 공유하였다면 그 결과로 2반 학생들의 자존감도 따라서 향상되었을 수 있다. 이런 경우 정확한 실험(자존감 향상 프로그램)의 효과를 측정하기 어렵게 되는데 이때 실험적 처치의 확산효과가 개입되었다고 하는 것이다.

② 외적 타당도(external validity)와 저해요인

외적 타당도란 실험으로 얻어진 결과, 개입이나 프로그램이 효과가 있는 것으로 나타났을 때, 다른 사람들 – 모집단 – 에게 적용해도 동일한 효과를 얻을 것이라는 확신의 정도를 의미한다.[10] 비록 실험결과가 프로그램이나 개입이 효과적인 것으로 밝혀졌다고 하더라도, 다른 집단에 적용을 하면 동일한 효과를 보이지 않는 경우가 있다. 따라서 내적 타당도를 확보하고 실험결과를 얻었다고 하더라도 외적 타당도를 확보하지 않으면, 그 프로그램이나 개입이 효과적일 것이라는 기대를 가지고 활용하기 어렵다. 즉, 그 효과를 일반화하기 어렵게 된다. 여기서는 외적 타당도를 저해하는 요인, 즉 실험으로 얻어진 결과를 다른 집단에 적용해도 동일한 결과를 얻을 수 있다고 주장하기 어렵게 만드는 요인과 그에 대한 대책을 살펴보기로 한다.

1 실험에 대한 참여자의 반응효과(reactive effects of testing)

사회과학에서 사람을 대상으로 실험을 하는 경우 실험참여자에게 동의를 얻는다. 그렇기 때문에 대부분 실험에 대해 우호적인 사람들이 참여를 하게

10) 이는 실험의 효과가 안정적으로 계속해서 확인되어야 한다는 점에서 개발된 척도에 대해 타당도와 신뢰도를 검증할 때, 신뢰도와 비슷한 개념이다. 반복적으로 적용해서 유사한 결과를 얻어야 한다는 점에서 비슷하지만, 차이는 실험의 외적 타당도는 다른 집단에 실험을 적용해도 동일한 결과를 얻을 수 있어야 타당성을 확보한다는 것이다.

된다. 실험에 우호적이게 되면 더 적극적으로 참여하게 되는 경향이 있다. 그런데 이러한 경향성은 실험집단들마다 차이가 있게 마련이다. 즉, 처음 실험에 참여한 실험집단보다 후에 이루어진 실험에 참여한 집단의 실험에 대한 반응이 더 클 수도 있고 작을 수도 있다. 만일 더 크다면 실험의 효과는 더 확대되고, 따라서 확신을 가질 수 있게 되지만, 더 작을 경우에는 실험의 효과도 반감되어 처음 실험의 효과를 의심하게 할 수 있다. 이것이 외적 타당도를 떨어뜨리는 실험에 대한 참여자의 반응효과이다.

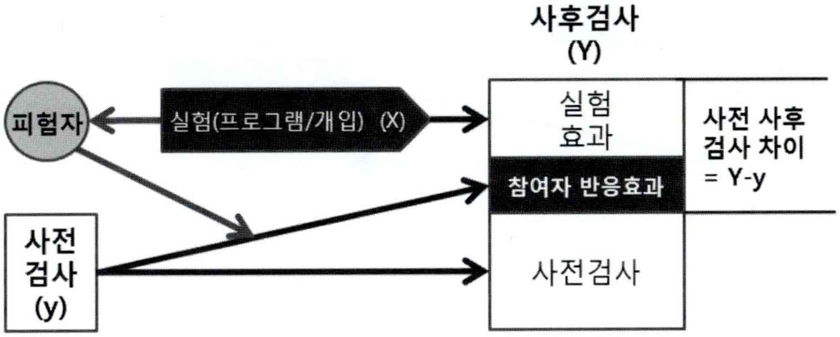

| 그림 9-13 | 실험에서 참여자의 반응이 실험결과에 미치는 영향

예 시 자존감 향상 프로그램과 실험에 대한 참여자의 반응효과

효과가 검증된 자존감 향상 프로그램을 다른 사람들에게 적용해도 동일한 효과를 얻을 수 있는지 알아보기 위해 ○○중학교 2학년 7반 학생들을 대상으로 프로그램을 실시하였다. 그런데 2학년 7반은 다른 반에 비해 성적도 우수하고, 모든 활동에서 뛰어난 반으로 자기들 반에 대한 자부심이 매우 높다. 이들은 실험에 참여하면서 실험으로 이루어지는 프로그램이 다른 사람들에게 긍정적 결과를 가져왔던 효과적인 프로그램이라는 사실을 인식하고, 자기들도 좋은 효과를 나타내야 한다고 생각해서 적극적으로 참여하였다. 프로그램을 마치고 사전사후 자존감을 비교한 결과, 향상 정도가 매우 높았다. 이때 이 자존감 향상 프로그램을 효과적인 프로그램이라고 일반화할 수 있을까? 그렇지 않다. 왜냐하면 2학년 7반 학생들의 자존감이 향상된 결과는 프로그램의 효과도 있을 수 있지만 참가자들이 프로그램에 참여하면 자존감이 향상될 것이라는 확신을 가지고 특별히 적극적으로 프로그램에 참여했기 때문일 수도 있다. 이러한 상황으로 인해 프로그램의 효과를 계속해서 검증해 가는데 어려움을 겪게 되는 것을 실험에 대한 참여자의 반응효과라고 한다.

② **실험과 참여자의 상호작용 효과**(interactive effects of selection)

실험을 수행하게 되면 우연히도 실험참여자와 실험내용이 잘 맞아떨어질 때가 있다. 실험에 노래가 포함되어 있는 경우 우연히도 피험자가 좋아하는 노래라든지 혹은 빵 만들기를 하는데 피험자가 빵을 매우 좋아한다든지 하는 것이다. 이럴 경우 실험의 효과는 훨씬 더 크게 나올 것이다. 이러한 경우 실험과 참여자의 상호작용 효과가 개입되었다고 할 수 있다.

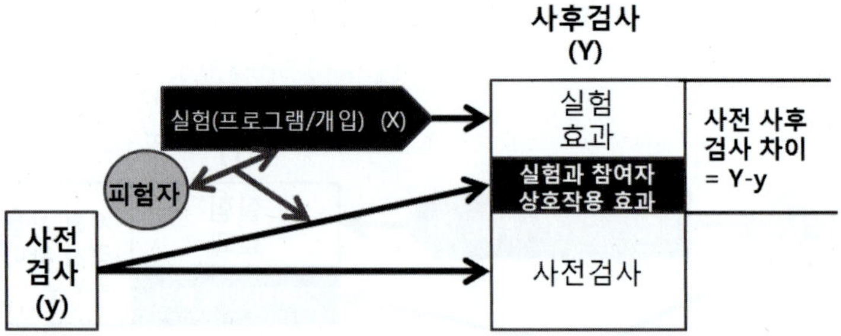

| 그림 9-14 | 실험에서 실험내용과 참여자의 상호작용이 실험결과에 미치는 영향

예 시 자존감 향상 프로그램과 실험과 참여자의 상호작용 효과

효과가 검증된 자존감 향상 프로그램을 다른 사람들에게 적용해도 동일한 효과를 얻을 수 있는지 알아보기 위해 ○○고등학교 2학년 7반 학생들을 대상으로 프로그램을 실시하였다. 프로그램 내용에는 인터넷 검색과 스포츠 활동 및 요리 만들기가 포함되었다. 그런데 프로그램에 참가하게 된 ○○고등학교 2학년 7반 학생들은 정보고등학교 학생들이며, 스포츠와 요리가 취미인 학생들이 다수 포함되어 있었다. 따라서 인터넷 검색 프로그램을 쉽게 이수하였고, 스포츠 활동과 요리 만들기도 재미있게, 자신있게 이수하였다. 그 결과 프로그램 종결 후 사후검사에서 자존감이 매우 높아지는 결과가 나타났다. 그렇다면 이전의 실험으로 효과가 있다고 검증된 자존감 향상 프로그램은 어느 집단에 적용해도 동일한 결과를 얻을 수 있다고 확신할 수 있을까? 그렇지 않다. 왜냐하면 프로그램 내용이 2학년 7반 학생들과 잘 맞아떨어졌기 때문에 자존감 향상의 결과로 나타난 것일 수도 있기 때문이다. 이러한 상황으로 인해 프로그램의 효과를 계속해서 검증해 가는 데 어려움을 겪게 되는 것을 실험과 참여자의 상호작용 효과 때문이라고 한다.

이것은 내적 타당도 저해요인 가운데 '통계적 회귀' 효과와 유사하다. 통계적 회귀란 극단적 참여자가 평균적으로 회귀하여 실험의 효과를 크게 만들거나 작게 만드는 것이라고 하였는데, 이것은 실험참여자와 실험내용이 우연히 잘 맞아떨어져서 실험효과를 크게 하는 것이다. 통계적 회귀효과가 극단적 참여자의 요인이라면 실험과 참여자의 상호작용 효과는 말 그대로 실험과 참여자가 잘 맞아떨어진 것이 요인이 되는 것이다.

3 실험상황 효과(reactive effects of innovation)

사회과학에서의 실험은 동일한 실험이라고 하더라도 완전히 동일한 실험으로 진행될 수 없다. 실험장소를 매번 동일하게 운영할 수 없고, 실험자-프로그램/개입 진행자-가 동일하지 않은 경우도 많게 되고, 동일인이라고 하더라도 매번 동일하게 실험을 운영하기 어렵다. 이렇게 다양한 실험상황의 요소들이 실험-프로그램/개입-마다 동일하지 않기 때문에 내적 타당도를 확보한 프로그램이나 개입이라 하더라도 동일한 결과를 기대하기 어렵게 된다. 이것을 실험상황 효과라고 한다. 여기서 innovation은 실험상황이 달라지는 것을 의미한다.

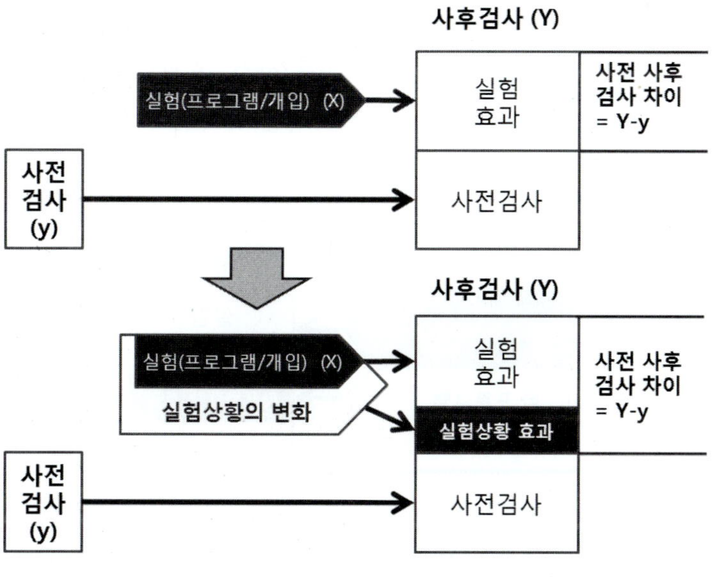

그림 9-15 실험에서 실험상황이 실험결과에 미치는 영향

예 시 **자존감 향상 프로그램과 실험상황 효과**

효과가 검증된 자존감 향상 프로그램을 다른 사람들에게 적용해도 동일한 효과를 얻을 수 있는지 알아보기 위해 ○○고등학교 2학년 7반 학생들을 대상으로 프로그램을 실시하였다. 그런데 프로그램을 진행하게 된 장소가 집기나 기자재가 모두 최상급으로 갖추어진 세미나실이었다. 또한 이번 진행자는 참가자들에게 인기가 매우 높은 ○○○이었다. 프로그램이 끝나고 사후검사를 실시한 결과 자존감이 높아졌다. 그렇다면 이전의 실험으로 효과가 있다고 검증된 자존감 향상 프로그램은 어느 상황의 어느 집단에 적용해도 동일한 결과를 얻을 수 있다고 확신할 수 있을까? 그렇지 않다. 왜냐하면 이번 프로그램 진행에는 특별한 요소가 개입되었기 때문이다. 그러한 실험적 요소가 가미되었기 때문에 자존감 향상의 결과로 나타난 것일 수도 있다. 이러한 상황으로 인해 프로그램의 효과를 계속해서 검증해 가는 데 어려움을 겪게 되는 것을 실험상황의 효과 때문이라고 한다.

4 타 프로그램 효과(multiple program interference)

실험에 참여하는 사람들이 다른 프로그램에 참여하고 있는 경우도 많다. 그럴 경우 다른 프로그램의 효과와 실험의 효과가 상호작용을 해서 실험의 효과가 더 크게 나타나게 된다. 이것은 내적 타당도 저해요인 가운데 '외부사건' 효과와 매우 유사하다. 영향을 미치는 것이 사회적 혹은 개인적인 일반생활 경험이면 내적 타당도 저해요인인 '외부 사건' 효과가 개입된 것이고, 다른 프로그램/개입이 상호작용해서 영향을 미친 것이면 외적 타당도 저해요인인 '타 프로그램 효과'가 개입된 것이다.

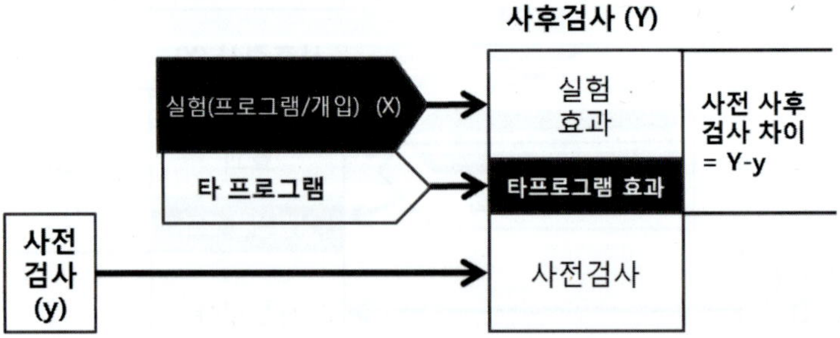

| 그림 9-16 | 실험에서 다른 프로그램이 개입되어 실험결과에 미치는 영향

예 시	자존감 향상 프로그램과 타 프로그램 효과

효과가 검증된 자존감 향상 프로그램을 다른 사람들에게 적용해도 동일한 효과를 얻을 수 있는지 알아보기 위해 ○○고등학교 2학년 7반 학생들을 대상으로 프로그램을 실시하였다. 그런데 우연히 같은 시기에 참여학생들에게 학습법에 대한 특별교육이 실시되었다. 학습법은 매우 효과를 발휘하여 학생들의 성적이 많이 향상되었다. 자존감 향상 프로그램을 실시한 후에 사후검사를 실시하고 보니 자존감이 많이 향상되었다. 그렇다면 이전의 실험으로 효과가 있다고 검증된 자존감 향상 프로그램은 어느 집단에 적용해도 동일한 결과를 얻을 수 있다고 확신할 수 있을까? 그렇지 않다. 왜냐하면 학습법 훈련으로 공부에 대한 자신감이 향상되고, 이것이 자존감 향상 프로그램과 상호작용하여 자존감이 향상된 부분도 클 것이기 때문이다. 이러한 상황으로 인해 자존감 향상 프로그램의 순효과를 검증하는 것이 어렵게 되었다. 이러한 경우를 타 프로그램의 효과개입으로 인해 외적 타당도를 확보하기 어렵게 되었다고 한다.

외적 타당도 저해요인 문제를 완벽하게 해결하기는 불가능하다. 그러나 실험설계를 보다 세밀하게 하고, 실험을 운영함으로써 외적 타당도 저해요인 효과를 어느 정도는 줄일 수 있다. 먼저 **❶ 실험에 대한 참여자의 반응효과**(reactive effects of testing)는 실험의 사전적 효과나 성과를 참여자에게 알려주지 않거나 실험 참여자들에게 실험에서 좋은 결과를 만들어 내기 위해 의도적으로 노력할 필요는 없고, 자연스럽게 실험에 참여하면 된다는 점을 주지시키는 것도 하나의 방법이다. **❷ 실험과 참여자의 상호작용 효과**(interactive effects of selection)에 대해서는 실험을 위해 활용되는 것들에 대한 실험참여자들의 평소 태도나 선호도를 조사해 보는 것이다. 그렇게 함으로써 그러한 것들이 프로그램 효과에 얼마나 영향을 미치고 있는지 파악할 수 있을 것이다. **❸ 실험상황 효과**(reactive effects of innovation)에 대해서는 실험내용과 상황 및 과정 등에 대해 세밀한 부분까지 구조화하는 것이다. 그렇게 함으로써 실험상황의 차이를 크게 줄일 수 있을 것이다. 또한 실험자, 즉 프로그램이나 개입 운영자의 전문성을 확보하는 것이다(황성동, 2006). 그러나 실험상황을 똑같이 만드는 것은 현실적으로 불가능하기 때문에 실험은 일정한 정도의 실험상황의 차이를 넘어서서 효과를 가지고 있어야 실험의 효과가 있다고 할 수 있다. 마지막으로 **❹ 타 프로그램 효과**(multiple program interference)에 대해서는 프로그램 참여자들을 선정할 때 다른 프로그램에 참여하는 사람들을 제한하거나 혹은 참여상황을 파악해서 실험효과를 검증하는 데 참고하는 것이다.

(3) 집단실험설계의 세부방법에는 어떤 것이 있는가?

집단실험설계에는 원시적인 형태의 실험설계(**원시실험설계** 혹은 **전실험설계**)와 실험의 모습을 제대로 갖추고 있는 실험설계(**실험설계**), 실험설계와 유사한 형태로 어느 하나의 요건을 갖추고 있지 못한 실험설계(**유사실험설계** 혹은 **의사실험설계**)가 있다.

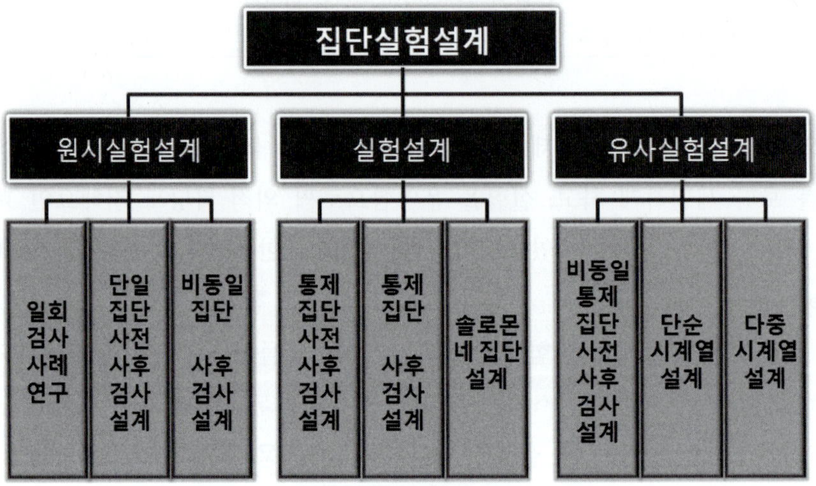

| 그림 9-17 | 집단실험설계의 세부방법들

① 원시/전 실험설계

실험설계의 초기 모습으로 실험대상에 대한 무작위 선정이 이루어지지 않고, 내적 타당도 저해요인을 거의 통제하지 못하는, 실험설계의 모습을 제대로 갖추기 전(前)의 실험설계이다. 따라서 이를 원시(原始) 실험설계라고도 한다. 원시/전 실험설계에는 「일회검사 사례 연구(one-shot case study)」, 「단일집단 사전·사후검사 설계(one-group pretest-posttest design)」, 「비동일 집단 사후검사 설계(posttest-only design with nonequivalent group)」/「정태적 집단 비교 설계(static-group comparison design)」의 세 가지가 있다.

1 일회검사 사례 연구(one-shot case study)

이것은 실험집단에 실험적 처치를 하고 사후검사를 실시하여 그 결과를 가지고 실험의 효과를 측정하는 설계이다. 이럴 경우 실험결과인 O_1의 점수는 비교할 수 있는 기준이 아무것도 없기 때문에 실험의 효과를 검증하기 어렵다. 즉, 실험결과(종속변수)가 실험(독립변수)으로 인한 것인지(영향관계)를 평가할 수 없다. 또한 외부사건, 성숙, 통계적 회귀, 참여자 선정 편중, 참여자 탈락, 인과관계 방향의 모호성 등 내적 타당도 저해요인의 대부분을 통제하지 못한다.[11] 이렇게 원시적인 형태의 실험설계이지만 프로그램이나 개입의 효과성을 측정하는 수단으로 실천현장에서 최근까지도 많이 사용해 왔다. 그러나 검사의 내용은 대부분 '만족도'와 '도움 정도' 등이어서 프로그램이나 개입의 효과를 측정했다고 보기는 어렵다.

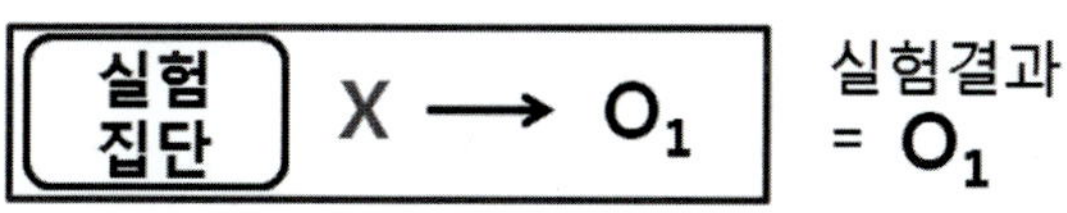

X : Experiment, 실험적 처치(프로그램/개입)를 의미함
O : Observation, 검사를 의미하는 것으로 실험 전에 실시하면 사전검사(pretest), 실험 후에 실시하면 사후검사(posttest)가 됨

2 단일집단 사전 · 사후검사 설계(one-group pretest-posttest design)

이것은 「일회검사 사례 연구」에서 한 단계 진일보한 것으로 실험적 처치 전후에 사전검사(O1)와 사후검사(O2)를 실시하는 것이다. 실험의 효과성을 사후검사점수와 사전검사점수의 차이를 가지고 판단하고자 하는 실험설계인 것이다. 이것은 실험결과(O2~O1), 즉 종속변수가 실험(독립변수)으로 인한 것인

11) 내적 타당도 저해요인들이 실험과정 속에서 항상 발생하는 것은 아니다. 예를 들어, 실험대상의 탈락은 실험과정 속에서 발생할 수 있고 그렇지 않을 수도 있다. 따라서 여기서는 실험설계 자체가 통제할 수 없는 것을 제시하는 것이다. 물론 실험설계 자체는 통제할 수 없어도 연구자가 실험설계를 운영하기에 따라 통제될 수 있는 경우도 얼마든지 있기 때문에 이것을 단순하게 통제한다/못한다식으로 이해하는 것은 바람직하지 않다.

지(영향관계) 평가하기는 하지만, 내적 타당도를 저해하는 요인인 외부사건, 성숙, 검사, 통계적 회귀, 참여자 선정 편중, 참여자 탈락, 실험적 처치의 확산이나 모방 등의 요인을 통제하지 못하기 때문에 독립변수(실험)와 종속변수(실험결과)의 영향관계를 확실하게 검증하기 어렵다. 그렇지만 실험적 조사연구 여건을 충분히 갖추기 어려운 사회복지실천현장에서는 프로그램의 효과성을 확인하는 수단으로 많이 사용하는 설계이다.

실험집단	$O_1 \longrightarrow X \longrightarrow O_2$

실험결과 $= O_2 - O_1$

③ **비동일 집단 사후검사 설계**(posttest-only design with nonequivalent group)/ **정태적 집단[12] 비교 설계**(static-group comparison design)

이 실험설계는 실험집단과 실험을 하지 않고 비교하기 위한 정태적 집단을 활용해서 실험집단에는 실험적 처치 후에 사후검사(O1)를 실시하고 정태적 집단에는 실험적 처치는 하지 않고 실험집단에 사후검사를 하는 시점에서 검사(O2)를 실시하여 O_1와 O_2를 비교하여 실험의 효과를 검증하고자 하는 것이다. 따라서 「일회검사 사례 연구」보다는 진전된 실험설계라고 할 수 있다. 그러나 실험집단과 정태적 집단이 무작위로 배정·구성되는 것이 아니기 때문에 두 집단의 대표성과 동질성이 보장되지 못하여 O_1과 O_2의 비교조건을 충족하였다고 볼 수 없다. 따라서 종속변수가 실험(독립변수)으로 인한 것인지(영향관계) 평가하기는 하지만, 그 평가결과는 타당성을 갖추고 있지 못하다고 할 수 있다. 또한 내적 타당도를 저해하는 요인인 외부사건, 참여자 선정 편중, 참여자 탈락 등의 내적 타당도 저해요인을 통제하지 못하기 때문에 실험결과를 확실하게 검증하기는 어렵다고 할 수 있다.

12) 정태적 집단이란 정지상태의 집단이라는 뜻으로 실험적 처치가 이루어지지 않는 집단이다. 본래 실험설계에서는 통제집단이라는 용어를 사용하지만 원시적 형태의 실험설계이기 때문에 정태적 집단이라는 용어를 사용한다.

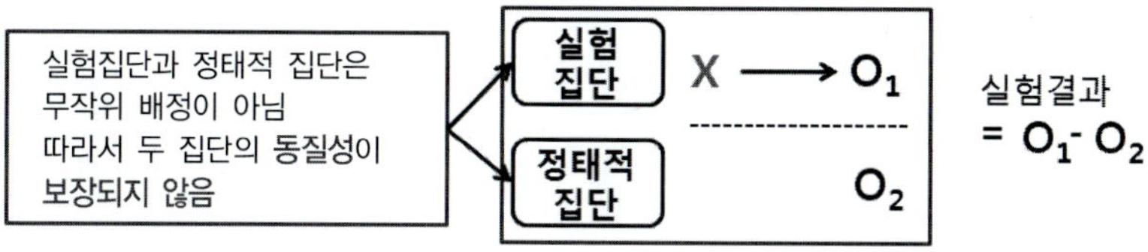

② **실험설계**

실험집단과 통제집단이 있고, 실험집단과 통제집단 참여자를 무작위로 선정·배정하여 실험하는 설계이다. 실험집단과 통제집단을 무작위로 배정하였다는 의미는 실험집단과 통제집단의 동질성이 확보되었다는 것으로 두 집단의 결과를 비교하기 위한 전제조건을 충족하였다고 할 수 있다. 실험설계에서 실험집단과 통제집단의 대표성이 확보되고, 두 집단의 동질성이 보장되는 것은 매우 중요한 실험조건이다. 따라서 실험설계는 내적 타당도를 저해하는 요인을 상당 부분 통제한다. 실험설계에는 「통제집단 사전·사후검사 설계(pretest-posttest control group design)」, 「통제집단 사후검사 설계(posttest-only control group design)」, 「솔로몬 네 집단 설계(Solomon four-group design)」가 있다.

1 **통제집단 사전·사후검사 설계(pretest-posttest control group design)**

이것은 실험집단과 통제집단을 무작위로 배정하여 구성하고, 두 집단 모두 사전검사를 실시하고 실험집단에는 실험적 처치를 하고, 통제집단은 실험적 처치를 하지 않는다. 실험집단의 실험적 처치가 끝나고 사후검사를 할 때 통제집단에 대해서도 사후검사를 실시한다. 이 실험설계는 대부분의 내적 타당도 저해요인이 통제되지만, 참여자 탈락, 실험적 처치의 확산이나 모방효과는 통제하지 못한다. 또한 실험집단과 통제집단이 동일하게 경험하는 (사회적인) 우연한 사건은 통제되지만 개인적으로 경험하게 되는 외부사건은 통제하지 못한다. 따라서 이러한 요인들에 대한 통제는 실험설계가 아닌 실험과정이나 운영으로 통제해야 한다. 이 실험설계의 실험결과는 실험집단과 통제집단의 사후·사전 검사의 차이를 비교하여 판단하게 된다.

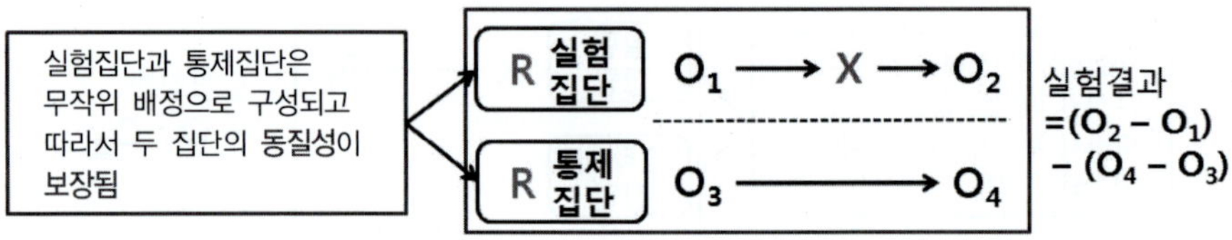

2 **통제집단 사후검사 설계**(posttest-only control group design)

이것은 「통제집단 사전·사후검사 설계」와 사전검사를 실시하지 않는 것만 차이를 보인다. 즉, 실험집단과 통제집단을 무작위로 배정·구성하여 두 집단의 대표성과 동질성을 확보하고, 두 집단 모두 사전검사 없이 실험집단에는 실험적 처치를 하고, 통제집단은 실험적 처치를 하지 않는다. 실험집단의 실험적 처치가 끝나고 사후검사를 할 때 통제집단에 대해서도 사후검사를 실시한다.

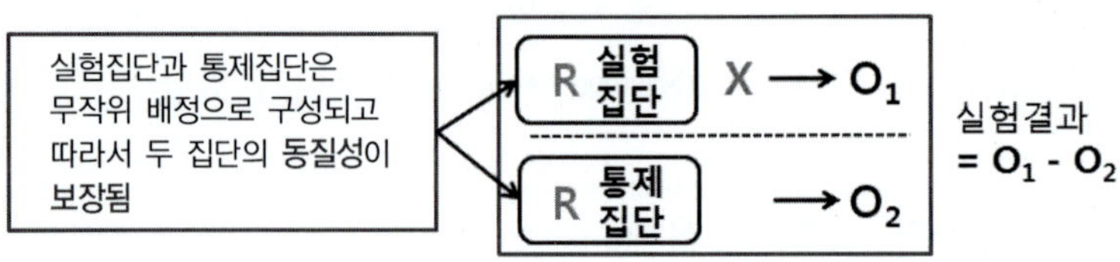

이 실험설계는 「통제집단 사전·사후검사 설계」와 사전검사를 하지 않는 것만 차이가 있으므로 통제하는 내적 타당도 저해요인도 거의 같다. 단지, 본 실험설계에서는 사전검사가 실시되지 않기 때문에 검사효과가 개입되지 않는다. 즉, 참여자 탈락, 실험적 처치의 확산이나 모방효과, 개인적으로 경험하게 되는 외부사건은 통제하지 못한다. 따라서 이러한 요인들에 대한 통제는 역시 실험설계가 아닌 실험과정이나 운영으로 통제해야 한다. 이 실험설계의 실험결과는 실험집단의 사후검사(O1)와 통제집단의 사후검사(O2)를 비교하여 확인하는 데 실험전후의 비교, 즉 실험의 효과크기를 확인하는 것이 불가능하다는 단점을 가지고 있다.

③ 솔로몬 네 집단 설계(Solomon four-group design)

이것은 「통제집단 사전·사후검사 설계」와 「통제집단 사후검사 설계」를 한꺼번에 실시하는 것이다. 두 설계가 모두 좋은 실험설계이기는 하지만 전자는 검사효과로 인해 실제의 효과크기를 확인하기 어렵고, 후자는 사전검사를 하지 않아서 역시 통제집단과의 비교만으로는 실제의 효과크기를 확인하는 데 한계가 있다는 단점을 가지고 있기 때문에 실험의 효과를 보다 정확하게 검증하기 위해 두 실험설계를 통합하여 실시하는 것이다. 실험결과는 네 집단의 사후검사와 사전검사의 차이를 비교해서 확인하는데 「통제집단 사후검사 설계」 부분에서는 「통제집단 사전·사후검사 설계」 부분의 두 사전검사를 평균한 것을 활용한다. 이 실험설계는 대부분의 내적 타당도 저해요인을 통제하지만 실시하는 데 어려움이 많기 때문에 실제로는 거의 사용되지 않는다.

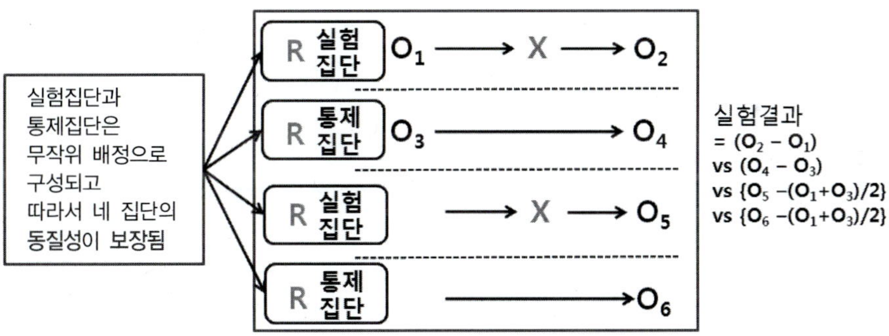

③ 유사실험설계

실험설계와 유사하지만 실험대상을 무작위 선정하지 않은(못한) 설계로, 실험설계의 기본 요소 가운데 한두 가지가 결여된 설계이다. 유사실험설계는 원시실험설계보다는 훨씬 더 진전된 실험설계이다. 유사실험설계에는 「비동일 통제집단 사전·사후검사 설계(nonequivalent control group design)」, 「단순 시계열 설계(simple time-series design)」, 「다중 시계열 설계(multiple time-series design)」가 있다.

1 비동일 통제집단 사전 · 사후검사 설계(nonequivalent control group design)

이것은 실험설계의 「통제집단 사전 · 사후검사 설계」에서 실험집단과 통제집단을 무작위 배정으로 구성하지 않는다는 것만 다르다. 실험집단과 통제집단을 무작위로 배정하지 않기 때문에 실험집단과 통제집단이 대표성과 두 집단의 동질성을 확보하지 못하게 된다. 따라서 실험결과를 확증하기 어렵다. 다시 말해서, 내적 타당도를 저해하는 요인인 검사, 참여자 탈락, 참여자 선정 편중, 통계적 회귀, 실험적 처치의 확산이나 모방 등의 효과를 통제하지 못해 실험결과의 내적 타당도를 확보하기 어렵다. 그러나 사전에 두 집단을 최대한 유사하게 만든다면 실험의 인과관계를 어느 정도 확신할 수 있다. 현실적으로 제대로 된 실험설계를 수행하기 어려운 사회복지실천현장에서 실험설계에 가장 근접한 형태로 많이 사용되고 있다. 이 실험설계의 실험결과는 실험집단과 통제집단의 사후 · 사전 검사의 차이를 비교하여 판단하게 된다. 그러나 앞에서도 언급한 바와 같이 두 집단의 동질성이 확보되지 못했기 때문에 실험결과를 해석하는 데 있어서 유의해야 한다.

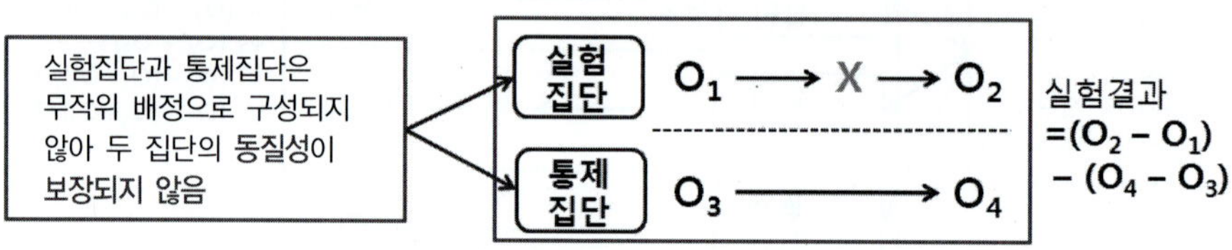

2 단순 시계열 설계(simple time-series design)

이것은 실험집단을 대상으로 사전검사와 사후검사를 여러 차례 실시하는 것이다. 원시/전 실험설계에서 단일집단 사전 · 사후검사 설계는 일회검사 사례연구의 개선된 형태라고 할 수 있는데, 단순 시계열 설계는 단일집단 사전 · 사후검사 설계에서 한 단계 업그레이드된 것이라고 할 수 있다. 사회복지 현장에서 개입의 효과를 측정하기 위해 실험을 하는 경우 통제집단을 설정하기 어려운 경우가 많다. 따라서 한 집단을 대상으로 개입의 효과를 측정하기 위해서 맨 처음 시도한 것이 일회검사 사례연구이다. 그러나 이 실험설계는 내적 타당도를 저해하는 요인을 전혀 통제하지 못하기 때문에 실험효과를 밝히는 데 어려움이 컸다. 여기서 보다 진전된 실험설계가 단일집단 사전·사후검사 설계이다. 그러나 이 역시도 실험의 효과를 밝히는 데 한계가 많아 실험 전후의 관찰(검사)을 여러 번 실시함으로써 그 한계점으로 극복하고자 한 것이 단순 시계열 설계이다. 사전검사와 사후검사를 여러 차례 실시하여 그것들의 평균값을 가지고 비교하기 때문에 비교적 안정된 검사값이라고 할 수 있다. 따라서 이 실험설계는 내적 타당도를 저해하는 요인을 상당부분 통제한다. 그러나 성숙, 검사, 참여자 탈락효과를 통제하지 못하고, 비교적 안정된 사전·사후검사 값을 사용한다고 하더라도 외부 사건 및 통계적 회귀 등의 효과는 어느 정도 발생하게 마련이다. 이 실험설계의 실험결과는 사후검사 평균값과 사전검사 평균값의 차이를 비교하여 판단하게 된다. 이 설계는 단일집단 사전·사후검사 설계의 한계점을 극복하기 위해 시도되었지만, 사전검사와 사후검사를 여러 차례 실시해야 하기 때문에 사회복지실천현장에서는 거의 사용되지 않는다.

실험집단	$O_1 \rightarrow O_2 \rightarrow O_3 \rightarrow X \rightarrow O_4 \rightarrow O_5 \rightarrow O_6$

실험결과 $= (O_4+O_5+O_6)/3 - (O_1+O_2+O_3)/3$

③ **다중 시계열 설계**(multiple time-series design)

이것은 「비동일 통제집단 사전·사후검사 설계」의 확대형이라고 할 수 있다. 「비동일 통제집단 사전·사후검사 설계」에서 사전검사와 사후검사를 여러 차례 실시하는 것이다. 사전검사와 사후검사를 여러 차례 실시한 평균값을 사용하기 때문에 비교적 안정된 값이라고 할 수 있다. 그러나 검사, 참여자 탈락 및 실험적 처치의 모방이나 확산효과를 차단하기 어렵고, 개인이 경험하는 외부 사건효과 역시 통제하기 어렵다. 이 실험설계의 실험결과는 실험집단과 통제집단의 평균적인 사전검사 값과 사후검사 값의 차이를 비교하여 판단하게 된다. 그러나 이 실험설계 역시 현실적이지는 못하기 때문에 거의 사용되지 않는다.

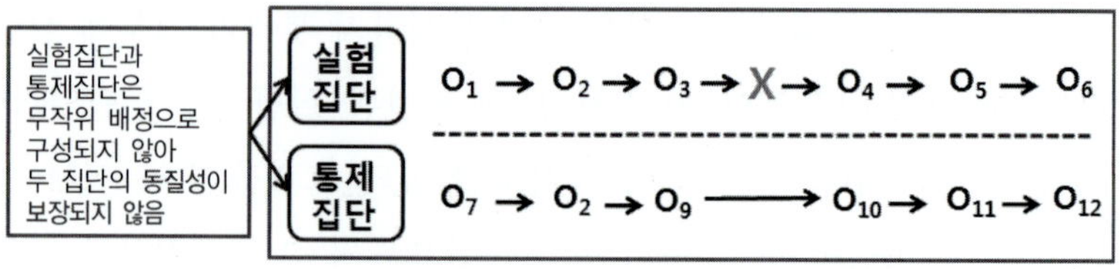

실험결과

$$=\{(O_4+O_5+O_6)/3 - (O_1+O_2+O_3)/3\} - \{(O_{10}+O_{11}+O_{12})/3 - (O_7+O_8+O_9)/3\}$$

(4) 집단실험설계에서 유의할 점은 무엇인가?

집단실험설계는 집단의 형태로 되어 있는 연구대상을 바탕으로 실험적 처치, 즉 사회복지에서 프로그램의 효과성을 검증하는 실험적 방법이라고 하였다. 따라서 집단실험설계를 운영하게 되면 프로그램이 효과가 있다 혹은 없다는 결론을 내리게 된다. 이러한 결론을 내릴 때 유의할 점이 몇 가지 있다. 첫째, 프로그램이 구조화되어 있어야 한다. 사회복지 프로그램의 효과는 프로그램 내용에 따라서, 운영자의 운영방식에 따라서, 실험장소에 따라서 매우 다양하게 나타난다. 따라서 프로그램을 운영하고 효과가 나타났을 때 그것이 순수한 프로그램의 효과인지를 확인하는 것이 요구된다. 같은 프로그램이라고 하더라도, 시기와 장소 및 운영자에 따라 프로그램 효과는 다양하게 나타난다. 또한 같은 운영자라고 하더라도 프로그램 참여자와 상호작용하는 방식과 내용에 따라서도 역시 많은 차이를 보인다. 따라서 프로그램과 운영은 매우 세밀하게 구조화되어 있어야 하고, 운영매뉴얼도 갖추고 있어야 실험에서 확인된 프로그램의 효과를 계속해서 기대할 수 있게 된다. 둘째, 통제집단을 설정하는 집단실험설계의 경우 실험집단과 통제집단의 동질성 여부를 면밀하게 확인해야 한다. 인간을 대상으로 하는 사회과학 집단실험설계의 경우 무작위할당을 통해 실험집단과 통제집단을 구성하는 것은 현실적으로 매우 힘들다. 이 말은 집단실험설계에서 원시실험설계나 유사실험설계가 아닌 실험설계를 수행하는 것은 현실적으로 가능한 경우가 별로 없다는 것이다. 따라서 집단실험설계의 경우 대부분이 원시실험설계나 유사실험설계로 이루어진다. 이러한 경우 실험집단과 통제집단의 동질성 확보를 확신하기 어렵기 때문에 실험효과를 검증하는데 상당부분 제한이 된다. 따라서 실험집단과 통제집단의 동질성 여부를 세밀하게 확인하는 것이 중요하다. 또한 통제(비교)집단을 설정하는 경우 프로그램을 제공하지 않고 관찰만 하게 되므로 윤리적인 문제가 발생할 수 있다. 비록 동의를 얻었다고 하더라도 연구자는 마음의 부담을 가질 수 있으므로 이런 경우 실험이 끝난 다음 통제집단에게도 프로그램을 제공하는 것이 좋다. 셋째, 집단실험설계의 자료수집은 주로 척도를 적용하거나 관찰을 통해서 하게 되는데 관찰을 통해서 하는 경우 타당도를 확보하는 것이 매우 중요하다. 관찰을 통해서 수집을 하는 것은 대부분 질적 자료이기 때문에 질적 자료를 분석하고 결론을 도출하는 데는 질적연구의 과정을 제대로 밟는 것이 필요하다. 관찰의 경우 직접 참여해서 할 수도 있고, 동영상을 촬영하거나 녹음 등을 할 수도 있기 때문에 참여자에게 동의를 얻는 등 윤리적인 과정을 거치는 것도 중요하다.

2) 단일사례설계(single case design; single subject design)

- 단일사례설계는 무엇인가?
- 단일사례설계는 왜 필요한가?
- 단일사례설계는 어떻게 하는 것인가?
- 단일사례설계 결과는 어떻게 해석하는가?
- 단일사례설계에서 유의할 점은 무엇인가?

(1) 단일사례설계는 무엇인가?

단일사례설계는 하나의 사례[13]를 대상으로 개입[14]의 효과를 검증하는 실험설계의 일종이다.

13) 하나의 사례라고 해서 반드시 한 사람만의 대상을 의미하는 것은 아니고, 한 사람, 한 집단, 한 가족 등 하나의 단위(unit)를 의미하는 것이다.

14) 단일사례설계에서는 실험이라는 용어보다는 일반적으로 개입이라는 용어를 사용한다.

(2) 단일사례설계는 왜 필요한가?

단일사례설계는 사회복지실천현장에서 이루어지고 있는 개별사례를 대상으로 한 개입의 효과를 검증하기 위해 필요하다. 현재 사회복지실천현장에서 이루어지고 있는 접근방법은 크게 사례관리, 상담/치료, 교육/훈련으로 구분된다. 사례관리나 상담/치료는 주로 단일사례를 중심으로 이루어지고, 교육/훈련은 주로 집단을 대상으로 이루어진다. 이들 접근방법에 대한 효과성 검증을 함에 있어서 교육/훈련은 집단실험설계를 주로 활용하고, 사례관리나 상담/치료는 단일사례설계를 활용한다.

(3) 단일사례설계는 어떻게 하는 것인가?

단일사례설계를 수행하기 위해서는 먼저 네 가지 요소가 있어야 한다. **개입, 사례, 실험자, 관찰/측정자**이다. 첫째는 효과성을 검증하고자 하는 사회복지실천 방법론으로서 개입이다. 개입은 명확하게 구조화되어 있어야 한다. 그래야만 효과성이 검증되었을 때 보급하거나 혹은 복수사례를 대상으로 실험을 할 수 있기 때문이다. 둘째는 피실험자인 사례가 존재해야 한다. 셋째는 개입을 수행할 사회복지사/연구자가 있어야 한다. 넷째는 검사와 관찰 등을 수행할 측정자가 있어야 한다.

단일사례설계를 위해 필요한 요소가 갖추어졌다면 먼저 사례를 대상으로 개입을 하기 전에 일정 기간 동안 측정을 한다. 측정은 개입의 대상이 되는 것에 관한 것이다. 예를 들어, 우울을 감소시킬 목적으로 개입이 이루어진다면 우울을 측정하고, 스트레스 감소를 위한 개입은 스트레스를, 가정폭력을 감소시키거나 중단하도록 하기 위한 개입이라면 가정폭력을 측정하는 것이다. 이렇게 개입하기 전에 여러 차례 측정하는 기간을 기초선 구간이라고 한다. 통상적으로 기호 A로 표시한다.

일정한 기간의 기초선 구간을 지난 다음에는 개입을 실시한다. 개입은 구조화된 계획대로 시행을 한다. 개입이 사회복지사나 실험자 임의대로 운영되는 것이라면 방법론으로 정립된 것이 아니기 때문에 효과성을 검증할 필요가 없을 것이다. 개입을 하면서 일정 시점마다 기초선 구간에서처럼 측정을 한다. 기호는 개입의 종류에 따라 B, C, D 등으로 표시한다.

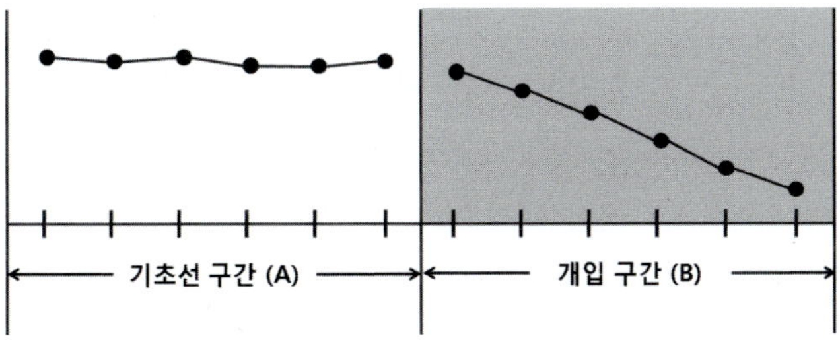

┃그림 9-18┃ 기초선 구간과 개입 구간 측정

측정은 다원측정(triangulation)의 원칙을 따라 측정한다. 다원측정이란 측정방식,[15] 측정지표, 관찰자 등을 운영함에 있어서 적어도 2가지 이상을 구성하여 운영하는 것이다. 측정지표는 당연히 타당도와 신뢰도가 입증된 것을 사용해야 한다.

단일사례설계는 다양한 방식[16]으로 시행할 수 있다. 하나의 사례를 대상으로 한 종류의 개입을 하는 **단일사례 단일요소 설계(AB/ABAB설계)**가 있고, 둘 이상의 복수사례에 대해 기초선 구간은 달리하고, 개입은 동일한 한 종류만 실시하는 **복수사례 단일요소 설계**가 있으며, 한 사례에 대해 여러 종류의 개입을 적용하는 **단일사례 다중요소 설계(ABCD설계)**가 있다.

① 단일사례 단일요소(AB/ABAB) 설계

이것은 단일 사례를 대상으로 한 종류의 개입–단일 요소–을 하는 실험설계이다. 한 번의 기초선 단계와 한 번의 개입단계를 거치는 경우를 **「AB설계」**라고 하고, 두 번의 기초선 단계[17]와 두 번의 개입단계를 거치는 경우를 **「ABAB설계」**라고 한다.

15) 측정방식은 자기보고, 면접, 관찰 등의 방식이 있다.

16) 단일사례설계의 세부유형방식은 AB설계, ABAB설계, ABCD설계 등으로 명칭화되어 있다. 본 서에서 우리말 명칭은 저자가 적절하다고 판단하여 사용하는 것임을 밝힌다.

17) 엄밀하게 말하면, 한 번의 기초선 단계(첫 번째 A)와 한 번의 개입중지 단계(두 번째 A)를 거치는 것이다.

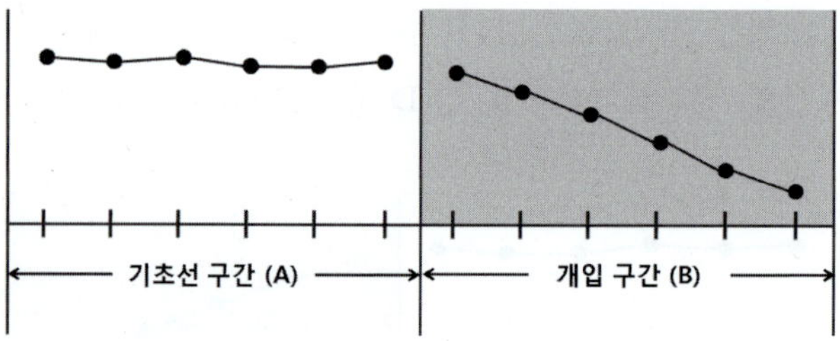

┃그림 9-19┃ AB설계

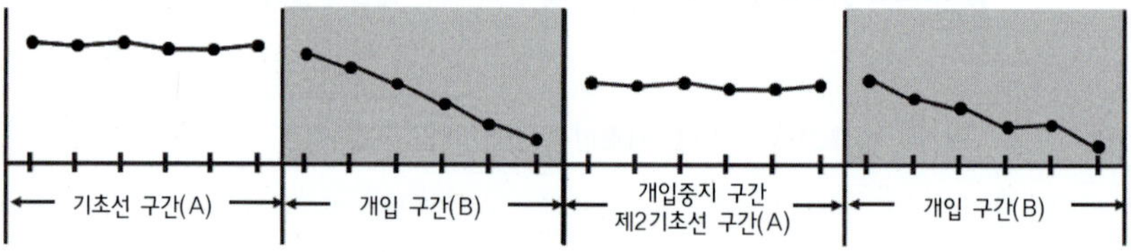

┃그림 9-20┃ ABAB설계

단일사례설계는 통상적으로 측정값으로부터 그려진 그래프를 보고 개입의 효과를 판단한다. 그런데 **「AB설계」**로는 실험효과를 명확하게 판단하기 어렵다. 즉, 내적 타당도를 확보하기가 쉽지 않다. 따라서 내적 타당도를 보다 더 확보하기 위해 **「ABAB설계」**를 시행한다. **「ABAB설계」**는 **「AB설계」**보다 실험효과를 보다 확실하게 판단할 수 있다.

② 복수사례 단일요소 설계

이것은 기초선 단계를 ┃그림 9-21┃에서 보는 것처럼 사례에 따라 다양하게 적용하는 설계이다. 본래 단일사례설계는 실험대상이 단일사례이나 여기서는 복수의 사례를 대상으로 한다. 복수사례 단일요소설계가 복수의 사례를 대상으로 하지만 각각의 사례는 단일사례설계로 운영되기 때문에 단일사례설계의 범주에 포함된다. 복수사례 단일요소설계를 하는 이유 또한 ABAB설계처럼 내적 타당도를 확보하기 위해서이다. 복수사례 단일요소설계는 개입의 효과를 보다 확실하게 규명할 수 있기 때문이다.

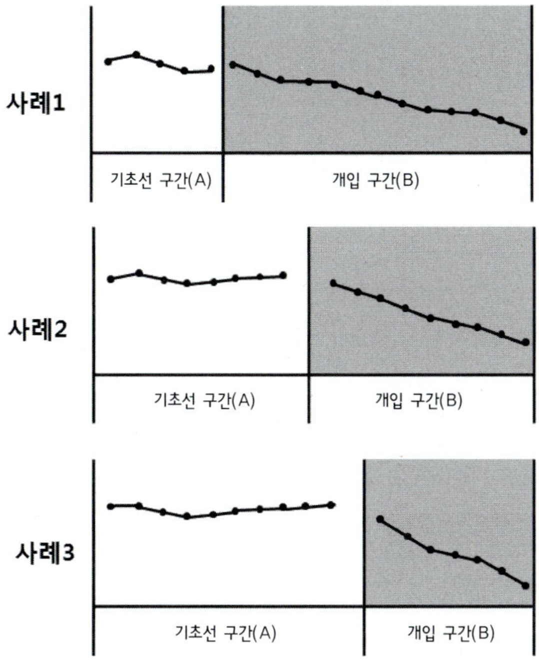

그림 9-21 복수사례 단일요소 설계

③ 단일사례 다중요소(ABCD)설계

이것은 단일사례설계에 여러 종류의 개입-다중요소-을 적용한 것이다. 이 설계는 하나의 기초선 단계를 운영하면서 다양한 개입의 효과를 검증할 수 있도록 고안되었다. 그러나 각 단계의 개입의 효과가 순수하게 그 단계의 개입의 효과인지 혹은 앞 단계 개입의 잔류 효과인지를 구분하기 어려운 단점이 있다. 따라서 ABCD설계를 시행하려면 각 단계 개입(B, C, D)의 효과를 구별해 낼 계획을 마련하는 것이 중요하다.

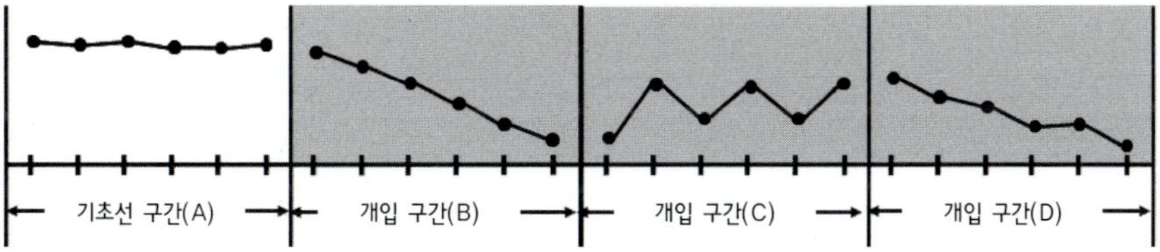

그림 9-22 ABCD설계

(4) 단일사례설계 결과는 어떻게 해석하는가?

단일사례설계를 통하여 개입의 효과를 검증하는 실험을 하였을 때, 효과를 검증하는 방법은 크게 세 가지가 있다. 그래프 모양을 이용한 시각적 검증, 통계적 검증, 개입분야 전문가의 임상적 검증 등이다. 그러나 통계적 검증과 개입분야 전문가의 임상적 검증은 실제로 활용하는 데 제한[18)]이 많이 따르기 때문에 그래프 모양을 이용한 시각적 검증만을 다루도록 한다.

그래프 모양을 이용한 시각적 검증은 기초선 구간의 측정값들과 개입 구간의 측정값들이 보이는 경향을 비교해서 결과를 해석하는 것이다. ❙그림 9-23❙의 경우를 보면 기초선 구간에서는 측정값의 변화가 별로 없이 비슷한 값을 드러내고 있는데, 개입구간에서는 측정값이 감소하고 있는 것을 보여주고 있다. 이러한 경우 개입의 효과가 있다고 판단할 수 있다. 그러나 개입의 효과를 확신하기는 어렵다. 기초선 구간의 끝부분에 특정한 계기를 통하여 개입 구간부터 성숙의 효과가 나타나서 자연스럽게 좋아지게 된 것인지도 모르기 때문이다. ❙그림 9-24❙의 경우에는 개입의 효과가 있다고 판단하기 어려운 경우를 보여주는 것이다.

왼쪽의 그림은 측정값의 변동이 크고 개입 구간의 측정값도 기초선 구간에 비해 작다고 판단하기 어렵고, 오른쪽의 경우에는 개입 구간의 측정값들이 낮아지는 추세이긴 하지만 기초선 구간의 중간 이후부터 낮아지는 추세가 이어지고 있어서 개입의 효과로 단정하기 어렵다.

18) 통계적 검증은 기초선 구간 측정값과 개입 구간의 측정값에 대한 통계적 차이를 검증하는 것으로, 두 구간의 측정횟수 등에서 비교를 위한 비모수통계치의 조건을 갖추어야 하는데 그런 조건을 충족시키기가 용이하지 않다. 또한 전문가에 의한 임상적 판단도 실험자가 전문가로서 판단하게 되면 편견이 개입될 가능성이 많고, 실험자 외의 다른 임상전문가를 동원하여 매번 측정을 하도록 하는 것도 실제로 용이한 것은 아니다.

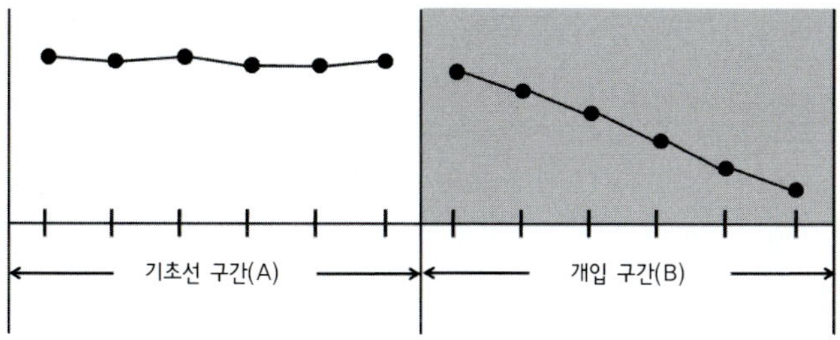

| 그림 9-23 | 개입이 효과가 있다고 판단되는 AB설계

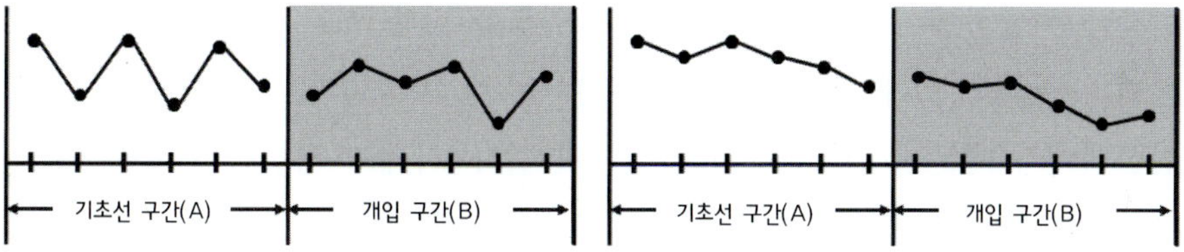

| 그림 9-24 | 개입이 효과가 있다고 판단하기 어려운 AB설계

앞에서 ABAB설계를 설명하기 위해 제시되었던 | 그림 9-20 |은 개입의 효과를 보다 분명하게 보여준다. 기초선 구간에서는 측정값의 변화가 거의 없다가 개입 구간에서는 낮아지고 있는데, 개입을 중지하는 제2의 기초선 구간에서는 처음 기초선 구간보다는 다소 낮은 값이기는 하지만 원래의 추세로 돌아갔고, 다시 개입을 하자 낮아지는 추세가 나타나 AB설계보다 개입의 효과를 보다 확실하게 확인할 수 있다.

또한 복수사례 단일요소설계에서 제시된 | 그림 9-21 |도 개입의 효과가 있다고 보다 확신할 수 있다. 사례 1에서는 기초선 구간을 지나 개입의 구간에서 효과가 나타났는데 사례 2, 사례 3에서는 사례 1의 기초선 구간을 넘어서서 기초선 구간을 운영할 때 별다른 변화를 보이지 않다가 개입이 시작되면서 효과가 나타나는 것으로 볼 때 개입의 효과를 보다 분명히 인식할 수 있다.

이와 같이 단일사례설계에서는 그래프 모양을 통해 결과를 확인하는 것이 보편적이다.

(5) 단일사례설계에서 유의할 점은 무엇인가?

단일사례설계는 개입의 효과를 검증할 수 있는 좋은 실험설계이다. 그러나 실험설계가 그렇듯이 단일사례설계도 실제 적용을 위해서는 유의할 점이 몇 가지 있다. 첫째, 사례가 보이는 변화가 개입으로 인한 것인가를 확신하는 정도인 내적 타당도를 높이는 것이 필요하다. 물론 내적 타당도를 높이기 위해 다양한 방식의 단일사례설계가 개발되긴 했지만 확신의 정도가 높은 것이지 100% 확신할 수 있는 것은 아니다. 따라서 내적 타당도를 높이기 위해 실험설계를 세밀하게 운영할 필요가 있다. 이것을 다른 시각으로 보면 단일사례설계의 결과를 쉽게 판단해서는 안 된다는 것이다. 둘째, 단일사례설계도 실험설계이기 때문에 윤리문제가 발생하기 쉽다. 사례가 경험하는 예측하지 않은 어려움에 대해 적극적으로 대처할 수 없기 때문이다. 그에 대한 대처를 하게 되면 개입의 효과성 검증이 어려워질 수 있고, 대처를 하지 않게 되면 사례가 겪는 어려움을 외면하게 되는 윤리적인 문제가 발생할 수 있는 것이다. 따라서 실험자는 그러한 상황을 예측하고 대비하는 것이 필요하다. 셋째는 외적 타당도를 확보하는 데도 신경을 써야 한다. 즉, 개입의 효과를 일반화시키기 위해서는 사례가 가지고 있는 일반성과 독특성을 세밀하게 고려하여 해석할 필요가 있다. 사례가 가지고 있는 독특성이 개입과 상호작용하여 효과를 드러낸 것으로 판단되면 일반화과정에서 이러한 점을 잘 고려해야 한다. 마지막으로 측정도구로 척도를 활용하였다면 검사효과가 발생하는 것에 유의해야 한다. 집단실험설계에서 사전사후검사를 함에 있어서도 검사효과는 문제가 될 수 있기 때문에 측정을 여러 차례 하게 되는 단일사례설계에서는 특히 검사효과가 영향을 미치는 것에 대해 유의해야 한다.

chapter 10

질적연구(Qualitative Research/ Field Research/Observation Research)[1] : 질적연구는 무엇이고 어떻게 하는 것인가?

Key point

질적연구는 귀납적 연구의 전형으로 현상에 대한 깊이 있는 관찰과 분석으로 의미 있는 정보를 추론해 내는 방법으로 실험연구와 마찬가지로 최근 그 중요성과 활용성이 커지고 있다. 일상의 삶에서 의미 있는 결과를 도출해 보기 바란다.

학습목표 질문

1. 질적연구는 무엇인가?
2. 질적연구는 왜 필요한가?
3. 질적연구에는 어떠한 연구방법들이 있는가?
4. 질적연구는 어떤 과정으로 하는 것인가?
5. 질적연구에서 유의할 점은 무엇인가?

1) 본 서에서는 질적연구를 개괄적으로 다룰 것이다. 질적연구를 충실히 학습하기 위해서는 질적연구만을 다룬 전문 서적을 참고하기 바란다.

1. 질적연구의 개념과 필요성 : 질적연구는 무엇이고, 왜 필요한가?

1) 질적연구는 무엇인가?

질적연구는 질적 자료[2)]를 수집하여 분석하는 연구이다(정대연, 1997). 질적연구에서는 수집된 질적 자료를 가지고 질적 분석을 하게 되는데, 질적 분석은 수집된 자료가 가지고 있는 **의미**를 서술적으로 분석하는 것이다. 이러한 질적 분석은 **기술(記述)**과 **인과관계**의 이해라는 두 가지 목적을 가지고 있다. 기술에 대한 이해는 사실발견에 대한 기술이고, 인과관계에 대한 이해는 내적 메커니즘을 찾아내는 것이다.

2) 질적연구는 왜 필요한가?

질적연구는 주로 사물이나 현상에서 새로운 사실을 발견하여 기술하거나, 내적 메커니즘을 찾아내서 인과관계에 대한 정보를 획득하기 위하여 이루어진다. 반면에 양적연구는 주로 사물이나 현상의 크기나 양에 대해 기술하거나, 인과관계를 검증하기 위해 이루어진다. 질적연구는 사물이나 현상에 대한 정보가 충분하지 않을 때 탐색적으로 이루어지는 경우가 많다. 즉, 귀납적 연구를 할 때 적합한 방법론이라고 할 수 있다. 반면에 양적연구는 기본적인 정보가 뒷받침되어 있을 때 확인하고 검증하기 위해 이루어지는 경우가 많다. 연역적 연구를 할 때 적합한 방법론이다. 질적연구는 깊이 있는 정보를 얻고자 할 때 필요한 방법론이고, 양적연구는 크기나 넓이에 관한 정보를 얻고자 할 때 필요한 방법론이라고 할 수 있다.

---

2) 질적 자료는 크기나 양의 순서대로 배열될 수 없는 현상을 드러내는 자료이다. 척도로 보면 성, 종교, 결혼상태 등 명목척도의 자료이다. 예를 들어, 남자와 여자는 크기나 양에 의한 분류가 아니라 성이라는 질적 속성에 의한 분류이다. 따라서 명목척도인 성은 질적 자료가 되는 것이다. 그러나 명목척도로 측정된 자료라 하더라도 백분율, 상관관계 등 통계적으로 집계하면 양적 자료가 된다.

질적연구 필요성 예시	가정폭력 피해 여성의 자녀양육 경험 : 쉼터 입소 여성의 경험을 중심으로 (양혜원 · 김희수, 2009)

그런데 지금까지 가정폭력 피해 여성의 자녀양육 경험을 심층적으로 다룬 연구는 드문 편이다. 주로 일반화된 양육 특성, 즉 공격적/통제적 양육, 애정적/민주적 양육, 합리적 지도, 과보호, 방임 등의 틀을 기준으로 양육행동을 유형화하고, 가정폭력 피해 여성의 자녀양육을 일반 여성과 비교하거나, 각 유형이 가정폭력이 자녀에게 미치는 부정적 영향의 매개요인으로 어떻게 작용하는지에 초점을 맞추고 있다. ← **기존 연구의 한계점**

구체적으로 가정폭력 피해는 어머니의 자녀에 대한 공격적 양육행동이나 방임을 증가시키는 반면, 애정적 양육행동은 감소시킨다는 주장이 주류를 이룬다(신성자, 2001; 신민섭 · 오경자 · 홍강의 · 김해숙, 2004; Jaffe, Wolfe, and Wilson, 1990; McLoyd, 1990; Hilton, 1992; Cummings, 1998; Hughes and Luke, 1998). 특히 관심이 집중되어 온 이슈는 공격행동에 관한 것으로, 가정폭력이 피해 여성의 공격성을 증가시키고, 그 결과로 자녀를 학대할 가능성이 높다고 보고되었다(신민섭 외, 2004; Jaffe et al., 1990; McLoyd, 1990; Fincham, Grych and Osborne, 1994; O'Keefe, 1994; Taylor, Guterman, Lee, and Rathouz, 2009). 그러나 이에 대한 반론도 드물지 않아서, 가정폭력 피해 여성이 일반 여성에 비해 자녀에게 더 공격적인 것은 아니며, 자녀를 학대하는 경향이 나타나지 않은 연구도 있다(김재엽 외, 2005; McCloskey, Figueredo, and Koss, 1995; Holden, Stein, Ritchie, Harris, and Jouriles, 1998).

대다수의 선행연구는 양적 접근을 활용함으로써, 단편적이고, 다분히 연구자의 인식과 이해에 기초한 틀에 맞추어졌다는 한계를 지닌다. ← **기존 '양적연구'의 한계점**

~중략~ 이에 본 연구는 가정폭력 피해 여성의 자녀양육 경험의 다양한 측면을 심층적으로 고찰하는 데 초점을 두었으며, 이를 위하여 가정폭력 쉼터에 입소한 어머니들을 연구대상으로 선정하였다. ~중략~ 본 연구는 '가정폭력 피해 여성들의 자녀양육 경험은 어떠한가?'라는 연구문제에서 출발하며, 쉼터에 입소한 가정폭력 피해 여성을 대상으로 심층면접을 실시하여 그들의 자녀양육 경험의 본질을 파악하고자 하는 데 목적이 있다. 다양한 질적연구방법 중 현상학적 방법을 활용함으로써 연구 대상자의 목소리를 경청하고 그들의 경험을 공감적으로 이해하고자 하였으며, 이를 통하여 가정폭력 피해 여성의 관점에서 그들이 자녀를 양육하는 과정에서 경험한 바의 세밀한 양상을 고찰하고 통합적으로 분석하였다. ← **가정폭력 피해 여성의 자녀양육 경험의 본질을 심층적으로 파악(이해)하고자 하는 연구의 필요성 및 연구목적**

2. 질적연구의 방법 : 질적연구에는 어떠한 연구방법들이 있는가?

질적연구는 양적연구와는 달리 방법이 체계화되어 있거나 고정적이지 않으며 유연하고 융통적이다. 따라서 방법도 학자에 따라 다양하게 분류되고 논의된다. 그러나 질적연구방법들이 명확히 구분되는 것은 아니다. 어디에 초점을 두느냐 혹은 강조하느냐에 따라 다르게 명명되는 것이다. 여기서는 **근거이론 방법**(Grounded Theory Method), **민속학적 방법**(Ethnographic Method), **현상학적 방법**(Phenomenological Method), **내러티브 방법**(Narrative Method)에 대해 살펴보는데 이들 역시도 공통적인 부분이 많다. 예를 들어, 근거이론 방법은 수집된 자료를 분석하는 방법으로 다른 질적연구방법에서 많이 활용된다. 민속학적 방법이 현상에 대하여 제대로 이해하기 위해서 비교적 오랜 시간의 참여관찰을 통하여 자료를 수집한다면, 현상학적 방법이나 내러티브 방법은 자료수집 방법으로서 심층면접을 주로 활용한다. 현상학적 방법이 직관이나 해석을 통해 현상을 이해하는 데 초점을 둔다면 내러티브 방법은 참여자의 주관적 경험 이야기에 초점을 두는 것이다.

1) 근거이론 방법

핵심 **지속적인 비교**, 그로부터 도출된 **이론(근거이론)**

근거이론 방법은 Glaser와 Strauss(1967)에 의해 개발되었다. 이것은 이름에서도 알 수 있듯이 **근거를 가지고 이론의 형태로 개발해 가는 방법**을 의미한다. 따라서 이론의 형태로 개발된 것을 근거이론이라고 할 수 있다. 이것은 초기에 이론이 개발되는 과정을 보여준다. 이론이 없는 상황에서 이론은 어떠한 과정을 거쳐서 개발되었을까를 생각해 보자. 이론이 개발되기 위해서는 누군가가 어떠한 사물이나 현상에서 특정한 모습을 발견했을 것이다. 이론이 없으니 어떠한 이론이나 가정, 혹은 전제를 가지고 있지 않았을 것이다. 단지 사물이나 현상에서 특정한 모습이 눈에 들어왔을 것이다. 그러면 그러한 특정한 모습이 다른 사물이나 현상에서도 동일하게 나타나는지 확인을 하게 되는데, 그러한 확인과정, 다시 말해서 검증과정을 반복해서 거치게 되면 그러한 특정한 모습은 기정사실화될 것이다. 그렇게 되면 바로 그것이 이론이 되는 것이다. 근거이론 방법은 바로 이러한 과정과 절차를 그대로 가지고 있다. 아무런 이론이나 가설 혹은 전제 없이 사물이나 현상에서 특정한 모습을 발견해내고, 임시적인 가설을 세운 다음 다른 사물이나 현상에서도 그러한 특정한 모습이 발견되는지 확인을 해나간다. 즉, 임시적인 가설을 세우고, **다른 사물 · 현상과 비교**하고, 그에 따라 가설을 다듬어 간다. 그런 과정을 몇 차례 거치게 되면 그 가설은 이론의 모습을 갖추게 되는데, 엄밀한 이론이 되기 전의 이러한 형태를 **근거이론**(grounded theory)이라고 한다. 따라서 근거이론은 이론을 의미하기도 하고, 근거이론을 만들어 가는 과정, 즉 방법을 의미하기도 한다.

방법으로서의 근거이론 방법은 다른 **질적연구방법의 근간이 되는 방법**이다. 즉, 이론이나 가설 혹은 전제 없이 사물이나 현상에서 특정한 모습을 발견해내고 그것이 다른 사물이나 현상에서도 동일하게 나타나는지를 지속적으로 탐구하여 하나의 이론적 형태로 만들어 가는 것은 다른 질적 방법도 동일하기 때문이다. 다른 질적연구방법은 어디에 초점을 두는가에 따라 이름을 달리한다고 할 수 있다.

근거이론 방법은 특히 사회복지실천에 매우 적합한 방법론이라고 할 수 있다. 사회복지사가 실천현장에서 클라이언트를 만나서 그들이 가지고 있는 어려움이나 욕구를 발견하고 개입하는 과정이 근거이론 방법과 매우 유사하기 때문이다. 사회복지사가 클라이언트를 만나 어려움이나 욕구를 사정하는 경우, 한 번의 만남으로 정확하게 파악하는 것은 거의 불가능하다. 계속된 만남과 추가적인 정보탐색을 통해 보다 정확한 사정을 하게 되는데, 이러한 점에서 사회복지실천과 근거이론 방법이 매우 유사한 것이다. 따라서 근거이론 방법, 나아가 질적연구방법을 잘하면 사회복지실천을 잘할 수 있고, 사회복지실천을 잘하면 근거이론 방법이나 질적연구방법을 잘할 수 있다.

2) 민속학적 방법

> 핵심 **내부자 관점,** 비교적 오랜 기간의 **참여관찰**

민속학적 방법은 **특정 집단이나 개인의 행동 혹은 태도에 대한 '기술'이나 '이해'의 목적을 가지고 자연스러운 상황에서 참여관찰을 통해서 문화나 사회를 연구하는 것**이다. 문화인류학은 시작부터 지금까지 이러한 질적연구방법에 크게 의존하고 있다. 이 방법은 참여관찰을 강조한다. 특정 집단이나 개인을 이해하는 데는 두 가지 접근법이 있다. 그 집단이나 개인의 입장에서 바라보는 것과 외부자의 입장에서 바라보는 것이다. 그것은 때로 큰 차이를 가져온다. 예를 들어, 노숙자의 입장에서 노숙자들의 행동을 이해하는 것과 비노숙자의 관점에서 이해하는 것, 결혼이민자의 입장에서 가족생활을 이해하는 것과 내국인의 입장에서 이해하는 것은 많은 차이가 있을 것이다. 민속학적 방법은 바로 **내부자(insider)의 입장**에서 연구하는 것이다. 내부자의 입장에서 연구하기 위해서는 참여관찰이 필수적이라고 할 수 있다.

이러한 방법 역시 사회복지실천과 잘 맞는 질적연구방법이라고 할 수 있다. 사회복지실천에서도 '클라이언트의 입장에서'를 매우 강조하고 있다. 고객의 입장에서 어려움과 욕구를 파악하게 되면 '개별화'의 원리를 적용하기 용이하고, 또한 쉽게 '수용'할 수도 있기 때문이다.

3) 현상학적 방법

> 핵심 **현상의 본질 탐구, 직관과 해석**

현상학적 방법은 **인간행동이나 태도 등 인간의 모든 현상의 본질을 탐구하고 이해하는 방법**이다. 현상학은 의식으로 경험한 현상을 어떠한 가정이나 전제 없이 기술하고 연구하는 것을 일차적 목표로 삼는 20세기 철학사조인데, 현상학이라는 용어는 18세기 독일철학자인 하인리히 람베르트가 인식론의 일부에 붙인 이름에서 유래되었다. 현상학은 20세기 초에 오스트리아 태생의 독일 철학자인 E. Husserl로부터 하나의 사조를 형성하기 시작하였다. 엄밀한 학문으로서의 철학을 지향했던 Husserl은 '사상(事象) 자체'를 탐구하는 것을 중시하여 개념적 전제 없이 '경험'되어진 사상－다른 말로 현상－을 충실하게 기술하고 이해하고자 하였다. 따라서 Husserl의 현상학에서는 직관을 중요시하고, 주어진 것을 변형하고 재해석하는 것을 반대한다. Husserl의 영향을 받았지만 후에 다른 길을 걷게 된 M. Heidegger는 인간의 현존재를 존재의 현상으로 보고 현존재의 해석을 통하여 존재를 이해하고자 하였다. 즉, 현상을 해석하여 현상에 대한 이해를 하고자 하였는데 이것을 해석학적 현상학이라고 한다. 간단히 정리하면 Husserl은 현상을 **직관** 등을 통해서 있는 그대로 이해하고자 하였다면, Heidegger는 현상을 **해석**하여 현상에 대한 이해를 하고자 하였다는 점에서 차이를 보인다. 그러나 접근방법의 차이에도 불구하고 양자 모두 현상에 대한 이해를 제대로 하고자 한 목적은 같다고 할 수 있다.

4) 내러티브 방법

핵심 경험 이야기, 주관적 기억과 이해

내러티브 방법은 **연구대상자로 하여금 자신의 개인적 · 사회적 삶의 경험을 이야기(narrative)하고, 그 경험 이야기를 탐구함으로써 개인의 행동이나 태도를 기술하고 이해하고자 하는 방법**이다. 따라서 내러티브 방법은 더 구체적으로 생애사(life history) 연구방법 혹은 구술사(oral history) 연구방법이라고도 불린다. 이 연구방법을 사용하는 연구자들은 개개인들이 자신의 삶에 있어서 중요한 사건들을 어떻게 **주관적으로 기억하고 이해**하는지를 알고자 한다(Rubin & Babbie, 2008). 즉, 내러티브 방법은 특정한 맥락 안에서 사람들에 의해서 주관적으로 경험된 현상을 기술하고 설명함으로써 이해를 얻고자 한다. 내러티브 방법론자들은 경험은 내러티브적－이야기적－으로 일어난다고 주장한다. 따라서 내러티브는 경험을 이해하고 표현하는 데 가장 좋은 방법이기 때문에 내러티브 탐구가 이루어지게 되었고 오늘날 질적연구방법의 하나로 자리 잡게 되었다.

3. 질적연구의 과정 : 질적연구는 어떻게 이루어지는가?

질적연구에도 양적연구와 마찬가지로 일정한 절차와 과정이 존재한다. 연구문제 형성, 표집, (질적) 자료수집, 자료 분류 및 코드화, 분석과 설명 등이다.

1) 연구문제 형성

질적연구는 사물이나 현상을 '기술'하고 '이해'하기 위해서 이루어진다. 따라서 **연구문제도 질적인 형태로 제안**된다. 예를 들어, 이혼여성의 적응과정이라든지 가출청소년이 비행에 이르게 되는 과정, 부부폭력 피해여성의 사회적 상호작용의 양상 등과 같은 형태이다. 흥미로운 연구문제를 찾는 것은 어려운 일이 아니지만, 명료하고, 적절하며, 지적인 가치를 지니는 연구문제를 설계하는 것은 쉬운 일이 아니다(Mason, 1996). 연구문제를 적절하게 잘 설계하기 위해서는 Mason(1996)이 제시한 다섯 가지 질문에 대해 연구자가 스스로에게 자문해 보는 것이 필요하다. 첫째, 내가 탐구하고자 하는 현상, 실재(entity), 또는 사회적 실체의 본질이 무엇인가? 둘째, 내가 탐구하고자 하는 실재, 또는 사회적 실체에 대한 지식이나 증거로 삼을 내용은 무엇인가? 셋째, 연구에서 다루고자 하는 주제, 또는 주 관심영역이 무엇인가? 넷째, 이론적, 지적으로 해결하고자 하는 궁금증이 무엇인가? 무엇을 설명하고자 하는가? 해결하고자 하는 연구문제는 무엇인가? 다섯째, 내 연구의 목적이 무엇인가? 나는 왜 이 연구를 수행하고자 하는가?이다.

연구문제 형성 예시	저소득 이혼 한부모 자조집단에 관한 질적 사례연구–월계종합사회복지관 '징검다리' 사례를 중심으로(양혜원 · 김희수 · 최정숙, 2016)

이들을 지원하기 위한 서비스로 저소득 여성 한부모를 대상으로 하는 자녀양육비나 주거비 지원, 직업훈련 및 취업알선 등의 지원이 지방자치단체, 자활기관 등을 중심으로 이루어지고 있고, 1995년 모자복지법 및 2002년 모부자복지법 개정으로 부자가족에 대한 지원 또한 이루어지고 있다. 그 외 민간단체와 사회복지관에서 심리상담, 자조집단, 법률상담, 자녀프로그램 등이 제공되고 있는데, 이 중 특히 자조집단은 이들의 어려움을 극복하는 효과적인 방법으로 주목받으며 많은 기관과 단체에서 시도되고 있다(장혜경 외, 2005; 최윤진 · 허정은, 2006; 성정현, 2007; 김은정 외 2010). ~중략~ 이렇듯 자조집단의 필요성에 대한 인식을 기반으로 자조집단을 구성, 운영하는 많은 시도가 이루어지고 있으나 기관 사업에 따라 일정 기간 운영되다가 종결되는 등 제대로 정착하지 못하거나 어느 정도 지속되어 온 집단이라 하더라도 초기 역동성을 상실하고 자조집단을 진전시켜 나갈 방법과 방향을 알지 못하는 어려움에 봉착하는 경우가 많아(성정현, 2007; 김은정 외, 2010) 자조집단을 유지시키고 발전시킬 수 있는 방안을 모색하는 노력이 필요한 상황이다. 지금까지 소아암 부모(김진숙, 2005), 중도지체장애인 가족보호제공자(차현미, 2005), 입양가족(김향은, 2006), 유방암 여성(이윤수, 2007; 이명선 외, 2014) 아토피안(조도현 · 조대엽, 2008), 정신장애인(박선영, 2009; 이미경, 2011), 순직군인 배우자(이윤수, 2011) 자조집단에 관한 연구가 진행되어 왔으며, 빈곤여성 한부모 자조집단 연구도 일부(허정은, 2003; 최윤진 · 허정은, 2006; 김은정 외, 2010) 시도되었다. 그러나 이혼, 사별을 구분하지 않고 한부모 전체를 대상으로 하였고, 주로 자조집단의 방향성에 대한 고민을 담은 연구에 그쳐서 한계가 있다. 이혼에 초점을 둔 연구로 이혼공동체가 온 · 오프라인 공동체로 운영되는 양상을 드러낸 연구(성정현, 2007)가 있으나 이혼 한부모 자조집단의 발전과정 및 성과, 성과 관련 요인 등 자조집단을 유지, 발전시킬 수 있는 방안 논의에 초점을 둔 연구는 찾아보기 어렵다. ← **이혼 한부모 자조집단에 관한 연구의 필요성**

이에 본 연구에서는 이혼 한부모 자조집단으로 13여 년간 유지, 발전해 오면서 개인적 · 집단적 차원에서 성과가 나타나고 있고 또 다른 자조집단 및 지역사회 봉사모임이 파생되는 등 주목할 만한 발전을 보이는 월계종합사회복지관(이하, 월계복지관)의 자조집단 '징검다리' 사례를 주목하여 심층적으로 살펴보고자 하였다. ← **대표적 이혼 한부모 자조집단 사례에 대한 심층적 고찰이라는 연구목적**

이를 통해 저소득 이혼 한부모 자조집단을 구성, 운영함에 있어 적용할 수 있는 함의사항을 도출하고 향후 해결이 필요한 과제를 고찰, 논의함으로써 이혼 한부모 자조집단 발전에 기여하고자 하였다. ← **연구결과를 바탕으로 기여하고자 하는 점**

본 연구에서 초점을 두는 연구질문은 징검다리가 1) 어떻게 형성, 유지, 변화되어 왔는가?, 2) 성과는 무엇인가?, 3) 유지, 변화, 성과와 관련된 요인은 무엇인가?로, 이러한 질문들을 해결하기 위해 다양한 출처의 자료로부터 사례에 대한 정보를 얻어 사례의 맥락 속에서 총체적인 해석 및 서술을 시도하는 질적 사례연구 방법을 적용하였다. ← **위에서 언급된 연구 필요성, 연구목적, 연구결과로 기여하고자 하는 점 등을 바탕으로 연구문제 형성**

2) 표집

질적연구에서도 당연히 표본을 선정하여야 한다. 양적연구에서도 모집단 전체를 조사하는 것은 대부분 어려운 일이지만 질적연구에서는 모집단 전체를 조사한다는 것이 특히 더 어렵다. 양적연구는 조사주제가 어떠하든지 거의 대부분 사람을 조사대상으로 설정하고 표본으로 선정한다. 그러나 **질적연구는 사람 자체보다는 경험을 표집하는 것이 일반적**이다.[3] 그렇기 때문에 질적연구는 모집단 전체를 조사하는 것이 훨씬 더 어려운 일이다. 따라서 표본을 뽑아서 조사를 하는 것이 일반적인데, 표본을 뽑을 때는 대표성, 타당도 등을 고려해야 한다. 그런데 질적연구에서 표본을 뽑을 때 대표성 있게 뽑는 것은 아마도 거의 불가능할 것이다. 대부분의 질적연구자들은 확률표집을 하기 어렵기 때문에 나름대로 모집단과 여러 가지 특성이 비슷하다고 생각하는 표본을 선정하게 된다. 이러한 것을 **의도적 표집**(purposive sampling)이라고 하는데, 이는 질적연구에서 대표성 있는 표본을 선정하는 것이 어려운 일이기는 하지만 나름대로 대표성을 고려한 표집방법이라고 할 수 있다. 그러나 의도적 표집으로 선정된 표본이 모집단을 대표하는 것은 아니기 때문에 연구자는 자신이 실행한 질적연구의 표집방법에 대해 설득력 있게 기술하고 제시하여야 한다.

질적연구의 표집에 있어서 타당도란 표집해야 하는 것을 표집하고 있는가 하는 것과 관련이 있다. 질적연구 전 과정에서 타당도는 측정하고, 설명하고, 조명하고자 한 것이 과연 의도대로 측정, 설명, 조명되었는가를 판단하는 것이다. 여기에서 표집은 측정하고자 하는 것을 제대로 측정하였는가 하는 점이다. 예를 들어, 종교적 신념을 연구한다고 했을 때 다른 신념과 대비되는 종교적 신념을 다루고 있는가, 그리고 종교적 행위가 아닌 신념을 다루고 있는가를 확인하는 것이다.

---

3) 질적연구에서 무엇을 표집대상으로 삼느냐는 연구자가 가지고 있는 존재론과 인식론적 관점에 따르게 되는데 이러한 것을 세부적으로 논의하는 것은 이 책의 범위를 넘어서는 것으로 여기서는 '경험'이라고 정리하기로 한다.

표집 예시 1	가정폭력 피해 여성의 자녀양육 경험 : 쉼터 입소 여성의 경험을 중심으로 (양혜원 · 김희수, 2009)

이에 본 연구는 가정폭력 피해 여성의 자녀양육 경험의 다양한 측면을 심층적으로 고찰하는 데 초점을 두었으며, 이를 위하여 가정폭력 쉼터에 입소한 어머니들을 연구대상으로 선정하였다. 가정폭력 쉼터는 가정폭력 상담소와 함께 피해자를 돕는 대표적인 보호기관이며, 그 중에서도 가정폭력 피해를 당한 모자가 함께 거주하는 시설인 쉼터는 자녀양육에 대한 전문적 개입을 제공할 수 있는 최적의 장소이다. 특히 쉼터 입소기간이 최장 9개월까지로 과거에 비해 크게 연장되면서 어머니들이 어느 정도 안정을 회복한 후에 자신의 문제에 집중하는 것에서 벗어나 자녀에게 더 많은 관심을 기울일 수 있는 시간적 여유를 확보하게 되었다. 실제로 쉼터에 거주하는 어머니들은 자녀교육이나 부모역할 등 자녀양육 관련 프로그램에 적극적인 관심을 가지고 있는 것으로 나타났다(여성가족부, 2005). ← **가정폭력 쉼터 입소 여성의 경험을 중심으로 연구를 수행함(쉼터 입소 여성의 경험 표집).**

~중략~ 본 연구의 참여자는 서울 및 수도권 지역에 위치한 2개 쉼터에 거주하고 있는 가정폭력 피해 여성들로서, 만 20세 미만의 자녀를 양육하고 있는 어머니이다. A쉼터에서 6명, B쉼터에서 6명을 면접조사하였으나, 자녀 연령이 20세 이상으로 확인된 1개 사례와 면접 당시 어린 자녀가 어머니와 떨어지지 않아서 면접이 정상적으로 진행되지 못한 1개 사례의 면접내용은 본 연구에 적합하지 않은 것으로 판단되었다. 따라서 이 2사례를 제외하고, 최종적으로 10사례를 대상으로 분석을 진행하였다. ← **심층면접 참여자 선정(표집) 기준**

표집 예시 2	저소득 이혼 한부모 자조집단에 관한 질적 사례연구–월계종합사회복지관 '징검다리' 사례를 중심으로(양혜원 · 김희수 · 최정숙, 2016)

이에 본 연구에서는 이혼 한부모 자조집단으로 13여 년간 유지, 발전해 오면서 개인적 · 집단적 차원에서 성과가 나타나고 있고 또 다른 자조집단 및 지역사회 봉사모임이 파생되는 등 주목할 만한 발전을 보이는 월계종합사회복지관(이하, 월계복지관)의 자조집단 '징검다리' 사례를 주목하여 심층적으로 살펴보고자 하였다. ← **월계복지관의 이혼 한부모 자조집단 '징검다리'를 본 연구의 사례로 선택한(표집한) 이유**

~중략~ 징검다리에 관한 심층정보를 얻기 위해 담당자로부터 자조집단에 대해 충분히 제보할 수 있는 회원을 추천받아 연구목적과 내용, 방법을 설명하고 면접에 대한 자발적 참여 의사를 확인한 후 4인을 연구참여자로 선정하였다. 또한 이 사업을 담당했던 사회복지사 3인, 중간관리자 1인을 연구참여자에 포함시켜 총 8인을 연구참여자로 선정하였다. ← **심층면접 참여자 선정(표집) 과정**

3) (질적) 자료수집 : 면접, 관찰, 문서 및 시각자료 분석

질적연구의 자료수집 방법은 질적연구방법에 따라 다양하지만, 크게 **면접, 관찰, 문서 및 시각자료 분석** 등으로 구분해 볼 수 있다. 면접은 질적연구에서 가장 기본적으로 활용하는 자료수집 방법이다. 질적연구에서 면접은 일반적으로 심층적이고 반구조화된 형태의 면접을 의미한다. 이러한 형태의 면접은 다음과 같은 특징을 지닌다. 첫째, 상대적으로 비공식적인 형태를 취한다. 둘째, 주제가 화제중심적이고, 전기적(biographical), 이야기식(narrative)의 접근방식을 취한다. 마지막으로, 자료가 상호작용을 통해서 창출된다고 가정한다(Mason, 1996).

다음으로 관찰이 있는데, 통상적으로 참여관찰이라는 용어를 사용한다. 이는 연구자가 현장 속에 있는 조사대상자의 상호작용, 관계, 행위, 사건 등을 체계적으로 관찰하여 자료를 얻는 방법을 일컫는다. 참여관찰은 문화인류학의 영향을 받은 민속학적 방법을 활용하는 경우 전형적인 자료수집 방법이다. 관찰은 연구자가 연구대상이 되는 상황에 얼마나 참여할 수 있고, 어디까지 참여해야 하는가가 주요 관심사이다. 연구자는 완전참여로부터 완전관찰에 이르기까지 연속선상에서 다양한 역할을 수행하지만 일반적으로 완전참여-관찰하는 참여-참여해서 관찰-완전관찰 등으로 구분해볼 수 있다. 완전참여는 연구자가 조사대상과 동일하게 참여하는 것이다. 조사대상자들이 연구자를 참여자로 인식하도록 해야 한다. 이 경우, 조사대상자가 연구자인 것을 모른다면 조사대상자를 속이는 것이 되어 윤리적인 문제가 발생할 수 있고, 조사대상자들에게 연구자가 참여자로서 영향을 미치게 되는 문제가 발생할 수 있다. 관찰하는 참여의 경우 연구자는 조사대상자들에게 자신이 연구자임을 밝히고, 일정 부분 참여하는 것이다. 그러나 이 경우에도 영향력을 완전히 배제하기는 어렵다. 참여해서 관찰하는 것은 연구자의 신분을 밝히고 현장에 들어가지만 조사대상자들의 활동, 상호작용에는 참여하지 않는 것이다. 리포터들이 현장을 방문해서 정보수집을 하는 것이 예가 될 수 있다. 완전관찰은 현장에 들어가지 않고 관찰을 하는 것으로 CCTV로 관찰하는 것을 예로 들 수 있다. 이 경우, 윤리적인 문제가 있고, 현장에 들어가지 않기 때문에 조사대상을 제대로 이해하기 어려울 수가 있다.

자료수집 예시	저소득 이혼 한부모 자조집단에 관한 질적 사례연구–월계종합사회복지관 '징검다리' 사례를 중심으로(양혜원 · 김희수 · 최정숙, 2016)

질적 사례연구에서는 사례탐구를 위해 적절하다고 판단되는 모든 방법을 동원(유기웅 외, 2012)하는데, 본 연구에서는 징검다리에 관한 **문서자료 검토, 회원 및 자조집단 담당 사회복지사(이하, 담당자) · 중간관리자 심층면접, 정기모임 참여관찰** 등을 활용하였다.

자조집단에 관한 문서자료는 월계복지관으로부터 사전 동의를 받고 2003년~2005년 자료는 담당자 개인 컴퓨터 보존파일, 책자 등 다양한 형태의 자료들로부터 수집하고, 2006년 이후 자료는 인트라넷에 보관되어 있는 사업계획서, 사업평가서 등 모든 자료를 검색해 수집하였다.

심층면접은 연구자 중 2인에 의해 징검다리 회원과 담당자, 중간관리자를 대상으로 2016년 2월부터 3월까지 1~2회에 걸쳐 이루어졌다. 면접 장소는 기관 내 상담실, 회의실, 카페, 사무실 등으로 참여자와 협의하여 편안하고 조용한 곳에서 진행하였다. 면접시간은 50분에서 1시간 20분 정도 소요되었고, 녹음장치를 활용해 녹음하였다. 면접질문은 '자조집단이 진행되어 온 과정을 알고 계신대로 말씀해주시겠습니까?', '자조집단을 통해 이루거나 얻게 된 성과로는 어떤 것들이 있을까요?', '자조집단이 유지, 발전되고 성과를 이루는 것을 가능하게 한 요인은 무엇이라고 생각하시나요?', '자조집단에 참여하는 것은 본인에게 어떤 경험이었습니까?' 등 자조집단의 발전과정, 성과, 발전과 성과 관련 요인, 참여경험을 이해하기 위한 내용으로 구성하여 진행하였다.

참여관찰은 매달 셋째 주 목요일 7시에 진행되는 징검다리 정기모임 중 2016년 3월 17일 모임에 연구자 중 2인이 함께 참석해 모임 진행과정과 회원들의 상호작용 및 역동을 직접 관찰하는 방식으로 이루어졌다.

4) 자료 분류 및 코드화

질적연구의 자료는 면접기록, 현장노트, 사진, 특정 문서 등 다양하다. 많은 양의 질적 자료를 토대로 사물이나 현상을 '기술'하고 '이해'하기 위해서는 이러한 자료들을 분류하고 코드화하여 정리하는 것이 필요하다. 질적 자료를 분류하고 정리하는 접근방법은 Mason(1996)에 의하면 크게 세 가지로 정리할 수 있다. **횡단적 · 범주적 지표화**(cross-sectional and categorical indexing)와 **비횡단**

적 자료정리**(non-cross-sectional data organization), **도형**(diagram)과 **도표**(chart)의 **활용** 등이다. 횡단적 · 범주적 지표화는 자료 전체에 대해 공통의 원칙에 따라 일관된 코드체계를 갖추도록 하는 것을 말한다. 즉, 자료를 판독하면서 특정의 것들을 대상으로 코드범주들을 부여하는데, 동일한 것은 동일한 코드범주를 부여하는 것이다. 코드범주들은 적절한 위치에 삽입시키면 된다. 자료를 코드화시키고, 필요에 따라 활용하는 것은 수작업으로 할 수도 있고, 컴퓨터 프로그램을 이용해서 할 수도 있다. 비횡단적 자료정리는 자료를 판독할 때 공통적이고 일관된 것에 초점을 맞추는 횡단적 · 범주적 지표화와는 달리 특수성에 초점을 맞추고 부분적인 것보다는 전체적인 것에 초점을 둔다. 이것은 차별성을 부여하고자 할 경우나 자료가 난해하게 얽혀 있는 경우 등에 특히 유용하다. 즉, 사례연구, 이야기, 전기 등은 비횡단적으로 정리하는 것이 적합하다. 도형과 도표를 활용하는 것은 독립적으로 이루어지기도 하지만 횡단적 · 범주적 지표화나 비횡단적 자료정리에 활용되기도 한다.

그리고 자료를 판독(reading)할 때도 세 가지 방식을 활용한다. 자료를 **글자 그대로 직설적으로**(literally) **판독하는 것**과, **해석적으로**(interpretively) **판독하는 것**, **반영적으로**(reflexively) **판독하는 것**이다. 직설적으로 판독하는 것은 자료가 가지고 있는 그대로의 형태, 내용, 구조, 스타일에 관심을 갖는 것으로 조사대상자에 의해 사용된 단어와 어휘, 상호작용의 순서, 대화의 형식과 구조 등에 주의를 기울이는 것이다. 해석적으로 판독하는 것은 연구자가 자료가 의미하거나 대변한다고 생각하는 것, 또는 자료로부터 유추될 수 있다고 생각하는 것을 문서화하거나 작성하는 것이다. 반영적으로 판독하는 것은 연구자가 자료를 얻는 과정에서 조사대상자에게 반영적으로 반응한 것들을 포함하여 분석하는 것이다. 즉, 현장노트 등은 반영적 의미에서의 자료라고 할 수 있다.

자료 분류 및 코드화 예시	가정폭력 피해 여성의 자녀양육 경험 : 쉼터 입소 여성의 경험을 중심으로 (양혜원 · 김희수, 2009)

• **현상학적 방법 중 Giorgi식 방법으로 분석**

수집된 자료는 현상학적 자료 분석 방법의 하나인 Giorgi식 방법으로 분석하였다. 그의 연구방법은 **전체에 대한 느낌 파악 → 의미단위(meaning unit) 구분 → 학문적 언어로의 변형 → 일반적 구조 기술로의 통합**이라는 4단계로 구분된다(신경림 · 조명옥 · 양진향 외, 2004; 장수미 · 김주현, 2005). 첫 번째 단계에서는 필사된 자료 전체를 여러 차례 반복해서 읽는 과정을 통해 면접내용 전체를 이해하고 느낌을 파악하고자 하였다. 두 번째 단계에서는 본 연구의 초점이 되는 '가정폭력 피해 여성들의 자녀양육 경험은 어떠한가?'라는 질문에 중점을 두고 필사된 자료를 처음부터 다시 읽으면서 가정폭력 피해 여성들의 자녀양육 경험을 직접적으로 드러내는 의미 있는 내용들을 구별하였고, 이러한 과정을 통해 총 211개의 의미단위가 도출되었다. 세 번째 단계에서는 도출된 211개의 의미단위를 구체적으로 살펴보면서 연구 참여자의 일상적인 표현을 학문적인 언어로 변형하였고 그 과정에서 211개의 의미단위를 19개 의미의 통합으로 묶어내었고, 다시 9개의 주제로 유목화하였다. 이 단계에서 연구자들은 연구 참여자들이 이야기한 바의 내용에 대하여 왜곡이나 오해가 생기지 않도록 원자료의 전체적인 맥락 내에서 도출된 의미단위가 가지는 명확한 뜻을 파악하고자 노력하였다. 마지막 단계는 연구 참여자의 경험을 고려하면서 변형된 의미단위를 일관된 진술로 통합하는 단계로, 참여자들이 보고한 자녀양육 경험을 일관성 있는 보통의 경험 구조로 정리하였다.

• **의미단위를 바탕으로 의미의 통합, 주제, 영역을 도출하여 도표로 제시함.**

영 역	주 제	의미의 통합
자녀의 가정폭력 노출에 적절히 대응하지 못함	(1) 자녀에게 보호막이 되어 주지 못함	① 남편의 폭력으로부터 자녀를 보호하려는 노력이 실패함
		② 아내폭력 상황에서 자녀를 제대로 보호할 수 없음
	(2) 자녀의 아내폭력 노출에 적극적으로 개입하지 않음	① 아내폭력에 대한 언급을 피하거나 피상적으로 대화함
		② 어머니나 아버지 입장에 대해 이해를 구함
가정폭력으로 인해 자녀양육에 어려움을 경험함	(1) 얽히고 설키면서 어려움이 가중됨	① 아이 키우는데 줄곧 남편 눈치를 보게 됨
		② 가정폭력의 대물림을 염려함
		③ 가정폭력의 고통을 아이에게 전가하게 됨
	(2) 관계의 손상을 경험함	① 너무 받아주다 보니 아이가 만만히 여김
		② 아이와 거리감이 생김
	(3) 미안함과 후회가 밀려듦	① 아이에게 너무 미안하고 후회스러움
가정폭력 상황에서도 자녀에게 나름대로 최선을 다함	(1) 부모의 책임을 다하고자 애씀	① 아이를 생각해서 폭력을 참고 견딤
		② 엄마 역할에 충실하고자 노력함
		③ 자녀양육의 책임을 혼자서 감당함

	(2) 자녀를 바르게 키우기 위해 노력함	① 잘못에 대해서는 확실히 알도록 함
		② 아이의 눈높이에 맞추고 보듬어 줌
		③ 자녀의 학습에 부담을 느끼고 신경을 씀
자녀와 함께 다시 일어섬	(1) 자녀로 인해 어려운 상황을 극복해 나감	① 자녀가 삶을 지속할 수 있는 힘의 원천이 됨
		② 자녀와 힘을 모음
	(2) 자녀와 함께 희망을 만들어감	① 자녀와 함께 희망을 가짐

5) 분석과 설명

앞의 과정을 거치게 되면 최종적으로 자료를 통해 '기술'이나 '이해'를 위한 설명을 하게 된다. 연구결과에 대한 동의를 얻기 위해서는 설명을 설득력 있게 해야 함은 물론이다. 여기서는 설명이 시도하는 것을 Mason(1996)이 제시하는 것을 통해 살펴보도록 한다. **첫째, 비교이다.** 사회현상, 사회과정, 사회적 의미 등을 비교하기 위한 설명을 하는 것으로 이를 비교설명(comparative explanations)이라고 한다. 비교설명은 특정한 쌍의 비교로부터 설명적인 의미를 끌어내는 데 목적을 둔다. **둘째, 전개와 추적이다.** 이를 전개설명(developmental explanation)이라고 하는데 사회현상, 사회과정, 사회변화 등의 전개과정을 추적하고 설명을 시도하는 것이다. **셋째, 기술이다.** 기술설명(descriptive explanation)은 특정한 사회적 위치에서 일어나고 있는 상황이나 사회과정의 작용에 대해 설명을 구축하는 것이다. 그러나 중립적이고 탈이론적인 기술은 많은 비판을 받아왔기 때문에 연구자가 선택한 설명요인과 기술대상에 대해 충분한 이해가 이루어져야 한다. **넷째, 예측이다.** 예측설명(predictive explanation)은 사회현상을 예측하는 데 초점을 두고 있다. 연구자가 특정한 사회적 위치의 특정한 조건하에서 발생한 것들을 관찰할 수 있다면, 미래의 비슷한 조건하에서 일어날 수 있는 것들을 예측할 수 있을 것이다. **마지막으로 이론화다.** 질적연구의 모든 설명은 이론적 설명(theoretical explanation)이어야 한다. Mason은 질적연구의 설명에 있어서 탈이론적일 수 없고, 또 그것을 추구해서도 안 된다고 주장한다.

분석과 설명 예시	저소득 이혼 한부모 자조집단에 관한 질적 사례연구─월계종합사회복지관 '징검다리' 사례를 중심으로(양혜원 · 김희수 · 최정숙, 2016)

• '징검다리'의 성과에 대한 분석 결과 중 일부

범주	하위범주	개념
개인, 가족, 공동체에서 역량을 키우고 성장함	가족 같은 지지체계 형성과 누림	안부 묻고 응원해 주는 이웃/속내를 나누고 의지하는 친구/함께 아이들을 키우는 가족공동체/아이들에게 함께 살지 않는 엄마나 아빠의 빈자리를 채워줌/아이들끼리도 형제처럼 지냄/일상의 삶에서 적극적으로 상부상조함/어려워도 혼자가 아님/급할 때 믿고 의지할 수 있음/복지관이 친정처럼 느껴짐

• '가족 같은 지지체계 형성과 누림'에 대한 설명

징검다리를 통해서 회원들이 얻게 된 또 다른 성과는 지지체계를 형성하고 누리는 것이다. 이들은 이웃이자 친구이고, 더 나아가서는 가족이 되었다. 회원들은 대부분 복지관 인근에 거주하여 동네를 오가면서 반갑게 인사하고 격려하는 이웃이다. 비슷한 형편이다 보니 다른 사람들은 이해하거나 공감할 수 없는 속 깊은 이야기를 나눌 수 있고 서로 의지하는 친구다. 나아가서 이들은 함께 아이들을 키워온 가족공동체다. 특히 회원들은 엄마나 아빠의 부재를 경험하는 서로의 아이들에게 그 빈자리를 채워주었고, 아이들은 형제 · 자매가 되었다. "○○엄마하고 같이 가면 되지 뭐. 이런 식으로 해서 그 아줌마를 의탁하는 게 어렸을 때는 많았어요. 가족같이. (중략) 그러다 보니까 걔네들(○○와 동생)하고 같이 어울려서 잠도 자고 그런 가족"이라는 회원의 이야기는 이들이 가족공동체로 살아가는 모습을 잘 보여준다. 또한 회원들은 상부상조하면서 일상생활에서 필요한 도움을 주고받는 확고한 지지체계를 형성했다. 누군가 아프거나 집에 무언가 고장이 나거나 이사를 하는 등의 크고 작은 일상을 함께 하면서 병원에 데려다주고 고장 난 물건을 고쳐주고 함께 이삿짐을 정리한 후 된장찌개를 끓여먹는 식으로 서로 품앗이한다. 이러다 보니 어려워도 더 이상 혼자가 아니라는 생각을 하게 되었고, 급할 때 믿고 의지할 수 있는 사람이 옆에 있으니 걱정 없이 공부나 직장생활을 할 수 있게 되었다. 특히 주목할 것은 이러한 지지체계의 중심에 자조집단 담당자와 복지관이 자리한다는 것이다. 이와 관련하여 한 회원은 "저는 그래서 빈말이 아니라 ○○○ 선생님 만나면 그래요 친정 같다고. 친정에 온 것 같고…"라고 하였다.

4. 질적연구에서 유의할 점은 무엇인가?

앞에서 질적연구는 주로 사물이나 현상에서 새로운 사실을 발견하여 기술하거나, 내적 메커니즘을 찾아내서 인과관계에 대한 정보를 획득하기 위해서 이루어진다고 하였다. 사회복지학에서 질적연구의 대상은 거의 대부분 사람들에 의해 만들어진 사물이나 현상이다. 따라서 질적 자료를 얻는 대상도 사람들이 된다. 질적 자료는 사람들과 관련한 깊이 있는 정보들인 경우가 일반적이다. 따라서 질적연구를 수행하는 과정에서 유의해야 할 점은 양적연구에 비해 더 많다고 할 수 있다.

하나는 **윤리적인 문제**이다. Mason(1996)은 지적으로 합리적이고 필요불가결한 연구디자인을 만들어 내는 것 못지않게 윤리적으로 합당한 디자인을 만들어 내도록 노력해야 한다고 강조한다. 연구문제를 설정하는 것에서부터 자료수집, 분석 및 설명에 이르기까지 전 과정에서 윤리적인 문제를 고려해야 한다는 것이다. 사람들의 개인적이고 깊이 있는 정보를 다루기 때문에 사생활보장, 즉 비밀보장의 문제가 나타날 가능성이 매우 높기 때문이다.

다른 하나는 질적연구과정과 관련된 것으로 **연구자의 선이해에 대한 인식**이다. 사회과학을 함에 있어서 제기되는 근본적 비판 가운데 하나는 가치중립 혹은 객관성의 확보가 가능한가이다. 연구자가 가지고 있는 세상과 사물을 보는 근본적 관점, 즉 패러다임을 벗어나서 객관적으로 사물이나 현상을 바라볼 수 있는가 하는 것이다. 연구자는 연구하고자 하는 사물이나 현상에 대한 선이해를 가지고 있기 때문에 특히 사회과학자가 패러다임을 넘어서서 과학적 접근을 하는 것은 거의 불가능에 가깝다. 따라서 연구자는 연구과정에서 끊임없이 비판적 자기점검과 성찰을 하여야 한다. 관련하여 또 다른 하나는 에믹(emic)과 에틱(etic)의 조화이다. 에믹은 인류학에서 원주민 관점으로 바라보는 원주민의 개념과 범주이고, 에틱은 외부자 관점으로 검증할 수 있는 과학적 판단이다. 인류학에서 원주민이 사용하는 언어와 연구자가 사용하는 언어가 다른데 그것은 원주민이 사용하는 개념과 범주와 연구자가 사용하는 개념과 범주가 차이가 있다는 것을 의미한다. 따라서 연구자는 원주민이 사용하는 개념과 범주와 그것이 뜻하는 의미를 정확하게 이해하는 것이 필요하다. 또한 정확하게 이해한 것을 연구자가 보편적인 과학에서 사용하는 개념과 범주로 정확하게 표현해야 한다. 즉, 연구자는 현지조사에서 에믹을 가능한 한 완벽하게 이해해야 하고, 이것을 모든 지식을 동원하여 에틱으로 표현해내야 한다(Goodenough, 1970).

chapter

11

참여행동연구 : 참여행동연구는 무엇이고 어떻게 하는 것인가?

Key point

참여행동연구는 행동(Action)과 조사연구(Research)가 결합된 조사연구방법이다. 즉, 행동을 통해 필요한 정보를 획득하는 것인데, 커뮤니티실천에서 유용한 조사방법으로 주민들이 스스로 문제를 발견하고 답을 찾고, 실행하고 수정 보완해 가는 순환적 조사연구를 생각해 보기 바란다.

학습목표 질문

1. 참여행동연구는 무엇인가?
2. 참여행동연구는 왜 필요한가?
3. 참여행동연구의 원칙은 무엇인가?
4. 참여행동연구는 어떠한 과정으로 하는 것인가?
5. 참여행동연구에서 유의할 점은 무엇인가?

참여행동연구는 참여와 행동을 강조하는 커뮤니티에서의 조사에 대한 접근이다. 참여행동연구는 다양한 정의와 역사를 가지고 있지만 최근 커뮤니티를 강조하는 사회복지실천에서 중요하게 인식되고 활용되는 방법론이다. 특히 보건과 지역사회개발 및 지속가능한 삶에서 많이 활용되고 있고, 성과를 보이고 있다. 그러나 아직까지 우리나라에서는 탐구와 탐색적 적용의 단계에 머물러 있는 실정이다. 최근 우리나라의 사회복지실천에서도 커뮤니티의 중요성이 강조되고 있는 시점에서 참여행동연구에 대한 이해와 실행은 매우 중요하다고 할 수 있다.

1. 참여행동연구는 무엇인가?

참여연구에 대한 개념적 이해는 쉽지 않고, 혼란스럽기까지 하다. 심리사회학, 커뮤니티 개발, 교육학, 보건학, 여권주의 등 다양한 분야에서 활용되고 있고, 용어도 '참여연구', '참여행동연구', '지역사회기반 참여연구', '지역사회기반 참여행동연구', '행동학습' 등 매우 다양하게 사용되고 있기 때문이다. 최근 사회복지 영역에서도 커뮤니티 개발 및 보건과 연결하여 관심이 높아지고 있고, 시도가 되고 있다.

여기서는 참여연구에 대한 개념을 보건과 커뮤니티 개발 및 지속가능한 사회 영역을 기반으로 살펴보도록 하겠다. 켈로그 재단(2001)의 커뮤니티 보건학자 프로그램(Community Health Scholars Program)에서는 지역사회기반 참여연구(CBPR, Community-Based Participatory Research)를 "(보건영역에서) 지역사회기반 참여연구는 연구 과정에 모든 파트너를 동등하게 참여시키고 그들이 (삶에서) 가져오는 독특한 강점을 인식하는 협력적 접근의 연구"라고 규정하고 있다. 따라서 지역사회기반 참여연구는 지식(knowledge)과 행동(action)을 결합하여 지역사회(건강)를 개선해 가기 위해, 지역사회의 중요한 연구 주제로부터 시작된다고 하고 있다. 그린과 그의 동료들(Green et al., 2003)은 참여연구를 "교육의 목적으로, 그리고 행동을 하거나 변화를 가져오기 위해, 조사되어야 할 쟁점에 영향을 받는 사람들의 협력을 바탕으로 체계적으로 조사하는 것"으로 정의하고 있다.

진보프로젝트-건강 도시(Advancement Project-Healthy City, 2011)는 모든 이해당사자들이 연구 질문을 만들고, 데이터수집 도구를 개발하고, 데이터를 분석하고 결과를 공유하는 연구과정에 참여하는 연구조사에 대한 협력적 접근이라고 규정하고 있다. 이와 같은 개념적 규정을 바탕으로 종합해 보면, (커뮤니티기반) 참여행동연구는 커뮤니티의 발전을 위해 커뮤니티 내 이해당사자들이 그들이 가진 지식과 강점을 바탕으로 커뮤니티의 필요와 문제, 해결방안에 관해 함께 협력적으로 조사하고 행동방안을 강구하여 지속적으로 실행해 나가는 참여와 행동이 결합된 연구조사라고 할 수 있다. 이는 커뮤니티에서 사람들의 실질적인 관심사를 다루는 것을 목표로 하고 조사자와 조사대상자의 역할이 분리되지 않고 커뮤니티 자체가 조사 주체도 되고 객체도 되는 연구 틀이다.

커뮤니티기반 참여행동연구는 세 가지 요소가 전제되어 있는데, 커뮤니티 기반과 참여 및 행동이다. 커뮤니티기반은 커뮤니티와 커뮤니티를 기반으로 하는 조직의 필요, 문제, 관심사 및 전략에 바탕을 둔다는 의미이고, 참여는 연구 과정과 결과에 커뮤니티와 커뮤니티 지식이 직접적으로 참여한다는 것이다. 마지막으로 행동은 커뮤니티 변혁과 사회변화로 이끄는 전략적 행동을 지원하고 강화해 나간다는 것이다. 이를 바탕으로 커뮤니티기반 참여행동연구를 규정해 보면, 커뮤니티의 주제를 다루고, 커뮤니티가 주체적으로 참여하며, 커뮤니티의 변혁을 꾀하는 것이라고 할 수 있다.

출처 : PAR Methods Reader 2014 for web.

2. 참여행동연구는 왜 필요한가?

참여행동연구는 커뮤니티의 변혁을 목표로 당사자들이 함께 참여하여 연구(조사)를 하고 행동을 만들어 가는 것이다. 기존의 접근은 연구와 행동이 분리된 것이다. 또한 연구도 연구의 주체와 객체(대상)가 분리된 것이다. 연구와 행동의 분리는 행동의 효과성과 효율성을 떨어뜨릴 가능성이 높고, 연구 주체와 객체의 분리는 수집된 데이터의 정확성을 떨어뜨린다. 참여행동연구는 존재하는 실제는 주관적이고, 함께 창조되는 것이라는 전제로부터 출발한다.

사물의 본질은 주관적으로 어떻게 인식하고 그 의미를 어떻게 공유하느냐에 달려 있다는 것이다. 따라서 참여행동연구는 연구 주체와 객체의 분리가 아닌 통합을 시도한다. 커뮤니티 당사자가 연구 주체도 되고 연구 객체도 되는 것이다. 즉, 커뮤니티 스스로 커뮤니티에 대해 연구하는 것이다. 또한 참여행동연구는 연구와 행동을 통합한다. 커뮤니티의 이슈에 대해 연구하고 대안적 행동을 개발하고, 실행하고 평가하며 연구하면서 그것을 바탕으로 수정해 나가는 것을 반복한다.

사회복지의 전통은 개인의 변화와 사회개혁의 두 가지 축을 가지고 있다. 현대적 사회복지의 출발이라고 일컬어지고 있는 자선조직협회(COS)활동과 세틀멘트 운동(SM)도 전자가 개인의 변화에 초점을 맞춘 것이라면 후자는 사회개혁에 초점을 맞춘 것이다. 그러나 각각의 전통은 성공적이지 못하다는 평가, 즉 건강하지 못한 개인은 건강한 사회를 만들 수 없고, 건강하지 못한 사회 속에서 개인이 건강하거나 행복할 수 없다는 인식을 가지게 되었고, 따라서 개인과 사회를 동시에 바꾸어 나가야 한다는 변혁적 접근(transformative approach)을 하도록 하였다. 참여행동연구는 그 전제와 특징으로부터 이러한 변혁적 접근에 유용하다.

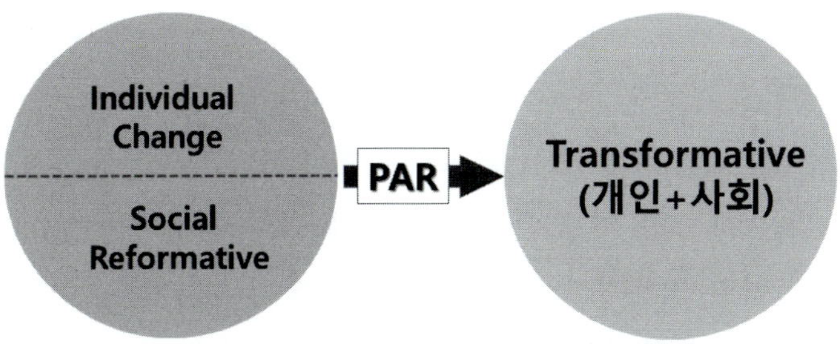

|그림 11-1| 참여행동연구와 변혁적 접근

Gaventa(1988)는 "참여(행동)연구는 지식을 얻고 창조하는 과정에서 사람들이 스스로 참여함으로써 연구자와 연구대상자, 지식생산의 주체와 객체 사이의 구별을 없애려 하고 있다. 그 과정에서 연구는 지식을 창조하는 과정으로서 뿐만 아니라 의식의 교육과 발전 및 행동을 가져오는 것으로 여겨진다"(Gaventa,

1988 : 19)고 하였다. 즉, 의식의 교육과 발전 및 행동을 가져오는 것으로 그것은 변혁적 접근과 일맥상통하는 것이다. Tandon(1988) 역시 참여(행동)연구에 대해 "매일 투쟁과 생존의 문제에 대한 해답을 찾기 위해 사람들이 스스로를 연구자로 인식하도록 시도한다"(Tandon 1988 : 7)고 하였는데, 이들 학자들의 언급을 통해서도 참여행동연구가 개인의 변화와 사회의 변혁을 동시에 가져올 수 있는 중요한 접근방법임을 알 수 있다.

3. 참여행동연구의 원칙은 무엇인가?

참여행동연구는 여러 분야에서 다양하게 규정되고 있기 때문에 개념적 이해는 물론 원칙도 매우 다양하게 제시되고 있다. 여기서는 Israel과 그의 동료들(1998)이 지역사회기반 연구와 참여연구 문헌들을 분석하여 제시한 핵심원칙을 중심으로 살펴보겠다. 이들 핵심원칙은 지역사회기반 연구의 핵심원칙으로 공중 보건 분야에서 널리 받아들여지고 있지만 보편적으로 확립된 원칙은 아니므로, 하나의 원칙으로 참고하기 바란다.

첫째, 커뮤니티를 정체성의 단위로 인식한다. 이 연구는 기본적으로 개인이 아닌 지리적 의미의 커뮤니티나 정체성을 바탕으로 한 커뮤니티를 바탕으로 이루어져야 한다.

둘째, 커뮤니티 내의 강점과 자원을 토대로 한다. 이 연구는 함께 발전하고 삶을 개선해 가는 데 도움이 되는, 커뮤니티에 이미 존재하는 사회구조, 과정 및 지식 등을 확인·지원하고, 강화해 나가는 데 초점을 두어야 한다.

셋째, 연구의 모든 단계에서 협력적 파트너십을 촉진한다. 이 연구는 문제 정의, 데이터 수집, 결과 해석 및 결과의 응용 등의 모든 단계에서 커뮤니티 구성원이 참여하도록 해야 한다. 〖그림 11-2〗에서 보는 바와 같이 모든 단계에서 커뮤니티 구성원의 전적인 참여와 협력이 이루어져야 한다.

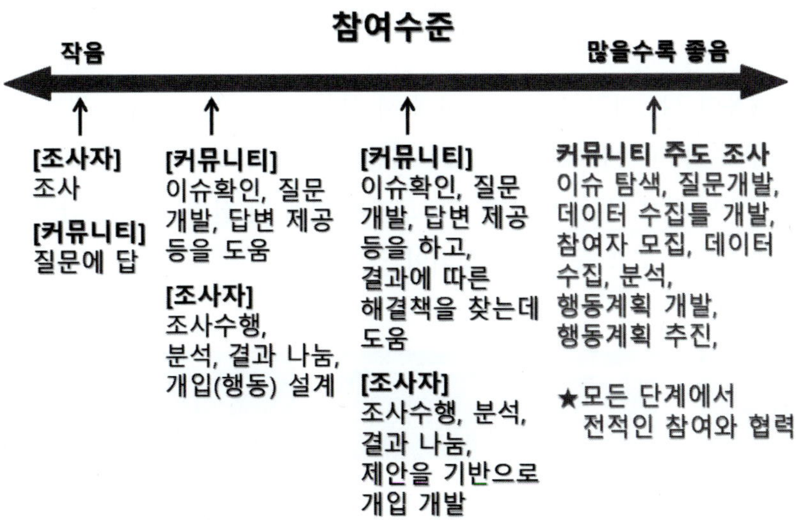

그림 11-2 커뮤니티의 참여수준

넷째, 모든 파트너의 상호 이익을 위해 지식(knowledge)과 행동(action)을 통합한다. 연구 프로젝트 자체에는 직접적인 행동이 포함되어 있지 않을 수도 있지만 모든 당사자는 모든 파트너에게 이익이 되는 사회적 변화 노력에 연구 결과를 적용하겠다는 자세를 가지고 있어야 한다.

다섯째, 사회적 불평등을 해소할 수 있는 공동 학습 및 권한 부여 과정을 장려한다. 이 연구는 소외된 커뮤니티와 연구자 간의 내재된 불평등을 인식하고 커뮤니티 구성원과 정보, 자원 및 의사결정 권력을 공유함으로써 이러한 문제를 해결해야 한다.

여섯째, 순환적이고 반복적인 과정을 수반한다. 이 연구는 모든 단계에서 신뢰 구축, 파트너십 개발 및 유지 관리를 지속적으로 해나가야 한다.

마지막으로, 산출된 결과와 지식을 모든 파트너에게 보급한다. 이 연구는 모든 참가자의 기여와 지식 생산의 소유권을 인정하고, 모두가 이해할 수 있는 언어로 산출된 정보를 보급해야 한다.

4. 참여행동연구는 어떠한 과정으로 하는 것인가?

참여행동연구는 과정 역시 다양하게 제시되고 있지만 여기서는 진보프로젝트-건강 도시(2011)가 제시하고 있는 5단계를 살펴보도록 하겠다. 5단계는 ❙그림 11-3❙에서 보는 바와 같이 프로젝트 설계 및 실행, 파트너 참여, 정보수집, 정보분석, 보고 등으로 구성되어 있다.

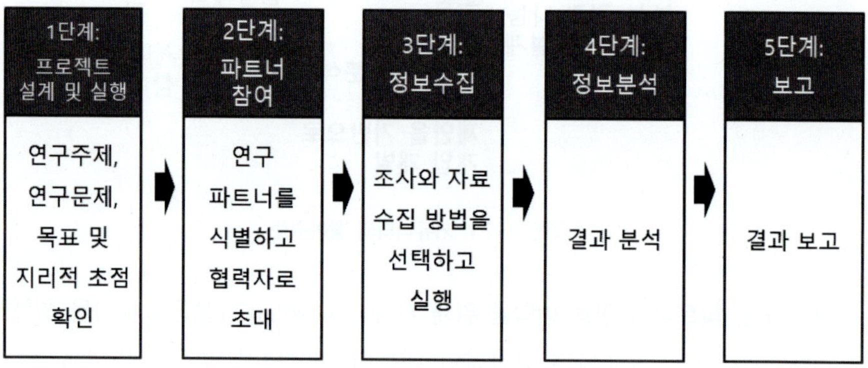

❙그림 11-3❙ 참여행동연구 과정

1단계는 프로젝트 설계 및 실행 단계인데, 때때로 이것은 2단계의 파트너 참여 후에 이루어지기도 한다. 이 단계에서의 주요한 목표는 연구문제를 식별하고, 커뮤니티의 지리적 경계를 확정하는 것이다. 이 단계에서 검토하고 해결해야 할 질문을 통해 1단계의 과업을 보다 구체적으로 살펴보자.

- 행동(action)을 위한 커뮤니티의 필요 · 강점 · 관심 · 미션 등에 바탕을 두고 해결하고자 하는 보편적 문제는 무엇인가를 확인한다.
- 구체적인 문제는 무엇이고 쟁점은 어떤 것이 있는지 확인한다.
- 구체적인 연구문제는 무엇인지 설정한다.
- 무엇을 알기 원하는가? 어떤 가설을 검증하고자 하는가? 어떠한 관심을 불러일으키기 원하는가? 등을 점검한다.
- 실행할 수 있는 것은 무엇인지 확인한다.

- 참가자를 참여시키고 실행할 수 있는 대략적인 지리적인 경계를 설정한다. 지리적 경계에 대해서는 의견이 다를 수 있으므로 논의하고 조정할 수 있도록 한다.

2단계는 파트너 참여의 단계로 때때로 1단계의 프로젝트 설계 전에 이루어지기도 한다. 이 단계에서의 주요한 목표는 연구 파트너를 식별하고 그들을 협력자로 초대하는 것이다. 주요 과업은 다음과 같다.

- 주요 쟁점과 지리적인 경계를 고려하여 누가 이해관계자인가를 확인한다.
- 이들 이해관계자 가운데 누구와 협력할 것인가를 결정하고, 만일 이미 협력자가 있다면 이해관계자 가운데 누가 누락되었는지 확인한다.
- 협력자로 구성된 집단으로 하여금 다른 커뮤니티 구성원들을 접촉하고 연구를 진행해 나가도록 할 것인가를 다시 한 번 확인한다.
- 각각의 연구과정에서 참여하는 수준은 어떻게 되는가를 결정한다.
- 구성원 가운데 특정 사람들과 함께 연구조사 설계를 할 것인가를 결정한다.
- 프로젝트 파트너가 참여하는 프로세스 수준은 어느 정도로 할 것인가를 결정한다. 이를 위해서 그들의 관심사는 무엇이고 그 이유는 무엇인지, 그들이 이용할 수 있는 자원은 무엇인지 등 과정에 대한 각 참여자의 각 개인 또는 집단이 기여하고자 하는 방식을 명확히 해야 한다.

3단계는 정보수집 단계로 주요한 목표는 연구질문을 구체화하고 데이터 수집 방법을 선택·실행하고, 핵심 참가자를 식별하는 것이다. 주요 과업은 다음과 같다.

- 쟁점과 참여자가 확인되고 나면 구체적인 연구질문을 수정하거나 변경할 필요가 있는가를 확인한다.
- 누구로부터 데이터를 수집할 것인가? 주제에 대한 구체적인 지식을 가진 사람은 누구인가를 확인한다.
- 참가자 수는 몇 명이 될지, 대표성이 좋은 표본 크기는 얼마인지를 확인한다.

- 참여자를 참여시키는 데 필요한 (연구자의) 능력은 어떤 것인지를 확인한다.
- 연구결과를 어떻게 사용할 것인가도 미리 계획한다.
- 누가 연구결과의 주요한 청중이 될 것인가도 확인한다.
- 위와 같은 것을 확인하고 결정하기 위해 필요한 구체적인 데이터는 무엇인가를 확인한다. 이러한 데이터 가운데 기존에 사용할 수 있는 것은 없는지 확인하고, 데이터를 수집해야 한다면 무엇을 수집할 수 있는지를 확인한다. 또한 수집하는 데이터가 연구 질문을 풀어가는 데 유용한 것인지를 확인하는 것도 필요하다.

4단계는 정보분석 단계로 주요한 목표는 분석을 위한 계획을 수립하고 실행하는 것이다. 주요 과업은 다음과 같다.

- 연구질문을 해결하기 위해 사용하고자 하는 형식을 바탕으로 정보수집 도구를 개발한다.
- 데이터의 지리적 구성 요소를 이해하는 것이 중요하다.
- 웹 기반 도구를 사용할 것인가를 고려한다.
- 가장 좋은 참여 형식을 결정한다.
- 데이터를 일대일로 직접 만나서 수집할 것인가 혹은 다른 방식으로 할 것인가를 결정한다.
- 데이터 수집 이외에 조직화나 옹호 등의 관심사가 있는지도 검토한다.
- 데이터 수집을 위한 웹 기반 도구 및 기타 다른 도구를 준비하고 테스트한다.
- 분석계획을 수립한다.
- 분석을 위한 형식도 결정한다(예 지도).
- 연구로부터 얻지 못할 것으로 예상되는 정보와 앞으로 조사해야 할 정보는 무엇인가를 확인한다.

5단계는 보고단계로 주요한 목표는 분석하고 발표하고 실행에 옮기는 것이다. 주요 과업은 다음과 같다.

- 다음을 고려하여 조사결과 발표 및 보급계획을 수립한다.
  - ✓ 무엇 : 말하려고 하는 이야기는 무엇인가? 무엇을 보여주고 싶은가? 아니면 이 연구에서 해결하고자 하는 질문은 무엇인가?
  - ✓ 누구 : 청중은 누구인가? 결과를 누구에게 알려줄 것인가?
  - ✓ 언제 : 진행 중인 문제와 아울러서? 혹은 특정 시점을 생각하고 있는가?
  - ✓ 어떻게 : 정보와 연구를 어떻게 제시할 것인가? 보고서로? 웹 사이트에서? 공청회에서? 지역사회 모임에서?
- 행동(action)을 위한 참여 전략을 개발한다.
- 지역사회 구성원과 공무원 등을 참여시키는 방법을 결정한다.
- 거주자와의 인터뷰를 통해 데이터의 진실성을 확인한다.
- 지지를 얻기 위해 커뮤니티 구성원들에게 결과를 발표한다.

5. 참여행동연구에서 유의할 점은 무엇인가?

참여행동연구는 커뮤니티를 기반으로, 이해당사자가 협력적으로 참여해서, 커뮤니티의 발전을 위한 연구를 하고 행동을 만들고 실행해 나가는 것이 지속적으로 반복되는 연구이다. 따라서 커뮤니티의 경계를 확정하고, 이해당사자를 확인하고 참여시키는 것이 중요하다. 이해당사자들이 함께 협력적으로 해 나가기 위해서는 참여하는 방식과 수준이 민주적이어야 하고, 소외되거나 배제되는 구성원이 없도록 해야 한다. 이를 위해서는 인내와 함께 협력적 자세가 무엇보다 중요하다. 또한 연구는 연구자체로 끝나는 것이 아니라 행동(action)으로 옮겨지기 위한 것이므로 실행 가능성에 초점을 두고 진행하여야 한다. 이 밖에도 제시된 원칙을 지키거나 일반적 연구 윤리를 지키는 것이 당연히 요구된다.

PART 04

조사 수행

제12장 실태 · 요인조사 : 실태 · 요인조사를 해보자

제13장 욕구조사 : 욕구조사를 해보자

제14장 평가조사 : 평가조사를 해보자

조사에 대한 개념과 조사수행 과정 및 절차를 이해하였다고 해도 실제로 조사를 수행하기는 쉽지 않다. 따라서 여기서는 실제로 수행된 조사의 과정을 제시하였다. 현상을 기술하고, 인과관계를 밝히기 위한 기술연구와 요인연구, 사회복지사업을 개발하거나 수정하기 위한 욕구조사, 기관이나 사업을 평가하기 위한 평가조사 등 세 가지 유형의 조사를 설명하였다.

실제 사례를 가지고 설명하는 것이기 때문에 각각의 조사유형마다 소수의 예를 제시하였다는 것을 미리 알아주기 바란다. 특히 평가조사의 경우에는 대상별로 기관평가와 사업평가, 조사시기와 과정상의 범위에 따라 형성(과정)평가와 총괄(결과)평가, 결과의 유형에 따라 효과성 평가와 효율성 평가 등 매우 다양한 조사가 있다.

chapter 12

실태 · 요인조사 : 실태 · 요인조사를 해보자

실태조사는 탐색이나 기술(記述)의 목적을 위해 수행된다. 한편 요인조사는 설명(說明)을 위해 수행된다. 이와 관련해서는 본 서 1장을 참고하기 바란다. 실태조사와 요인조사는 대부분 설문조사를 활용하며 과정과 절차는 동일하다. 그리고 실태와 요인을 함께 조사하는 경우가 많다. 기술을 위한 실태조사를 하더라도 요인이나 결과의 추가적인 정보를 수집하거나, 설명을 위한 요인조사를 하더라도 기술을 위한 기초적인 실태에 관한 정보를 함께 수집하는 것이다. 실태조사나 요인조사는 다음과 같은 연구과정과 절차에 따라 이루어진다.

1. 주제 설정
↓
2. 목적 설정
↓
3. 가설 설정
↓
4. 조사 설계
↓
5. 조사도구 개발
↓
6. 표본 선정
↓
7. 자료 수집
↓
8. 결과 분석
↓
9. 보고서 작성

그림 12-1 실태/요인조사의 절차

조사에 대한 이해를 보다 분명하게 하기 위하여 실제로 수행된 실태조사와 요인조사를 살펴보자. 사례는 저자가 소속되어 있는 한국성서대학교가 2004년도 특성화사업의 일환으로 실시한 서울시와 노원구의 가족건강성 실태와 그 요인조사이다. 실제로 조사를 수행할 때는 실태조사와 요인조사를 구분하지 않고 실태조사라는 명칭으로 하였다.

1. 주제 설정 : 서울시와 노원구의 가족건강성 실태와 요인

조사 주제는 서울시와 노원구의 가족건강성 실태와 요인을 규명하는 것으로 설정하였다. 한국성서대학교의 2004년도 대학 특성화사업은 '도시저소득지역의 건강가정지원시스템 구축과 전문인력 양성'이라는 사업명으로 추진되었다. 건강가정지원시스템을 구축하기 위해서는 가족건강성을 증진할 수 있는 프로그램과 전문인력이 필요하고, 전문인력을 양성하기 위해서는 실천현장의 전문프로그램을 통해 교육하고 훈련하는 것이 필요하다고 판단하였다. 따라서 가족건강성을 증진할 수 있는 프로그램 개발이 핵심과제였다. 가족건강성 증진 프로그램을 개발하기 위한 기초자료를 확보하기 위해 가족건강성 실태를 파악하고, 그 요인이 되는 것들을 파악하기로 하였다.

2. 목적 설정

- 구체적 목적
  - ① 노원구와 서울시의 가족건강성 수준을 파악한다.[1)]
  - ② 열등의식 · 음주 · 부부권력구조 · 가족폭력이 가족건강성의 요인이 되는지 규명한다.[2)]

1) 탐색연구 : 가족건강성을 측정한 사례가 거의 없으므로 탐색연구로 봐야 한다.

2) 설명연구 : 열등의식, 음주, 부부권력구조, 가족폭력이 가족건강성의 요인인지, 즉 인과구조를 밝히고자 하는 것으로 설명연구가 된다.

- **활용적 목적**
  가족건강성 증진을 위한 사회복지실천, 즉 프로그램을 개발하는 데 활용한다.

- **궁극적 목적**
  노원구와 서울시의 가족건강성을 증진하고, 이를 통해 개인이 건강하고 행복한 삶을 살도록 하며, 건강한 사회를 만들어 가도록 한다.

조사의 목적은 구체적 목적과 활용적 목적 및 궁극적 목적의 세 가지로 구분하여 세웠다. **구체적 목적**은 조사를 통해 밝히고자 하는 것으로 노원구와 서울시의 가족건강성 수준을 파악하고, 열등의식 · 음주 · 부부권력구조 · 가족폭력이 가족건강성의 요인이 되는지 규명하는 것이다. **활용적 목적**은 조사결과를 어떻게 활용할 것인가 하는 것으로 본 조사는 가족건강성을 증진시킬 사회복지 실천 프로그램을 개발하는 데 활용할 것이다. **궁극적 목적**은 조사를 통해 궁극적으로 달성하고자 하는 것으로 노원구와 서울시의 가족건강성을 증진하고, 이를 통해 가족 안의 개인이 건강하고 행복한 삶을 살도록 하며, 건강한 사회를 만들어 가고자 하는 것으로 세웠다.

3. 가설 설정

1. 열등의식이 높을수록 가족건강성이 낮을 것이다.
2. 음주 정도가 높을수록 가족건강성이 낮을 것이다.
3. 부부권력구조가 평등형일수록 가족건강성이 높을 것이다.
4. 부부폭력이 있는 가족이 부부폭력이 없는 가족에 비해 가족건강성이 낮을 것이다.

실태조사에서는 일반적으로 가설을 세우지 않고, 요인조사에서는 가설을 세운다. 따라서 요인을 검증하는 부분에 대해서만 가설을 세웠는데, 요인으로 설정한 것은 열등의식, 음주, 부부권력구조, 부부폭력 등 네 가지였다. 따라서 가설도 위와 같이 네 가지로 설정하였다. 가설을 설정함으로써 연구를 통해 밝히려고 하는 것이 명확해졌고, 검증을 위한 분석의 방향도 분명해지게 되었다.

4. 조사 설계

구 분	내 용
모집단	2005년 5월 현재 20세 이상의 기혼 가족
표본규모와 표집 오차	서울 2,017사례(노원구 1,202사례, 노원구 외 815사례) 95% 신뢰수준에 노원구 ±2.83, 그 외 서울시 ±3.43
표본추출 방법	지역/성/연령 층화 무작위 표본추출
자료수집 방법	일대일 방문 자기기입 조사 – 응답자가 자기기입 후 면접원이 주요 사항에 대해 확인·검증
조사기간	2005년 5월 25일~6월 12일

조사설계는 구체적인 조사를 진행하기 위한 계획이다. 1부 조사의 기초에서도 언급했지만 조사설계는 사용하는 사람에 따라 그 내용에 차이가 있다. 조사목적/(가설) 설정, 측정(조사도구) 개발, 표본선정, 자료수집, 자료분석 계획까지를 의미하는 것으로 사용하기도 하고, 표본선정과 자료수집 계획만을 의미하는 것으로 사용하기도 한다. 여기서는 후자를 따라서 모집단, 표본규모, 표본추출 방법, 조사방법, 조사기간에 대한 계획을 제시하였다.

모집단은 조사시점인 2005년 5월 현재 20세 이상의 기혼가족으로 정하였다. 가족건강성을 제대로 측정하기 위해서는 가족구성원 모두를 대상으로 조사를 하고 그것을 종합하여 평가하여야 하지만 그렇게 조사하는 것은 현실적으로 어렵기 때문에 20세 이상의 가족구성원 1인이 인식하는 가족건강성을 측정하는 것으로 하였다. 표본규모는 노원구 1,202사례, 그 외 서울지역 815사례 등 2,017사례로 설정하였다.

표본추출 방법은 층화 무작위 표본추출 방법을 활용하였다. 자료수집방법은 조사원들로 하여금 가가호호 방문하여 조사대상자에게 설문지를 주고 조사대상자로 하여금 직접 기입하도록 하는 자기기입식 면접조사를 활용하였다. 조사기간은 2005년 5월 25일부터 6월 12일까지 18일 실시하였다.

5. 조사도구 개발

영 역	측 정 도 구
① 가족건강성	가족건강성 척도(최선희, 2002) – 의사소통, 신뢰와 지지, 애정, 문제해결, 자율성, 유연성, 자녀양육, 신념체계
② 가족건강성 요인	열등의식 – 이서원(1997) 음주 – AAM(Kantor & Straus, 1990) 부부권력구조 – Blood & Wolfe(1960) 가족폭력 – Conflict Tactics Scales(Straus & Gelles) 수정사용
③ 인구사회학적 특성	성별, 연령, 교육수준, 직업, 소득수준

조사도구인 설문지는 조사주제에 따라 가족건강성, 가족건강성 요인, 인구사회학적 특성 등 3개 영역으로 구성된다. 각 영역의 질문은 연구진이 개발할 수도 있고, 기존에 타당도와 신뢰도가 입증된 척도를 활용할 수도 있는데, 본 조사에서는 인구사회학적 특성 외의 2가지 영역에 대해서는 기존 척도를 활용하기로 하였다. 가족건강성 척도는 본 저자가 개발한 가족건강성 척도(2002)를 활용하기로 하였고, 요인에 대해서는 열등의식은 이서원(1997)의 척도, 음주는 Kantor & Straus(1990)가 개발한 질문, 부부권력구조는 Blood & Wolfe(1960)의 척도, 가족폭력은 Straus & Gelles(1990)의 척도를 활용하기로 하였다(최종 욕구조사 질문지는 [별첨] 참조).

6. 표본 선정

노원구민 1,202명(표집 오차 : 신뢰수준 95%에 허용오차 ±2.83)
서울시민 815명(표집 오차 : 신뢰수준 95%에 허용오차 ±3.43)
성/연령/지역별 층화 무작위 표본추출

표본 선정은 앞에서 계획한 표본 선정 계획에 따라 이루어졌다. 본 연구의 대상자, 즉 모집단은 20세 이상의 기혼 노원구민과 서울시민이다. 부부권력구조와 부부폭력에 관한 내용이 있기 때문에 기혼자를 조사대상자로 설정하였다. 본 연구의 표본규모는 기초자치단체인 노원구의 가족건강성 실태와 요인을 규명하는 것이 목적이기 때문에 노원구민에 1,200명을 배정하고, 노원구를 제외한 서울시민에 800명을 배정하였다. 그러나 실제조사에서는 이를 약간 상회하는 노원구 1,202명, 서울시 815명을 선발하였다. 표본규모는 예산을 고려하고, 전국 표본인 경우 표본추출기법이 정교해지면서 일선 사회조사기관에서 최소규모로 600명을, 일반적으로는 1,000~1,500명을 조사하고 있는 것을 감안하여 결정하였다. 서울시민 800명은 표집 오차가 95%신뢰수준에 ±3.46[3]의 허용오차를 가지는 표본규모이고, 노원구민 1,200명은 표집 오차가 95%신뢰수준에 ±2.83의 허용오차를 가지는 표본규모이다.

표본추출은 확률표본추출방법 가운데 지역과 성 및 연령을 층으로 하는 층화 무작위 표본추출방법을 활용하였다. 서울시민과 노원구민에 대한 표본틀, 즉 모집단 리스트를 확보하기 어렵기 때문에 단순 무작위 추출방법이나 체계적 무작위 추출방법은 활용하기 어렵다. 층화 무작위 표본추출방법은 성과 연령 및 지역별 규모를 모집단에 맞출 수 있기 때문에 가장 적절하고 활용이 용이하다. 기준으로 삼은 층으로는 '지역', '성', '연령' 등 세 가지이다. 즉, 지역별 인구비에 따라 표본 수를 할당하고, 각 지역에서 성별 인구비에 따라 표본 수를 세분화하고, 다시 연령별 인구비를 고려하여 지역별·성별·연령별 표본 수를 최종 확정하였다. 그런 다음 각각에서 무작위 추출방법을 활용하여 표본을 선정하였다.

3) 오차에 대한 계산은 7장의 【그림 7-5】의 표본크기 산정식을 참고하기 바란다.

실제 조사된 노원구와 서울시의 조사대상자는 다음과 같다.

〈표 12-1〉 선정된 조사대상자

	노원구	서울시
성별		
남	579(48.2%)	388(47.6%)
여	623(51.8%)	427(52.4%)
연령		
20대	91(7.6%)	71(8.7%)
30대	365(30.4%)	249(30.6%)
40대	418(34.8%)	241(29.6%)
50대 이상	328(27.3%)	254(31.2%)
지역(노원구)		
월계동	171(14.2%)	
공릉동	153(12.7%)	
하계동	118(9.8%)	
중계동	259(21.5%)	
상계동	501(41.7%)	
지역(노원구 제외 서울)		
강북 서권		149(18.3%)
강북 동권		236(29.0%)
강남 서권		258(31.7%)
강남 동권		172(21.1%)

7. 자료 수집 : 일대일 방문 자기기입 조사

조사는 조사전문기관인 ○○리서치연구소에 의뢰하여 이루어졌다. 조사기관에서는 조사원으로 하여금 가가호호 방문하여 설문지를 배포한 다음 조사대상자로 하여금 스스로 기입하게 하는 자기기입 조사방법을 활용하였다. 자료수집기간은 2005년 5월 25일부터 6월 12일까지였다.

8. 결과 분석

1. 조사대상자의 인구학적 특성 - 빈도분석
2. 노원구민과 서울시민의 가족건강성 수준 - 빈도분석
3. 열등의식 · 음주 · 부부권력구조 · 부부폭력이 가족건강성에 미치는 영향 - 교차분석, 회귀분석

결과분석은 통계처리를 하여 이루어졌다. 먼저, 조사대상자의 인구학적 특성을 분석하여 제시하게 되는데 인구사회학적 특성은 빈도분석 방법을 활용하였다. 다음으로 조사의 구체적 목적으로 제시한 노원구민과 서울시민의 가족건강성 수준을 분석하여 제시하였는데 분석은 역시 빈도분석을 활용하였다. 다음으로 열등의식, 음주, 부부권력구조, 부부폭력이 가족건강성의 요인이 되고 있는지 분석하여 제시하였다. 분석방법은 열등의식이 가족건강성에 미치는 영향은 회귀분석을, 음주와 부부권력구조 및 부부폭력이 가족건강성에 미치는 영향은 교차분석을 활용하였다. 인과구조를 밝히는 통계분석은 여러 가지 방법이 있어서 위와 다른 방법을 활용할 수도 있다. 그리고 통계분석 방법은 분석목적과 척도의 종류에 따라 달라진다. 여기서는 분석결과의 일부분만을 발췌하여 제시하도록 하겠다.

1) 조사대상자의 인구학적 특성

<표 12-1>에 제시되어 있는 바와 같다.

2) 노원구민과 서울시민의 가족건강성 수준

가족건강성 수준은 100점 만점을 기준으로 노원구가 61.2점이었고, 노원구를 제외한 서울시가 62.8점으로 나타났다. 노원구가 약간 낮았지만 오차를 고려해보면 차이가 없다고 할 수 있다. 이는 같은 질문으로 3년 전인 2002년 9월 전국을 대상으로 조사한 결과인 73.6점보다 10점 이상 낮은 수준이었다. 조사지역이 다르지만 가족건강성이 낮아지고 있는 것으로 보인다.

〈표 12-2〉 노원구민과 서울시민의 가족건강성 수준

구 분		2002년 9월 전 국	2005년 5월	
			노원구	서울시
평균(표준편차)		73.6(11.2)	61.2(10.8)	62.8(12.6)
건강성 구분 점수	높음 (73.3 이상)	—	177(15.6%)	101(13.3%)
	중간 (50.4~73.2)	—	829(72.9%)	503(66.4%)
	낮음 (50.3 이하)	—	131(11.5%)	153(20.2%)

3) 열등의식 · 음주 · 부부권력구조 · 부부폭력이 가족건강성에 미치는 영향

대표적으로 열등의식만 보도록 하겠다. <표 12-3>은 가족건강성과 열등의식을 범주화하여 교차분석을 실시한 것이다.[4] 그 결과 열등의식은 가족건강성에 영향을 미치는 것으로 나타났다($p<.000$). 열등의식이 높은 사람인 경우

4) 열등의식과 가족건강성을 범주화하지 않고 열등의식을 독립변수로 가족건강성을 종속변수로 하여 회귀분석을 실시할 수도 있다. 통계적 검증을 하는데 초점이 있다면 통계적 검증력이 훨씬 더 뛰어난 회귀분석을 실시하는 것이 좋으나, 일반인들에게 열등의식에 따른 가족건강성의 차이를 시각적으로 보여주는 데는 교차표가 더 좋다.

가족건강성이 높다고 평가한 응답이 7.0%에 불과한 반면 열등의식이 중간이 사람은 13.9%, 열등의식이 낮은 사람은 25.8%로 높아지고 있다.

〈표 12-3〉 열등의식이 가족건강성에 미치는 영향

가족건강성	열등의식		
	높음(n=329)	중간(n=1,198)	낮음(n=364)
낮음(n=277)	76(23.1%)	149(12.4%)	52(14.3%)
중간(n=1,330)	230(69.9%)	882(73.6%)	218(59.9%)
높음(n=284)	23(7.0%)	167(13.9%)	94(25.8%)
Sig.	.000		

9. 보고서 작성

실제 보고서 작성은 다음과 같은 내용으로 구성되었으나 여기서는 목차만 제시한다.

1. 연구주제
2. 연구의 필요성
3. 목적 및 가설
4. 연구방법
   1) 연구모형
   2) 주요 조사내용
   3) 조사설계
   4) 조사도구 설명
   5) 분석방법 설명
5. 연구결과
6. 결론 및 제언

[별첨] 실태/요인조사 질문지

가족생활에 관한 조사연구

부 탁 의 말 씀

안녕하십니까 ?

바쁘신 중에도 귀중한 시간을 할애하여 주셔서 대단히 감사합니다.

한국성서대학교 특성화사업단 건강가정서비스 · 연구센터에서는 건강한 가정을 위한 다양한 방안 마련을 위해 가족생활에 대한 조사연구를 하고 있습니다.

선생님께서는 서울시민을 대표하는 한 분으로 선정되셨으며, 응답해 주신 내용은 이런 인식을 가지고 있는 분이 몇 %라는 식으로 통계를 내는 데만 사용되고, 그 외의 목적에는 절대로 사용되는 일이 없으니 평소 생각하시는 대로 적어주시면 됩니다.

도와주시는 것에 감사드리며 귀댁의 번창하심을 기원합니다.

2005년 5월

한국성서대학교 특성화사업단 건강가정서비스 · 연구센터 최선희

(☎ 123-4567)

응답해 주실 때 꼭 지켜주십시오

1. 질문지는 처음부터 끝까지 **한 분**이 적어주셔야 합니다.
2. 질문지는 첫 페이지부터 **순서대로 차례대로** 기록해 주십시오(해당 번호에 "✓" 표).
   질문 앞에 특별한 안내사항이 없는 한 모든 질문에 답해주십시오.
   (겉표지외 1~ 쪽으로 구성되어 있습니다)
3. 맞고 틀리는 답이 있는 것이 아니오니 질문을 읽으신 뒤 귀하의 생각, 현 상황을 **솔직히** 기록해 주십시오.

문 1) 다음은 귀하의 가족에 대한 질문입니다. 해당하는 것에 √표해 주십시오.

☜ 가족건강성 척도

항 목	전혀 그렇지 않다	별로 그렇지 않다	보통이다	대체로 그렇다	매우 그렇다
1) 불만이나 고민 등 마음속의 이야기를 충분히 하고 지낸다.	0	1	2	3	4
2) 대화할 때 말하고자 하는 것을 정확하게 이해한다.	0	1	2	3	4
3) 대화할 때 서로의 감정과 생각을 존중해 준다.	0	1	2	3	4
4) 부드러운 말투와 분위기 속에서 대화한다.	0	1	2	3	4
5) 서로 신뢰한다.	0	1	2	3	4
6) 신뢰와 지지가 부담으로 와닿는다.	0	1	2	3	4
7) 서로 간에 신뢰가 깨지더라도 금방 회복할 수 있다.	0	1	2	3	4
8) 우리 가족의 분위기는 편안하고 따뜻하다.	0	1	2	3	4
9) 우리 가족은 사랑하는 감정이 전달되도록 애정표현을 한다.	0	1	2	3	4
10) 우리 가족 모두는 행복해한다.	0	1	2	3	4
11) 갈등이 생겼을 때 적극적으로 해결하기보다 갈등을 부정하거나 피한다.	0	1	2	3	4
12) 문제가 생겼을 때 서로 협력하여 문제를 잘 해결해 간다.	0	1	2	3	4
13) 결정할 일이 있을 때면 언제나 모두가 만족한 결정이 이루어진다.	0	1	2	3	4
14) 각자 자신이 맡은 일에 대해서는 분명한 책임을 진다.	0	1	2	3	4
15) 자녀가 자신의 진로를 결정하도록 한다.	0	1	2	3	4
16) 머리모양이나 옷 입는 것, 귀가시간 등에 대해 자율적이다.	0	1	2	3	4
17) 규칙이나 원칙이 상황에 따라 적절하게 적용된다.	0	1	2	3	4
18) 집안일을 같이 한다.	0	1	2	3	4
19) 모든 일에 협력적이다.	0	1	2	3	4
20) 자녀를 야단치거나 벌을 줄 때 부부간에 생각이 같다.	0	1	2	3	4
21) 자녀 앞에서 부부싸움을 한 적이 있다.	0	1	2	3	4
22) 자녀들이 부모에게 고민이나 생각 등을 이야기한다.	0	1	2	3	4
23) 자녀에게 개인적인 생각이나 감정, 경험 등을 이야기한다.	0	1	2	3	4
24) 종교로 인한 갈등이 있다.	0	1	2	3	4

25) 가훈이나 혹은 어떻게 살아야 한다는 것과 같은 합의된 신념이나 믿음이 있다.	0	1	2	3	4
26) 가족의 정신적인 지주가 되는 사람이 가족 내에 있다.	0	1	2	3	4

문 2) ○○님 댁에서 어떤 결정을 내릴 때 **남편과 아내 중 보다 많은 권한을 가진 사람**은 누구입니까? 다음 각 문항별로 누가 더 많이 의사결정권한을 가지는지 √표하여 주시기 바랍니다. ☜ 부부권력구조 척도

	아내 혼자	아내가 보다 많이	남편과 아내가 동등	남편이 보다 많이	남편 혼자
1) 자동차를 살 때	1	2	3	4	5
2) 집을 살 때(사는 시기, 주택의 규모 등)	1	2	3	4	5
3) 가사에 필요한 물품이나 의류 등의 구입을 결정할 때	1	2	3	4	5
4) 남편이 직장을 그만두거나 앞으로 무슨 일을 할 것인지 선택할 때	1	2	3	4	5
5) 부인이 직업을 가질 것인가, 말 것인가 혹은 어떤 일을 할 것인가를 결정할 때	1	2	3	4	5

문 3) 다음은 **부부간에 경험할 수 있는 여러 가지 느낌**들입니다. ○○님은 평소 어떻게 생각하시는지 각 문항별로 응답해 주십시오. ☜ 열등의식 척도

	항상 느낀다	자주 느낀다	별로 느끼지 않는다	전혀 느끼지 않는다
1) 학력으로 볼 때 배우자보다 못하다고 느낀다.	1	2	3	4
2) 수입으로 인해 배우자에게 위축감을 느낀다.	1	2	3	4
3) 경제적 형편이나 사회적 지위 면에서 우리 집안이 배우자의 집안보다 못하다고 느낀다.	1	2	3	4
4) 성생활에서 배우자를 만족시켜 주지 못한다.	1	2	3	4
5) 배우자보다 사교성이나 대인관계가 원만하지 못하다고 느낀다.	1	2	3	4
6) 전반적으로 배우자가 나보다 낫다고 느낀다.	1	2	3	4

문 4) ○○님은 **평소** 술을 얼마나 자주 드십니까? ☜ 음주척도

1. 전혀 마시지 않는다 ⇨ **문 6)로 가십시오**
2. 한 달에 1~3일 정도
3. 일주일에 1~2일 정도
4. 일주일에 3~4일 정도
5. 거의 매일 마신다

문 4-1) **(문 4)의 2, 3, 4, 5번 응답자)** 그럼, ○○님은 평상 시 술을 마실 때 보통 어느 정도 드십니까?

> 면접원 : 맥주 1병 = 시중판매용 500㎖(500㏄), 소주 1병 = 시중판매용 360㎖ 기준

1. 맥주 1병~1.5병 이하 (소주 반 병 이하)
2. 맥주 1.5병~3병 정도 (소주 1병)
3. 맥주 3병~6병 정도 (소주 1~2병)
4. 맥주 6병~9병 정도 (소주 2~3병)
5. 맥주 10병 이상 (소주 3병 이상)

문 5) 그럼, ○○님의 배우자는 **평소** 술을 얼마나 자주 드십니까?

1. 전혀 마시지 않는다 ⇨ **문 7)로 가십시오**
2. 한 달에 1~3일 정도
3. 일주일에 1~2일 정도
4. 일주일에 3~4일 정도
5. 거의 매일 마신다

문 5-1) **(문 5)의 2, 3, 4, 5번 응답자)** 그럼, ○○**님의 배우자는** 평상시 술을 마실 때 보통 어느 정도 드십니까?

1. 맥주 1병~1.5병 이하 (소주 반 병 이하)
2. 맥주 1.5병~3병 정도 (소주 1병)
3. 맥주 3병~6병 정도 (소주 1~2병)
4. 맥주 6병~9병 정도 (소주 2~3병)
5. 맥주 10병 이상 (소주 3병 이상)

문 6) 살다 보면 아무리 사이가 좋은 부부라 할지라도 서로 의견이 다르거나 상대방 때문에 화가 나 다툼이 생기는 경우가 종종 있습니다. 다음은 일반적으로 부부 간 갈등이 있을 때 나타날 수 있는 몇 가지 행동양식입니다. **지난 1년간** ○○님과 ○○님의 배우자께는 이와 같은 일이 몇 번이나 있었습니까? 지난 **1년 이전**은요? 다음 각 항목별로 응답해 주십시오. ☜ 가족폭력 척도

가 내가 배우자에게 한 행동	1년 이전		지난 1년간				
	없음	있음	전혀 없음	1~2번	3~5번	6~10번	11번 이상
1. 서로 차분하게 의논하였다	1	2	1	2	3	4	5
2. 상대방에게 모욕적인 이야기를 하였다	1	2	1	2	3	4	5
3. 상대방에게 악의적인 이야기를 하였다	1	2	1	2	3	4	5
4. 때리려고 위협을 하였다	1	2	1	2	3	4	5
5. 상대방에게 물건을 집어던졌다	1	2	1	2	3	4	5
6. 세게 밀쳤다	1	2	1	2	3	4	5
7. 손비닥으로 뺨을 때렸다	1	2	1	2	3	4	5
8. 발로 차거나 주먹으로 때렸다	1	2	1	2	3	4	5
9. 물건(혁대, 몽둥이, 골프채 등)으로 때렸다	1	2	1	2	3	4	5
10. 사정없이 마구 때렸다	1	2	1	2	3	4	5
11. 칼이나 흉기로 위협하였다	1	2	1	2	3	4	5

12. 어깨나 목 등을 꽉 움켜잡았다	1	2	1	2	3	4	5
13. 원치 않음에도 성관계를 강요하였다	1	2	1	2	3	4	5
14. 상대방이 삐거나 멍이 들거나 작은 상처가 생겼다	1	2	1	2	3	4	5
15. 상대방이 다쳐서 병원에 갔다	1	2	1	2	3	4	5

나 배우자가 나(응답자 본인)에게 한 행동	1년 이전		지난 1년간				
	없음	있음	전혀 없음	1~2번	3~5번	6~10번	11번 이상
1. 서로 차분하게 의논하였다	1	2	1	2	3	4	5
2. 상대방에게 모욕적인 이야기를 하였다	1	2	1	2	3	4	5
3. 상대방에게 악의적인 이야기를 하였다	1	2	1	2	3	4	5
4. 때리려고 위협을 하였다	1	2	1	2	3	4	5
5. 상대방에게 물건을 집어던졌다	1	2	1	2	3	4	5
6. 세게 밀쳤다	1	2	1	2	3	4	5
7. 손바닥으로 뺨을 때렸다	1	2	1	2	3	4	5
8. 발로 차거나 주먹으로 때렸다	1	2	1	2	3	4	5
9. 물건(혁대, 몽둥이, 골프채 등)으로 때렸다	1	2	1	2	3	4	5
10. 사정없이 마구 때렸다	1	2	1	2	3	4	5
11. 칼이나 흉기로 위협하였다	1	2	1	2	3	4	5
12. 어깨나 목 등을 꽉 움켜잡았다	1	2	1	2	3	4	5
13. 원치 않음에도 성관계를 강요하였다	1	2	1	2	3	4	5
14. 상대방이 삐거나 멍이 들거나 작은 상처가 생겼다	1	2	1	2	3	4	5
15. 상대방이 다쳐서 병원에 갔다	1	2	1	2	3	4	5

마지막으로 "자료분류를 위해" 몇 가지 여쭙겠습니다

☜ 인구학적 특성 질문

1. 귀하의 학력은 어떻게 되십니까?

   ① 초등(국민)학교 졸업(중퇴 포함) 이하

   ② 중학교 졸업(중퇴 포함)

   ③ 고등학교 졸업(중퇴 포함)

   ④ 전문대 재학 중/졸업(중퇴 포함)

   ⑤ 대학 재학 중/졸업(중퇴 포함)

   ⑥ 대학원 재학 중/졸업(중퇴 포함)

2. 귀하의 직업은 무엇입니까?

   ① 농업, 어업, 임업(가족종사자 포함)

   ② 자영업(종업원 9사람 이하의 소규모장사 및 가족종사자, 택시기사)

   ③ 판매/서비스직(상점점원, 세일즈맨 등)

   ④ 기능/숙련공(운전사, 선반, 목공 등 숙련공)

   ⑤ 일반작업직(토목관계의 현장작업, 청소, 수위)

   ⑥ 사무/기술직(일반회사 사무직, 기술직, 초 · 중 · 고교 교사, 항해사 등)

   ⑦ 경영/관리직(5급 이상의 고급공무원, 기업체 부장 이상, 교장)

   ⑧ 전문/자유직(대학교수, 의사, 변호사, 예술가)

   ⑨ 가정주부(주로 가사에만 종사하는 부인)

   ⑩ 학　　생

   ⑪ 무　　직

   ⑫ 기　　타 (적어주세요 : ________________)

3. 귀댁의 한 달 평균 총소득은 대략 얼마 정도입니까?
상여금, 이자수입 등을 포함해 가족의 모든 소득을 말씀해 주십시오.
______________________만 원

4. 그럼, ○○님 댁의 저축을 제외한 한 달 평균 생활비는 대략 얼마 정도입니까?
______________________만 원

5. 귀하의 현재 결혼 상태는 어떻습니까?
① 결혼해 함께 거주 ② 별거 중
③ 이혼 ④ 사별
⑤ 동거(사실혼) ⑥ 미혼

6. 귀댁에서는 맞벌이를 하십니까?
① 예
② 아니요

조사에 끝까지 응해주신 것에 다시 한 번 감사드립니다.

chapter 13

욕구조사 : 욕구조사를 해보자

사회복지실천현장에서는 욕구조사를 많이 시행하고 있다. 사회복지의 책임성이 강화되면서 욕구조사는 필수적인 과업이 되었다. 소규모 기관에서는 예산과 인력의 한계로 인해 욕구조사를 하기가 쉽지 않지만 다양한 형태로 욕구조사를 실시하고 있고 어느 정도 규모가 확보되어 있는 기관에서는 정기적으로 욕구조사를 실시하고 있다. 여기서는 정릉종합사회복지관이 수행한 욕구조사[1]를 중심으로 살펴보고자 한다. 욕구조사는 다음과 같은 연구의 과정과 절차에 따라 이루어진다. 본 절차를 시작하기 전에 욕구조사에 대한 기초적인 내용을 정리하고 가자.

0. 욕구조사 기초 내용 정리

↓

1. 욕구조사의 목적과 활용 계획

↓

2. 조사설계
   - 욕구의 종류
   - 욕구조사방법
   - 모집단
   - 표본규모와 표집 오차
   - 표본추출방법
   - 자료수집방법
   - 조사기간

↓

1) 정릉종합사회복지관은 2011년도 욕구조사를 저자와 협력하면서 수행하였다.

↓

3. 표본 선정

↓

4. 조사도구 개발

↓

5. 자료 수집

↓

6. 결과 분석

↓

7. 보고서 작성

| 그림 13-1 | 욕구조사의 절차

0. 욕구조사 기초 내용 정리

- 욕구조사는 왜 하게 되는가?
- 어떤 욕구를 조사할 것인가?
- 대상자를 어느 범위로 설정할 것인가?
- 어떤 욕구조사방법을 활용할 것인가?
- 욕구조사에 포함되어야 하는 조사내용은 어떤 것들이 있는가?
- 욕구조사의 구체적 과정과 절차는 어떻게 되는가?

1. 욕구조사의 필요성과 목적 : 욕구조사를 왜 하게 되는가?

○ 대외적 요구 :
- 정부
- 재정지원기관

○ 대내적 요구 :
- 욕구에 맞는 프로그램 개발 및 수행/정책의 개발
- 현재 진행되는 사업에 대한 평가
- 예산 할당의 기준 마련

욕구조사는 대외적인 요구와 대내적인 요구에 의해 기획된다. 대외적인 요구는 정부나 재정지원기관에서 요구하는 것이다. 복지관의 경우 욕구조사 여부가 보건복지부나 서울시의 복지관 평가항목에 포함되어 있고, 기초자치단체의 위탁심사에서도 욕구조사 여부를 확인하는 등 욕구조사를 실시하도록 요구하고 있다. 재정지원기관에서도 평가항목에 욕구조사를 포함시키는 경우가 많아서 이러한 재정지원기관의 지원을 받는 사회복지기관들은 욕구조사를 실시하게 된다.

대내적인 요구는 사회복지기관에서 새로운 서비스를 개발할 때 욕구에 맞는 서비스를 개발하기 위해서 욕구조사를 실시하고 있다. 또한 기존의 서비스들이 주민들의 욕구를 충족시키고 있는가 등을 평가하기 위해서도 이루어지고 있다. 기관의 한정된 예산을 서비스에 할당할 때 기준으로 활용하기 위해서 욕구조사를 실시하기도 한다.

서비스를 개발하기 위해 욕구조사를 하는 경우 다음과 같은 질문을 해보아야 한다.

- 욕구가 확인되면 실제로 서비스를 개발할 것인가?
  만일 그렇다면 예산, 인력은 확보되어 있는가? 혹은 확보할 수 있는가? 사회복지실천현장에서 많은 욕구조사가 이루어지고 있지만, 욕구조사가 서비스 개발이나 기존 서비스의 수정으로 이어지지 않는 경우가 종종 있다. 새로운 서비스를 실시하기 위해서는 예산과 인력이 필수적인데 그에 대한 계획이 뒷받침되지 못하는 경우가 많기 때문이다. 예산과 인력을 새롭게 확보해서 추진할 수도 있지만 기존 사업을 조정해서도 확보할 수 있다. 따라서 새롭게 예산과 인력을 확보할 수 없는 경우에는 기존 사업을 축소·조정해서 확보하는 것이 필요하다.
- 평가를 위한 욕구조사의 경우, 평가결과에 따라 실제로 서비스를 수정하거나 종결할 것인가?
- 평가를 위한 욕구조사의 경우, 평가결과를 예산할당에 연계할 것인가?
  서비스 개발을 위한 욕구조사가 아니라 사업평가를 위한 욕구조사의 경우에도, 사업평가에 따라 실제로 서비스를 수정하거나 혹은 욕구와 부합되지 않을 경우 종결을 할 것인가를 명확히 할 필요가 있다. 또한 욕구결과에 따라 예산배분을 달리할 것인가에 대한 것도 분명히 해야 한다. 평가적 욕구조사를 통해 서비스를 수정하거나 종결 혹은 예산배분을 달리 한다면 서비스 담당자에게 적절한 자극을 줄 수도 있어서 서비스가 보다 내실 있게 운영되는 효과도 있다.

2. 욕구종류 : 어떤 욕구를 조사할 것인가?

○ **체감된 욕구**(felt needs) : 주민들이 느끼고 있는 욕구
- 장점 : 본인이 느끼고 있는 욕구이므로 서비스의 효과성이 높을 수 있음
- 단점 : 충분한 정보를 가지지 못한 경우 본인의 욕구를 왜곡되게 인지하고 있을 수 있음

○ **표현된 욕구**(expressed needs) : 주민들이 표현하고 있는 욕구
- 장점 : 역시 본인이 느끼고 있는 욕구를 표현한 것이므로 서비스의 효과성이 높을 수 있음
- 단점 : 본인이 느끼고 있는 욕구와 표현된 욕구가 다를 수 있고, 욕구 자체를 표현하기 보다는 재정지원과 같이 욕구를 충족시킬 수단을 표현하기 쉬움

○ **비교된 욕구**(comparative needs) : 서비스 수혜자와 비수혜자 간의 차이로 추정된 욕구
- 장점 : 서비스 수혜자와 비수혜자 간의 차이를 비교하여 욕구를 측정하므로 평등성과 공평성의 가치를 달성하기 쉬움
- 단점 : 기준집단(서비스 수혜자)이 확보되어 있고, 그들의 욕구수준에 대한 정보가 없다면 시행하기 어렵고, 두 집단을 동시에 조사해야 하는 것과 조사의 오차를 고려해야 하는 것이 어려움

○ **규범적 욕구**(normative needs) : 전문가가 일정한 기준을 적용하여 판단한 욕구
- 장점 : 전문가에 의해 판단된 욕구로 객관적이고 중요한 욕구를 파악할 수 있음
- 단점 : 대상자가 동의하지 않거나 우선순위에서 차이가 클 수 있음

욕구조사를 하는 것이므로 욕구를 조사해야 하는데 욕구의 종류에는 여러 가지가 있다. 체감된 욕구, 표현된 욕구, 비교된 욕구, 규범적 욕구 등이다. 각각의 욕구는 장단점이 있다. 먼저, 체감된 욕구를 살펴보면, 주민이 느끼고 있는 욕구를 조사하는 것이므로 그에 따라 서비스를 개발하여 제공하면 체감된 욕구가 충족되어 서비스의 효과가 높을 수 있는 장점이 있다. 반면에 주민이 자기의 욕구에 대한 정확한 정보나 인식이 없다면 정확한 욕구를 파악하기 어렵다는 단점이 있다. 예를 들어, 영양섭취가 불균형함에도 불구하고 그에 대한 정보가 없거나, 아주 지저분한 집에서 살면서도 주거와 건강과 관련된 정보를 가지고 있지 못하면 그에 대한 욕구를 느끼지 못하고, 다른 욕구만을 느끼는 것으로 인식할 수 있다. 둘째로 표현된 욕구도 주민들이 필요하다고 표현한 욕구이기 때문에 그에 따라 서비스를 개발하면 역시 서비스의 효과성이 높을 수 있는 장점이 있다. 그러나 느끼고 있는 욕구와 표현된 욕구가 다를 수 있고, 욕구보다는 욕구를 충족시킬 재원 등의 수단을 표현하는 경우가 많아서 정확한 욕구를 조사하기 어려운 단점이 있다. 예를 들어, 신체적으로 건강하지 못한 경우 건강욕구를 표현하지 않고 병원에 갈 돈을 필요로 한다고 표현할 수 있다. 셋째로 서비스 수혜자와 비수혜자를 비교해서 그 차이를 비수혜자의 욕구로 평가하는 비교된 욕구는 비수혜자에 대한 서비스 제공을 통해 평등성과 공평성의 가치를 구현할 수 있는 장점이 있다. 반면에 수혜자의 욕구에 대한 정보를 확보하지 못하고 있는 경우에는 시행하기 어렵다는 단점이 있다. 또한 만일 서비스 제공이 이루어지고 있어서 서비스 수혜자와 비수혜자를 비교·조사할 수 있다면 두 집단의 특성을 동일하게 맞추어야 하는데, 이것은 현실적으로 쉽지 않다. 마지막으로 전문가들에 의해 판단된 규범적 욕구는 전문가에 의해 객관적으로 파악된 욕구이기 때문에 중요한 욕구를 파악할 수 있다는 장점이 있다. 반면에 욕구조사결과에 대해 주민이 동의하지 않거나 우선순위에서도 차이가 클 수 있어서, 동기부여가 잘 되지 않으면 서비스의 참여나 효과가 떨어질 수도 있는 단점이 있다.

여기서는 다음과 같은 질문을 해보아야 한다.

- 어떠한 욕구를 조사할 것인가? 왜 그 욕구를 조사하려고 하는가?

각각의 욕구는 장단점이 있기 때문에 욕구조사의 필요에 따라 적절하게 선택하여야 한다. 그리고 그 욕구를 조사하고자 하는 이유를 명확하게 하는 것이 좋다. 만일 특정 욕구를 선택하여 조사하고자 한다면 단점을 보완할 수 있도록 노력해야 한다. 예를 들어, 느껴진 욕구를 조사하고자 한다면 의식주로부터 여가문화 및 대인관계에 이르기까지 삶의 영역 전반에 걸쳐서 필요와 욕구를 교육하며 조사를 진행할 수도 있을 것이다.

- 욕구의 범위는 어떻게 되는가?

주민들의 욕구를 조사한다고 해서 모든 욕구를 다 조사하는 것은 아니다. 서비스 개발이나 기존 서비스의 수정을 위해서 욕구조사를 하는 것이라면 서비스로 개발하거나 수정될 수 있는 욕구여야 한다. 사회복지기관의 경우, 서비스 대상이나 서비스 영역이 정해져 있는 경우가 많다. 지역사회복지관의 경우에는 일반적으로 서비스 제공, 사례관리, 지역조직화 등 3대 영역에서 다양한 서비스를 제공하기 때문에 욕구도 전반적인 영역을 다룰 수 있지만, 청소년자활지원관과 같은 경우에는 청소년의 진로와 자활과 관련된 영역의 욕구가 주가 될 것이다. 지역사회복지관이라고 하더라도 특정 영역의 서비스를 개발하기 위한 것이라면 그것에 초점을 맞추어 욕구를 조사해야 한다. 따라서 기관의 서비스 영역에 대한 검토[2]와 기관의 사명, 특화사업과 주력사업 등을 검토하여 욕구의 범위를 특정하는 것이 필요하다.

2) 이것은 대부분 기관의 법적 근거를 따져보거나 정부의 지침 등을 검토하는 것으로 이루어진다.

3. 욕구조사범위 : 조사대상자를 어느 범위로 설정할 것인가?

○ **지역중심** : 서비스 지역을 중심으로 조사범위 설정, 사업에 따라서도 지역이 달라질 수 있음
○ **이용자중심** : 서비스 이용자를 중심으로 조사범위 설정

욕구조사 대상자의 범위를 설정하는 데는 두 가지를 고려한다. 서비스 이용자가 아닌 경우 지역을 중심으로 설정하고, 이용자를 포함하는 경우 각각의 서비스 대상자를 고려하여 설정한다. 조사의 목적과 상황에 따라 지역중심으로만 설정할 수도 있고, 이용자중심으로만 설정할 수도 있다. 또한 아동, 청소년, 어르신, 장애인, 여성, 가족 등을 고려한다. 이때 표본 수는 분석하여 보고자 하는 단위가 최소 30[3]사례는 확보되도록 한다. 예를 들어, 성별로 분석하고자 한다면 남성과 여성이 각각 30사례 이상이 되도록 하고, 동별로 분석하여 보고자 한다면 각 동별로 30사례 이상이 되도록 한다.

4. 욕구조사방법[4] : 어떤 욕구조사방법을 활용할 것인가?

○ **지역주민 조사** : 욕구조사 범위 내의 주민들을 대상으로 설문조사나 면접을 통하여 욕구 측정
○ **서비스 제공자 조사** : 서비스 제공자를 대상으로 욕구에 대한 정보 확보
○ **주요 정보제공자 조사** : 대상지역주민들의 사정을 잘 알고 있는 사람들로부터 욕구에 대한 정보 확보

3) 정규분포를 가정해 줄 수 있는 최소한의 규모가 30이기 때문이다.

4) 욕구조사방법은 욕구의 종류와 밀접한 관계가 있다. 체감된 욕구나 표현된 욕구에 대한 정보는 지역주민을 조사해야 정확하게 얻을 수 있고, 비교된 욕구에 대한 정보도 서비스 이용자와 비이용자인 지역주민 조사를 통해서 상대적으로 정확하게 확인할 수 있다. 규범적 욕구에 대한 정보는 전문가인 서비스 제공자 조사를 통해서 얻을 수 있다. 물론 이들 욕구에 대한 정보를 주요 정보제공자를 조사하거나 사회지표 및 행정자료를 조사함으로써도 얻을 수 있지만 정보의 정확성은 정보원에 따라 차이가 있게 마련이다.

○ **사회지표 및 행정자료 조사** : 사회지표나 행정자료를 조사하여 욕구에 대한 정보 확보
● **자료수집방법** : 설문조사, 면접, 내용분석, 델파이조사

욕구를 조사하는 방법은 지역주민들에 대한 조사로부터 서비스 제공자 조사, 주요 정보제공자 조사, 사회지표 및 행정자료 조사 등 다양하다. 이러한 욕구조사 방법을 활용하여 자료수집을 하는 방법도 설문조사를 비롯하여 면접, 내용분석, 델파이조사 등 다양하므로 조사의 목적과 상황에 따라 적절하게 선택하여 활용할 수 있다. 욕구조사 방법 가운데 **지역주민을 대상으로 조사**를 하는 것이 가장 일반적인 방법이다. 지역주민의 욕구를 조사하는 것이므로 당사자인 지역주민에게 직접 조사를 하는 것이 가장 전형적인 욕구조사가 된다. 그리고 지역주민들로부터 얻은 정보를 바탕으로 욕구를 파악하기 때문에 그것을 기반으로 서비스를 개발하여 제공하면 효과적일 수 있다. 그러나 이 방법은 지역주민이 자기 욕구에 대한 정확한 인식이 없다면 욕구조사 결과가 왜곡될 수 있다는 단점이 있다. **서비스 제공자 조사**는 서비스를 제공하며 오랫동안 조사대상자들과 상호작용하면서 전문가적 입장에서 많은 정보를 얻고 있기 때문에 객관적인 욕구정보를 파악할 수 있다는 장점이 있다. 그러나 서비스 제공자가 인식하는 욕구와 지역주민이 인식하는 욕구는 일반적으로 차이가 있기 때문에 주민들이 동의하지 않을 수도 있고, 그러한 상황에서 서비스 제공자 조사를 통해 얻어진 욕구에 대한 정보를 바탕으로 서비스를 개발하여 제공하면 효과적이지 않을 수도 있다. **주요 정보제공자 조사**는 오랫동안 그 지역사회에 살면서 지역사회주민들에 대해 많은 정보를 가지고 있는 사람들에 대한 조사로 서비스 제공자 조사와는 또 다른 객관적 정보를 얻을 수도 있다. 한편으로는 서비스 제공자보다 지역사회주민들에 대해 더 많은 정보를 가지고 있는 경우가 많기 때문에 욕구에 대한 객관적 정보를 얻기 쉽다. 그러나 역시 주요 정보제공자가 알고 있는 욕구정보와 지역주민이 가지고 있는 욕구는 차이가 있을 수 있기 때문에 활용하는 데 한계를 갖는다는 단점이 있다. **사회지표 조사**란 그 지역사회의 국민기초생활보장 수급률, 출생률,

혼인 및 이혼율, 범죄발생률 등과 같이 정부나 연구기관에서 정기적으로 발표하는 그 사회의 모습을 나타내는 지표에 대한 조사이다. **행정자료 조사**란 사회지표처럼 공표되는 것 외에 행정기관에서 수집하고 있는 정보에 대한 조사를 의미한다. 예를 들어, 기초자치단체에서 지역복지계획을 수립하기 위해 지역사회조사를 한 행정자료 등도 지역사회욕구조사의 좋은 기초 자료가 될 수 있다. 행정자료는 지역사회의 평균적인 모습을 알려주는 좋은 자료이지만 구체적인 욕구에 대한 정보는 아니므로 욕구에 대한 정보로서는 한계를 가진다. 이와 같이 여러 가지 욕구조사 방법이 있으나 각기 장단점이 있으므로 적절하게 선택하는 것이 필요하다. 바람직한 것은 상호보완이 될 수 있도록 여러 방법들을 통합적으로 활용하는 접근을 하는 것이다.

각각의 욕구조사 방법들에서 자료수집을 하는 방법은 구조화된 설문지를 활용하는 것과, 심층면접을 활용하는 방법 및 문서자료에 대한 내용분석, 전문가 조사방법인 델파이조사[5] 등이 있다. 설문지를 이용한 설문조사는 양적 조사로서 조사결과를 일반화하기 용이하나 깊이 있는 정보를 확보하기 어렵고, 심층면접은 깊이 있는 정보를 얻을 수 있으나 조사결과를 일반화하기 어렵다는 단점이 있다. 따라서 설문조사와 심층면접을 함께 사용하면 보다 정확한 정보를 얻을 수 있다.

5. 욕구조사내용 : 욕구조사에 포함되어야 하는 조사내용은 어떤 것들이 있는가?

- ○ **욕구** : 지역사회 혹은 서비스 수요자가 가지고 있는 욕구
- ○ **서비스** : 욕구를 해결할 수 있는 프로그램 또는 서비스의 종류
- ○ **서비스 수요자 규모** : 서비스를 필요로 하는 사람들의 규모

5) 델파이조사는 전문가들에 대한 조사로서 1차 조사한 결과를 정리하여 조사대상자인 전문가들에게 제공하고, 그것을 기반으로 추가적인 질문을 한다. 그리고 그 결과를 정리하여 다시 조사대상 전문가들에게 제공하고 추가적인 질문을 하고 의견을 수렴한다. 델파이조사는 이러한 과정을 필요에 따라 여러 차례 반복 실시하는 조사이다.

욕구조사를 할 때 기본적인 조사내용으로 포함되는 것은 욕구와 서비스 및 서비스 수요자 규모이다. **욕구**는 의식주와 건강으로부터 일, 경제, 교육, 여가 문화, 대인관계에 이르기까지 다양한 영역에 대해 기관과 조사의 목적에 따라 범위를 결정한다. **서비스**는 욕구를 해결할 수 있는 프로그램이나 서비스를 의미하는 것으로 욕구뿐만 아니라 욕구를 해결하는 프로그램이나 서비스에 대한 욕구도 파악하여 서비스를 계획하면 서비스의 효과성이 높아질 수 있다. **서비스 수요자 규모**는 서비스를 필요로 하는 사람들, 즉 표적집단의 규모를 의미하는 것이다. 이에 대한 정보는 질문에 대한 응답을 통해서 확보하는 것이 아니고, 조사에서 욕구를 가지고 있다고 응답한 사람들의 비율을 가지고 모집단인 지역사회주민 전체에 대해 추정해서 확인하는 것이다.

6. 욕구조사과정 : 욕구조사의 구체적 과정과 절차는 어떻게 되는가?

욕구조사의 과정과 절차도 일반조사와 크게 다르지 않다. 첫 번째로 모든 조사에서 그렇지만 욕구조사에 있어서도 조사의 목적과 그 결과를 어떻게 활용할 것인가를 명확히 해야 한다. 그래야만 꼭 필요한 조사항목을 구성할 수 있다. 두 번째로 조사설계를 한다. 이때 욕구의 종류와 조사내용을 결정하고, 표본추출과 자료수집 방법에 대한 계획을 수립한다. 세 번째로 표본추출 계획에 따라 조사대상자를 선정한다. 조사대상자를 선정하기 위해서는 모집단 리스트 등의 모집단 정보가 필요하다. 네 번째로 질문을 구성하는데, 설문조사의 경우에는 설문지를 개발하고, 면접조사인 경우에는 면접내용을 개발한다. 다섯 번째로 선정된 표본을 대상으로 조사를 실시한다. 여섯 번째로 수집된 자료를 분석한다. 설문조사의 경우에는 통계분석을, 면접의 경우에는 질적 분석을 활용하여 자료분석을 한다. 일곱 번째로 분석된 결과를 해석하고, 그 결과를 바탕으로 제안사항을 구상한다. 마지막으로 결과보고서를 작성한다.

① 욕구조사의 목적과 활용을 분명히 한다.
② 욕구조사 수행계획을 수립한다.
   1. 욕구의 종류 선택, 조사내용 결정
   2. 표본설계
   3. 자료수집방법
③ 표본설계에 따라 조사대상자를 선정한다.
④ 설문조사의 경우 질문지를 구성하고 면접조사의 경우에는 면접내용을 구성한다.
⑤ 자료수집을 한다.
⑥ 수집된 자료를 분석한다.
⑦ 결과보고서를 작성한다.

욕구조사를 수행하기 전에 다음의 목록을 점검해 보자.

욕구조사 점검 목록	
1. 욕구조사의 목적은 무엇인가?	① 서비스 개발 (1-1로) ② 기존서비스 평가·수정 (1-2로) ③ 예산할당 기준 확보 (1-3로)
1-1. 서비스 개발이 목적이라면 실제로 서비스를 개발하여 운영할 것인가?	① 그렇다 – 조사 계속 ② 아니다 – 조사 불필요
1-2. 기존 서비스 평가와 수정이 목적이라면 평가결과에 따라 실제로 서비스를 수정하거나 종결할 것인가?	① 그렇다 – 조사 계속 ② 아니다 – 조사 불필요
1-3. 예산할당기준을 확보하려고 하는 경우 조사결과에 따라 실제로 예산할당을 달리할 것인가?	① 그렇다 – 조사 계속 ② 아니다 – 조사 불필요
2. 어떤 종류의 욕구를 조사할 것인가?	① 체감된 욕구 ② 표현된 욕구 ③ 비교된 욕구 ④ 규범적 욕구
2-1. (위에서 선택한 욕구에 대해) 왜 그 욕구를 조사하려 하는가?	
2-2. 욕구의 내용적 범위는 어디까지로 할 것인가? (의식주로부터 여가문화, 대인관계에 이르기까지 전반적인 삶의 욕구 고려)	

3. 욕구조사의 조사대상자는?	① 지역 (3-1-1로) ② 이용자 (3-2-1로)
3-1-1. 지역으로 설정한 이유는? 3-1-2. 표본추출방법은?	
3-2-1. 서비스 이용자로 선정한 이유는? 3-2-2. 표본추출방법은?	
4. 욕구조사의 내용은?	① 욕구 (4-1로) ② 서비스 (4-2로)
4-1. 구체적인 욕구의 내용은? (2-2 고려)	
4-2. 욕구에 대한 서비스들은?	
5. 어떤 욕구조사방법을 활용할 것인가?	① 지역주민조사 ② 서비스제공자 조사 ③ 주요 정보제공자 조사 ④ 사회지표 및 행정자료 조사
5-1. 자료수집방법은 어떤 방법을 활용할 것인가?(욕구조사방법 고려)	① 설문조사 ② 면접 ③ 내용분석 ④ 델파이조사
5-2. 자료수집은 누가 담당할 것인가?	

7. 실제 사례[6]: 욕구조사를 해보자!

1) 욕구조사의 목적과 활용 계획

목 적	대상사업	활 용
신규서비스 개발	지역사회 마을 만들기 사업(지역복지 부문)	특화사업 개발
기존서비스 강화	학교사회사업(가족복지 부문)	특화사업으로서의 위상정립
	어르신 교육문화아카데미 사업(지역사회보호 부문)	발전적 방향 모색

정릉종합사회복지관은 ❶ 기존에 진행하고 있는 사업을 평가하여 발전방안을 모색하고(평가 · 수정을 위한 욕구조사 : 학교사회사업 – 대안학교사업, 어르신 교육문화아카데미 사업), ❷ 새로운 사업의 가능성을 탐색하기 위해 욕구조사(서비스 개발을 위한 욕구조사 : 지역사회 마을 만들기 사업)를 계획하였다. 학교사회사업은 가족복지 특화사업으로 진행하고 있는데, 특화사업으로서의 위상을 확고히 하기 위한 발전방안을 모색하기 위해 평가를 기반으로 하는 욕구조사를 실시하고자 하였고, 어르신 교육문화아카데미 사업 역시 발전방향을 모색하기 위해 평가를 기반으로 한 욕구조사를 실시하고자 하였다. 지역사회 마을 만들기는 최근에 지역사회복지관의 핵심으로 떠오르고 있는 목표로서, 기존에 추진해 온 '더불어 하나 되는 지역사회가족 만들기'에서 한 걸음 더 나아가 사회자본 창출의 가능성을 탐색하고자 욕구조사를 계획하였다. 이렇게 세 가지 영역의 욕구조사를 계획하고 수행하였지만 여기서는 지역사회 마을 만들기 사업을 중심으로 살펴보도록 하겠다.

6) 본 사례는 정릉종합사회복지관이 2011년도에 수행한 욕구조사를 복지관의 동의를 얻어서 과정중심으로 간략하게 제시한 것임을 밝힌다. 저자는 정릉종합사회복지관의 운영위원으로서 본 욕구조사의 수퍼바이저 역할을 수행하였다.

2) 조사설계

구 분	내 용
욕구종류	표현된 욕구 – 지역사회 참여 욕구
욕구조사방법	지역주민 조사
모집단	2011년 11월 현재 정릉1, 2, 3, 4동 지역사회 리더*
표본규모와 표집 오차	모집단 전체(전수조사)
표본추출방법	전수조사이므로 불필요
자료수집방법	단체 방문 자기기입식 조사–응답자가 자기기입 후 면접원(사회복지사)이 주요사항에 대해 확인·검증
조사기간	2011년 10월 30일~12월 24일

욕구조사에서의 조사설계는 욕구종류와 욕구조사방법을 포함시켰다. 조사설계의 일반적인 형태는 조사대상자를 선정하여 조사를 진행하는 것으로 구성되어 모집단, 표본규모, 표본추출방법, 조사방법, 조사기간에 대한 계획을 제시하는데 여기서는 측정도구개발의 기본 방향을 의미하는 욕구종류와 자료원을 어디로 할 것인가를 의미하는 욕구조사방법을 포함시킨 것이다.

욕구종류는 체감된 욕구, 표현된 욕구, 비교된 욕구, 규범적 욕구 가운데 표현된 욕구를 조사하기로 하였다. 지역사회 리더들에 대한 지역사회 참여 욕구 조사이기 때문에 전문가 판단의 규범적 욕구는 적절하지 않고, 서비스대상자의 삶의 질 향상과 관련된 욕구조사에 적합한 체감된 욕구나 비교된 욕구 역시 적절하지 않기 때문이다. 또한 지역사회활동에 대한 참여 가능성을 탐색하는 것이기 때문에 지역사회 참여욕구를 조사하는 것으로 계획하였다.

욕구조사방법[7)]은 지역주민 조사를 활용하기로 하였다. 지역사회에 대한 주민참여 욕구를 알아보는 것이기 때문에 지역주민 조사를 하기로 결정하였다.

모집단은 조사시점인 2011년 11월 현재 정릉1, 2, 3, 4동 지역사회 리더로 정하였다. 모든 주민을 대상으로 하지 않은 것은 지역사회를 기반으로 한 주

7) 욕구조사방법에 관해서는 본 장의 4. 욕구조사방법을 참고하기 바란다.

요 단체에서 활동하는 사람들을 리더로 활용하면 보다 더 효율적으로 사업을 추진할 수 있을 것으로 판단했기 때문이다. 조사대상자는 모집단 전체, 즉 전수조사를 하는 것으로 계획하였다. 따라서 별도의 표본추출과정은 필요하지 않다.

3) 표본 선정

(1) 모집단과 표본

① **모집단** : 정릉1, 2, 3, 4동 지역사회 리더

② **표본** : 전수조사이므로 모집단과 동일

'정릉1, 2, 3, 4동 지역사회 리더'의 조작적 정의 : 정릉1, 2, 3, 4동의 지역사회 기반 주요 단체 회원으로 한다.
정릉1, 2, 3, 4동의 지역사회 기반 주요 단체의 조작적 정의 : 녹색환경실천단, 동지역사회복지협의회, 바르게살기위원회, 방위협의체, 새마을부녀회, 새마을지도자협의회, 적십자봉사회, 주민자치위원회, 청소년지도협의회, 청소년선도위원회, 통장협의회를 의미한다.

(2) 모집단 설정이유와 전수조사 이유

① **모집단 설정이유** : 지역사회 마을 만들기 사업의 대상지역으로 정릉1, 2, 3, 4동을 한정하였기 때문에 모집단은 정릉1, 2, 3, 4동 지역의 리더로 설정하였다. 지역주민 전체로 하지 않고 지역의 리더로 한정한 것은 그들로 하여금 지역사회 마을 만들기를 해나가도록 하는 것이 효과적이고 효율적이라고 판단했기 때문이다.

② **전수조사 이유** : 정릉1, 2, 3, 4동에 소재하고 지역을 기반으로 활동하는 단체가 많지 않고, 지역사회 리더들 가운데 누구도 배제함이 없이 모두 함께 해야 지역사회 마을 만들기가 성공적으로 이루어질 수 있기 때문에 모든 단체 모든 회원을 조사대상으로 하였다.

4) 조사도구 개발

(1) 욕구의 종류

표현된 욕구 – 지역사회 참여 욕구

(2) 세부내용

조사내용은 지역사회 참여욕구뿐만 아니라 향후 사업추진을 위한 정보도 필요하다. 따라서 현재 활동하고 있는 단체의 활동상황과 스스로를 지역사회를 이끌어 가고 있는 리더로서 인식하고 있는지, 복지관과의 협력 가능성에 대한 정보를 확인하기로 하였다. 참여욕구가 있고, 복지관과 협력할 의사가 있다고 확인되면, 향후 추진하고자 하는 지역사회 마을 만들기 사업의 발판이 마련되는 셈이다. 또한 현재의 단체활동 상황과 리더로서의 인식을 알아봄으로써, 리더들에 대한 리더십 교육의 필요성과 내용 및 사업추진 전략을 마련하고자 하였다. 각각의 차원에서 다음과 같은 세부정보를 확인하기로 하였다(최종 욕구조사 질문지는 [별첨] 참조).

〈표 13-1〉 수집할 정보와 그 정보가 필요한 이유

주요 정보와 세부 정보	정보가 필요한 이유 – 정보 활용
지역사회 조직 활동상황	
○ 경력	• 지속적인 활동 가능성 확인 • 다른 변수에 대한 경력별 차이 확인
○ 참여동기	• 동기에 따른 참여 상황과 인식을 분석하고, 적극적인 참여동기를 갖도록 방안을 마련하는 데 활용
○ 조직 내 활동 참여 정도	• 적극적 참여의 요인을 밝혀서 참여활성화 방안 마련
○ 참여 시 어려움	• 적극적이고 지속적인 참여방안 마련을 위한 기초자료로 활용
지역사회 리더로서의 정체성	
○ 리더로서의 인식 여부	• 지역사회 리더로서의 인식 강화 프로그램의 필요성 확인
○ 리더로서의 역할	• 리더역할 교육내용 개발자료로 활용

○ 지역주민 어려움 인지	• 지역주민의 어려움에 대한 인식 및 해결의지 확인 • 지역주민 어려움이 무엇인지 지속적으로 확인하고 실천방안 모색
지역사회 참여 욕구	
○ 지역사회 관심 영역	• 평소 관심을 갖고 있는 지역사회활동 영역 확인을 통해 향후 연대프로그램 개발
○ 지역사회 활동 참여 의지	• 지역주민의 어려움 해결을 위한 참여 의지 확인
○ 참여하고 싶은 활동	• 복지관과의 협력의사에 따른 복지관 사업에 대한 참여 의사 확인 • 평소 관심활동 영역과 복지관 사업과의 관계성 확인 • 향후 복지관 주력사업의 파트너로서 구체적인 참여방안 모색
○ 저소득가정아동 및 공부방 지원사업 참여 욕구	• 복지관이 계획하고 있는 '더불어 하나되는 지역사회가족 만들기' 사업의 두 하위사업에 주체적 동반자로서의 참여 의지 확인
○ 독거어르신 가족 되어드리기 사업 참여 욕구	
○ 동별 '마을 만들기' 사업 참여 욕구	• 마을 만들기 사업의 주도적인 참여 의지 확인
○ 역량강화를 위한 전문 교육 참여 욕구	• 지역사회 리더로서의 전문성 확보를 위한 역량교육 참여의지 확인을 통해 교육프로그램 운영 여부 결정
복지관과의 협력 가능성	
○ 복지관 인지도	• 협력에 대한 가능성을 탐색함과 동시에, 정릉종합사회복지관의 역할과 기능을 홍보하는 효과도 거두기 위해 활용
○ 참여경험	• 참여경험 여부와 그에 따른 만족도를 확인하여 향후 협력할 사업영역과 만족도를 증진시키기 위해 노력할 사업영역을 확인
○ 평가	
○ 협력에 대한 인식	• 정릉종합사회복지관과의 향후 협력을 위한 다양한 논의의 장 마련 및 사업적 참여방안 모색

5) 자료수집

직접 면접을 통한 자기기입식 설문조사

사업대상이 되는 정릉1, 2, 3, 4동 주민자치위원회 및 동지역사회복지협의체 회원들에 대해 구조화된 질문지를 이용하여 설문조사를 실시하였다. 사업대상이 되는 지역사회 리더들에 대한 조사이기 때문에, 정확한 조사를 위해 사회복지사가 직접 만나서 조사목적을 설명하고 설문지를 배포한 다음 직접 기입하도록 한 후 수거하는 방식을 취하였다. 조사기간은 2011년 10월 30일부터 12월 24일까지 2개월간 실시하였다. 최종 조사된 인원은 100명이었다.

6) 결과분석

(1) 분석방법

① 각 문항의 기술을 위한 정보 : 빈도분석
② 요인확인 및 관계성 분석 : 교차분석

각 차원의 문항들에 대해서는 기본적인 기술(記述)을 위해서 기술통계 분석방법인 빈도분석을 사용하여 분석하였다. 각 차원의 문항들에 대해서 인구학적 특성별로 차이가 있는지를 알아보거나 현재 참여상황에 따른 참여욕구를 확인하는 것 등의 정보를 위해서는 교차분석을 활용하여 분석하였다.

(2) 결과

① 조사대상자의 인구학적 특성
② 지역사회 조직활동 상황
③ 지역사회 리더로서의 정체성
④ 지역사회 참여욕구
⑤ 복지관과의 협력 가능성

실제 조사결과는 위에서 언급한 바와 같이 다섯 차원으로 구분하여 제시하였다. 조사대상자가 어떤 사람들인지를 밝히는 조사대상자의 인구학적 특성, 현재의 지역사회조직 활동상황, 지역사회 리더로서의 정체성, 지역사회 참여욕구, 복지관과의 협력 가능성 등이다. 각 차원에는 세부항목들이 있는데, 각 항목의 기술통계치를 먼저 제시하고 인구학적 특성별 결과와 각 차원의 변수들과의 관계를 제시한다. 그러나 여기서는 각 차원별로 대표적인 항목 한 가지씩만 제시하도록 하겠다.

① 조사대상자의 인구학적 특성

조사대상자의 인구학적 특성을 보면, <표 13-2>에서 보는 바와 같이 먼저 성별은 남자가 55%, 여자가 45%로 남자가 약간 많지만 여자의 비율도 예상보다 높았다. 연령은 50대가 56%로 가장 많았고, 다음으로 60대 이상이 31%, 40대 이하가 11%로 50대 이상이 대부분이었다. 교육수준은 고졸 이하가 39%로 가장 많았고, 다음으로 대졸 37%, 대학원 이상 17%였다.

〈표 13-2〉 조사대상자의 인구학적 특성

인구 특성	응답범주	빈도(명)	백분율(%)
성 별	남자	55	55.0
	여자	45	45.0
	합계	100	100.0
연령대	40대 이하	11	11.0
	50대	56	56.0
	60대 이상	31	31.0
	무응답	2	2.0
	합계	100	100.0
교육수준	고졸 이하	39	39.0
	대졸	37	37.0
	대학원 이상	17	17.0
	무응답	7	7.0
	합계	100	100.0

② 지역사회조직 활동상황

지역사회조직 활동상황에서 먼저 지역사회조직 참여동기를 살펴보면 <표 13-3>에서 보는 바와 같이 의미 있는 활동을 하고 싶어서라는 응답이 52%로 가장 많았고, 다음으로 지역사회문제를 해결하고 싶어서라는 응답이 23%로 능동적으로 지역사회활동에 참여하고 있다는 응답자가 전체의 3/4을 차지하였다. 반면에 주변 사람들의 권유나 관공서의 도움요청이라는 다소 수동적인 참여동기를 가지고 있는 응답자는 19%였다. 이러한 결과를 토대로, 이들이 동기부여만 잘 되면 지역사회 마을 만들기 사업이라는 새로운 사업에도 적극적으로 참여할 것으로 예측할 수 있게 되었다. 따라서 사업의 인적 토대는 이미 갖추어져 있다고 할 수 있다.

〈표 13-3〉 지역사회조직 참여동기

항 목	응답범주	빈도(명)	백분율(%)
지역사회 조직 참여동기	지역사회문제를 해결하고 싶어서	23	23.0
	의미 있는 활동을 하고 싶어서	52	52.0
	구청/주민센터 등 관공서의 도움요청	9	9.0
	주변 사람들의 권유	10	10.0
	기 타	2	2.0
	이유 없음	4	4.0
	합 계	100	100.0

③ 지역사회 리더로서의 정체성 인식

지역사회 주요 단체에서 활동하고 있는 조사대상자들은 대부분 리더로서의 정체성을 가지고 있는 것으로 나타났다. <표 13-4>에서 보는 바와 같이 스스로를 지역사회 리더로 생각하느냐는 질문에 77%나 되는 많은 응답자가 리더로서의 정체성을 가지고 있다(매우 그렇다 – 15% + 그렇다 – 62%)고 응답하였다. 그러나 보통이라는 응답자와 그렇지 않다는 응답자도 23%나 되고, 정체성 인식에 있어서도 매우 그렇다는 적극적 인식층은 15%로 비교적 적어서 지역사회 리더로서의 정체성 인식을 강화해야 할 필요가 있는 것으로 나타났다.

〈표 13-4〉 지역사회 리더로서의 정체성 인식

항 목	응답범주	빈도(명)	백분율(%)
지역사회 리더로서의 정체성 인식	매우 그렇다	15	15.0
	그렇다	62	62.0
	보통이다	19	19.0
	그렇지 않다	3	3.0
	전혀 그렇지 않다	1	1.0
	합 계	100	100.0

④ 지역사회 참여욕구

지역사회 문제해결에 대한 참여의지는 <표 13-5>에서 보는 바와 같이 매우 높은 것으로 나타났다. 그저 그렇다는 한 사람만 제외하곤 99%가 참여하겠다고 하였고, 적극적으로 참여하겠다는 응답자도 43%나 되었다. 따라서 이들의 지역사회 참여욕구는 매우 높은 것으로 파악되었다.

〈표 13-5〉 지역사회 문제해결 참여의지

항 목	응답범주	빈도(명)	백분율(%)
지역사회 문제해결 참여의지	적극 참여하겠다	43	43.0
	여건이 되는 한 참여하겠다	56	56.0
	그저 그렇다	1	1.0
	합 계	100	100.0

⑤ 복지관과 협력의사

지역사회 주요 단체에서 활동하고 있는 조사대상자들은 <표 13-6>에서 보는 바와 같이 대부분 지역사회활동에서 복지관과 협력할 의사를 가지고 있는 것으로 나타났다. 협력을 하겠다는 응답자가 88%였는데 적극적인 협력의지가 있는 응답자는 19%였다. 이와 같은 결과로 볼 때 복지관이 계획하고 있는 지역사회마을 만들기 사업은 조사대상자와 협력해서 운영할 수 있는 기반이 마련되어 있다고 보인다. 그러나 12%인 그렇지 않다는 응답자와 무응답자들이 협력의사를 가지고 있지 않은지 파악할 필요가 있고, 협력할 의사가 있다는 응답자 가운데에서도 그런 편이라는 비교적 소극적 협력의사를 밝힌 응답자들을 적극적인 협력자로 만들어갈 필요가 있어 보인다.

〈표 13-6〉 복지관과 협력의사

항 목	응답범주	빈도(명)	백분율(%)
복지관과 협력의사	매우 그렇다	19	19.0
	그런 편이다	69	69.0
	그저 그렇다	3	3.0
	별로 그렇지 않다	3	3.0
	무응답	6	6.0
	합 계	100	100.0

7) 보고서 작성

여기서는 목차만 제시한다.

1장 조사의 개요
- 1. 조사목표
- 2. 조사개요

2장 분석결과
- 1. 아동, 청소년프로그램 개발을 위한 욕구분석
- 2. 어르신교육문화프로그램 개발을 위한 욕구분석
- 3. 지역사회보호사업 대상자 기초실태 및 욕구분석
- 4. 지역사회 리더(주민대표) 지역참여 욕구분석
  - 1) 조사대상자의 인구학적 특성
  - 2) 지역사회조직 활동상황
  - 3) 지역사회 리더로서의 정체성

4) 지역사회 참여욕구
5) 복지관과의 협력 가능성

3장 결론
1. 요약
2. 결론 및 제언

4장 부록
1. 설문지

[별첨] 욕구조사 질문지

지역사회리더(주민대표)의 지역참여 욕구조사

조사일시	2011년 월 일
설문지 번호	

안녕하세요?

정릉종합사회복지관에서는 지역사회의 발전을 위해 누구보다 열정을 갖고 활동하고 계시는 지역사회리더(주민대표) 여러분들의 지속적인 지역사회 참여욕구 및 향후 지역사회 발전을 위해 무엇이 필요한지에 대해 알아보기 위해 '지역사회리더(주민대표)의 지역참여 욕구조사'를 실시하고 있습니다.

지역사회에 대한 여러분들의 생각과 지역사회활동에 대한 참여 등에 대해 여쭈어 보고자 합니다.

조사내용은 본 복지관의 프로그램 개발을 위한 연구목적으로만 사용되며, 통계법에 의거하여 비밀보장이 되오니 솔직하게 응답하여 주시기 바랍니다.

조사에 참여하여 주셔서 감사합니다.

2011년 10월

정릉종합사회복지관 관장 ○○○○

- 주 소 : 서울시 ○○구 ○○동 ○－○○ 정릉종합사회복지관
- 전화번호 : 02－123－4567
- 핸 드 폰 : 010－1234－5678(서비스지원과장 ○○○)

다음은 귀하의 지역사회 참여활동 전반에 관한 질문입니다.

1. 귀하가 **소속된 단체(조직)**는 무엇입니까? 해당하는 내용에 **모두 √표** 하여 주시기 바랍니다.

□ ① 녹색환경실천단	□ ② 동지역사회복지협의회
□ ③ 바르게살기위원회	□ ④ 방위협의체
□ ⑤ 새마을부녀회	□ ⑥ 새마을지도자협의회
□ ⑦ 적십자봉사회	□ ⑧ 주민자치위원회
□ ⑨ 청소년지도협의회	□ ⑩ 청소년선도위원회
□ ⑪ 통장협의회	□ ⑫ 기타( )

2. 귀하가 **가장 오래 활동한 단체(조직)**에서는 **얼마나 활동**하셨습니까?

   약 ______년 ______개월

3. 귀하가 **지역사회활동을 하게 된 가장 큰 동기**는 무엇입니까? (**한 가지만** 선택해 주세요)

   □ ① 지역사회문제를 해결하고 싶어서
   □ ② 의미 있는 활동을 하고 싶어서
   □ ③ 구청/주민센터 등 관공서의 도움요청으로
   □ ④ 주변 사람들이 권유해서
   □ ⑤ 가족들이 원해서
   □ ⑥ 기타 (   )
   □ ⑦ 이유 없음

4. 귀하가 **지역사회활동에 할애하는 시간**은 얼마입니까?

   주 ______회 ______시간 **혹은** 월 ________회 ________시간

5. 귀하는 **소속된 단체(조직) 내 활동에 얼마나 활발하게 참여**하고 계십니까?

☐ ① 매우 활발하게 참여　☐ ② 활발하게 참여　☐ ③ 보통
☐ ④ 때때로 참여　☐ ⑤ 가끔 참여

6. 귀하는 **본인이 지역사회리더(주민대표)**라고 생각하고 계십니까?

지역사회리더(주민대표)란 : 우리 동네 발전을 위해 지역주민을 대표하여 적극적으로 활동하는 사람을 말함

☐ ① 매우 그렇다 ➜
☐ ② 그렇다 ➜
☐ ③ 보통이다
☐ ④ 아니다
☐ ⑤ 전혀 아니다

6-1. 귀하가 리더라고 생각하신다면 지역사회리더(주민대표)로서 어떠한 역할을 하고 계십니까?
해당하는 내용에 **모두 √표** 하여 주시기 바랍니다.

☐ ① 지역사회(동네)의 미래모습에 대한 의견을 제시해 주는 역할
☐ ② 지역사회(동네)의 활동을 구체적으로 계획하고 실행하는 역할
☐ ③ 소속단체의 조직관리자(임원진)로서의 역할
☐ ④ 소속단체 구성원 간 갈등해결 및 관계 활성화 역할
☐ ⑤ 지역사회를 위해 직접 후원금품을 제공하는 역할
☐ ⑥ 지역사회자원을 찾아서 연결해주는 역할
☐ ⑦ 기타 (　　　　　　　　　　)

7. 귀하가 **지역사회활동하는 데 어려움**은 무엇입니까? 해당하는 내용에 **모두 √표** 하여 주십시오.

☐ ① 지역주민의 관심과 호응 부족
☐ ② 행정기관의 이해 및 협조 부족
☐ ③ 지역리더로서의 전문성 부족
☐ ④ 지역 내 여러 단체 간 대립과 갈등
☐ ⑤ 가족 내 지지 부족
☐ ⑥ 시간 부족의 어려움

☐ ⑦ 활동에 뜻이 맞는 사람 찾기 어려움

☐ ⑧ 기타(   )

8. 귀하는 지역사회리더(주민대표)로서 **지역주민의 어려움에 대해서 어느 정도 알고 계신다고** 생각하십니까?

☐ ① 매우 잘 아는 편이다 ➜

☐ ② 잘 아는 편이다 ➜

☐ ③ 보통이다

☐ ④ 잘 모르는 편이다

☐ ⑤ 매우 모르는 편이다

8-1. 귀하가 알고 계신 지역주민의 어려움은 무엇인지 적어주십시오. (   )

9. 귀하는 이러한 지역주민의 어려움을 해결하기 위해서 앞으로도 **지속적으로 참여할 의지**가 있습니까?

☐ ① 적극 참여하겠다　　☐ ② 여건이 되는 한 참여하겠다

☐ ③ 그저 그렇다　　☐ ④ 별로 하고 싶지 않다

10. 다음 내용 중 귀하가 **평소에 관심을 갖고 있는 지역사회 활동영역**은 무엇인지 1순위부터 3순위까지 골라주십시오.

1순위(   ), 2순위(   ), 3순위(   )

① 지역사회 저소득 가정 아동을 위한 교육을 지원해 주는 활동 ② 독거어르신(홀몸노인) 및 장애인을 위한 돌봄활동 ③ 지역사회 환경정화활동 등 환경문제해결을 위한 활동 ④ 지역사회 안전문제에 대한 감시활동 ⑤ 지역사회 현안에 따른 정책제시 등 ⑥ 어려움을 겪고 있는 이웃에 대한 상담 및 정보제공(자원연계) ⑦ 기타(   )

11. 귀하가 **살고 있는 지역의 이웃들 사이에서 이루어지고 있는 일**에 대해 **모두 √표** 하여 주십시오.

☐ 1) 이웃주민들과 자주 인사를 하고 있다.
☐ 2) 회람판, 게시판 등이 활용되고 있다.
☐ 3) 이웃주민들과 자주 이야기를 한다.
☐ 4) 자치회, 반상회, 어린이회 등 지역단체의 활동이 활발히 이루어지고 있다.
☐ 5) 곤란한 일이 있을 때 이웃사람들에게 도움을 청한다.
☐ 6) 복지관, 주민센터, 공원, 이웃사람 집 등 편하게 사람들이 모일 수 있는 장소가 있어서 자주 이용한다.
☐ 7) 구청이나 동사무소 등 관공서에서 주최하는 이벤트에 주민들이 적극적으로 참여한다.
☐ 8) 자원봉사활동이나 비영리단체의 활동이 활발하게 이루어지고 있다.
☐ 9) 기타(구체적으로 ______________________________)
☐10) 위 내용들 가운데 이루어지고 있는 일이 없다.
☐11) 잘 모르겠다.

12. 귀하는 **정릉종합사회복지관**에 대해 알고 계십니까?

☐ ① 잘 알고 있다 ☐ ② 이름만 들어봤다 ☐ ③ 전혀 모른다

13. 귀하는 정릉종합사회복지관이 다음 중 **어떤 일을 해야 하는 곳**이라고 생각하십니까? 중요한 순서대로 1순위부터 3순위까지 골라주십시오.

1순위(　　　), 2순위(　　　), 3순위(　　　)

☐ ① 지역주민이 편리하고 쉽게 이용하는 휴식시설
☐ ② 지역주민들을 위한 교육(학습)프로그램을 제공하는 곳
☐ ③ 지역주민들의 심리적 문제나 어려움 등을 해결해 주는 상담을 주로 하는 곳
☐ ④ 경제적으로 어려운 사람들을 위해 물질적(후원금, 물품 등) 지원을 해주는 곳
☐ ⑤ 지역주민들의 취미, 교양 프로그램을 제공하는 곳
☐ ⑥ 지역주민들의 취업이나 직업훈련, 교육을 시켜주는 곳
☐ ⑦ 지역사회의 현안 문제들을 해결하고, 살기 좋은 동네 만들기에 노력하는 곳
☐ ⑧ 지역의 문제와 복지 등에 주민이 관심을 갖고 참여하도록 하는 곳
☐ ⑨ 기타(______________________________)

14. 귀하는 지역사회복지 발전을 위해 **정릉종합사회복지관과 협력할 생각을 갖고 계십니까?**

☐ ① 매우 그렇다 ➜
☐ ② 그런 편이다 ➜
☐ ③ 그저 그렇다 ➜
☐ ④ 별로 그렇지 않다
☐ ⑤ 전혀 그렇지 않다

14－1. 다음은 **정릉종합사회복지관이 앞으로 적극적으로 추진하고자 하는 사업**입니다. 귀하가 협력하고 참여하고 싶은 사업에 **모두 √표** 하여 주십시오.

☐ ① 저소득가정 아동 및 공부방 지원사업
☐ ② 독거어르신을 위한 가족되어드리기 사업
☐ ③ 동별 살기 좋은 마을 만들기 사업
☐ ④ 지역사회 리더(대표)의 역량강화를 위한 전문교육

14－2. 귀하가 ○○종합사회복지관과 협력하는 것에 **부정적인 이유는 무엇인지** 적어주십시오.

____

15. 귀하가 다음의 **정릉종합사회복지관 사업 중 참여한 사업**은 무엇입니까? 해당하는 내용에 **모두 √표** 하여 주십시오.

프로그램명	참여 경험		참여만족도				
	있음	없음	매우 만족	만족	보통	불만족	매우 불만족
1) 2008년 지역주민리더십코칭교육 '지역사회 리더로 살아가기'	1	2	1	2	3	4	5
2) 2009년 지역주민리더십코칭교육 '살기 좋은 마을 만들기를 위한 파트너십'	1	2	1	2	3	4	5
3) 살기 좋은 마을 만들기 사업	1	2	1	2	3	4	5
4) 정릉천 환경정화활동 '정릉천 클린데이(청소활동)'	1	2	1	2	3	4	5
5) 2011년 정릉가족축제 '더.하.기', '더불어 하나되는 정릉가족 만들기'	1	2	1	2	3	4	5

다음은 일반적인 사항에 관한 질문입니다.

16. 다음 중 해당되는 사항에 "√"표 해주십시오.

1) 성별	□ ① 남자 □ ② 여자	2) 연령	만________세
3) 학력	□ ① 무학 □ ② 중졸 이하 □ ③ 고졸 이하 □ ④ 대졸 이하 □ ⑤ 대학원 이상		
4) 혼인 여부	□ ① 미혼 □ ② 기혼(부부동거) □ ③ 별거 □ ④ 이혼 □ ⑤ 사별 □ ⑥ 기타		
5) 종교	□ ① 기독교 □ ② 천주교 □ ③ 불교 □ ④ 기타 □ ⑤ 무교		
6) 거주지	□ ① 정릉1동 □ ② 정릉2동 □ ③ 정릉3동 □ ④ 정릉4동		
7) 거주기간	약_____년 _____개월		
8) 직업	□ ① 전업주부 □ ② 전문・관리직 □ ③ 자영업 □ ④ 서비스직 □ ⑤ 사무직 □ ⑥ 일용직 □ ⑦ 생산・기능직 □ ⑧ 학생 □ ⑨ 무직 □ ⑩ 기타( )		

◇ 귀한 시간을 내어 끝까지 응답해 주셔서 대단히 감사합니다 ◇

chapter 14

평가조사 : 평가조사를 해보자

사회복지 현장에서 욕구조사와 함께 가장 많이 이루어지고 있는 조사가 평가조사이다. 최근에는 오히려 욕구조사보다 평가조사가 훨씬 더 많이 이루어지고 있는 상황이다. 사회복지의 책임성이 강화되면서 평가조사 역시 필수적인 과업이 되고 있기 때문이다. 즉, 욕구를 조사하여 사회복지 프로그램이나 개입을 개발하고, 프로그램이나 개입을 한 이후에는 효과성이나 효율성을 평가하여 책임 있는 사회복지실천을 하는 것이다. 그러나 평가조사는 사회복지실천을 위해서만 수행되는 것은 아니다. 평가조사는 정책에 대한 평가에서부터 기관에 대한 평가, 사업에 대한 평가에 이르기까지 다양하게 활용되고 있다. 여기서는 사업에 대한 평가를 중심으로 살펴보고자 한다. 평가조사는 다음과 같은 연구의 과정과 절차에 따라 이루어진다. 본 절차를 시작하기 전에 평가조사에 대한 기초적인 내용을 정리하고 가자.

0. 평가조사 기초 내용 정리

⬇

1. 평가목적 설정

⬇

2. 조사설계
   1) 평가대상
   2) 평가모형 혹은 평가기준
   3) 평가자료 수집방법

⬇

↓

3. 평가 세부지표 개발

↓

4. 세부지표 조사도구 개발·선정

↓

5. 평가자료 수집

↓

6. 자료분석 및 정리

↓

7. 평가 수행

↓

8. 평가보고서 작성

그림 14-1 **평가조사의 절차**

0. 평가조사 기초 내용 정리

- 평가조사는 왜 하는가?
- 무엇을 평가하려고 하는가?
- 어떤 평가모형 혹은 어떤 평가기준을 활용할 것인가?
- 평가조사의 구체적 과정과 절차는 어떻게 되는가?

1. 평가조사의 필요성과 목적 : 평가조사는 왜 하는가?

○ **대외적 요구** : • 정부
• 재정지원기관

○ **대내적 요구** : • 사업의 지속 혹은 중단 결정
• 사업의 발전적 방향 모색
• 기관의 성장과 발전

평가조사는 정부나 지방자치단체에서 실시하는 정책에 대한 평가뿐만 아니라 사회복지실천현장에서도 매우 다양하게 활용되고 있다. 기관 전체를 평가하는 것에서부터 단위사업들에 대한 평가 및 직원근무평가에 이르기까지 평가조사는 사회복지실천현장에서 활용범위가 광범위하다. 평가를 하는 목적도 다양하다. 정부는 주로 기관의 책임성 이행 확인과 보조금 지원기준을 확보하기 위해 실시하고, 사회복지기관들은 재정지원기관들에 대하여 재정지원에 대한 책임성을 보여주거나, 사업의 지속 혹은 중단 결정, 사업의 발전적 방향 모색 및 기관의 성장과 발전을 모색하기 위해 실시한다. 따라서 무엇을 위해 평가하는지를 명확하게 하는 것이 중요하다. 재정지원기관들의 재정지원에 대한 책임성을 보여주기 위한 것이라면 효과성이나 효율성에 초점을 맞추게 되지만 사업의 발전적 방향을 모색하기 위한 것이라면 사업의 논리적 체계에 초점을 두게 되기 때문이다.

2. 평가대상 : 무엇을 평가하려고 하는가?

○ 기관을 평가할 것인가? 사업을 평가할 것인가?

- **기관평가** : 기관에 대한 평가로 다음과 같은 세 가지 질문이 핵심이다.
  - 설립목적과 비전을 달성하고 있는가?
  - 내부고객인 직원이 만족하며 전문성을 가지고 일하고 있는가?
  - 기관의 사업들은 성과를 내고 있는가?
- **사업평가** : 특정 사업에 대한 평가로 다음과 같은 두 가지 질문이 핵심이다.
  - 사업이 성과를 내고 있는가?
  - 지역사회에 영향을 미치고 있는가?

평가조사의 대상은 평가의 종류에 따라 정책, 기관, 사업 등으로 크게 구분될 수 있다. 그러나 여기서는 사회복지실천현장에서 주로 하는 평가로, 기관평가와 사업평가를 중심으로 살펴보겠다. 먼저, **기관평가**는 기관이 잘 운영되고 있는가 그렇지 못한가를 평가하는 것이다. 기관평가는 크게 **목적성, 전문성, 성과** 등 세 가지 측면에서 이루어진다. 따라서 평가를 통해 얻어야 하는 것은 ❶ **사업을 통해 설립목적과 비전을 달성하고 있는가?** ❷ **직원이 만족하며 전문성을 가지고 일하고 있는가?** ❸ **사업이 성과를 내고 있는가?** 에 대한 답이다. 첫 번째 질문에 대한 답을 구하기 위해서는 기관의 사업들을 **설립목적과 비전**과 연결해 보아야 한다. 이를 위해서는 기관의 설립목적과 비전이 명확하게 확립되어 있어야 한다. 두 번째 질문에 대한 답을 구하기 위해서는 기관의 물리적 조건[1]뿐만 아니라 **리더십**과 **조직 내 상호작용** 및 **존재감 등에 대한 만족도**를 구성하는 주요 요소들과 사명, 가치와 윤리, 지식과 기술 등의 **전문성**을 구성하고 있는 요소에 대한 평가기준이 확립되어 있어야 한다. 세 번째 질문은 사업평가에 관한 것이다. 기관평가는 사업평가를 포함하기 때문이다. **사업평가**는 크게 두 가지 점에 초점을 둔다. ❶ **사업이 성과를 내고 있는가?** ❷ **사업이 지역사회에 영향을 미치고 있는가?** 이다. 전자가 **참여자에 대한 성과**에 초점을 두는 것이라면 후자는 **지역사회에 대한 성과**에 초점을 두는 것이다. 사회복지기관에서 지금까지의 사업평가는 대부분 전자에 국한되었다. 그러나 최근 들어서는 후자를 포함하려는 시도가 이루어지고 있다. 사업평가 질문에 대한 답을 구하기 위해서는 사업이 **논리적 체계**[2]**로 구성**되어 있어야 하고, 특히 **성과에 대한 기준**이 구체적이고 명확하게 설정되어 있어야 한다. 성과에 대한 기준이란 진행, 산출, 성과 등의 세 측면에 대한 성공기준을 의미하는 것이다.

---

1) 급여와 복리후생제도 등

2) 사업의 논리성이란 필요성, 목적, 이론적 근거, 내용, 실행체계, 예산, 평가체계 등이 논리적 연결성을 가지고 있어야 한다는 것이다.

3. 평가모형과 평가기준 : 어떤 평가모형 혹은 어떤 평가기준을 활용할 것인가?

○ 논리모형 : **투입**(Input) – **활동**(Activities) – **산출**(Outputs) – **성과**(Outcomes)
- **투입** : 프로그램에 투입된 자원 ① 인력과 투입시간, ② 재원(예산), ③ 시설, ④ 장비와 비품
- **활동** : 목표달성을 위한 활동/업무 ① 상담/치료 ② 교육/훈련, ③ 사례관리, ④ 지원서비스
- **산출** : 활동을 통해 이루어진 서비스 총량과 클라이언트 참여량 ① 상담서비스 제공횟수, ② 교육참여 인원 수, ③ 서비스 연계건수, ④ 서비스 제공시간
- **성과** : 프로그램 종료시에 나타난 참여자 혜택 ① 태도변화, ② 지식습득, ③ 행동변화, ④ 생활여건과 지위변화

평가조사를 진행하기 위해서는 평가모형이나 평가기준이 필요하다. 평가모형은 다양하게 존재하지만 최근 가장 많이 활용되고 있는 논리모형을 살펴보고자 한다. 논리모형은 투입–전환–산출의 일반체계이론을 기반으로 개발된 것으로, 일반체계이론의 산출을 산출과 성과로 세분화하고 있는 것이 특징이다. 논리모형은 사업의 단계인 투입, 활동(사업진행), 산출, 성과의 논리적 연계성을 중시하며 각 단계를 평가함으로써 사업평가를 한다. 세부적으로 살펴보면 **투입**은 사업 혹은 프로그램에 투입된 자원을 의미하는데 이는 효율성 평가를 위해서도 중요한 요소가 된다. 사업에 투입된 자원으로는 인력과 투입시간, 재원, 시설, 장비와 비품 등을 들 수 있다. **활동**은 목표달성을 위한 활동이나 업무를 의미하는 것으로 사회복지서비스 활동을 말한다. 사회복지서비스는 전문서비스로 상담/치료, 교육/훈련, 사례관리와 지원서비스로 구성된다.[3)] **산출**은 활동을 통해 이루어진 서비스 총량과 클라이언트 참여량을 의미하는 것으로 상담서비스 제공횟수, 교육참여 인원수, 서비스 연계건수, 서비스 제공시간 등이 포함된다. **성과**는 프로그램 제공으로 나타난 참여자의 혜택을 의미하는 것으로 참여자의 태도변화, 지식습득, 행동상의 변화, 생활여건과 지위변화 등이 포함된다.

---

3) 이것은 본 저자가 구분하는 방식이다.

○ 평가기준 : **과정**(Process) – **노력성**(Efforts) – **효과성**(Effectiveness) – **영향**(Impact)
- **과정** : 서비스가 설계대로 수행된 정도 – 목표/ 대상선정/ 서비스 내용
- **노력성** : 서비스 운영에 투입된 자원과 활동 양 – 참여 클라이언트 수/ 인적자원 투입 정도/ 물적자원 투입 정도/ 업무수행활동
- **효과성** : 목표달성 정도 – 참여자 변화 정도
- **영향** : 궁극적 목적 달성 정도 – 지역사회 변화 정도

평가조사는 평가모형을 기반으로 수행될 수도 있지만 학자들이 제시하고 있는 평가기준을 바탕으로 수행될 수도 있다. 각 학자들이 제시하고 있는 평가기준도 일종의 평가모형이라고 할 수 있는 것이다. 학자들이 제시하고 있는 평가기준 역시 매우 다양하다. 그 가운데 노력성과 효과성은 거의 대부분 학자들이 꼽고 있는 평가기준이다. 여기에 과정과 영향의 두 평가기준을 포함시켜 살펴보도록 한다. 먼저 **과정**은 서비스가 설계대로 수행된 정도를 의미하는 것으로 목표설정의 적절성과 수행의 부합 정도, 대상의 규모와 선정과정의 공평성/형평성 확보, 서비스 내용의 목표부합성과 수행수준 등이 포함된다. **노력성**은 서비스 운영에 투입된 자원과 활동량을 의미하는 것으로 참여 클라이언트 수, 인적·물적 자원 투입 정도, 업무수행활동 등이 포함된다. **효과성**은 노력성을 바탕으로 이루어진 결과물로서 목표달성 정도를 의미하는 것인데 목표로 한 참여자의 변화가 얼마나 이루어졌는가로 측정한다. **영향**은 궁극적 목적달성 정도로 사업이나 서비스로 인해 지역사회가 얼마나 변화하였는가로 측정한다.

참고로 다음과 같이 평가유형을 구분하기도 한다.

○ 평가시기에 따라 : **형성평가**(formative evaluation) – **총괄평가**(summative evaluation)
- **형성평가** : 사업을 운영하는 과정에서 수행하는 평가로 다음의 두 가지 질문이 핵심이다.
  – 사업이 계획대로 수행되고 있는가?/ 계획된 사업내용이 적절하였는가?
- **총괄평가** : 사업종결 후에 수행하는 평가로 효과성평가(effectiveness evaluation)와 효율성평가(efficiency evaluation)로 구분된다. 다음의 두 가지 질문이 핵심이다.
  – 사업이 효과/성과가 있는가?/ 사업이 지역사회에 영향을 미치고 있는가?

○ 평가자료의 성격에 따라 : **양적 평가(quantitative evaluation) – 질적 평가(qualitative evaluation)**
- **양적 평가** : 양적 자료를 기반으로 하는 평가로 주로 설문조사로 이루어진다.
- **질적 평가** : 질적 자료를 기반으로 하는 평가로 주로 관찰이나 면접으로 이루어진다.

4. 평가조사과정 : 평가조사의 구체적 과정과 절차는 어떻게 되는가?

① 평가조사의 목적설정과 활용계획을 명확히 한다.
② 평가조사 수행계획을 수립한다.
 1. 평가대상 결정
 2. 평가모형 혹은 평가기준 결정
 3. 평가자료 수집방법 결정
③ 평가모형 혹은 평가기준의 세부지표를 개발한다.
④ 세부지표를 측정할 수 있는 조사도구를 개발하거나 선정한다.
⑤ 평가자료를 수집한다.
⑥ 수집된 평가자료를 분석하고 정리한다.
⑦ 정리된 평가자료를 토대로 평가를 수행한다.
⑧ 평가보고서를 작성한다.

평가조사의 과정과 절차도 일반조사와 크게 다르지 않다. 평가조사에 있어서도 먼저 조사의 목적과 그 결과를 어떻게 활용할 것인가를 명확히 해야 한다. 두 번째로 조사설계를 한다. 조사설계에는 평가대상과 평가모형/평가기준 및 자료수집방법이 결정된다. 세 번째로 평가모형 혹은 평가기준의 세부지표를 개발한다. 네 번째로 평가기준의 세부지표를 측정할 수 있는 도구를 개발하거나 기존의 도구를 선정한다. 다섯 번째로 선정된 사업을 대상으로 평가자료를 수집한다. 여섯 번째로 수집된 평가자료를 분석하고 정리한다. 일곱 번째로 정리된 평가자료를 토대로 평가를 수행한다. 마지막으로 평가결과를 종합하여 보고서를 작성한다.

평가조사를 수행하기 전에 다음의 목록을 점검해보자.

평가조사 점검목록	
1. 평가조사의 목적은 무엇인가?	① 서비스의 중단/지속 혹은 예산 할당 기준 활용(1－1로) ② 서비스의 발전적 방향 모색(1－2로) ③ 재정지원 책임성 수행(1－3으로)
1－1. 서비스 중단 혹은 지속을 목적으로 한 것이라면 실제로 서비스를 지속하거나 중단할 것인가? 실제로 예산할당을 달리할 것인가?	① 그렇다 － 평가 계속 ② 아니다 － 평가 불필요
1－2. 기존 서비스 평가와 수정이 목적이라면 평가결과에 따라 실제로 서비스를 수정할 것인가?	① 그렇다 － 평가 계속 ② 아니다 － 평가 불필요
1－3. 재정지원기관에 대한 책임성을 보여주기 위한 것이라면 실제로 달리 활용하지는 않을 것인가?	① 그렇다 － 효과성 중심 ② 아니다 － 활용내용 반영
2. 평가의 대상은?	① 기관(2－1로) ② 사업(2－2로)
2－1. 기관을 평가하려고 하는 것이라면 평가범위는 어디까지인가?	① 설립목적과 비전 달성 여부 ② 구성원의 만족과 전문성 ③ 사업성과
2－2. 사업을 평가하려고 하는 것이라면 평가대상사업은 무엇인가?	
3. 평가모형 혹은 평가기준은 무엇인가?	① 평가모형(3－1로) ② 평가기준(3－2로)
3－1. 선택한 평가모형과 선택한 이유는?	
3－2. 선택한 평가기준과 그 기준을 선택한 이유는?	
4. 평가의 세부적인 내용은?	
4－1. 평가모형의 세부 평가항목과 성공기준은?	
4－2. 평가기준의 세부 평가항목과 성공기준은?	
5. 세부 평가항목을 평가하기 위한 평가조사 자료수집방법과 얻을 정보(평가기준)는?	① 설문조사 － 만족도 등 ② 실험 － 성과 등 ③ 면접과 관찰 － 성과 등 ④ 내용분석 － 투입, 과정, 산출 등
5－1. 평가를 위한 도구와 자료는 무엇인가?	
5－2. 자료수집은 누가 담당할 것인가?	

5. 실제 사례[4]: 평가조사를 해보자!

1) 월계종합사회복지관의 사업평가 예

(1) 평가목적 설정

사업평가 : 프로그램의 결과 평가 및 향후 발전방안 마련
(사업이 성과를 내고 있는가?/ 지역사회에 영향을 미치고 있는가?)

평가조사도 가장 먼저 조사의 목적과 그 결과를 어떻게 활용할 것인가를 정하면서 시작된다. 본 평가조사는 사업평가로서 당뇨어르신들을 대상으로 결식문제해결과 건강보호 및 건강관리능력향상을 목표로 사업을 수행한 후 사업에 대한 종합적 평가를 하여 사업의 결과를 확인하고 향후 발전방안을 마련하고자 계획되었다.

(2) 조사설계

1) 평가대상 : 사업평가
「당뇨질환어르신의 주말결식보호와 자기건강관리능력 향상 프로젝트 위풍당당!!」

---

4) 평가조사는 다음과 같이 세 사례를 살펴보고자 한다. ❶ **월계종합사회복지관**이 실제로 사업을 수행하고 평가까지 마친「당뇨질환 어르신의 주말 결식보호와 자기건강관리능력 향상 프로젝트 위풍당당!!」 사업, ❷ 이혼가족지원전문가협의체(지역사회복지관 이혼가족지원사업 담당사회복지사들과 관련 교수들로 구성된 단체) 소속 3개 복지관이 연합으로 수행한「이혼가족의 가족레질리언스 강화를 위한 가족캠프」 사업, ❸ **정릉종합사회복지관**이 수탁 3주년을 맞이하여 개최한 세미나 자료－사람이 보이는 사회복지실천, 감동이 넘치는 지역공동체－에서 제시한「노숙인 쉼터」 사업 등이다. **월계종합사회복지관 사례는 사업에 대한 종합평가를 한 것**으로 사업계획서와 평가서를 토대로 복지관의 동의를 얻어서 저자가 본 서의 평가방식에 맞춰 재정리한 것이다. 이혼가족지원전문가협의체 사례는 최정숙・전명희・양혜원・김희수(2015)가 공동 수행한 "이혼가족의 가족레질리언스 강화를 위한 가족캠프 프로그램 개발 연구"에서 프로그램 평가 부분을 발췌하여 본 서의 평가방식에 맞춰 제시한 것이다. 전문성을 갖춘 사회복지실천 프로그램을 개발하는 과정에서 양적 평가와 질적 평가를 병행하여 성과(효과성) 평가를 수행한 사례를 보여주고자 하였다. **정릉종합사회복지관 사례는 사회복지실천(개입)에 대한 평가를 질적연구방법 중 하나인 내러티브 방법으로 접근**한 예를 보여주기 위한 것이다. 그러나 정릉종합사회복지관 사례는 엄밀하게 질적연구를 기획해서 평가한 것이 아니고, 진행된 사례를 내러티브 방식으로 정리한 것이기 때문에 전형적인 내러티브로서 한계가 있다는 것을 밝혀둔다.

본 평가조사의 평가대상은 사업이다. 외부기관의 재정지원을 받아서 1년간 수행된 사업으로, 사업에 대한 종합적 성격의 평가를 하고자 한다. 사업의 개요는 뒤(자료분석 및 정리)에서 평가를 위해 필요한 정보를 수집해서 함께 제시하도록 하겠다.

2) 평가모형 혹은 평가기준 : **평가기준으로서 과정 – 노력성 – 효과성 – 영향**

평가조사는 평가모형을 활용할 수도 있고, 평가기준을 활용할 수도 있다. 본 서에서는 평가모형은 논리모형을, 평가기준은 과정 – 노력성 – 효과성 – 영향을 활용하는 것으로 제시하였다. 최근에는 정부기관에서도 논리모형을 활용하는 등 논리모형이 활용도가 높다. 그러나 여기서는 네 가지 평가기준을 선정해서 평가하고자 한다. 이 네 가지 평가기준을 적용해도 논리모형에서 평가하고자 하는 것을 모두 평가해 낼 수 있고, 과정 평가기준에서는 활동뿐만 아니라 목표와 사업대상 선정에 대한 평가도 보다 명시적으로 하고 있기 때문에 평가결과가 논리모형으로 인한 평가보다 명확하게 드러나기 때문이다. 그러나 논리모형으로 평가할 때 평가정보를 정리하는 표는 참고로 제시하였다.

3) 평가자료 수집방법

❶ 평가를 위한 주요 정보 확보(효과성 평가–단기성과 정보 제외)
➜ 내용분석(사업계획서, 사업기록, 결과보고서)

❷ 효과성 평가–단기성과–만족도 측정
➜ 설문조사

❸ 효과성 평가–단기성과–자기건강관리능력 향상도 측정
➜ 집단실험설계(단일집단 사전사후검사 설계)

❶ **내용분석**(사업계획서, 사업기록, 결과보고서) : 효과성 평가 가운데 단기성과 이외의 평가를 위해 필요한 요소를 확보하기 위해서 사업계획서, 사업기록, 결과보고서 등에 대한 내용분석을 활용한다.

❷ **설문조사** : 역시 단기성과 요소 가운데 하나인 만족도를 조사하기 위해서 설문조사를 활용한다.

❸ **집단실험설계** : 단기성과 요소 가운데 하나인 자기건강관리능력의 향상도를 측정하기 위해서 집단실험설계－단일집단 사전사후검사설계－를 활용한다.

(3) 평가 세부지표 개발

평가기준	세부 평가지표
과 정	○ 목적과 목표의 적절성과 달성수준 ○ 대상설정과 선정과정의 적절성 ○ 사업내용과 운영과정의 적절성
노력성	○ 투입－인력과 재정 ○ 사업수행을 위한 활동
효과성	○ 산출목표 달성수준 ○ 단기성과 목표달성 수준
영 향	○ 중・장기성과 목표달성 수준(평가를 수행하지 못함)

과정, 노력성, 효과성, 영향의 네 가지 평가기준을 구성하고 있는 주요한 세부지표로 위의 표와 같이 8개 세부지표에 대한 평가를 실시하고자 한다. 먼저, 과정의 적절성을 평가하기 위해서 ① 목적과 목표의 적절성과 달성수준, ② 사업대상 설정과 선정과정의 적절성, ③ 사업내용과 운영과정의 적절성을 확인할 것이다. 노력성을 평가하기 위해서는 ① 사업을 위해서 얼마나 많은 투입을 하였고, ② 사업수행을 위한 활동들이 계획되고 수행되었는가를 점검할 것이다. 효과성 평가를 위해서는 ① 프로그램 수행을 통해서 이루어진 산출을 목표와 비교함으로써 달성수준을 확인하고, ② 사업대상자들에게 나타나는 단기성과를 역시 목표와 비교함으로써 달성수준을 확인할 것이다. 영향평가는 단기뿐만 아니라 중・장기적 성격의 성과들을 목표와 비교함으로써 달성수준을 확인할 것이다. 그러나 영향평가는 실시하지 못하였는데 그 이유는 사업계획 시 목표수립이 되지 않았고, 가족이나 지역사회에 대한 영향을 평가하는 것이 용이하지 않았기 때문이다.

(4) 세부지표 조사도구 개발 및 선정

❶ **자기건강관리능력 향상도 조사도구** : 김영옥(1996)의 '자가간호행위 측정도구' 활용
❷ **만족도 조사도구** : 서울시복지재단(2008)의 '사회복지시설 이용자 만족도 척도' 활용

효과성 평가 가운데 단기성과 평가인 자기건강관리능력과 만족도를 측정하기 위한 조사도구 개발이 필요하고 나머지 지표들은 계획서와 과정기록 및 결과보고서 등을 분석하면 평가정보를 얻을 수 있기 때문에 따로 측정도구를 개발할 필요는 없다.

자기건강관리능력은 김영옥(1996)이 개발한 '자가간호행위 측정도구'를 활용하여 측정하였다. 이 척도는 당뇨환자의 자가간호행위를 파악하기 위해 개발된 것으로, 식이실천(7문항), 약물복용(3문항), 신체적 운동(2문항), 당 검사(3문항), 일반적인 건강관리(5문항)의 총 20문항으로 되어 있고 응답범주는 5점 리커트 척도이다. 척도의 신뢰도는 Cronbach's α값이 .848이다.

만족도를 측정하기 위해서는 서울시복지재단(2008)에서 개발한 사회복지시설 이용자 만족도 척도를 활용하여 측정하였다. 원척도는 과정품질(8문항), 환경품질(7문항), 성과품질(4문항), 체감만족(2문항) 등으로 구성되어 있는데, 이 가운데 환경품질 문항을 제외하고, 과정품질(7문항), 성과품질(7문항), 체감만족과 기관성과(4문항) 문항을 일부 수정하거나 추가하여 사용하였다. 응답범주는 5점 리커트 척도로 구성되었다. 척도의 신뢰도는 원척도를 기준으로 Cronbach's α값이 과정품질 .825, 성과품질 .664이다.[5)]

(5) 평가자료 수집

❶ **내용분석**(사업계획서, 사업기록, 결과보고서) : 단기성과를 제외한 나머지 평가정보 확보
❷ **설문조사** : 단기성과 요소 가운데 하나인 만족도 측정
❸ **집단실험설계**(단일집단 사전사후검사 설계) : 단기성과 요소 가운데 하나인 자기건강 관리능력 향상도 측정

5) 체감만족과 기관성과는 각각 2문항씩이므로 신뢰도를 측정하기에 적절하지 않다.

❶ 내용분석(사업계획서, 사업기록, 결과보고서)

단기성과 이외의 과정, 노력성, 효과성 평가를 위해 필요한 요소를 사업계획서, 사업기록, 결과보고서 등을 분석하여 확보하였다.

❷ 설문조사

역시 단기성과 요소 가운데 하나인 만족도를 설문조사를 활용하여 측정하였다. 설문문항은 서울시복지재단(2008)에서 개발한 이용자 만족도 척도를 수정하여 활용하였고, 조사는 2011년 11월 26일 자기건강관리능력에 대한 사후검사와 동시에 실시하였다. 적은 문항이었기 때문에 동시에 실시하는 데 별 어려움은 없었다. 빈도분석방법을 활용하여 분석한 결과 5점 만점에 평균 4.6점으로 100점을 기준으로 하면 92점 수준으로 매우 높게 나타났다.

❸ 집단실험설계

단기성과 요소 가운데 하나인 자기건강관리능력의 향상도를 측정하기 위해 집단실험설계를 활용하였다. 집단실험설계 중 원시실험설계의 하나인 단일집단 사전사후검사 설계를 활용하였다. 효과성 검증을 제대로 하기 위해서는 원시실험설계가 아닌 실험설계를 활용해야 하나 통제집단을 운영하기에는 담당사회복지사의 업무부담이 너무 컸기 때문에 사업대상집단(실험집단)의 사전사후검사를 비교하는 방식인 단일집단 사전사후검사 설계를 활용하였다. 조사도구는 김영옥(1996)이 개발한 '자가간호행위 측정도구'를 활용하였다.

집단실험설계과정을 간략히 설명하면 다음과 같다.

1 **사업대상 확정** : 2011년 3월 12일

2 **사전검사** : 2011년 3월 22일~24일 28명 검사점수 : 59.5점(100점 만점)

3 **사업진행** : 2011년 4월 ~ 2011년 11월

4 **사후검사** : 2011년 11월 26일 22명 검사점수 : 79.3점

5 **결과분석** : 2011년 11월 27일

분석방법 : 대응 2-표본 비모수검정[6)]

분석결과 : Z값이 4.011이고 유의확률이 .000으로 사전사후 값은 통계적인 차이를 보였다.

사후점수가 낮아진 음의 순위자는 1명이었고, 나머지 21명은 사후점수가 높아진 양의 순위자였다. 검사점수값은 사전점수가 59.5점이었으나 사후점수는 79.3점으로 19.8점 향상되었다.

결론 : 본 사업은 당뇨어르신들의 자가건강관리능력을 향상시키는 데 효과가 있었다.7)

(6) 자료분석 및 정리

사업을 평가하기 위해서는 사업과 관련된 평가정보가 수집되어야 한다. 위에서 제시한 방법 등을 통해 확보된 정보를 가지고 사업을 정리하면 다음의 <표 14－1>과 같다.

〈표 14－1〉 사업개요 및 산출 · 성과 정리

사업명	지역사회보호사업 － 건강보호 － 위풍당당
사업기간	○○○○년 1월 ～ ○○○○년 11월
필요성	• 기관 이용 어르신의 결식률(1～2끼) － 평일 30%, 주말 50% • 기관 이용 어르신의 당뇨질환율 － 26% • 당뇨식 섭취와 정기적인 혈당관리가 거의 안 되고 있음
목 적	당뇨질환 어르신의 결식문제해결과 건강보호 및 자기건강관리 능력 배양
목 표	• 당뇨질환 어르신의 주말결식 해결 － 25명의 주말결식률 50% 이상 감소 • 건강보호 － 월 2회 혈압 및 혈당관리/ 방문간호 5회/ 건강나들이 1회 • 자기건강관리능력 향상 － 건강교육 4회/ 건강집단프로그램 4회/ 자기건강관리능력 향상 어르신 50% 이상
사업대상/선발	당뇨질환을 앓고 있는 65세 이상 저소득 및 수급어르신 25명/ 기관 이용 어르신 가운데 혈당수치 200 이상 어르신과 지역보건소 추천 어르신 가운데 선발

6) 실험집단이 28명(실제 조사는 22명)으로 적고 모집단을 대표한다고 볼 수 없기 때문에 모수검정 방법인 paired t-test 방법을 사용하지 않고 비모수 검정방법을 활용하였다.

7) 그러나 이러한 결과는 원시실험설계로부터 도출된 것으로 확증하기에는 한계가 있다고 할 수 있다.

사업내용	• 주말 당뇨식 제공 : 주 1회 • 건강보호 : 월 2회 혈압·혈당 관리/ 방문간호 5회/ 건강나들이 1회 • 자기관리능력 향상 : 어르신 건강교육 4회/ 건강집단프로그램 4회 • 보호조직망 구축 : 가족봉사단 운영/ 전문가집단 자원 활동
투 입	• 인력 : 사회복지사 1인, 간호사 1인, 당뇨건강교육 강사 4인, 당뇨식단 자문 영양사 1인, 무료진료팀 7인, 가족봉사단 10가정 25명, 간호자원봉사자 1인 • 자원 : 당뇨식재료 후원 17업체 • 예산 : 11,864,896원/13,270,000원
활 동	▶ 홍보 및 참여대상자 모집 ▶ 가족자원봉사자 모집 및 교육진행 ▶ 전문가단체 협약 및 방문간호 자원 활동 ▶ 주말 당뇨식 조리 및 배달 ▶ 건강교육 ▶ 어르신과 자원봉사자가 함께 하는 집단프로그램 ▶ 연합사례회의 ▶ 건강나들이 ▶ 건강수첩 제작 및 작성 ▶ 평가조사 : 사전사후 자기건강관리 수준/ 서비스 만족도/ 사업 전반
산 출	• 참여자 : 112%(28명/25명) • 당뇨식 제공 : 100.4%(1,004회/1,000회) • 혈압, 혈당관리 : 115.8%(579회/500회) • 건강교육 시행 : 125%(10회/8회) • 집단프로그램 운영 : 100%(5회/5회) • 재정 : 수입-100%(13,270,000원/13,270,000원), 지출-89.4%(11,864,896원/13,270,000원)
성 과	• 주말 결식률 감소 : 167%(61%/36.5%[8]) – 사후결식률 : 12%, 사전결식률 : 73%) • 자기건강관리능력 향상 : 사후 점수 향상자 비율 191%(95.5%/50%) 사전점수 대비 사후점수 향상 19.8점(사후점수 : 79.3점, 사전점수 : 59.5점) • 만족도 : 4.6점(5점 만점) – 백분율 환산점수로는 92점 수준

8) 사전결식률의 50%를 감축시키는 것이 목표였기 때문에 사전결식률 73%의 50%인 36.5% 감소를 목표치로 설정한 것이다.

(7) 평가수행

❶ 과정평가,	❷ 노력성 평가,	❸ 효과성 평가,	❹ 영향평가

❶ 과정평가

- ○ 목적과 목표의 적절성과 달성수준
- ○ 대상선정과 선정과정의 적절성
- ○ 사업내용과 운영과정의 적절성

목 적 필요성과 연계하여 적절성을 평가함	**평가** – 필요성 자료를 보면 당뇨질환을 앓고 계신 어르신이 다수이고, 대부분 당뇨관리가 안 되고 있으며, 결식을 많이 하고 있기 때문에 어르신들의 건강보호를 위해서 당뇨관리능력을 향상시키고자 하는 사업의 목적은 적절한 것으로 판단된다. – 목적과 목표가 내용과 수준 면에서 차이가 없으므로 이에 대한 수정이 요구된다. **제안** – 목적을 더 큰 수준으로 '당뇨질환 어르신들의 건강보호 및 증진'으로 수정하는 것이 적절한 것으로 보인다.
목 표 목적과의 연계성, 목표를 달성하면 목적을 달성할 수 있는 것인가를 검토하여 적절성을 평가함	**평가** – 당뇨어르신의 건강보호를 위해서 '주말결식해결', '건강보호', '자기건강관리능력 향상'의 목표를 세운 것은 적절하다고 판단된다. **제안** – 목표가 적절하게 수립되었으나, 주중에도 결식이 발생하고 있고, 당뇨식을 드시지 못하는 실정이므로 차후에는 당뇨식을 확대해서 제공하는 것까지 목표를 높이는 것이 필요하다.
사업대상 예산 · 담당인력을 고려하여 규모의 적정성을 평가하고,	**평가** – 당뇨어르신 25명에게 서비스를 제공하는 것을 목표로 삼았다. 이는 지원예산 13,270,000원으로 주말결식을 해결할 수 있는 규모임과 동시에 교육이나 집단프로그램에서 효과성을 확보하기 위한 최대한의 참여규모라고 판단되었기 때문이다.

대상선정이 적절하게 이루어졌는가를 평가함	− 선발은 기관 이용 어르신과 지역보건소의 추천을 받아서 선발하였는데, 주어진 수요집단에서의 선발은 혈당수치 200 이상이라는 기준과 사회복지사의 상담과 간호사의 건강사정을 바탕으로 선정하여 우선순위의 대상자를 선발하였다고 할 수 있다. 그러나 기관 이용 어르신과 지역보건소 추천 어르신이 지역의 서비스 수요 어르신을 대표하는 것은 아니기 때문에 지역의 모든 당뇨어르신들을 놓고 볼 때 형평성을 달성하였다고 보기 어렵다. **제안** − 25명이 계획되었으나 28명이 참여하고 있는데 이는 어르신 교육이나 집단프로그램을 운영하기에는 다소 많은 인원이라 할 수 있으므로 효과적인 교육이 가능한 참여인원이나 혹은 2개 집단으로 분리해서 운영할 수 있는 규모를 고려할 필요가 있다. − 대상자 선발범위를 확대하여 대상선발의 형평성을 높일 필요가 있다.
사업내용 목적과 목표를 달성하는 데 사업내용이 적절하게 구성되었는가를 평가함	**평가** − **주말 당뇨식 제공** : 당뇨어르신들의 건강보호, 특히 당뇨 혈당조절에 매우 중요한 역할을 할 것으로 판단된다. − **건강보호** : 월 2회 혈압·혈당 관리와 방문간호 및 건강나들이 또한 당뇨어르신들에게 필수적인 적절한 사업내용이라고 판단된다. − **자기건강관리능력 향상** : 어르신 당뇨관리 교육과 자원봉사자와 함께하는 건강 집단 프로그램은 질병에 대한 어르신들의 이해와 관리능력을 높여 스스로 당뇨관리를 하는 데 필수적인 것이라고 할 수 있다. − **보호조직망 구축** : 서비스 제공을 기관에서 일괄적으로 하는 것이 아니라 가족봉사단과 전문자원 지원활동을 개별적으로 연결하여 제공하도록 한 것은 맞춤형 서비스 제공으로서 서비스의 효과성을 높일 수 있는 좋은 방식으로 판단된다. **제안** − 사업내용은 어르신들의 당뇨를 관리하고 자가관리능력을 높이는 데 적절하게 구성되었다고 평가되므로 효과적인 운영이 될 수 있도록 노력하면 될 것으로 보인다.

❷ 노력성 평가

○ 투입 – 인력과 재정

○ 사업수행을 위한 활동

투 입 예산, 인적자원(양과 질), 기타 자원이 사업내용을 수행하는 데 적정한가를 평가함	**평가** – 담당사회복지사와 분야별 전문가(대학병원 간호부장, 영양사, 간호학 교수) 및 자원봉사가족이 참여하여 인적자원은 능력을 갖춘 인력이 충분히 투여되었다고 판단된다. – 특히 주말에 프로그램이 실시되어 담당 사회복지사의 시간투여도 충분히 확보할 수 있었다고 판단된다. – 예산은 13,270,000원으로 질 높은 당뇨식, 당뇨관리 교육 및 집단프로그램, 당뇨관리를 위해 필요한 소모품을 구입하는 데 부족하지 않았다고 판단된다. – 당뇨식 후원업체 17건으로 당뇨에 대한 식자재 확보가 용이하였다. 그러나 일회성 후원으로 추후에는 정기적인 후원업체를 개발할 필요가 있다. **제안** – 현재의 투입이 유지된다면 충분할 것으로 판단된다.
활 동 목표·사업내용과의 연계성과 계획 대비 수행을 평가함	**평가** – 활동들은 사업내용과 목표를 달성하기에 적절하게 계획되었다고 판단된다. – 기관 및 사회복지사, 자원봉사자와 전문자원의 상황으로 인해 몇몇 활동이 연기되거나, 충분한 시간이 투여되지 못하는 경우가 있었다. **제안** – 계획된 대로 활동이 이루어질 수 있도록 하고, 인력투여의 집중도를 높일 수 있는 방안을 마련할 필요가 있다.

❸ 효과성 평가

○ 산출목표 달성수준

○ 단기성과 목표달성 수준

산출목표 달성 활동목표(산출) 달성도를 평가함	**평가** – 지출을 제외하곤 모두 100~125%를 달성하여 계획된 목표를 달성하였다. – 수입은 100%였으나 지출은 89.4%를 달성하였기 때문에 효율성이 높았다고 할 수 있다. 다만, 지원받은 예산을 남겨서 반납하는 것보다 예산 전용을 신청하여 다른 서비스를 보완하거나 추가하였다면 좋았을 것으로 판단된다. **제안** – 100% 이상 목표를 달성하고 있기 때문에 특별히 제안할 것은 없다. 다만, 지출은 위에서 제시한 바와 같이 예산전용을 신청하여 서비스를 보완하거나 추가하도록 할 필요가 있다.
단기 성과목표 달성 성과목표(만족도 포함) 달성도를 평가함	**평가** – **주말 결식률** : 사전 주말 결식률이 73%였으나 서비스를 제공하면서 12%로 떨어졌다. 73% 가운데 50% 이상, 즉 36.5%를 해결하는 것이 목표로 설정되었는데, 61%를 해결하여 167%를 달성하였다. – **자기건강관리능력 향상** : 100점 만점으로 된 척도에서 사전점수가 59.5점이었으나 사후점수는 79.3점으로 19.8점이 향상되었다. 이는 33.3%가 증가된 것으로 통계적으로도 유의미한 차이가 나타났다. 사후에 점수가 나빠진 경우는 측정자 22명 가운데 1명에 불과했고 나머지 21명은 모두 향상되어 향상자 비율은 95.5%였다. 향상자 비율로 본 목표달성은 191%였다. – **만족도** : 만족도 조사결과는 5점 만점에 4.6점으로 백분율로 환산하면 92점이 되어 높은 만족도를 나타냈다. **제안** – 단기 성과 목표도 100% 이상 초과 달성하였기 때문에 사업은 성공적이라고 할 수 있다. 다만, 아직도 결식률이 12%가 되고 있기 때문에 장기적으로 결식문제를 100% 해결할 수 있도록 노력하는 것과 자기건강관리능력 향상을 바탕으로 건강유지 혹은 증진이라는 장기성과가 나타날 수 있도록 사후관리를 할 필요가 있다.

❹ 영향평가

○ 중·장기성과 목표달성 수준

영향목표 달성 중장기 성과목표 달성도와 개인이나 가족 및 지역사회에 어떠한 변화가 있었는가를 평가함	**평가** – 영향평가는 중장기적인 성격을 갖는 목표에 대한 평가이다. 그런데 본 사업에서는 영향목표를 설정하지 않았다. 따라서 본 사업에서는 영향평가를 할 수 없었다. **제안** – 앞으로는 사업을 계획할 때 영향목표를 설정할 필요가 있다. 영향목표는 중장기적 성격을 갖지만, 단기적으로도 사업결과를 통해 개인이나 가족 및 지역사회에 어떠한 삶의 변화가 있었는지를 평가할 여지는 많다. 이러한 측면에서 영향 목표를 설정할 필요가 있다.

❺ 평가 종합 및 제언

본 사업은

① 목적과 목표, 사업대상과 내용 등을 중심으로 **과정**을 평가해 보면, 전반적으로 잘 구성되고 진행되었다고 할 수 있다. 다만, 목적을 좀더 큰 수준으로 정리하고, 사업대상을 선정할 때 복지관의 서비스 범위를 포괄하여 형평성과 공평성의 가치를 보다 높은 수준으로 달성하기 위해 노력할 필요가 있는 것으로 나타났다.

② 투입과 활동을 중심으로 **노력성**을 평가해 보면, 사업내용을 충실히 운영하고 목표달성이 가능하도록 예산과 인력이 충분히 투입되었고, 활동들도 적절하게 계획되어 운영되었다고 할 수 있다. 다만, 활동에 대한 집중도와 계획이 변경되지 않도록 하는 노력이 뒤따라야 할 것으로 보인다.

③ 산출목표와 단기성과목표 달성을 중심으로 **효과성**을 평가해 보면, 예산지출 외의 모든 계획된 지표들에서 100% 이상 초과달성하였고, 만족도도 92점 수준으로 매우 높아서 효과적인 사업운영이었다고 할 수 있다. 이러한 효과를 바탕으로 중장기적인 성과가 잘 나타날 수 있도록 노력하는 것이 요구된다.

④ 영향목표를 중심으로 **영향**평가를 하고자 하였으나 본 사업에서는 영향목표를 설정하지 않았기 때문에 영향평가를 할 수 없었다. 영향평가 요소가 중장기적 성격을 갖는 것이 많지만 단기적으로도 평가할 수 있는 요소가 있기 때문에 앞으로는 영향목표를 설정할 필요가 있다. 종합적으로 보면 과정, 노력, 효과성을 근거로 본 사업은 **우수**하게 진행되었다고 평가할 수 있다.

[참고] 논리모형으로 평가할 경우 평가정보 개요

	구 분	계 획	결 과
투입	• 예산	13,270,000원	11,864,896원
	• 인력	사회복지사 5인 간호사 1인 조리사 1인 운동처방사 1인 영양사 1인 무료진료봉사팀 5명 봉사자 30명	사회복지사 5인 간호사 2인, 간호학 교수 1인 조리사 1인 운동처방사 1인 영양사 3인 무료진료봉사팀 7명 봉사자 31~39명
	• 기타 자원	당뇨식 식재료 60건	당뇨식 식재료 17건
활동	• 홍보 및 참여대상자 모집	1월 25명	1~2월 28명
	• 가족자원봉사자 모집 및 교육진행	2명씩 15팀 30명 모집 1, 2월 2차례 교육	3~4명씩 13팀 39명 모집 종결 시까지 활동 10팀 31명 2, 3, 5, 6월 4차례 교육
	• 전문가단체 협약 및 방문 간호 자원 활동	3~12월	3~12월 계획대로 수행
	• 주말 당뇨식 조리 및 배달	3~12월	3~12월 계획대로 수행
	• 건강교육	4회	4회
	• 어르신과 자원봉사자가 함께하는 집단프로그램	4회	4회(일정변경)
	• 연합사례회의	6, 11월 2차례	미진행
	• 건강나들이	9월	10월
	• 건강수첩 제작 및 작성	3~12월	3~12월 계획대로 수행
	• 평가조사(만족도/자기관리)	3, 11월	3, 11월
산출	• 참여자	25명	28명(112%)
	• 당뇨식 제공	1,000회	1,004회(100.4%)
	• 혈압, 혈당관리	500회	579회(115.8%)
	• 건강교육 시행	8회	10회(125%)
	• 집단프로그램 운영	5회	5회(100%)
성과	• 주말 결식률 감소율	50%	61%
	• 자기건강관리능력향상	36.5%	95.5%
	• 만족도	–	4.6점(5점 만점)

(8) 평가보고서 작성

여기서는 목차만 제시한다. 위의 내용을 가지고 직접 작성해 보기 바란다.

1. 평가의 목적 및 활용
2. 평가조사 설계
   1) 평가대상
   2) 평가기준
   3) 평가도구 및 자료수집 방법
3. 사업 및 평가자료
4. 평가 결과
5. 결론 및 제언

2) 이혼가족지원전문가협의체의 이혼가족캠프 사업 성과에 대한 양적·질적 평가 예

(1) 평가목적 설정 : 이혼가족캠프의 성과(효과성)

이혼가족지원전문가협의체가 수행한 이혼가족의 가족레질리언스(family resilience)[9] 강화를 위한 가족캠프 프로그램의 성과, 그중에서도 효과성을 밝히고자 하였다. 구체적으로, 프로그램의 하위목표인 가족의 강점 강화, 가족응집력 강화, 가족의사소통역량 강화에 대한 효과성 평가를 계획하였다. 특히 양적 평가와 질적 평가를 병행하여, 다면적 차원에서 프로그램 참여자의 가족레질리언스에 어떠한 변화가 있는지를 세밀하게 파악하고자 하였다.

9) 가족레질리언스는 위기와 역경을 견디고 회복하는 능력을 의미하는 레질리언스(탄력성)의 개념을 가족에 적용한 것으로 Walsh(1998)는 그 구성요인을 신념체계, 조직유형, 의사소통과정으로 제시하였다. 본 이혼가족캠프는 이러한 가족레질리언스 이론을 근거로 프로그램을 구성하였고, 신념체계 면에서 가족의 강점 강화, 조직유형 면에서 가족응집력 강화, 의사소통과정 면에서 가족의사소통역량 강화를 하위목표로 설정하였다.

(2) 조사설계

구 분	내 용
평가대상	사업평가 –「이혼가족의 가족레질리언스 강화를 위한 가족캠프 사업」
평가기준	효과성
평가자료 수집방법	○ 양적 평가 • 프로그램 사전 및 사후에 가족강점, 가족응집력, 가족의사소통 역량 수준 측정 → 집단실험설계(단일집단 사전사후검사 설계) • 프로그램 종결 후 가족강점, 가족응집력, 가족의사소통역량에 관한 목표달성도 측정 → 집단실험설계(일회검사 사례 연구) ○ 질적 평가 • 가족강점, 가족응집력, 가족의사소통역량 강화의 과정 및 내용에 대한 세밀한 파악 → 포커스집단면접(FIG, Focus Group Interview) 형식의 집단평가회 실시하여 질적 자료수집

본 평가조사의 평가대상은 가족캠프 사업이다. 가족캠프의 프로그램은 이혼가족지원사업 담당사회복지사들과 관련 교수들로 구성된 이혼가족지원전문가협의체의 교수 4명과 현장실무자 3명이 함께 구성하였다. 강점관점을 기반으로 이혼가족의 가족단위 상호작용과 관계를 지원할 수 있는 가족캠프 프로그램을 구성하기 위해 이혼으로 인한 가족의 변화, 가족레질리언스의 개념, 가족캠프, 기존 이혼가족적응지원 프로그램에 대한 문헌고찰을 실시하여 목적과 목표를 설정하고 각 목표를 달성할 수 있도록 프로그램의 내용과 방법을 구성하였다.

가족캠프의 목적은 이혼가족이 당면한 도전 및 향후 도전에 대처할 수 있도록 가족레질리언스를 강화하는 것이다. 하위목표는 가족레질리언스의 구성개념을 따라 첫째, 신념체계 면에서 당면한 도전인 이혼에 대해 긍정적으로 의미를 부여하며, 가족의 강점과 잠재력을 찾아 긍정적으로 인식하게 함으로써 가족의 강점을 강화한다. 둘째, 조직유형 면에서 가족의 친밀감과 결속력을 강화시킬 수 있는 가족미션수행을 통해 가족응집력을 강화한다. 셋째, 의사소통과정 면에서 공감적이고 개방적이고 문제해결적인 의사소통을 할 수 있도록 가족의 듣기와 말하기 능력을 포함하는 의사소통역량을 강화한다.

가족캠프의 내용은 이혼가족이 당면한 도전에 대한 이해를 기반으로 가족 레질리언스 개념틀에 따라 신념체계, 조직유형, 의사소통과정으로 구분하여 다음과 같이 구성하였다.

<table>
<tr><th>가족
레질리언스
개념틀</th><th>목 표</th><th>회기명</th><th colspan="2">세 부 내 용</th></tr>
<tr><td>전체틀</td><td>가족
레질리언스
개념 이해 및
캠프 목표/
프로그램
내용 이해</td><td>캠프
오리엔
테이션</td><td colspan="2">1. 캠프 오리엔테이션(캠프 취지 및 진행내용 설명)
1) 참여자 격려
2) 가족레질리언스 개념 간략히 소개
3) 프로그램 목표 및 내용 설명
(1) 가족의 강점 강화
(2) 가족응집력 강화
(3) 가족의사소통역량 강화</td></tr>
<tr><td rowspan="2">신념체계</td><td rowspan="2">가족 강점
강화 :

당면한
도전
(이혼)에
대한
긍정적
의미부여
가족의
강점
인식과 긍정</td><td rowspan="2">우리
가족
강점을
찾아라</td><td>도입
(10분)</td><td>1. 인사
2. 진행자 및 프로그램 소개</td></tr>
<tr><td>실행
(100분)</td><td>1. 미니강의 : ‘가족레질리언스’ (20분)
– 레질리언스의 개념 : 삶의 위기상황에서 유리공처럼 부서지는 것이 아니라 고무공처럼 더 강해지고 탄력적으로 다시 튀어 오르는 힘
– 우리 (이혼)가족이 당면한 도전 : 하나의 위기 (어떻게 바라보고 대처하느냐에 따라 위험과 기회 공존)
– 도전에 대한 의미부여, 레질리언트한 시각(경험으로부터 배우고, 도전을 수용하고, 더 나은 삶을 위한 시도로 연결) 강조
– 회복탄력적인 사람들(모델, 일상적 영웅)의 이야기
: 닉 부이치치</td></tr>
</table>

<table>
<tr><td rowspan="2">신념체계</td><td rowspan="2">가족 강점 강화 :

당면한 도전 (이혼)에 대한 긍정적 의미부여 가족의 강점 인식과 긍정</td><td rowspan="2">우리 가족 강점을 찾아라</td><td>실행 (100분)</td><td>: 일상적 삶에서 만난 평범한 가족의 강점과 생명력 이야기
– 11살 Amelia Chamberlain '내가 가장 존경하는 여성'
2. 우리 가족 경험 강점과 잠재력 찾기(40분)
1) 가족성원, 가족관계의 강점 찾기(3가지)
2) 가족 강점이 드러난 사건(경험) 찾기
3) 공유하기
3. 우리 가족 희망나무 만들기(40분)
1) 희망적 가족 모델 찾기, 우리가족의 강점 열매 만들기, 미래 되고 싶은 가족 열매 만들기
2) 희망나무에 붙이기
3) 공유하기</td></tr>
<tr><td>정리 (10분)</td><td>1. 프로그램 참여소감 나누기 및 평가, 사진촬영
1) 소감 나누기
2) 희망나무 들고 가족별 사진 촬영</td></tr>
<tr><td rowspan="2">조직유형</td><td rowspan="2">가족 응집력 강화</td><td rowspan="2">가족 愛 미션 수행</td><td>도입 (10분)</td><td>1. 친밀감 향상을 위한 가족미션 제안
2. 가족미션 수행방법 안내
– 1박 2일 캠프기간 중 종이에 적힌 미션들을 자유롭게 수행하고 담당자에게 제출
– 친밀감 표현법인 '우리 가족 사랑 표현하기' 설명
– 미션지 내 활동 빠짐없이 해야 함 알리고 사진촬영자료 기반 캠프 종료 시 시상 안내</td></tr>
<tr><td>실행 (1박 2일 기간 전체)</td><td>1. 가족미션수행 (1박 2일 내)
1) 미션 1 : 우리 가족 사랑 표현하기
– 내가 가족에게 사랑을 표현하는 방법
– 내가 가족에게 받고 싶은 사랑의 표현
2) 미션 2 : 우리 가족이 제일 잘 나가(엽기 가족단체사진 촬영)
– 가족 전원 참석해 우리 가족만의 독특한 컨셉으로 가족사진 촬영하기</td></tr>
</table>

<table>
<tr><td rowspan="2">조직유형</td><td rowspan="2">가족 응집력 강화</td><td rowspan="2">가족
愛
미션
수행</td><td>실행
(1박
2일
기간
전체)</td><td>3) 미션 3 : 한줄 다짐하기, 사랑하는 우리 가족을 위해
– 행복한 가족이 되기 위해 마음속 깊이 새길 다짐 한마디
4) 미션 4 : 사랑의 삼행시 짓기
– 가족 중 대표 1명 이름 활용해 삼행시 짓기(우리 가족에 대한 자랑과 애착 표현)
5) 미션 5 : 우리 가족 사랑의 표현 실천하고 소감쓰기(캠프 기간 사랑표현 1번 이상 실천)
– 자녀에게 사랑의 표현 들은 소감 적기
– 부모로부터 사랑의 표현 들은 소감 적기
6) 미션 6 : 다른 가족 탐색하며 배우기
– 다른 가족과 얘기 나누며 서로를 알고 (이름, 관심사) 배울 점 찾아 적기</td></tr>
<tr><td>정리
(30분)</td><td>1. 가족미션수행 결과물 영상담기 및 시청
2. 영역별 시상 및 소감 나눔
1) 시상 : 우리 가족 사랑의 표현, ‘우리 가족이 제일 잘 나가’ 베스트 포토상, 가족이름 삼행시 시상
2) 시연 및 소감 나눔
– 우리 가족 사랑 표현방법 시연 및 소감 발표
수상자는 앞에서 미션 활동했던 소감과 사랑의 언어를 수행하고 난 뒤의 느낌 이야기, 이후 가족실천 계획 소개
– 각 그룹별로 미션 활동했던 내용을 나누고 캠프 참여한 뒤의 소감을 함께 나누고 프로그램 마무리</td></tr>
<tr><td rowspan="2">의사소통
과정</td><td rowspan="2">가족
의사소통
역량 강화
(듣기,
말하기,
문제해결
하기 등)</td><td>마음을
여는
대화</td><td>도입
(10분)</td><td>1. 인사 및 스트레칭
2. 진행자 및 프로그램 소개
– 프로그램 진행 내용 및 운영방법 소개</td></tr>
<tr><td>마음을
닫는
대화</td><td>실행
(100분)</td><td>1. 마음이 열리는 ‘듣기’
1) 미니 강의 : ‘경청’과 ‘공감’
– 딴청과 경청, 경청의 태도 및 유익
– 공감의 의미, 유익</td></tr>
</table>

의사소통 과정	가족 의사소통 역량 강화 (듣기, 말하기, 문제해결 하기 등)	마음을 여는 대화 마음을 닫는 대화	실행 (100분)	2) '듣기' 워크숍 – 경청과 공감연습 및 느낌 공유 – 감정·기분을 표현하는 단어로 빙고게임 2. 마음을 전하는 '말하기' 1) 미니강의 : '나 전달법' (1) 나 전달법의 세 가지 구성요소 (2) 나 전달법의 예 (3) 너 전달법과의 비교 2) '나 전달법' 실습 및 느낌 공유
			정리 (10분)	1. 프로그램 참여소감 나누기 및 평가 – 활동 통해 새롭게 알게 된 사실과 활동 과정에서 느낀 점 나누기

가족캠프 참여자는 3개 지역사회복지관을 통하여 모집되었으며, 자발적 참여의사를 가지고 신청한 한부모가족이었다. 본 평가는 캠프 참여가족들 중 사별가족 3가족을 제외한 이혼(별거)가족 총 64명(부모 25명과, 자녀 39명)을 대상으로 하여 수행되었다. 가족캠프는 2014년 8월 23일과 24일 양일에 걸쳐 진행되었으며, 장소는 강원도 춘천에 소재한 ○○수련원이었다.

평가기준은 효과성(단기성과 목표달성 수준)에 대한 것으로 한정하였고, 평가자료 수집방법은 양적 평가와 질적 평가를 병행하였다. 양적 평가에 있어서 집단실험설계 중 단일집단 사전사후검사 설계를 활용하여 프로그램 사전과 사후에 단기성과목표인 가족강점, 가족응집력, 가족의사소통역량 수준에 어떠한 변화가 있는지 측정하였다. 또한 가족캠프 종결 시에 세 가지 프로그램 목표에 관한 목표달성도를 측정하였다. 질적 평가에 있어서는 가족캠프를 마무리하면서 캠프에 참여한 가족들을 소집단으로 나누어 포커스집단면접 형식의 집단평가회를 실시하여 세 가지 단기성과 목표의 달성 과정 및 내용에 대한 의견을 나누었다. 집단평가회 내용을 기록, 녹음, 녹취하여 질적 자료화하였다.

(3) 평가 세부지표 개발

평가모형	평가기준	세부 평가지표
성 과	효과성	ㅇ 단기성과 목표달성 수준 – 프로그램 사전-사후 가족강점, 가족응집력, 가족의사소통 역량 변화 수준 – 프로그램 사후 참여자가 인식한 가족강점, 가족응집력, 가족의사소통역량에 대한 목표달성 수준 및 경험(변화 과정/내용)

프로그램의 성과를 효과성을 중심으로 평가하고자, 단기성과 목표달성 수준을 파악하였다. 세 가지 하위목표 각각에 대하여 척도를 활용하여 프로그램 사전-사후 변화 수준을 측정하였다. 또한 참여자 스스로가 인식한 목표달성 수준을 파악하고자, 프로그램 종결 후 세 하위목표에 대한 개별 자기기입식 목표달성도 평가를 실시하였다. 마찬가지로 세 하위목표와 관련된 참여자들의 경험과 변화의 과정 및 내용을 세부적으로 파악하고자 집단평가회를 실시하였다.

(4) 세부지표 조사도구 개발 및 선정

❶ **가족강점 조사도구** : Olson의 가족강점 척도 중 가족프라이드와 가족일치성을 김미옥(2001)이 번안한 '가족관계 척도' 활용

❷ **가족응집력 조사도구** : Olson, Potter와 Lavee(1985)의 '가족적응성 및 응집성 평가 척도 III, FACES-III)' 중 가족응집성 항목 활용

❸ **가족의사소통역량 조사도구** : Sixbey(2005)의 '가족레질리언스 평가 척도(FRAS, Family Resilience Assessment Scale)'의 하위변수인 의사소통과정을 신미숙(2013)이 재구성한 척도 활용

❹ **목표달성도 조사도구** : 가족캠프 프로그램의 세 가지 하위목표를 중심으로 구성된 7개 문항의 측정도구 개발하여 활용

❺ **집단평가회 조사도구** : 목표달성도 조사도구에 포함된 7개 문항 중심의 면접지침서 개발하여 활용

가족캠프의 효과성을 평가하기 위한 조사도구로 세 가지 단기성과 목표인 가족강점, 가족응집력, 가족의사소통역량 각각에 대하여 기존에 개발되어 있는 척도를 선정하여 활용하였다.

가족강점은 Olson이 개발한 가족강점 척도의 하위변수인 가족프라이드와 가족일치성을 김미옥(2001)이 번안하여 사용한 가족관계 척도를 사용하여 측정하였다. 이 척도는 5점 리커트 척도이며 총 12개 문항이다. 이 중 가족프라이드는 7개 문항으로 가족 구성원 간의 신뢰와 존중, 자랑스러움 등으로 구성되어 있다. 가족일치성은 5개 문항이며, 가족으로서의 생각과 가치의 공유, 한 가족으로서 일을 처리해 내는 능력 등의 문항을 포함한다. 척도의 신뢰도는 .876으로 나타났다.

가족응집력은 Olson, Portner와 Lavee(1985)가 개발한 가족적응성 및 응집성 평가 척도 III(Family Adaptability and Cohesion Evaluation Scale III, FACES-III) 중 가족응집성 항목을 사용하였다. 5점 리커트 척도이며, 총 10문항으로 구성되어 있다. "가족이 하나가 되는 것을 중요하게 여긴다", "여가시간을 함께 보내는 것을 좋아한다" 등의 문항을 포함한다. 척도의 신뢰도는 .874이었다.

가족의사소통역량은 Walsh(1998)의 가족레질리언스 개념을 토대로 Sixbey(2005)가 개발한 가족레질리언스 평가 척도(FRAS, Family Resilience Assessment Scale)의 하위변수인 의사소통과정을 신미숙(2013)이 번역하고 재구성하여 활용한 척도를 일부 수정하여 사용하였다. 가족레질리언스에서 핵심적 요소로 제시된 의사소통의 명확성, 개방적 감정표현, 상호 협력적 문제해결 등의 내용으로 구성되었으며, 총 14문항의 5점 리커트 척도이다. 이 척도의 신뢰도는 .926이었다.

참여자가 인식하는 프로그램의 목표달성 수준을 평가하기 위한 조사도구는 가족레질리언스의 개념을 바탕으로 가족캠프의 세 가지 하위목표가 성취된 상황을 제시하는 7개 진술문을 구성하여 활용하였다. 각 진술문에 대하여 도움이 된 정도를 1점에서 10점으로 응답하도록 하는 방식이다. 진술문의 내용은 다음 <표 14-2>와 같다.

〈표 14-2〉 프로그램의 목표달성도 평가 문항

번 호	문 항
1	캠프 참여를 통해 우리 가족의 강점을 발견하게 되었다
2	캠프 참여를 통해 우리 가족에 대한 긍정적 신념을 가지게 되었다
3	캠프 참여를 통해 우리 가족이 예전보다 더 친밀해진 것 같다
4	캠프 참여를 통해 우리 가족은 서로에 대해 더 관심을 가지게 되었다
5	캠프 참여를 통해 서로 마음을 열고 대화하는 방법을 알게 되었다
6	캠프 참여 후에는 우리 가족이 더 많이 대화할 것으로 기대된다
7	캠프 참여를 통해 우리 가족이 위기와 역경을 이겨내고 건강하게 살아갈 수 있을 것이라는 기대를 가지게 되었다

집단평가회에서도 위에 제시한 목표달성도 조사도구의 7개 문항과 동일한 내용의 질문으로 구성된 면접지침서를 활용하였다.

(5) 평가자료 수집

❶ **집단실험설계(단일집단 사전사후검사 설계)** : 단기성과 요소인 가족강점, 가족응집성, 가족의사소통역량 변화 수준 측정
❷ **집단실험설계(일회검사 사례 연구)** : 단기성과 요소인 가족강점, 가족응집성, 가족의사소통역량에 대한 목표달성도(참여자 스스로 도움이 되었다고 인식하는 수준) 측정
❸ **집단평가회** : 단기성과 요소인 가족강점, 가족응집성, 가족의사소통역량에 대한 변화 경험을 집단평가회를 통하여 공유하고 그 내용을 기록, 녹음, 녹취하여 자료화

단기성과 요소인 가족강점, 가족응집성, 가족의사소통역량의 변화 수준을 측정하기 위해 집단실험설계를 활용하였다. 집단실험설계 중 원시실험설계의 하나인 단일집단 사전사후검사 설계를 선택했는데, 앞에서 월계종합사회복지관 평가 사례에서도 언급한 바와 같이 원시실험설계보다는 실험설계나 유사실험설계를 활용하는 것이 바람직하지만 현실적 제약으로 인해 통제집단을 구성하는 것이 용이하지 않았다. 따라서 실험집단, 즉 가족캠프 참여자의 사전사후검사를 비교하는 방식인 단일집단 사전사후검사 설계를 활용하였다.

측정도구는 위에서 제시한 바와 같이 각 요소별로 적합한 기존 척도를 선정하여 활용하였다. 자료수집은 캠프 참여가족들 중 부모 23명[10]을 대상으로 이루어졌다.

단기성과 요소인 가족강점, 가족응집성, 가족의사소통역량에 대한 목표달성도, 즉 각 요소에 대해 참여자 스스로 도움이 되었다고 인식하는 수준을 측정하기 위해 집단실험설계를 활용하였다. 이 역시 원시실험설계 중 하나인 일회검사 사례 연구를 활용하였다. 가족캠프의 세 가지 하위목표와 관련된 7개 문항에 대해서 도움이 되었다고 인식하는 수준을 1에서 10까지로 표시하는 방식으로 측정하였고, 역시 부모 23명을 대상으로 자료를 수집하였다.

단기성과 요소인 가족강점, 가족응집성, 가족의사소통역량에 대해서 캠프를 통해서 경험한 바와 변화의 과정 및 내용을 평가하기 위하여 포커스집단면접 형식의 집단평가회를 실시하여 질적 자료를 수집하였다. 본 가족캠프에서는 기관별·인원별로 구성된 7개 소집단으로 나누어져서 조별 활동을 진행하였는데, 집단평가회 역시 동일한 7개 소집단별로 실시하였다. 집단평가회에는 부모와 자녀가 모두 참여하였으며, 목표달성도 평가 문항과 동일한 내용의 질문에 대해 자유롭게 서로 의견을 공유하는 방식으로 진행하였고, 프로그램 주요 진행자와 연구자들이 각 집단별로 2명씩 참여하였다. 집단평가회 내용은 현장노트 기록과 녹음 및 녹취록으로 자료화되었다.

(6) 자료분석 및 정리

❶ 가족강점, 가족응집력, 가족의사소통역량 사전사후비교 분석결과

가족강점, 가족응집력, 가족의사소통역량의 사전사후점수를 대응 2-표본 비모수검정을 활용하여 분석한 결과, 가족강점은 사후점수가 낮아진 음의 순위자 7명, 사후점수가 높아진 양의 순위자 13명, 동점자 3명이며, Z값이 −1.685, 유의확률 .092로 .1수준에서 통계적으로 유의한 것으로 나타났다. 가족응집력은 음의 순위자 6명, 양의 순위자 14명, 동점자 3명이며, Z값이 −1.746, 유의

10) 캠프에 참여한 이혼(별거)부모 25명 중 한국어 이해가 부족한 결혼이민여성 1명과 건강문제로 조사에 참여하지 못한 1명을 제외하고 23명의 자료가 수집되었다.

확률 .081로 .1수준에서 통계적으로 유의하였다. 가족의사소통역량은 음의 순위자 8명, 양의 순위자 11명, 동점자 4명이며, Z값이 −.504, 유의확률 .614로 통계적으로 유의하지 않았다. 이러한 결과는 본 가족캠프를 통하여 참여자들의 가족강점과 가족응집력에는 긍정적 변화가 있었지만 의사소통역량에는 별다른 변화가 없었음을 나타내는 것이다.

❷ 프로그램의 목표달성도 분석결과

가족캠프 참여를 통하여 가족강점, 가족응집력, 가족의사소통역량에 도움이 된 정도를 측정한 결과, 각 문항별 평균점수가 다음의 <표 14−3>과 같이 나타났다. 문항별 평균점수가 7.52점에서 8.88점으로 비교적 높아서 참여자들이 캠프를 통하여 가족에 대한 긍정적 인식 및 기대를 갖고, 가족 간 관심과 친밀감 정도를 높이며, 마음을 열고 대화할 수 있는 방법을 아는 데 상당히 도움을 받은 것으로 인식하였다고 하겠다.

보다 구체적으로 살펴보면, 참여자들은 가족캠프가 특히 가족응집력 및 가족의사소통역량 강화에 도움이 된 것으로 인식하고 있음을 알 수 있다. 가족의사소통의 경우, 사전사후비교에서는 통계적으로 유의미한 결과가 나타나지 않았으나 참여자들의 목표달성도 평가에서는 매우 긍정적인 결과가 나타난 것이다. 캠프가 단기간에 진행되었고, 특히 의사소통 프로그램이 맨 마지막에 수행되어 측정도구상에서 유의한 수준의 점수 변화가 나타나지는 않았으나 가족캠프를 통한 가족 간 의사소통의 중요성 인식이나 이후 변화에 대한 기대는 높은 수준임을 보여주는 것이라고 하겠다.

〈표 14−3〉 프로그램의 목표달성도 문항별 평균점수

번호	문 항	평균점수
1	캠프 참여를 통해 우리 가족의 강점을 발견하게 되었다	7.52
2	캠프 참여를 통해 우리 가족에 대한 긍정적 신념을 가지게 되었다	8.08
3	캠프 참여를 통해 우리 가족이 예전보다 더 친밀해진 것 같다	8.36
4	캠프 참여를 통해 우리 가족은 서로에 대해 더 관심을 가지게 되었다	8.68

5	캠프 참여를 통해 서로 마음을 열고 대화하는 방법을 알게 되었다	8.52
6	캠프 참여 후에는 우리 가족이 더 많이 대화할 것으로 기대된다	8.84
7	캠프 참여를 통해 우리 가족이 위기와 역경을 이겨내고 건강하게 살아갈 수 있을 것이라는 기대를 가지게 되었다	8.88

❸ 집단평가회에 대한 질적 분석결과

집단평가회를 통하여 수집된 자료에 대해 질적 분석을 수행하였다. 자료를 반복적으로 읽으면서 내용의 의미를 정확하게 파악하고자 하였고, 7개 소집단 간의 유사주제들을 비교, 대조하는 과정을 거쳐서 의미 있는 범주로 묶고 의미단위를 도출하였다. 그 결과, 세 가지 단기성과 목표에 대해 총 14개 범주가 파악되었고, 구체적 내용은 <표 14-4>와 같다.

〈표 14-4〉 집단평가회에 대한 질적 분석결과

목 표	범 주	의미단위 요약
가족강점 강화	가족강점에 주목해 볼 기회	• 가족의 장점을 생각해 볼 여유와 기회가 됨 • 장점을 찾아본 것 자체가 재미있고 신기한 경험
	가족강점 새롭게 포착	• 평소의 사소한 것들이 장점이 될 수 있겠다는 생각 • 기존의 장점을 다시 확인해 볼 수 있는 계기 • 재능으로서의 강점 발견(요리, 사진, 미션수행, 수영)
	상호관계적 강점 발견	• 아빠가 나랑 잘 놀아줌 • 아들이 감성적이어서 나를 받아주고 있었음을 깨달음 • 우리 딸과 내가 친한 것이 강점
	역경에 대한 긍정적 의미부여	• 위기가 에너지가 될 수 있음을 깨달음 • 힘들 때 극복할 수 있는 힘이 있음이 강점 • 힘들지만 이에 대한 긍정적 의미부여를 할 수 있음
	미래에 대한 긍정적 전망 획득	• 힘들 때마다 앞으로 괜찮아질 거야라고 생각했던 마음이 강점 • 어려움을 어려움이라고 생각하지 않고 더 나아질 수 있다는 생각을 한 것이 강점 • 우리 가족이 힘들 때 다시 안 힘들어질 수 있다는 생각이 강점

가족 응집력 강화	가족과 함께한 특별한 시간	• 자녀와 엄마가 함께할 수 있어서 좋았음 • 자녀와의 특별한 휴가를 받은 느낌
	부모-자녀 상호지원	• 마음을 서로 알고 이해하여 친밀하게 됨 • 자녀가 자신을 그동안 감정적으로 받아주고 지지해 줌을 깨달음
	가족 관계의 소중함 깨달음	• 자녀 때문에 지치기도 하나 캠프를 통해 자녀의 소중함을 되새김 • 가족이 나에게 힘이 되고 나도 아이들에게 그런 존재라는 점을 깨닫게 됨
	가족관계 향상 노력 결심	• 자녀와 서로 존중해야겠다는 생각 • 딸과의 관계에서 더 노력해야겠다는 생각 • 현 가족뿐 아니라 원가족(부모님)과의 관계개선도 생각 • 자녀를 키우는 것이 나에게 너무 힘들지만 선물이라 생각하고 최선을 다해 살아보겠다는 다짐
	공동체성과 유대감	• 살면서 어려울 때 선생님들과 자녀를 보며 이겨나갈 것임 • 다른 가족들과의 유대감과 공동체성 함양
가족 의사소통 역량강화	대화의 필요성 및 대화법 학습	• 부모의 의사소통을 자녀가 모델링한다는 것을 알게 되었음 • 자녀를 이해하고 자녀와 이야기하는 법을 배움 • 자녀의 마음을 만져주고 이해하는 대화법을 알게 됨 • 엄마와의 대화를 원치 않았으나 대화의 필요성을 인식하게 됨
	새로운 대화법 시도 결심	• 아이 말에 맞장구를 쳐야겠다고 결심 • 엄마랑 대화할 때 딴청 안 피우겠다고 다짐 • 마음을 닫는 대화에서 여는 대화로 바꿔야겠다고 결심 • 나-전달법을 이용하여 얼굴을 보며 대화를 해야겠다고 결심
	한부모로서의 대화부족 일면 수용 요망	• 힘든 (한)부모들의 사정으로 경청하지 못하는 것에 대해 너무 죄책감을 느끼지 않으면 좋겠다는 마음 • 표현은 거칠어도 마음은 그렇지 않음을 자녀가 이해 못 할까 봐 염려
	실천의 어려움	• 쉽게 바뀌는 것은 아닌 것 같다는 생각 • 교육은 많이 들었으나 실천하는 게 너무 힘든 것 같음 • 캠프가 끝나면 다시 옛날 방식으로 돌아갈까 봐 걱정

(7) 평가수행

❶ 효과성 평가

❶ 효과성 평가

○ 단기성과 목표달성 평가의 결론 및 제언

결론	① 가족강점, 가족응집력, 가족의사소통역량에 대한 사전사후비교 결과, 가족캠프 참여를 통하여 참여자들의 가족강점에 대한 인식이 개선되고, 가족응집력이 향상된 것으로 나타났다. 그러나 가족의사소통역량에 있어서는 다수의 참가자들에게서 긍정적 변화가 확인되었지만 통계적으로 유의한 수준은 아니었다. ② 가족캠프의 목표달성도에 대한 양적평가에서는 프로그램이 세 가지 하위목표와 관련하여 도움이 된 정도에 대해 참여자들이 상당히 높은 수준의 평가를 하고 있음을 확인할 수 있었다. 가족강점과 가족응집력에 있어서는 사전사후비교 결과와 목표달성도의 결과가 일치하는 것이지만, 가족의사소통역량은 서로 간에 상이한 결과가 나타난 것이다. 이는 가족캠프가 단기간에 진행되어 가족의사소통의 중요성 인식에는 효과가 있었지만 실질적인 기술습득이나 행동변화는 용이하지 않았기 때문으로 보인다. ③ 집단평가회에 대한 질적 분석을 통하여 가족의 강점을 발견하고 응집력을 강화시키는 과정에서는 상당히 긍정적인 모습을 확인할 수 있었다. 그러나 실천적 기술을 다루었던 가족의사소통역량에 관해서는 대화의 필요성을 인식하고 대화법을 학습하고 다르게 해보아야겠다는 변화의지는 나타났으나, 짧은 캠프 기간에 실질적인 행동점검이나 변화의 기회가 없었고, 오히려 배운 것을 실천으로 옮길 수 있을지에 대한 고민이 드러났다. 이와 같이 세부적인 내용은 가족의사소통역량에 대한 사전사후비교 조사와 목표달성도 간의 결과 차이를 이해하는 데 도움이 되었다.
제언	① 본 평가를 통하여 이혼가족의 가족레질리언스 강화에 대한 개입으로서 가족캠프 프로그램의 유용성을 확인할 수 있었다. 한부모가 경제활동과 가사 및 양육을 책임지는 등 과중한 과업을 감당해야 하는 대다수 이혼가족의 경우, 가족이 함께 일정 기간 지속되는 프로그램에 참여하기에는 어려움이 많은데, 가족캠프는 단기간에 진행되므로 가족을 하나의 단위로 개입할 수 있는 현실적 대안이 될 수 있는 것이다. 따라서 지역사회복지관 등 주로 저소득층 이혼가족을 지원하는 기관에서는 가족캠프를 보다 적극적으로 활용할 필요가 있겠다.

제언	② 세 하위목표 중 의사소통역량에 관해서 사전사후비교에서는 긍정적 변화가 나타나지 않았지만, 목표달성도에서는 높은 점수가 나타났다. 반면에 집단평가회에서는 가족 간 의사소통의 중요성 인식이나 변화 의지는 확인되었지만 실천의 어려움이 제기되었다. 이러한 결과는 가족캠프와 같은 단기개입을 통하여 가족 간 의사소통에 관한 인식이나 의지의 변화는 가능하지만 실질적인 의사소통기술 습득이나 행동변화는 이루어지기 어렵기 때문이라고 하겠다. 캠프 자체가 단기적인 접근이므로, 향후 이혼가족캠프에서는 부모-자녀관계 향상을 위한 올바른 의사소통의 필요성 인식을 주요 목적으로 접근하고, 후속 의사소통교육 프로그램을 통해서 지속적 개입을 시도하는 것이 바람직하겠다. ③ 본 평가는 주로 부모를 대상으로 이루어져서 다양한 연령층인 자녀의 입장이 충분히 반영되지 못한 경향이 있다. 집단평가회에서도 부모와 자녀들이 한 집단으로 구성되어 자녀들이 의견을 제시하는 데 한계가 있었는데, 자녀들을 연령별로 구분하여 집단을 구성한다면 자녀들도 보다 적극적으로 의견을 표현할 수 있을 것으로 보인다.

3) 정릉종합사회복지관의 노숙인 쉼터 사업성과에 대한 질적 평가 - 내러티브 방법 예

모든 조사는 기본적으로 동일한 과정을 거치게 된다. 그러나 자료수집 방법에 따라 약간의 차이 혹은 과정을 표현하는 용어의 차이를 가지고 있다. 여기서는 질적연구의 기본 과정을 따라 사업성과를 평가한 사례를 살펴보도록 하겠다.[11] 질적연구의 기본 과정은 연구문제 형성, 표집, 질적 자료수집, 자료분류 및 코드화, 분석과 설명이다.

11) 본 자료는 '사람이 보이는 사회복지실천, 감동이 넘치는 지역공동체'라는 주제의 정릉종합사회복지관 수탁 3주년 기념세미나자료집에서 발췌한 사례이다. 따라서 엄밀한 의미의 질적 평가자료는 아니다. 하지만 사회복지실천현장에서 전형적인 질적 평가사례를 구하기 어려웠기 때문에, 사회복지실천의 성과를 보고자 하는 세미나의 목적과 내용을 내러티브 방식으로 정리한 사례를 선택하였다. 여기서는 이것이 질적 평가로 기획되었다면 거쳤을 과정을 가정적으로 제시하고, 사례를 살펴보고자 한다. 사례내용은 상담원의 관점으로 정리되었던 것을 면담을 통하여 노숙인의 관점으로 수정한 것이다. 비록 재면담을 하였지만 내러티브 질적 평가의 과정과 절차를 제대로 밟은 것은 아니기 때문에 질적 평가의 전형적인 예로 한계를 가지고 있다. 따라서 독자들은 이 점을 고려하여 위에서 제시한 질적연구의 과정에 따라 참여자의 관점에서 경험 이야기를 탐구하는 질적 평가연구를 시도해 보기 바란다.

1. 연구문제 형성

본 조사의 주제를 '노숙인의 자립과정에 대한 복지관과 상담원의 개입성과 평가'라고 설정하게 되면, 목적 진술문으로 '이 평가조사의 목적은 노숙인의 자립과정에 대한 복지관과 상담원의 기여, 즉 개입의 효과를 파악하는 것이다'라고 제시할 수 있다.

2. 표 집

조사의 목적이 성과를 밝히는 것이므로 참여자는 복지관 희망의 집에서 성공적으로 자립한 사람들 가운데 자기의 경험을 이야기해 주고 그것을 자료화하는 데 동의한 사람 가운데 선택한다. 즉, 의도적 표집을 한다.

3. 질적 자료수집

자료수집을 위해서는 내러티브 방법에서 주로 사용하는 심층면접을 활용한다. 면접을 진행하면서는 간단한 메모와 함께 녹음을 한다. 그리고 자료수집을 위해서는 문헌조사와 사전면접 과정을 거쳐서 다음과 같은 질문들을 개발하여 활용할 수 있다.

'노숙을 하다가 복지관 희망의 집으로 오게 된 계기는 무엇입니까?'

'처음 복지관 희망의 집에 대해서는 어떻게 느끼고 생각하였습니까?'

'자립을 하는 데 가장 어려운 점은 무엇이었습니까?'

'복지관과 상담원은 ○○○님의 삶에 어떠한 영향을 미쳤습니까?'

'앞으로의 삶은 어떨 것 같습니까?'

4. 자료분류 및 코드화

녹음된 내용을 듣고, 그 내용을 PC에 기록한다. 즉, 녹취록을 작성한다. 그런 다음 파일화된 자료를 편집한다. 자료편집은 참여자가 언급한 내용을 그대로 정리할 수도 있고, 문법이나 어법에 맞지 않는 것은 수정할 수도 있는데 주의할 것은 내용의 훼손이 없어야 한다는 것이다.

편집된 자료를 토대로 분석을 하고 내러티브를 구성한다. 내러티브 구성은 다음과 같은 절차를 통해 구성할 수 있다(김윤주 · 방미란, 2011). ① 텍스트를 반복해서 읽고 참여자의 삶의 세계를 총체적으로 이해하려고 노력한다. ② 텍스트를 기반으로 이야기 맵(story-map)을 구성한다. ③ 이야기 맵을 중심으로 시간적 순차와 논리적 연관성 및 통합 가능성을 고려하여 같은 맥락의 이야기들을 묶으면서 이야기를 재조직하여 연구텍스트를 구성한다. ④ 연구자는 3인칭 시점을 사용하여 연구참여자들의 이야기를 다시 내러티브 형식으로 구성한다. ⑤ 연구자가 구성한 이야기를 연구참여자와 공유하고 피드백을 받는다. ⑥ 연구참여자의 피드백을 중심으로 내러티브를 재구성한다. 이와 같은 과정을 거쳐 내러티브를 구성한 예를 김윤주 · 방미란(2011)의 연구로 제시해 보면 다음과 같다.

- **연구주제** : 손자녀를 돌보는 할머니의 경험
- **(손자녀를 돌보는 할머니 세 분으로부터) 탐구된 의미** :
  - 내 핏줄을 남에게 맡길 수 없음
  - 자식 뒷바라지를 위해 자신을 버림
  - 손자녀 부모 몫을 대신하는 것이 힘듦
  - 지지그룹이 있을 때는 수월하게 키움
  - 잘못될까 한시도 눈을 떼지 못함
  - 손자녀가 삶의 낙이 됨
  - 발목 잡혀 저물어가는 삶
- **(탐구된 의미로부터) 종합** : 손자녀를 돌보는 노인의 경험을 통해서 핏줄인 손자녀를 다른 누구에게도 맡기지 못하고 자신을 희생하면서 돌봄으로써 자녀를 뒷바라지하고자 하는 노인의 모성애를 확인할 수 있었고, 건강과 사회적 고립, 경제적인 어려움에도 불구하고 손자녀와의 동거가 삶의 활력을 제공하고 무의미한 노년의 삶에 낙을 준다는 긍정적인 의미를 확인할 수 있었다.

이와 같이 심층면접을 통하여 의미를 탐구하고 그것을 내러티브로 구성할 수 있다. 그러나 질적 평가의 경우 프로그램에 참여한 당사자가 어떻게 이 프로그램에 대해 느끼고 생각하고 자신이 변화하였는지에 대해 하나의 이야기(story)식으로 이끌어 내는 것이 낫다고 판단한다면, 경험의 조각들을 모아서 핵심적인 의미를 찾아낼 것이 아니라 기승전결(起承轉結)의 구조를 갖춘 당사자의 경험 이야기를 보여주는 것도 좋다(삼성복지재단, 2011). 본 사례는 후자의 방식을 취한 것이다.

5. 분석과 설명(결론 및 제언)

자료분류 및 코드화를 거쳐서 연구텍스트가 완성이 되면, 논의 및 종합의 과정을 거쳐 내러티브를 구성하고, 그것을 기반으로 결론 및 제언을 구성하는 것이다. 이 과정을 본 사례에 적용한다면 개입의 성과를 평가하고, 그것을 토대로 제언을 하는 것이다.

○ 내러티브 사례

딸 앞에 당당히 서게 될 희망을...

1. 삶

어려서 아버지가 돌아가시고 경제적인 이유로 어머니와도 함께 살 수 없는 불우한 환경에서 자라 서울역 주변에서 노숙을 하며 생활하게 되었습니다. 노숙생활 중 갱생원에 가게 되었는데, 그곳에 잘 적응하지 못하여 힘들게 지내던 중 한 수녀님의 도움으로 소년의 집으로 가게 되었습니다. 그곳에서 생활하면서 기술학교를 졸업하고 사회생활을 시작하게 되었습니다.

서울과 부산을 오가며 식당에서 일을 하였는데, 그때 만난 여성과 결혼을 하고, 딸아이도 한 명 낳았습니다. 결혼생활 중 무리하게 자금을 마련해 가게를 열었지만 잘 되지 않았고, 처가 식구와 마찰을 빚으면서 가정불화가 생기게 되었습니다. 가정불화는 결국 이혼으로 이어져 위자료 명목으로 가게를 주고 돈 한 푼 없이 나오게 되어 다시 노숙인으로 생활하게 되었습니다.

노숙생활 중 오갈 곳 없는 처지라는 것을 안 예전 식당 동료의 도움으로 ○○복지관 희망의 집에 입소하게 되었는데, 입소 후 공공근로 일을 했으나 이혼한 아내가 생활비와 양육비 명목으로 돈을 요구하여 적은 돈이나마 부쳐주었는데, 계속된 요구를 받으면서 스트레스를 많이 받고, 딸아이도 걱정되어 끊었던 술을 다시 마시게 되었습니다. 술을 마시고 술에 취해서 난동을 부리게 되었는데 그 일로 인해 복지관에서도 퇴소를 당하게 되었습니다. 이후 고시원에 들어가서 생활하는데, 경제적 어려움도 많이 겪었습니다. 어렵사리 미화원으로 취업하게 되어 자리를 잡는 듯했으나 곧 강제퇴사를 당하였습니다. 그러던 와중에, 이혼한 아내가 재혼을 했다는 소식과 그로 인한 딸아이 걱정으로 결국은 알코올중독이 되고 다시금 노숙생활을 하게 되었습니다. 정말 여러 복지관과 쉼터를 돌아다녔습니다. 내게는 항상 스스로 감당해 내기 어려운 일들이 계속되었습니다.

2. 변 화

그러나 정릉종합사회복지관 희망의집과의 인연은 다른 쉼터와는 달랐습니다. 늘 밝은 미소로 맞아주고, 만나서 대화를 하게 되면 항상 할 수 있다는 자신감이 생겼습니다. 무릎이 아파서 일을 못하고 있을 때 동부시립병원과 연계하여 무릎수술을 받도록 지원도 해주었습니다. 그러나 통원치료와 물리치료를 받는 도중에 혼자서 너무 힘이 들어 무단으로 생활관에 들어가지 않다가 3일 만에 만취상태로 들어갔습니다. 전부인이 재혼을 했음에도 종종 딸의 양육비를 달라고 하여 주었으나 수입원이 없어지면서 전부인의 전화를 받기가 겁이 났습니다. 그래서 외삼촌을 찾아가 사정 이야기를 하고 도움을 요청했는데 용돈 100,000원을 쥐어 주면서 시골로 내려가 농사나 지으라는 말을 듣고 저의 처지가 하도 괴로워서 술을 마셨던 것입니다. 쉼터의 규정을 위반하여 퇴소를 해야 했는데 복지관과 선생님들이 제게 다시 기회를 주었습니다. 먼저 건강을 회복할 수 있게 해주었고, 자활사업으로 일자리도 제공해 주었습니다. 그러나 함께 일하던 사람과의 불화로 2개월밖에 근무를 하지 못하고 자활사업을 그만두게 되었습니다. 제게 많이 실망을 했을 것 같은데, 상담원 선생님과 생활지도원 선생님은 포기하지 않고 그동안 잘해오셨는데 왜 이러시냐면서 앞으로 잘해보자, 잘할 수 있다며 지지와 격려를 해주었고 노숙인 일자리 갖기 사업을 권해주었습니다. 너무나 고마웠습니다. 정서적으로 많은 힘을 얻어서, 정말로 자활을 해야겠다고 결심하게 되었습니다. 그리고는 하루도 결근 없이 일을 했고, 비가 와서 일을 쉬게 되면 주말에도 나가서 돈을 벌었습니다. 정말 열심히 일했습니다. 중간중간에 힘들어 포기하려고 하기도 하였지만 그때마다 지지해 주고, 설득을 해주어서 무사히 일을 끝마칠 수 있었습니다. 그 결과 900만 원의 돈을 저축할 수 있었습니다. 그러나 자립을 위한 전세방을 얻기에는 부족하였습니다. 좀 더 돈을 모으기 위해 그 다음 해에도 노숙인 일자리 갖기 사업에 참여할 기회를 얻었고 마침내 1,500만 원의 돈을 모으게 되었습니다. 900만 원의 돈을 모았을 때, 노력하면 할 수 있다는 생각을 하게 되었고, 그러한 생각으로 이를 악물고 참아냈습니다. 지지와 격려 속에서 혼자가 아니라 함께라는 생각이, 그리고 딸에 대한 그리움과 책임감이 그러한 결과를 이룰 수 있게 해준 것입니다. 1,000만 원을 주고 전세를 얻어 마침내 복지관의 쉼터에서 독립을 하게 되었습니다.

3. 희 망

독립한 이후 3년째 혼자 살고 있지만 선생님들은 지금도 수시로 연락을 주시고, 전기장판, 쌀, 김장김치 등을 챙겨주고 있습니다. 함께 살고 있지는 않지만 선생님들이 제 옆에서 항상 지켜보는 것 같아서 열심히 살아야겠다고 생각하며 살고 있습니다. 현재는 공공근로, 취로사업, 희망근로사업으로 일하고 있는데, 조금 더 안정적인 직업을 얻기 위해 운전면허를 취득하고, 유통업에 종사하고 있는 삼촌의 도움을 받아 일을 배우려고 하고 있습니다. 언젠가는 딸아이 앞에 당당한 아버지의 모습으로 서기 위해 오늘도 열심히 하루하루를 살고 있습니다.

4. 평 가

이 사례는 사업과 결혼의 실패로 인해 노숙을 반복적으로 하고, 알코올중독 상태에까지 이르렀지만 정릉종합사회복지관으로 온 이후 복지관의 지원과 상담원의 적극적인 개입을 통해 마침내 독립을 하였고, 경제적으로도 자립 하기 위해 적극적인 삶을 살고 있는 것을 보여주는 사례이다. 이것은 정릉종합사회복지관 희망의집 사업이 성과를 내고 있음을 보여주는 예라고 할 수 있다. 앞으로 ○○○님의 변화에 영향을 준 개입의 요소들을 다른 사례에게도 적용하면 개입의 효과를 높일 수 있을 것으로 기대된다.

참·고·문·헌

김기덕 외 공역(2008). **사회복지조사방법론**. Rubin, A., & Babbie, E. R. *Research Methods for Social Work*. 서울 : 센게이지러닝코리아(주).

김두섭 역(1999). **질적연구방법론**. Mason, Jennifer. *Qualitative Researching*. 서울 : 나남출판.

김미옥(2001). 장애아동가족의 적응과 아동의 사회적 능력에 관한 연구. 이화여자대학교 대학원 박사학위논문.

김영옥(1997). 당뇨환자의 자기간호행위 예측모형. 연세대학교 대학원 박사학위논문.

김윤주 · 방미란(2011). 손자녀를 돌보는 할머니의 경험 : 내러티브 탐구. **질적연구, 제12권 제1호**, 59-72.

김재엽 · 최선희(1998). 청소년 스트레스가 폭력비행에 미치는 영향. **사회과학논집, 제29집**, 181-204. 연세대학교 사회과학연구소.

박옥희(2006). **사회복지조사론**. 서울 : 학지사.

삼성복지재단(2011). 작은나눔 큰사랑 프로그램 기획 매뉴얼.

삼전종합사회복지관 · 한국성서대학교산학협력단(2010). 송파구 멘토링 사업 성과 평가 연구.

서울복지재단(2008). 사회복지시설 이용자만족도 조사체계 연구.

성태제(1995). **타당도와 신뢰도**. 경기 : 양서원.

신미숙(2013). 정신장애인 기능수준과 주부양가족원의 삶의 만족도에 관한 연구 − 가족탄력성의 매개효과를 중심으로−. 전남대학교 대학원 박사학위논문.

양혜원 · 김희수 · 최정숙(2016). 저소득 이혼 한부모 자조집단에 관한 질적 사례연구 − 월계종합사회복지관 '징검다리' 사례를 중심으로−. **한국가족복지학, 제53호**, 117-159.

양혜원 · 김희수(2014). 가정폭력 피해 여성의 자녀양육 경험 : 쉼터 입소 여성의 경험을 중심으로. **한국가족복지학, 제26호**, 123-158.

여성부(2005). 2004 전국 가정폭력 실태조사.

윤선구(2003). 데카르트『방법서설』. **철학사상**, 별책 제2권 제3호.

이계오 · 박진우 · 이기재(2007). **표본조사론**. 서울 : 한국방송통신대학교출판부.

이서원(1997). 열등의식과 성역할태도가 아내구타에 미치는 영향에 관한 연구. 연세대학교 대학원 석사학위논문.

전성우 역(1997). **막스 베버의 사회과학 방법론 ①**. Weber, Max. Gesammelte Aufsatze zur Sozialwissenschaft. 서울 : 사회비평사.

정대연(1997). **사회과학방법론사전**. 서울 : 백의출판사.

정릉종합사회복지관(2010). 사람이 보이는 사회복지실천, 감동이 넘치는 지역공동체. **수탁 3주년 기념 세미나 자료집**.

채서일(2006). **사회과학조사방법론**. 서울 : 비엠엔북스.

최선희(2002). 우리나라 가족의 건강성 결정요인. **한국의 예절 2002-4호**, 168-194.

최선희 · 김희수(2007). 아내폭력 요인의 다차원 상호작용 구조. **한국가족복지학, 제19호,** 77-96.

최선희 · 양혜원(2004). 한 · 일 시설거주 노인의 정신건강 : 우울 및 스트레스를 중심으로. **한국노년학, 제24권,** 129-147.

최정숙 · 전명희 · 양혜원 · 김희수(2015). 이혼가족의 가족레질리언스 강화를 위한 가족캠프 프로그램 개발 연구. **가족과 가족치료, 제23권 제1호,** 23-53.

홍종선 외(2000). **조사방법과 통계자료분석.** 서울 : 박영사.

Advancement Project-Healthy City(2011). A Short Guide to Community Based Participatory Action Research.

Blood, R. O., & Wolfe, D. M.(1960). *Husbands and Wives : The Dynamics of Married Living*. NY : Free Press.

Bohrnstedt, G., W., & Knoke, D.(1982). *Statistics for Social Data Analysis*. Itasca, IL : F.E. Peacock.

Frey, J. H., & Osihi, S. M.(1995). *The Survey Kit*. Thousand Oak London New Delhi : SAGE Publications.

Gaventa, J.(1988). Participatory Research in North America. *Convergence*, *24*(2-3), 19-28.

Glaser, B., & Strauss, A.(1967). *The Discovery of Grounded Theory : Strategies for Qualitative Research*. Chicago : Aldine.

Goodenough, W. H.(1970). *Discription and comparison in cultural anthropology*. Chicago : Aldine.

Green, Lawrence W., M. Anne George, Mark Daniel, C. James Frankish, Carol P. Herbert, William R. Bowie & Michel O'Neill(2003). Appendix C : Guidelines for Participatory Research in Health Promotion. In Minkler, Meredith & Nina Wallerstein(Eds), *Community-Based Participatory Research for Health*. San Francisco, CA : Jossey-Bass Inc.

Hepworth, D. H., Rooney, R. H., & Larsen, J. A.(1997/2002). *Direct social work practice : theory and skills*(5th/6th ed.). Pacific Grove, CA : Brooks/Cole.

Israel, Barbara, Amy Schultz, Edith Parker & Adam Becke(1998). Review of Community-Based Research : Assessing Partnership Approaches to Improve Public Health. *Annual Review of Public Health*, *19*, 173-202.

Kanotr, G. K., & Straus, M. A.(1990). The Drunken Bum Theory of Wife Beating. *Physical Violence in American Families*. New Brunswick : Transaction Publishers, 203-224.

Kerlinger, F. N.(1986). *Foundations of Behavioral Research*(3rd ed.). New York : Holt, Rinehart and Winston.

Kuhn, Thomas(1970). *The Structure of Scientific Revolutions*(2nd ed.). Chicago : University of Chicago Press.

Mason, J.(1996). *Qualitative Researching*. London : Sage.

NASW(1995). *Encyclopedia of Social Work*(19th ed.).

Olson, D. H., Portner, J., & Lavee, Y.(1985). FACES Ⅲ. *Family Social Science*. St. Paul, Minnesota : University of Minnesota.

Rubin, A., & Babbie, E. R.(1997/2010). *Research Methods for Social Work*. Pacific Grove, California : Brooks/Cole Publishing Company.

Schutt, R. K.(1996). *Investigating the Social World*. Thousand Oak London New Delhi : Pine Forge Press.

Sraus, M. A.(1990). The Conflict Tactics Scale and its Critics : An evaluation and new data on validity and reliability. In Sraus, M. A., & Gelles, R. J.(Eds.), *Physical violence in American families : Risk factors and adaptations to violence in 8, 145 families*(pp. 49-73). New Brunswick : Transaction Publishers.

Strauss, A. C., & Corbin, J.(1990). *Basics of Qualitative Research*. CA : Sage Publication, Inc.

Tandon, Rajesh(1988). Socal Transformation and Partcipatory Research. *Convergence*, *21*(2-3), 5-18.

Wallace, Walter(1971). *The Logic of Science in Sociology*. Chicago : Aldine-Atherton.

Walsh, F.(1998). *Strengthening Family Resilience*. New York : The Guilford Press.

Wysong, R. L.(1976). *The Creation-Evolution Controversy*. INQUIRY PRESS, Midland, Michigan 42.

W. K. Kellog Foundation, Community Health Scholar Program(2001). In Minkler, Meredith & Nina Wallerstein(2003), *Community-Based Participatory Research for Health*. San Francisco, CA : Jossey-Bass Inc.

http://search.daum.net/search?w=tot&t__nil_searchbox=btn&sug=&q=%C1%B6%BB%E7

http://dic.daum.net/word/view.do?wordid=kkw000088567&q=%EB%AA%A8%EB%8D%B8

찾·아·보·기

가설 ········ 74
개념구성(constructs) ········ 89
개념구성타당도 ········ 123
개념화 ········ 86
거트만 척도(Guttman scale) ··· 97
검사(testing) ········ 182
검사-재검사 신뢰도(test-retest reliability) ········ 127
검증가능성 ········ 31
과정 ········ 298
과학 ········ 22
과학적 탐구 ········ 34
구체적 목적 ········ 69
군집 무작위 표본추출(cluster random sampling) ········ 149
궁극적 목적 ········ 69
귀납법 ········ 35
규범적 욕구 ········ 267
근거이론 방법 ········ 216
기관평가 ········ 295
기술(description) ········ 72
기술연구 ········ 49
기준타당도 ········ 122

내러티브 방법 ········ 219
내용타당도 ········ 121
내적 일관성 신뢰도(internal consistency reliability) ········ 130
내적 타당도(internal validity) 179
노력성 ········ 298
눈덩이 표본추출(snowball sampling) ········ 152

다중 시계열 설계(multiple time-series design) ········ 203
단순 무작위 표본추출(simple random sampling) ········ 146
단순 시계열 설계(simple time-series design) ········ 202
단일사례 다중요소(ABCD)설계 ········ 209
단일사례 단일요소(AB/ABAB) 설계 ········ 207
단일사례설계 ········ 205
단일집단 사전·사후검사 설계(one-group pretest-posttest design) ········ 197
대립가설 ········ 75
대면 면접조사(in-person interviewing) ········ 162
도구(instrumentation) ········ 183
독립변수(independent variable) 78
동년배 연구(cohort study) ····· 52
동시타당도(concurrent validity) ········ 122
동형검사/대안양식/복수양식/유사양식 신뢰도(parallel/alternate-form reliability) ···· 128
등간척도 ········ 94

리커트 척도(Likert scale) ······ 96

매개변수(mediating variable) ··· 79
면접조사 ········ 162
명목적 정의 ········ 89
명목척도 ········ 94
모델 ········ 43
모집단(population) ········ 138
무작위 오차 ········ 133
민속학적 방법 ········ 218

반분 검사 신뢰도(split-half reliability) ········ 129
반증법 ········ 40
방문조사(distribution & self-administration survey) ·· 169
변수 ········ 77
보편타당성 ········ 31
복수사례 단일요소 설계 ···· 208
분석 ········ 228
불연속형 척도 ········ 93
비교된 욕구 ········ 267
비동일 집단 사후검사 설계(posttest-only design with nonequivalent group) ········ 198
비동일 통제집단 사전·사후 검사 설계(nonequivalent control group design) ········ 202
비율척도 ········ 95
비표집 오차 ········ 132
비확률적 표본추출 ········ 150

사업평가 ········ 296
사회과학 ········ 32
사회복지 ········ 13
사회복지실습 ········ 12
사회복지실천 ········ 12, 16
사회복지정책 ········ 12, 17
사회복지조사 ········ 12
사회복지행정 ········ 16
사회지표 및 행정자료 조사 ········ 270
산출 ········ 297
서비스 ········ 271
서비스 수요자 규모 ········ 271
서비스 제공자 조사 ········ 269
서열척도 ········ 94

설명 ········· 228
설명(explanation) ········· 72
설명연구 ········· 50
설문조사 ········· 158
성과 ········· 297
성숙(maturation) ········· 179
솔로몬 네 집단 설계(Solomon four-group design) ········· 201
수렴타당도(convergent validity) ········· 124
신뢰도(일관성) ········· 126
실제적 정의 ········· 88
실태조사 ········· 17
실험과 참여자의 상호작용 효과(interactive effects of selection) ········· 192
실험상황 효과(reactive effects of innovation) ········· 193
실험설계 ········· 199
실험에 대한 참여자의 반응효과(reactive effects of testing) ········· 190
실험연구 ········· 172
실험적 처치의 확산 또는 모방(diffusion or imitation of treatments) ········· 189
써스톤 척도(Thurston scale) ··· 98

액면타당도 ········· 120
양적연구 ········· 53
억제변수(suppressor variable) ·· 81
엄밀성 ········· 31
연구가설 ········· 75
연구모집단(study population) 138
연구문제 형성 ········· 220
연속형 척도 ········· 93
연역법 ········· 35
영가설 ········· 75
영향 ········· 298
예측타당도(predictive validity) 122
왜곡변수(distorter variable) ····· 82
외부사건(history events) ······· 181
외생변수(extraneous variable) ·· 80
외적 타당도(external validity) 190
요소(element) ········· 139
요인조사 ········· 19
요인타당도(factor validity) ···· 124
욕구 ········· 271
욕구조사 ········· 18
우편조사(mail survey) ········· 168
원시/전 실험설계 ········· 196
유사등간법 ········· 98
유사실험설계 ········· 201
의미차별 척도(Semantic differential scale) ········· 100
이론 ········· 24
인간행동과 사회환경 ········· 12
인과방향의 모호성(ambiguity about the direction of causal influence) ········· 188
인터넷 조사(online survey) ··· 170
일회검사 사례 연구(one-shot case study) ········· 197

자기기입식 설문조사(survey by self-administered questionaire) ········· 168
자료 분류 및 코드화 ········· 225
자료수집 ········· 224
자연과학 ········· 32
전수조사 ········· 52
전화 면접조사(telephone interviewing) ········· 165
정태적 집단 비교 설계(static-group comparison design) ·· 198
조사 ········· 13
조사도구 ········· 84
조사방법 ········· 45
조사설계 ········· 66
조사할 대상 ········· 45
조작적 정의 ········· 89
조작화 ········· 90
종단연구(longitudinal study) ··· 51
종속변수(dependent variable) ·· 79
주요 정보제공자 조사 ······· 269
지역주민 조사 ········· 269
질문(측정) ········· 45
질적연구 ········· 53, 214
집단실험설계 ········· 178

참여자 선정 편중(selection biases) ········· 184
참여자 탈락(experimental mortality) ········· 187
참여행동연구 ········· 233
척도 ········· 92
체감된 욕구 ········· 267
체계적 무작위 표본추출 (systematic random sampling) ········· 147
체계적 오차 ········· 133
추이연구(trend study) ········· 52
층화 무작위 표본추출(stratified random sampling) ········· 148

타 프로그램 효과(multiple program interference) ········ 194
타당도(정확성) ········· 119
탐색(exploration) ········· 71
탐색연구 ········· 49
통계적 회귀(statistical regression) ········· 185
통제변수(control variable) ······· 79
통제집단 사전·사후검사 설계 (pretest-posttest control group design) ········· 199
통제집단 사후검사 설계 (posttest-only control group design) ········· 200
투입 ········· 297

판단/의도적 표본추출(purposive or judgmental sampling) ···· 151
판별타당도(discriminant validity) ···· 125
패널연구(panel study) ···· 51
패러다임 ···· 40
편의/이용가능자/우연적 표본추출(convenience/availability/accidental sampling) ···· 152
평가(evaluation) ···· 73
평가연구 ···· 50
평가조사 ···· 20, 293
표본 ···· 45
표본(sample) ···· 139
표본조사 ···· 52
표본추출 간격(sampling interval) ···· 140
표본추출 단위(sampling unit) ···· 139
표본추출 비율(sampling ratio) ···· 140
표본추출 오차(sampling error) ···· 140
표본추출(sampling) ···· 144
표본틀(sampling frame) ···· 139
표집 ···· 222
표집 오차 ···· 132
표현된 욕구 ···· 267
할당 표본추출(quota sampling) ···· 151
허위관계(spurious relationship) 80
현상학적 방법 ···· 218
형식성 ···· 31
확률적 표본추출 ···· 146
활동 ···· 297
활용적 목적 ···· 70
횡단연구(cross-sectional study) 50
효과성 ···· 298

Cronbach α값 ···· 130

저/자/약/력

최선희

연세대학교 사회복지학과 졸업
연세대학교 사회복지학 석사 및 박사
한국지역사회교육협의회 간사
(주) 한길리서치연구소 책임연구원
월계종합사회복지관 관장
한국가족사회복지학회 부회장
한국사회복지행정학회 이사
현 한국성서대학교 사회복지학과 교수
　월계종합사회복지관 운영위원장
　여성가족부 건강가정사 동일교과목 심사위원

〈저서〉

월계종합사회복지관 사례관리실천 매뉴얼(공저, 2017)
한국 지역사회복지 사례관리 실천(공저, 2017)
준비된 노년은 즐겁다(공저, 2004)
노년의 미학(공저, 2002)
한국가족의 현주소(공저, 2002)
변화하는 사회 다양한 가족(공저, 2001)

[제2판]

사회복지조사방법론

- 기초 이해에서 실제 조사까지 -

|저자| 최선희

|1판 1쇄 발행| 2012년 5월 20일
|1판 4쇄 발행| 2016년 3월 10일
|2판 1쇄 발행| 2018년 3월 5일
|2판 2쇄 발행| 2019년 7월 30일
|2판 3쇄 발행| 2021년 1월 28일
|2판 4쇄 발행| 2022년 7월 25일
|2판 5쇄 발행| 2024년 2월 26일
|2판 6쇄 발행| 2026년 3월 10일

|발행인| 김 동 훈
|발행처| 공 동 체

|주소| 경기도 고양시 일산동구 호수로 358-39 동문타워 I 905호(백석동)
|전화| 031) 814-3000(대표)
|팩스| 031) 814-3100
|홈페이지| http://www.compub.co.kr
|전자우편| compub@naver.com
|출판등록| 2005년 10월 6일
|등록번호| 제396-2005-36호

|ISBN| 979-11-6105-259-5
정가 18,000원

memo

memo